Die Disposition über Ansprüche in der Aktiengesellschaft

Europäische Hochschulschriften

European University Studies

Publications Universitaires Européennes

Reihe II **Rechtswissenschaft**

Series II Law

Série II Droit

Band/ Volume **6043**

Thomas Weierer

Die Disposition über Ansprüche in der Aktiengesellschaft

PETER LANG

Bibliografische Information der Deutschen Nationalbibliothek
Die Deutsche Nationalbibliothek verzeichnet diese Publikation in der Deutschen Nationalbibliografie; detaillierte bibliografische Daten sind im Internet über http://dnb.d-nb.de abrufbar.

Zugl.: Passau, Univ., Diss., 2017

D 739
ISSN 0531-7312
ISBN 978-3-631-76071-0 (Print)
E-ISBN 978-3-631-77101-3 (E-PDF)
E-ISBN 978-3-631-77102-0 (EPUB)
E-ISBN 978-3-631-77103-7 (MOBI)
DOI 10.3726/b14791

Peter Lang – Berlin · Bern · Bruxelles · New York · Oxford · Warszawa · Wien

Diese Publikation wurde begutachtet.

www.peterlang.com

Vorwort

Diese Arbeit ist während meiner Zeit als Mitarbeiter am Lehrstuhl für Bürgerliches Recht, Handels- und Wirtschaftsrecht entstanden und hat der Juristischen Fakultät der Universität Passau im Jahr 2017 als Dissertation vorgelegen. Rechtsprechung und Literatur wurden vor der Drucklegung aktualisiert und sind bis Stand Ende 2017 berücksichtigt.

Zu großem Dank verpflichtet bin ich meinem Doktorvater Herrn Prof. Dr. Holger Altmeppen für die Anregung des Themas und die Betreuung der Arbeit. Danken möchte ich auch Frau Prof. Dr. Dörte Poelzig, M.jur. (Oxon) für die Erstellung des Zweitgutachtens.

Darüber hinaus gebührt allen Dank, die das Entstehen dieser Arbeit mittelbar oder unmittelbar unterstützt haben, insbesondere allen (ehemaligen) Kolleginnen und Kollegen am Lehrstuhl für die langjährige enge Zusammenarbeit, rege Diskussion und das Korrekturlesen der Arbeit. Besonderen Dank schulde ich meinen Eltern, die mich über meine ganze Ausbildung und bei allen meinen Vorhaben immer nach besten Möglichkeiten unterstützt haben.

Inhaltsübersicht

Einführung 27

1 Der Verzicht 37

§ 1 Verzicht auf allgemeine Ansprüche 37

§ 2 Verzicht auf Ersatzansprüche 73

§ 3 Verzicht auf kapitalerhaltungsrechtlich relevante Ansprüche 96

2 Der Vergleich 105

§ 4 Vergleich über allgemeine Ansprüche 105

§ 5 Vergleich über Ersatzansprüche 119

§ 6 Vergleich über Einlage- und Rückgewähransprüche 127

§ 7 Vergleich über Verlustausgleichsansprüche 143

3 Die Stundung 149

§ 8 Stundung von allgemeinen Ansprüchen 149

§ 9 Stundung von Einlage- und Rückgewähransprüchen 160

§ 10 Stundung von Ersatzansprüchen 174

§ 11 Stundung von Verlustausgleichsansprüchen 181

4 Die Aufrechnung 193

§ 12 Aufrechnung mit allgemeinen Ansprüchen 193

§ 13 Aufrechnung mit kapitalerhaltungsrechtlich relevanten Ansprüchen 203

5 Die Annahme an Erfüllungs statt 239
§ 14 Annahme an Erfüllungs statt bei allgemeinen Ansprüchen 239
§ 15 Annahme an Erfüllungs statt beim Einlageanspruch 245
§ 16 Annahme an Erfüllungs statt bei weiteren Ansprüchen 258

6 Die Abtretung 269
§ 17 Abtretung von allgemeinen Ansprüchen 269
§ 18 Abtretung von Einlage- und Rückgewähransprüchen 276
§ 19 Abtretung von Ersatzansprüchen 293
§ 20 Abtretung von Verlustausgleichsansprüchen 300

Ergebnisse 305

Literaturverzeichnis 315

Abkürzungsverzeichnis 333

Inhaltsverzeichnis

Einführung 27

A. Gegenstand der Arbeit 27

B. Problemstellung 28

I. Kapitalgesellschaften und Privatautonomie 28

II. Kapitalerhaltung und Insolvenzrecht als Beschränkungen im Gläubigerinteresse 29

III. Zuständigkeitsordnung als Beschränkung im Interesse von Minderheiten 30

IV. Weitere Beschränkungen 31

C. Ziel und Grundthese der Arbeit 32

D. Vorgehensweise 33

I. Einlageansprüche 34

II. Rückgewähransprüche 35

III. Ersatzansprüche 35

IV. Verlustausgleichsansprüche 36

1 Der Verzicht 37

§ 1 Verzicht auf allgemeine Ansprüche 37

A. Der Verzicht 37

B. Verstoß gegen die Kapitalerhaltung 38

I. Sachlicher Anwendungsbereich 38

II. Persönlicher Anwendungsbereich 39

III. Rechtsfolgen 40

1. Meinungsstand zur Rechtsfolge 40

2. Auswirkungen auf den Erlassvertrag 41

3. Stellungnahme 42

a) Gegen die Nichtigkeitslehre 43

b) Gegen die reine Differenzhaftung nach § 62 Abs. 1 AktG 44

c) Lösung auf Basis der herrschenden Meinung ... 45
4. Zwischenergebnis ... 46
IV. Vertragskonzern ... 46
V. Ergebnis ... 46
C. Insolvenzrechtliche Auswirkungen ... 47
I. Allgemeine Voraussetzungen ... 47
II. Anfechtung nach § 133 Abs. 1 InsO ... 48
III. Anfechtung nach § 134 Abs. 1 InsO ... 48
IV. Rechtsfolge ... 49
V. Ergebnis ... 49
D. Begrenzung durch Zuständigkeitsordnung der AG ... 50
I. Erlass durch Vorstand oder Aufsichtsrat ... 50
1. Innenverhältnis ... 50
2. Außenverhältnis ... 51
a) Anwendbarkeit in der AG ... 51
b) Bedeutung für den Verzicht ... 52
II. Verzicht unter Beteiligung der Hauptversammlung ... 53
1. Zulässigkeit der Vorlage ... 54
a) Meinungsstand zur Pflichtbindung ... 54
b) Stellungnahme: ... 55
c) Zwischenergebnis ... 57
2. Anfechtbarkeit eines zustimmenden Beschlusses ... 58
a) Stand der Literatur ... 58
b) Stellungnahme ... 58
c) Zwischenergebnis ... 60
3. Pflicht zur Anfechtung ... 60
a) Keine allgemeine Pflicht ... 61
b) Anfechtungspflicht bei schädigendem Beschluss ... 61
c) Ausnahme bei Einstimmigkeit ... 62

aa) Schutz der Aktionäre 62
bb) Schutz der Gläubiger 63
cc) Haftung des Vorstands 64
d) Zwischenergebnis 65
4. Ergebnis 65
III. Erlass auf Weisung (Beherrschungsvertrag) 66
1. Verzicht gegenüber anderer Vertragspartei 66
2. Verzicht gegenüber sonstigen Personen auf Weisung 68
3. Grenzen des Weisungsrechts 69
a) Meinungsstand 69
b) Stellungnahme 70
c) Bedeutung für den Verzicht 72
4. Ergebnis 72
Zusammenfassung zu § 1 73

§ 2 Verzicht auf Ersatzansprüche 73
A. § 93 Abs. 4 S. 3 AktG 73
I. Zuständigkeit der Hauptversammlung 74
II. Widerspruchsrecht 74
1. Problemstellung 75
2. Auslegung 75
3. Folgerungen 77
4. Ergebnis 77
III. Sperrfrist von 3 Jahren 78
1. Verstoß gegen Art. 2 Abs. 1 GG (Privatautonomie) 78
a) Problemstellung 78
b) Meinungsstand 79
aa) Die Rechtsprechung des BVerfG 79
bb) Nur Selbstbestimmung als geschützter Kern der Privatautonomie 80
cc) Prinzipientheorie der Grundrechte ... 80

c) Stellungnahme 81
d) Bedeutung für § 93 Abs. 4 S. 3 AktG 83
2. Verstoß gegen Art. 3 Abs. 1 GG 83
a) Zum Zweck der Regelung 83
b) Überprüfung auf Stichhaltigkeit 85
aa) Keine Zustimmung aller Aktionäre . 85
bb) Zustimmung aller Aktionäre 86
c) Konsequenzen 87
IV. Ergebnis 88
B. § 93 Abs. 5 S. 1 und S. 3 AktG 88
I. Zum Inhalt und Zweck des Gläubigerverfolgungsrechts 88
1. Wortlaut 89
2. Zur Entstehungsgeschichte 89
3. Systematische Erwägungen 91
4. Zum Sinn und Zweck des Gläubigerverfolgungsrechts 92
5. Ergebnis 93
II. Zur relativen Unwirksamkeit des Verzichts 94
III. Ergebnis 95
Zusammenfassung zu § 2 96

§ 3 Verzicht auf kapitalerhaltungsrechtlich relevante Ansprüche 96
A. Der Verzicht auf den Einlageanspruch 96
B. Der Verzicht auf den Rückgewähranspruch 98
C. Der Verzicht auf den Anspruch auf Verlustausgleich 99
I. Zum Sinn und Zweck der Vorschrift 100
II. Bewertung der Vorschrift 100
1. Laufender Unternehmensvertrag 100
2. Beendeter Unternehmensvertrag 101
a) Anderer Vertragsteil des Unternehmensvertrages verbleibt als Aktionär 101

b) Anderer Vertragsteil mit Beendigung kein Aktionär (mehr) ... 102
Zusammenfassung zu § 3 C ... 103

2 Der Vergleich ... 105
§ 4 Vergleich über allgemeine Ansprüche ... 105
A. Der Vergleich ... 105
B. Verstoß gegen die Kapitalerhaltung ... 105
I. Bilanzielle Betrachtung ... 106
II. Feststellung der Angemessenheit ... 107
1. Analyse ... 108
2. Vergleichsgespräche ... 109
3. Entscheidung ... 109
III. Rechtsfolgen ... 110
IV. Ergebnis ... 111
C. Insolvenzanfechtung ... 111
I. § 133 Abs. 1 InsO ... 111
II. § 134 Abs. 1 InsO ... 111
III. Anfechtungsmöglichkeit beim angemessenen Vergleich ... 112
IV. Ergebnis ... 112
D. Begrenzung durch Zuständigkeitsordnung ... 113
I. Innenverhältnis ... 113
II. Außenverhältnis ... 114
1. Unechter Vergleich ... 114
2. Unangemessener Vergleich ... 114
3. Vergleich mit Mitglied des Vorstands ... 116
a) Zum Umfang der Vertretungsmacht nach § 112 AktG ... 116
b) Missbrauchs der Vertretungsmacht bei Vergleichsschluss ... 117
4. Ergebnis ... 118
Zusammenfassung zu § 4 ... 118

§ 5 Vergleich über Ersatzansprüche 119
A. § 93 Abs. 4 S. 3 AktG 119
I. Zuständigkeit der Hauptversammlung und Widerspruchsrecht 119
1. Meinungsstand zum Grund für Zustimmungserfordernis 120
2. Stellungnahme 120
a) Kollusiver Vergleich 120
b) Schutz der Mechanismen zur Durchsetzung von Ersatzansprüchen 121
aa) Vergleich ist unangemessen 122
bb) Vergleich ist angemessen 123
c) Schlussfolgerungen 125
II. Sperrfrist 125
B. § 93 Abs. 5 S. 1 und S. 3 AktG 126
Zusammenfassung zu § 5 127

§ 6 Vergleich über Einlage- und Rückgewähransprüche 127
A. Überblick zum Meinungsstand 128
B. Anwendung der einzelnen Regelungen 128
I. Verstoß gegen den Grundsatz der „realen“ Kapitalaufbringung? 128
II. Verstoß gegen § 66 Abs. 1 S. 1 AktG 129
1. Einlageanspruch und Kaduzierung 130
a) Mangelnde Solvenz des Einlageschuldners 131
b) Streit über Bestehen der Einlagepflicht 132
c) Streit über ordnungsgemäße Erfüllung 133
d) Ergebnis 133
2. Bewertung der sonstigen Ansprüche 133
3. Ergebnis 134
III. Verstoß gegen §§ 36 Abs. 2, 36a Abs. 1 AktG 134
IV. Relative Unwirksamkeit nach § 62 Abs. 2 AktG 134
1. Entstehungsgeschichte 135
2. Systematische Erwägungen 137

3. Teleologische Erwägungen 138
4. Ergebnis 139
C. Analoge Anwendung von Vorschriften 139
I. Zustimmung der Hauptversammlung analog § 93 Abs. 4 S. 3 AktG 139
II. Relative Unwirksamkeit analog § 62 Abs. 2 AktG 142
Zusammenfassung zu § 6 142

§ 7 Vergleich über Verlustausgleichsansprüche 143
A. Überblick 143
B. Bewertung 143
I. Vergleich im bestehenden Vertragskonzern 143
II. Vergleich nach Beendigung 145
1. Unangemessener Vergleich 145
2. Angemessener Vergleich 145
Zusammenfassung zu § 7 147

3 Die Stundung 149

§ 8 Stundung von allgemeinen Ansprüchen 149
A. Stundung und pactum de non petendo 149
B. Verstoß gegen die Kapitalerhaltung 150
I. Grundsätzliche Zulässigkeit 150
1. Stundung als Darlehensersatz 151
2. Stundung bei zweifelhafter Solvenz 151
3. Pactum de non petendo 153
4. Folgen eines Verstoßes 153
5. Ergebnis 153
II. Pflicht zur Leistung eines Entgelts 154
1. Meinungsstand zur Darlehensgewährung 154
2. Stellungnahme 155
3. Rechtsfolgen von Verstößen 156
4. Ergebnis 157
C. Insolvenzanfechtung 157

D. Begrenzung durch Zuständigkeitsordnung 158
I. Stundung durch Vorstand 158
II. Zuständigkeit des Aufsichtsrats 159
III. Stundung auf Weisung 159
Zusammenfassung zu § 8 160

§ 9 Stundung von Einlage- und Rückgewähransprüchen 160
A. Überblick zum Meinungsstand 161
B. Anwendung der geltenden Vorschriften 162
I. Verstoß gegen § 66 Abs. 1 S. 1 AktG 162
1. Wortlaut 162
2. Zur Entstehungsgeschichte 162
3. Zur Rechtslage bei der GmbH 162
4. Sinn und Zweck 164
a) Kapitalaufbringung und Kapitalerhaltung 164
b) Liquiditätsschutz 165
5. Offensichtliche Umgehungsmöglichkeiten 165
a) Einlageanspruch 165
b) Rückgewähranspruch 166
c) Weitere Schlussfolgerung für Einlageanspruch 167
6. Ergebnis 167
II. Verstoß gegen § 53a oder § 63 Abs. 1 AktG (Ungleichbehandlung) 167
III. Verstoß gegen §§ 36 Abs. 2, 36a AktG 168
1. Zum Sinn und Zweck der Regelung 168
2. Bedeutung für Stundung 170
3. Rechtsfolgen 171
a) Lage vor Eintragung 172
b) Lage nach Eintragung 172
4. Ergebnis 172
C. Analoge Anwendung von Vorschriften 172
Zusammenfassung zu § 9 173

§ 10 Stundung von Ersatzansprüchen 174
A. Überblick zum Meinungsstand 174
B. § 93 Abs. 4 S. 3 AktG 175
I. Direkte Anwendung 175
II. Analoge Anwendung 176
1. Dreijahresfrist 176
2. Beteiligung der Hauptversammlung bei Stundungen 177
3. Beteiligung der Hauptversammlung bei einem pactum de non petendo 178
III. Ergebnisse 179
C. § 93 Abs. 5 S. 3 AktG 180
Zusammenfassung zu § 10 180

§ 11 Stundung von Verlustausgleichsansprüchen 181
A. Überblick zum Meinungsstand 181
B. Anwendung der geltenden Vorschriften 182
C. Analoge Anwendung von Vorschriften 183
I. Stundung im laufenden Vertragskonzern 183
1. Funktionsweise des Verlustausgleichsanspruchs und Stundung 183
a) Bilanzielle Betrachtung 183
b) Bedeutung für die Stundung 184
c) Vergleich mit Darlehensgewährung 184
d) Zwischenergebnis 186
2. Schutz vor Zahlungsfähigkeit als Kernproblem 186
a) Pflichtbindung des Vorstands 187
b) Handeln auf Weisung 188
c) Zwischenergebnis 189
3. Problem der unangemessenen Stundung 189
II. Auswirkungen einer Beendigung des Vertragskonzerns 190
III. Stundung über Vertragsende hinaus 191

1. Kapitalerhaltung ... 191
2. Situation bei Ausscheiden aus der Gesellschaft ... 191
Zusammenfassung zu § 11 ... 192

4 Die Aufrechnung ... 193
§ 12 Aufrechnung mit allgemeinen Ansprüchen ... 193
A. Die Aufrechnung ... 193
B. Verstoß gegen die Kapitalerhaltung ... 194
C. Insolvenzanfechtung ... 196
I. § 133 Abs. 1 InsO ... 197
II. § 134 Abs. 1 InsO ... 197
III. § 135 Abs. 1 Nr. 1 und Nr. 2 InsO ... 198
1. Anwendungsbereich ... 198
2. Unwirksamkeit nach § 135 Abs. 1 Nr. 2 InsO 199
3. Unwirksamkeit nach § 135 Abs. 1 Nr. 1 InsO 199
a) Meinungsstand ... 200
b) Stellungnahme ... 200
4. Ergebnis ... 201
IV. §§ 130, 131 InsO ... 201
D. Begrenzung durch Zuständigkeitsordnung ... 201
Zusammenfassung zu § 12 ... 203
§ 13 Aufrechnung mit kapitalerhaltungsrechtlich relevanten Ansprüchen ... 203
A. Kein generelles Aufrechnungsverbot ... 203
B. Vollwertigkeit, Fälligkeit, Liquidität ... 204
I. Vollwertigkeit ... 204
1. Zum Meinungsstand ... 204
2. § 66 Abs. 1 S. 1 AktG ... 207
a) Bilanzielle Betrachtung ... 207
b) Qualifikation als eigenkapitalersetzend ... 208
c) Zwischenergebnis ... 209

3. § 66 Abs. 1 S. 1 oder S. 2 AktG analog 209
a) Perspektive der aufrechnenden Gesellschaft und der anderen Aktionäre .. 209
b) Perspektive des Aktionärs 210
c) Schutz der Insolvenzgläubiger als Begründung 211
d) Zwischenergebnis 212
4. § 302 Abs. 3 AktG analog 213
5. Ergebnis 214
II. Liquidität und Fälligkeit 214
1. Zum Meinungsstand 214
2. Stellungnahme 215
a) Gegenforderung strittig 215
b) Bestehen einer Einwendung 215
c) Bestehen von peremtorischen Einreden 216
d) Bestehen von dilatorischen Einreden 216
e) Aufrechnung und Stundung 217
3. Ergebnis 217
III. Fazit 217
C. Aufrechnungsverbot aus § 54 Abs. 3 AktG bei Einlageansprüchen 218
I. Zum Sinn und Zweck des § 54 Abs. 3 AktG 219
II. Folgen einer unzulässig erklärten Aufrechnung 220
III. Ergebnis 220
D. Verdeckte Sacheinlage bei Einlageansprüchen 221
I. Überblick zum Meinungsstand 221
1. Zum Stand der herrschenden Meinung 221
2. Kritik am Konzept der herrschenden Meinung 222
II. Forderung selbst als verdeckte Sacheinlage 223
III. Zu Grunde liegendes Verkehrsgeschäft als verdeckte Sacheinlage 226
1. Rechtslage bei Anwendung der sonstigen Regeln 226

a) Verstoß gegen § 66 Abs. 1 S. 1 AktG 226
b) Nichtigkeit nach § 27 Abs. 1 S. 1 AktG ... 227
c) Nichtigkeit wegen Umgehung der Sachgründungsvorschriften 229
aa) Zum Sinn und Zweck der Sachgründungsvorschriften 229
bb) Zur Situation nach Eintragung 229
cc) Nachgründung als Umgehungsschutz 231
d) Ergebnis 231
2. Vergleich mit Rechtslage nach § 27 Abs. 3 AktG 232
a) Bewertung angemessen 232
b) Bewertung zu Lasten des Gesellschafters .. 232
c) Bewertung zu Lasten der Gesellschaft 233
aa) Ausgangsfall 233
bb) Verändertes Verständnis von § 27 Abs. 3 S. 2 AktG? 234
cc) Unangemessene verdeckte gemischte Sacheinlage 236
d) Ergebnis 237
3. § 52 Abs. 1 S. 1 AktG 237
Zusammenfassung zu § 13 238

5 Die Annahme an Erfüllungs statt 239

§ 14 Annahme an Erfüllungs statt bei allgemeinen Ansprüchen 239
A. Die Annahme an Erfüllungs statt 239
B. Verstoß gegen die Kapitalerhaltung 240
I. Annahme eines Gegenstandes 240
II. Novation 241
III. Rechtsfolge 242
C. Insolvenzanfechtung 243

D. Begrenzung durch Zuständigkeitsordnung 244
Zusammenfassung zu § 14 244

§ 15 Annahme an Erfüllungs statt beim Einlageanspruch 245
A. Überblick zum Meinungsstand 245
B. Anwendung der geltenden Vorschriften 246
I. § 27 Abs. 3 AktG in direkter Anwendung 246
II. § 66 Abs. 1 S. 1 AktG 247
1. Zur Auslegung des Begriffs der Befreiung 247
2. Angemessene Bewertung 248
3. Unangemessene Bewertung 248
4. Ergebnis 249
III. § 54 Abs. 3 AktG 249
IV. § 27 Abs. 1 S. 1 AktG 250
1. Nichtigkeit nach § 125 S. 1 BGB 250
2. Nichtigkeit wegen Umgehung 250
3. Verbot als petitio principii 250
4. Offensichtliche Umgehungsmöglichkeit 251
5. Zwischenergebnis 252
V. § 52 Abs. 1 S. 1 AktG 252
VI. Ergebnis 253
C. Analoge Anwendung des § 27 Abs. 3 AktG 253
I. Verstoß gegen § 66 Abs. 1 S. 1 AktG 253
II. Verstoß gegen § 52 Abs. 1 S. 1 AktG 254
III. Verstoß gegen §§ 36 Abs. 2, 36a, 54 Abs. 3 AktG 254
IV. Ergebnis 255
D. Sonderfall Novation 255
I. Überblick zum Meinungsstand 255
II. Anwendung der Gesetzlage nach MoMiG und ARUG 256
III. Ergebnis 257
Zusammenfassung zu § 15 257

§ 16 Annahme an Erfüllungs statt bei weiteren Ansprüchen 258
A. Rückgewähransprüche 258
I. Zum Stand der Literatur 258
II. Stellungnahme 258
1. Angemessene Bewertung des angenommenen Gegenstandes 259
2. Unangemessene Bewertung des angenommenen Gegenstandes 259
3. Analogie zu § 27 Abs. 3 AktG 260
4. Novation 261
Zusammenfassung zu § 16 A. 262
B. Ersatzansprüche 262
I. Angemessene Bewertung des angenommenen Gegenstandes 262
II. Unangemessene Bewertung des angenommenen Gegenstandes 263
III. Novation 264
Zusammenfassung zu § 16 B. 266
C. Verlustausgleichsansprüche 266
I. Angemessene Bewertung 266
II. Unangemessene Bewertung 267
III. Novation 268
Zusammenfassung zu § 16 C. 268

6 Die Abtretung 269

§ 17 Abtretung von allgemeinen Ansprüchen 269
A. Die Abtretung 269
B. Verstoß gegen die Kapitalerhaltung 270
C. Insolvenzanfechtung 271
D. Begrenzung durch Zuständigkeitsordnung 272
I. Zuständigkeit 272

II. Innenverhältnis und Außenverhältnis 273
III. Umgehungskonstellationen 274
1. Alle Beteiligten sind eingeweiht 274
2. Nur Zessionar wird eingeweiht 275
Zusammenfassung zu § 17 276

§ 18 Abtretung von Einlage- und Rückgewähransprüchen 276
A. Überblick zum Meinungsstand 277
I. Zum Einlageanspruch 277
II. Rückgewähranspruch 278
B. Anwendung der allgemeinen Regeln 279
I. Zulässigkeit der Zession grundsätzlich (dingliche Ebene) 280
1. § 66 Abs. 1 S. 1 AktG 280
2. Veränderung im Bestand, § 399 BGB 280
3. Regressmöglichkeit als Abtretungsverbot? 281
4. Ergebnis 282
II. Angemessenheit des Kausalgeschäfts (Innenverhältnis) 282
1. Veräußerung zum vollen Nennwert 282
2. Veräußerung unter Nennwert 283
a) Resteinlageanspruch 283
b) Vor Eintragung eingeforderte Einlage 284
c) Rückgewähranspruch 285
d) Ergebnis 285
3. Treuhandfälle 285
III. Rechtsfolgen unangemessener Geschäfte (Außenverhältnis) 286
1. § 66 Abs. 1 S. 1 AktG direkt 287
2. Nichtigkeit nach § 134 BGB mit § 54 Abs. 3 AktG? 287
3. Allgemeine Regeln 287
IV. Ergebnis 288

C. Analoge Anwendung des § 66 Abs. 1 S. 1 AktG? 288
I. Vollwertigkeit als Kriterium 288
1. Fehlende Gleichbehandlung als Grund 288
2. Missbräuchliche Abtretungen 289
3. Funktion des Einlageanspruchs 289
4. Vermögensopfer des Aktionärs 290
5. Gleichbehandlung der Gläubiger 291
6. Verlust des Kaduzierungsverfahrens 291
7. Ergebnis 291
II. Angemessenheit des Vertrages als Kriterium 291
Zusammenfassung zu § 18 292

§ 19 Abtretung von Ersatzansprüchen 293
A. Überblick zum Meinungsstand 293
B. § 93 Abs. 4 S. 3 AktG 294
I. Direkte Anwendung 294
II. Analoge Anwendung 295
C. § 93 Abs. 5 S. 1 AktG 296
I. Grundsätzliches 296
II. Einzelbetrachtungen 297
III. Analogie zu § 93 Abs. 5 S. 3 AktG? 299
Zusammenfassung zu § 19 299

§ 20 Abtretung von Verlustausgleichsansprüchen 300
A. Überblick zum Meinungsstand 300
B. Anwendung der allgemeinen Regeln 300
C. Analoge Anwendung von Vorschriften 300
I. § 302 Abs. 3 AktG analog 301
1. Vertragskonzern besteht fort 301
2. Nach Beendigung der vertraglichen Konzernierung 301
3. Ergebnis 302
II. § 50 AktG analog 302
Zusammenfassung zu § 20 303

Ergebnisse 305
I. Verzicht auf Ansprüche 305
II. Vergleich über Ansprüche 306
III. Die Stundung von Ansprüchen 307
IV. Die Aufrechnung mit Ansprüchen 309
V. Die Annahme an Erfüllungs statt auf Ansprüche 310
VI. Die Abtretung von Ansprüchen 312

Literaturverzeichnis 315

Abkürzungsverzeichnis 333

Einführung

A. Gegenstand der Arbeit

Gegenstand dieser Arbeit ist die Frage, inwieweit eine Aktiengesellschaft über die ihr zustehenden Ansprüche frei disponieren kann. Frei disponieren ist hierbei dahingehend zu verstehen, dass die Gesellschaft durch einseitige oder vertragliche Rechtshandlungen den Anspruch in anderer Form als durch Entgegennahme der Erfüllung nach § 362 Abs. 1 BGB wenigstens teilweise zum Erlöschen bringen, oder seine sofortige Durchsetzbarkeit hindern kann.

Dies soll anhand von Verzicht (Erlass), Vergleich, Stundung (einschl. *pactum de non petendo*), Annahme an Erfüllungs statt und Aufrechnung im Detail betrachtet werden. Die Novation wird im Zusammenhang mit der Annahme an Erfüllungs statt als besonderer Unterfall von dieser behandelt. Die Annahme erfüllungshalber ist – gegebenenfalls im Kapitel zur Stundung – nur zu untersuchen, soweit die Stundung bzw. ein *pactum de non petendo* für generell unzulässig gehalten wird.[1] Anderenfalls bestehen grundsätzlich keine Einwände gegen die Leistung erfüllungshalber. Nicht untersucht werden sollen Anfechtung, Rücktritt, Vertragsänderung oder Vertragsaufhebung, da dies für die „besonderen" Ansprüche im Aktienrecht nicht relevant ist.

Ergänzend ebenfalls zu betrachten ist aber die Abtretung des Anspruchs. Hierbei handelt es sich zwar nicht um eine Disposition im Gläubiger-Schuldner-Verhältnis. Da sich insoweit aber eng zusammenhängende Fragestellungen ergeben, ist eine Einbeziehung mit angezeigt.

---

1 Die Annahme erfüllungshalber besteht letztendlich aus zwei Komponenten: zunächst wird dem Gläubiger ein Gegenstand zur Befriedigung hieraus überlassen (vgl. MünchKommBGB[7]/*Fetzer* § 364 Rn. 11). Eine Vollstreckungshandlung der AG als Gläubgerin ist grundsätzlich zulässig, sodass diese Komponente keinerelei Probleme bereitet. Mit der Annahme des Gegenstands erfüllungshalber verbunden ist aber auch immer eine Stundung oder ein *pactum de non petendo* bis zum Abschluss des Vollstreckungsversuchs (genaue rechtl. Einordung im Details str., vgl. MünchKommBGB[7]/*Fetzer* § 364 Rn. 11 mN). Nur im Hinblick hierauf können Probleme entstehen.

B. Problemstellung

I. Kapitalgesellschaften und Privatautonomie

Geht man von einem einfachen Fall aus, in welchem der Aktiengesellschaft ein Anspruch gegen einen Dritten zusteht, so mag es prinzipiell seltsam erscheinen, die Disposition hierüber durch irgendwelche Verbote oder Beschränkungen zu erschweren.

Insbesondere schützt Art. 2 Abs. 1 GG nach heute praktisch unstrittiger Auslegung die wirtschaftliche Handlungsfreiheit und damit die Privatautonomie bzw. die Vertragsfreiheit.[2] Träger der Privatautonomie ist zunächst einmal jede natürliche Person. Soweit sich natürliche Personen zusammenschließen, um gemeinsam wirtschaftlich zu handeln, gelten für sie die speziellere Vereinigungsfreiheit (Art. 9 Abs. 1 GG) und die Berufsfreiheit (Art. 12 Abs. 1 GG).[3] Unabhängig davon sind aber nach Art. 19 Abs. 3 GG auch die Kapitalgesellschaften, genauer die inländischen und europäischen Gesellschaften des Privatrechts, selbst Träger der Handlungsfreiheit und damit der Privatautonomie.[4]

Privatautonomie bedeutet, seine Rechtsbeziehungen zur Umwelt selbst und frei gestalten zu dürfen.[5] Dies geschieht insbesondere durch den Abschluss von Verträgen (Vertragsfreiheit), kann im Einzelfall aber auch durch vertraglich oder gesetzlich eingeräumte, einseitige Gestaltungsrechte erfolgen. Die Privatautonomie erlaubt hierbei nicht nur eine Gestaltung der Rechtsbeziehungen in vernünftiger oder gemeinwohlorientierter, sondern gerade auch in unvernünftiger oder rücksichtsloser Art und Weise. Oder mit anderen Worten: man darf „selbstherrlich"[6] entscheiden. Ist die Privatautonomie aber auf Kapitalgesellschaften anwendbar und umfasst sie

---

2 BVerfGE 8, 274, 328; BVerfGE 9, 3, 11; BVerfGE 12, 341, 347; Maunz/Dürig/*Di Fabio* Art. 2 Abs. 1 Rn. 77; Mangoldt/Klein/Starck/*Starck* Art. 2 Abs. 1 Rn. 8 ff.; Sachs/*Murswiek* Art. 2 Rn. 54; *Stern*, Band V S. 901 ff.

3 Maunz/Dürig/*Di Fabio* Art. 2 Abs. 1 Rn. 103.

4 BVerfGE 10, 89, 99; BVerfGE 20, 323, 336; BVerfGE 23, 12, 30; Maunz/Dürig/*Remmert* Art. 19 Abs. 3 Rn. 102; Sachs/*Sachs* Art. 19 Rn. 70.

5 *Wolf/Neuner*, Allgemeiner Teil des Bürgerlichen Rechts, § 10 Rn. 28; *Bork*, Allgemeiner Teil des Bürgerlichen Gesetzbuchs, Rn. 99; *Flume*, Das Rechtsgeschäft, S. 1.

6 *Flume*, Das Rechtsgeschäft, S. 6 f.

auch unvernünftiges Verhalten, so darf die Kapitalgesellschaft sich durch Handeln ihrer Organe auch selbst schädigen. Sie darf also aus verfassungsrechtlicher Sicht im Grunde auf werthaltige Ansprüche verzichten oder ungünstige Vergleiche abschließen, mithin also im Rahmen der allgemeinen Gesetze frei disponieren. Rechtfertigungsbedürftig ist daher für den einfachen Gesetzgeber und die Rechtsprechung eine Beschränkung der allgemeinen Dispositionsfreiheit der Aktiengesellschaft durch zwingendes Recht und nicht umgekehrt eine Erlaubnis für eine bestimmte Disposition.

II. Kapitalerhaltung und Insolvenzrecht als Beschränkungen im Gläubigerinteresse

Darf die Kapitalgesellschaft dem Grunde nach die Privatautonomie selbstherrlich ausüben, so kann und darf sie auch die Interessen der Gläubiger der Gesellschaft ignorieren. Weil aber weder die Aktionäre noch die handelnden Organwalter mit ihrem Privatvermögen für die Schulden der Gesellschaft haften, verleitet dies schnell zu einem riskanten Wirtschaften und einer Abwälzung geschäftlicher Risiken auf die Gläubiger der Gesellschaft. Das Bedürfnis eines eigenen Gläubigerschutzsystems in der Kapitalgesellschaft kann daher unmittelbar aus der Haftungsbeschränkung (§ 13 Abs. 2 GmbHG, § 1 Abs. 1 S. 2 AktG) abgeleitet werden.[7] Der Gesetzgeber kann und muss Dispositionsbeschränkungen für die Kapitalgesellschaft zum Gläubigerschutz vorsehen. Die wesentlichen Säulen des Gläubigerschutzes sind nach der Konzeption des Gesetzgebers die Kapitalerhaltung einerseits sowie das Insolvenzrecht mit der Insolvenzantragspflicht für Kapitalgesellschaften und den Insolvenzanfechtungstatbeständen andererseits.[8]

---

7 S. bereits Begr. RegE, abgedruckt bei *Kropff*, AktG, S. 73; vgl. auch *Hüffer/Koch* § 57 Rn. 1.

8 Als weiteres Instrument wird teilw. auch die Existenzvernichtungshaftung genannt (vgl. *Goette* ZHR 177 [2013], 740, 747). Genau genommen ist die Existenzvernichtungshaftung in der Ausprägung der Trihotel-/Gamma-Rechtsprechung (BGHZ 173, 246; BGHZ 176, 204) aber kein eigenes Gläubigerschutzkonzept, sondern nur *ultima ratio*: wer vorsätzlich sittenwidrig schädigt, haftet immer nach § 826 BGB. Nötig ist die Anwendung dieser Norm nur, wo die bestehenden Gläubigerschutzsysteme punktuell versagen. Eine „Säule“ des Kapitalschutzrechts ist dies aber eher nicht.

Ergänzend tritt zur Absicherung dieser Institute die Haftung der Mitglieder der Verwaltung hinzu (§ 93 Abs. 3 Nr. 1 und Nr. 6 AktG).

III. Zuständigkeitsordnung als Beschränkung im Interesse von Minderheiten

Ein wesentliches Element der Kapitalgesellschaften, insbesondere der Aktiengesellschaft,[9] ist die Entscheidungsfindung der Gesellschafter durch Abstimmung, wobei regelmäßig eine einfache Mehrheit (§ 133 Abs. 1 AktG), teilweise eine qualifizierte Mehrheit den Ausschlag gibt. Anders als bei Personengesellschaften, für welche nach der Gesetzeskonzeption vorbehaltlich anderweitiger Regelungen im Gesellschaftsvertrag Einstimmigkeit vorgesehen ist (s. §§ 709 Abs. 1 BGB; § 119 Abs. 1 HGB), gibt es also ein Diktat der Mehrheit, berechnet nach den Kapitalanteilen. Wenn nur eine Person oder Personengruppe die möglicherweise sogar qualifizierte Mehrheit der Anteile hält, erlaubt dies eine vollständige Kontrolle der Besetzung des Aufsichtsrats (§ 101 Abs. 1 S. 1 AktG) und mittelbar damit auch des Vorstands (§ 84 Abs. 1 S. 1 AktG) sowie eine alleinige Entscheidung über alle Geschäftsvorfälle in der Zuständigkeit der Hauptversammlung. Dies lädt wiederum zu einer Übervorteilung der übrigen Aktionäre ein. Es muss daher sichergestellt werden, dass nicht einzelne Aktionäre sich auf Kosten der anderen Aktionäre bereichern, oder für die Gesellschaft schädliche Maßnahmen beschließen. Um eine Gleichbehandlung der Aktionäre (vgl. auch § 53a AktG) sicherzustellen, kann und muss der Gesetzgeber daher die Privatautonomie im Sinne einer „selbstherrlichen“ Handlungsmöglichkeit der Mehrheit beschränken. Dies geschieht, soweit sich nicht bereits aus der Kapitalerhaltung ein Reflexschutz[10] ergibt, über eine Pflichtenbindung der

---

9 In der GmbH ist eine andere Regelung durch Gesellschaftsvertrag möglich, s. Roth/Altmeppen/*Roth* § 47 Rn. 24. In der AG gilt hingegen wegen des Prinzips der Satzungsstrenge (§ 23 Abs. 5 S. 1 AktG): jede Aktie gewährt gleiches Stimmrecht (§ 12 AktG) und es gilt die Abstimmung nach Mehrheit (§ 133 Abs. 1 AktG). Allerdings sind gewisse Abwandlungen nach §§ 133, 134 AktG durch Satzungsregelung zulässig.

10 GroßkommAktG[4]/*Henze* § 57 Rn. 7; MünchKommAktG[4]/*Bayer* § 57 Rn. 2; Spindler/Stilz/*Cahn/v. Spannenberg* § 57 Rn. 4.

Organe im Innenverhältnis und Beteiligungsrechte für die Minderheit in der Hauptversammlung, welche durch Klagerechte abgesichert sind.

IV. Weitere Beschränkungen

Darüber hinaus hat der Gesetzgeber aber im wohlmeinenden Interesse der Gläubiger und Minderheitsaktionäre auch punktuelle Sonderregelungen für bestimmte Ansprüche vorgesehen.[11]

Bereits die Überlagerung von Kapitalerhaltung, Insolvenzrecht, Beschränkungen aus der Zuständigkeitsordnung und punktuellen Sonderregelungen führt daher teilweise zu einer unübersichtlichen Rechtslage, in welcher leicht die Ziele der Dispositionsbeschränkungen, nämlich der Schutz der Gläubiger und der Minderheitsaktionäre, außer Acht geraten und stattdessen eine überschießende Einschränkung der Dispositionsfreiheit eintritt.

Hinzu treten auch noch von Wissenschaft und Gerichten ersonnene weitere Beschränkungen, um tatsächlich oder angeblich bestehende Lücken im System des Gläubiger- und Minderheitenschutzes zu schließen. Nicht alles ist heute noch von gleicher praktischer Relevanz. Als Stichworte für mittlerweile zumindest teilweise befriedete rechtswissenschaftliche Kampfschauplätze mögen hier nur das Verbot des Hin- und Herzahlens[12] und die verdeckte Sacheinlage[13] dienen. Gleichzeitig wird beispielsweise § 27 Abs. 3 AktG n.F. als eigentlich eng gefasste Sondervorschrift zur verdeckten Sacheinlage immer häufiger analog angewandt, weil sich durch die „Anrechnungslösung", welche die Rechtslage eigentlich befrieden sollte,

---

11 § 66 Abs. 1 S. 1 AktG, § 27 AktG, §§ 36, 36a, 54 AktG für Einlageansprüche; § 66 Abs. 2 AktG für Rückgewähransprüche; § 302 Abs. 3 AktG für Verlustausgleichsansprüche; § 93 Abs. 4 S. 3, Abs. 5 S. 3 AktG für Ersatzansprüche gegen Mitglieder des Vorstands. Zu den Ansprüchen noch sogleich.

12 BGHZ 153, 107; BGHZ 165, 113. Vgl. nur Spindler/Stilz/*Herrler* § 27 Rn. 213 ff. mwN; ferner U/H/L/*Casper* § 19 Rn. 176 ff. zur GmbH. Die Entschärfung der Problematik ist durch die Neuregelung des § 19 Abs. 5 GmbHG und des § 27 Abs. 4 AktG durch das MoMiG vom 23.10.2008 (BGBl. I S. 2026) bzw. das ARUG vom 30.7.2009 (BGBl. I S. 2479) zustande gekommen.

13 BGHZ 110, 47; BGHZ 113, 335; BGHZ 125, 141. Vgl. nur Spindler/Stilz/*Benz* § 27 Rn. 103 ff. mwN; ferner U/H/L/*Casper* § 19 Rn. 104 ff. zur GmbH. Hier hat ebenfalls der Gesetzgeber durch Schaffung der §§ 19 Abs. 4 GmbHG und 27 Abs. 3 AktG reagiert.

logische Brüche im System ergeben.[14] Die Zweifel an der Stimmigkeit des Gesamtkonzepts sind hierdurch aber nicht geringer geworden.[15] Andere Beschränkungen der Dispositionsfreiheit, wie beispielweise das Vollwertigkeitserfordernis bei der Aufrechnung, sollen ebenfalls immer noch „ungelöste Fragen“[16] aufwerfen.

Im Bereich der Haftung von Organwaltern für Verschulden ist die Rechtslage alles andere als zufriedenstellend und eindeutig. Inwieweit ein Verzicht oder Vergleich über Schadensersatzansprüche zulässig sein soll, ist Gegenstand eingehender Diskussionen,[17] beispielsweise auch auf dem Deutschen Juristentag 2014.[18] Nicht zuletzt der Siemens/Neubürger-Vergleich zu Beginn des Jahres 2015 hat die Aktualität und Tragweite dieser Fragen für die Praxis aufgezeigt.[19] Welche Auswirkungen die Beschränkungen von Verzicht und Vergleich nach § 93 Abs. 4 S. 3 und Abs. 5 AktG auf andere Dispositionsentscheidungen haben, wird hingegen oft nur am Rande behandelt.

C. Ziel und Grundthese der Arbeit

Ziel dieser Arbeit ist es, ausgehend vom Grundsatz der Privatautonomie, alle Beschränkungen der Dispositionsfreiheit auf ihre Funktionsweise im Verhältnis zueinander zu überprüfen und in ein an den Erfordernissen

---

14 Vgl. z.B. *Hoffmann-Becking*, GS M. Winter, 2009, S. 239, 248 ff.; *Hüffer/Koch* § 27 Rn. 12a mwN.

15 Vgl. nur *Bayer* GmbHR 2010, 1289, 1293 f.; *ders.*, in: VGR Gesellschaftsrecht in der Diskussion 2012, S. 25 ff. mit der Forderung nach einem MoMiG II.

16 *Goette* ZHR 177 (2013), 740, 753.

17 Vgl. nur *Dietz-Vellmer* NZG 2011, 248; *Fleischer* AG 2015, 133; *Gundlach/Frenzel/Strandmann* DZWIR 2007, 142; *Haas* ZInsO 2007, 464; *Haas/Wigand*, in: *Krieger/Schneider* Hdb Managerhaftung § 20 Rn. 20.62 ff.; *Hasselbach* DB 2010, 2037; *Lange* WM 1999, 1301; *Wigand*, Verzicht Vergleich, 2012, passim.

18 Vgl. dazu den Sitzungsbericht der Abteilung Wirtschaftsrecht, abgedruckt in Verhandlungen des 70. Deutschen Juristentages, 2014, N.

19 Vgl. Handelsblatt vom 12.12.2014: (*Reuters*) „Ex-Vorstand Neubürger soll 2,5 Millionen Euro zahlen“, (abrufbar unter http://www.handelsblatt.com/unternehmen/management/siemens-prozess-ex-vorstand-neubuerger-soll-2-5-millionen-euro-zahlen/11114768.html; zuletzt abgerufen am 28.12.2017); vgl. auch Einleitung von *Bayer/Scholz* ZIP 2015, 149.

des Gläubiger- und Minderheitenschutzes orientiertes, in sich stimmiges Gesamtsystem einzuordnen.

Aus Art. 2 Abs. 1 GG abgeleitete Grundthese der Arbeit ist dabei, dass eine Einschränkung der Privatautonomie der Kapitalgesellschaft grundsätzlich nur mit den Aspekten des Gläubigerschutzes und des Minderheitenschutzes zu rechtfertigen ist.

Der Gläubigerschutz vollzieht sich hierbei über die zwei Säulen Kapitalerhaltung einerseits und Insolvenzrecht andererseits, der Minderheitenschutz über die Zuständigkeitsordnung in der Aktiengesellschaft (Pflichtbindung der Organe; verfahrensrechtliche Beteiligung; Klagerechte). Alle weiteren Beschränkungen durch Gesetz oder Rechtsprechung haben sich dann aus den Gedanken dieses Schutzkonzeptes zu ergeben oder müssen sich dort entsprechend einordnen lassen. Im Übrigen sind sie als überschießende Beschränkungen der Dispositionsbefugnis und damit der Privatautonomie ohne ergänzenden sachlichen Grund im Lichte von Art. 2 Abs. 1 GG (Privatautonomie) und Art. 3 Abs. 1 GG (Willkürverbot) nicht zu rechtfertigen.

Es soll gezeigt werden, dass diese methodischen Grundgedanken von Gesetzgeber, Rechtsprechung und Lehre nicht in allen Fallgruppen stringent umgesetzt werden und entsprechende Korrekturen sowohl *de lege lata* als auch *de lege ferenda* vorzuschlagen sind.

D. Vorgehensweise

Es soll so vorgegangen werden, dass in jedem Kapitel eine bestimmte Dispositionsmöglichkeit untersucht wird. Im ersten Kapitel wird der Verzicht (Erlassvertrag) behandelt, im zweiten Kapitel der Vergleich, im dritten Kapitel die Stundung, im vierten Kapitel die Aufrechnung, im fünften Kapitel die Annahme an Erfüllungs statt einschließlich der Novation und im sechsten Kapitel schließlich die Abtretung einer Forderung. Innerhalb eines jeden Kapitels werden wiederum die Anspruchstypen (in gesonderten Paragraphen) einzeln behandelt.

Dazu werden immer zunächst vertragliche Ansprüche aus Austauschgeschäften mit Dritten oder Aktionären als sog. *allgemeine Ansprüche* und die damit zusammenhängenden *allgemeinen Regeln* betrachtet. Das Aktiengesetz sieht für diese vertraglichen Ansprüche keine Sonderregelungen vor und auch in der Literatur werden sie nur wenig beachtet. Sie eignen sich daher, die *allgemeinen Regeln* zum Schutz von Gläubigern und Minderheitsaktionären (Kapitalerhaltung, Insolvenzanfechtungstatbestände, Begrenzungen aus der Zuständigkeitsordnung)[20] für jede einzelne Dispositionsmöglichkeit durchzuspielen.

Erst im Anschluss sind dann die Ansprüche zu betrachten, für welche das Gesetz Sondervorschriften für einzelne Dispositionen (z.B. § 93 Abs. 4 S. 3 AktG; § 66 Abs. 1 AktG) anordnet, oder Sonderregime von Rechtsprechung und Literatur vorgeschlagen werden. Es ist dann jeweils zu prüfen, ob sich für diese Ansprüche die gleichen Ergebnisse ergeben wie für den allgemeinen, vertraglichen Anspruch aus einem Austauschgeschäft. Ergibt sich das gleiche Ergebnis, so fügt sich die Sondervorschrift in das allgemeine Gläubiger- und Minderheitenschutzsystem ein. Ergibt sich aber eine Abweichung, so muss sich diese Abweichung gesondert begründen und rechtfertigen lassen. Lässt sie sich aber nicht rechtfertigen, so ist eine Korrektur des Ergebnisses vorzuschlagen. Umgekehrt ist aber auch zu überlegen, ob zur Vermeidung von Umgehungsmöglichkeiten oder Schließung von Schutzlücken eine analoge Anwendung von Vorschriften geboten ist.

Zu betrachten sind dabei im Einzelnen:

I. Einlageansprüche

Wird eine Aktiengesellschaft gegründet, oder wird eine Kapitalerhöhung beschlossen, so sind die Zeichner der Aktien verpflichtet, ihre Einlagen nach Aufforderung durch den Vorstand zu leisten (§ 63 Abs. 1 AktG). Spiegelbildlich steht der Aktiengesellschaft dann ein Anspruch auf Leistung der Einlagen zu.

Für diesen Anspruch auf Leistung der Einlagen sieht das AktG mehrere Sonderregeln vor: zum einen dürfen die Aktionäre von der Leistungspflicht nicht befreit werden (§ 66 Abs. 1 S. 1 AktG), Sacheinlagen bedürfen einer gesonderten Festsetzung in der Satzung (§ 27 Abs. 1 AktG) und die Vorschriften über die Nachgründung (§ 52 Abs. 1 AktG) sind zu beachten. Ferner muss der Vorstand eine Mindesteinlage vor Eintragung der Gesellschaft oder der Kapitalerhöhung einfordern (§§ 36, 36a AktG), wobei diese Mindesteinlage nur nach § 54 Abs. 3 AktG, also in bar oder durch Leistung

20 Vgl. dazu bereits Einführung B. II. und III.

auf ein Bankkonto, erfüllt werden darf. Für Kapitalerhöhungen gelten diese Vorschriften über § 183 Abs. 1 und 2 AktG bzw. § 188 Abs. 2 AktG entsprechend.

II. Rückgewähransprüche

Gewährt der Vorstand zu Unrecht Leistungen, welche wirtschaftlich eine Rückgewähr der Einlage bedeuten, an Aktionäre, so liegt ein Verstoß gegen die Kapitalerhaltung vor, § 57 Abs. 1 S. 1 AktG. Die gewährten Leistungen sind dann zurückzufordern (§ 62 Abs. 1 S. 1 AktG), der Gesellschaft steht ein Rückgewähranspruch zu.

Hierfür regelt das AktG in § 66 Abs. 2 mit Abs. 1 S. 1, dass der Aktionär von dem Rückgewähranspruch nicht befreit werden darf.

III. Ersatzansprüche

Schädigt ein Mitglied der Verwaltung die AG in rechtswidriger Weise, so entsteht ein Schadensersatzanspruch der Gesellschaft. Je nach Situation kann hier der allgemeine Haftungstatbestand nach § 93 Abs. 2 (ggf. iVm § 116 S. 1) AktG oder ein Sondertatbestand (§§ 48, 117 Abs. 2 S. 1 AktG; §§ 310, 318, 323 Abs. 1 S. 1 AktG) eingreifen. Gemein ist diesen Haftungstatbeständen jeweils, dass sie (ggf. durch Verweisung auf § 93 Abs. 4 und 5 bzw. § 309 Abs. 3 und 4 AktG) eine Verzichts- und Vergleichssperre für 3 Jahre, sowie eine relative Unwirksamkeit eines Verzichts oder Vergleichs gegenüber Gläubigern mit einem Gläubigerverfolgungsrecht vorsehen. Ferner werden besondere Zustimmungs- und Widerspruchsrechte der Hauptversammlung/Aktionäre begründet.

Darüber hinaus haften auch Vertreter einer herrschenden Gesellschaft nach § 309 Abs. 2, § 317 Abs. 3 und § 323 Abs. 1 S. 2 AktG. Die herrschende Gesellschaft selbst haftet nach § 317 Abs. 1 S. 1 AktG. Nach § 117 Abs. 1 AktG werden Personen, die nicht Mitglieder der Verwaltung sind, aber Einfluss auf diese nehmen, einer Haftung unterworfen. Und schließlich haften Gründer und Gründergenossen neben dem Vorstand nach §§ 46, 47 AktG mit § 50 AktG. Gemein ist diesen Vorschriften ebenfalls, dass für den Verzicht und Vergleich eine zeitliche Sperre von 3 Jahren besteht und eine Zustimmung der Hauptversammlung bzw. ein Sonderbeschluss der außenstehenden Aktionäre, jeweils mit gesondertem Widerspruchsrecht einer Minderheit, erforderlich ist. Auch die relative Unwirksamkeit eines Verzichts oder Vergleichs gegenüber Gläubigern mit Gläubigerverfolgungsrecht ist mit Ausnahme der Ansprüche nach § 46 und 47 AktG vorgesehen.

Im Weiteren sollen nur jeweils die Organhaftungsansprüche nach § 93 Abs. 2 AktG gegen Mitglieder des Vorstands genau betrachtet werden. Für die Ersatzansprüche aus anderen Normen gelten die Überlegungen grundsätzlich entsprechend.

IV. Verlustausgleichsansprüche

Besteht zwischen der Aktiengesellschaft und einem anderen Unternehmen ein Gewinnabführungs- oder Beherrschungsvertrag i.S.d. § 291 Abs. 1 AktG, so muss dieses Unternehmen als anderer Vertragsteil etwaige Verluste nach § 302 Abs. 1 AktG am Bilanzjahresende übernehmen. Umgekehrt bedeutet dies, dass der vertraglich konzernierten Aktiengesellschaft ein Verlustausgleichsanspruch zusteht.

Möchte die vertraglich konzernierte Gesellschaft über diesen Verlustausgleichsanspruch disponieren, so muss sie § 302 Abs. 3 AktG beachten, welcher Verzicht und Vergleich begrenzt. Ebenso wie für Ersatzansprüche ist ein Verzicht oder Vergleich erst drei Jahre nach Bekanntmachung der Eintragung der Beendigung des Unternehmensvertrages in das Handelsregister und nur unter Zustimmung der außenstehenden Aktionäre zulässig, wobei eine relevante Minderheit nicht widersprechen darf.

1 Der Verzicht

§ 1 Verzicht auf allgemeine Ansprüche

Ausgangssituation: Der Aktiengesellschaft steht ein Anspruch aus einem Kaufvertrag auf Bezahlung des Kaufpreises zu. Auf diesen Anspruch möchte der Vorstand verzichten.

A. Der Verzicht

Das BGB kennt den „Verzicht" auf einen Anspruch nicht, sondern nur den Erlassvertrag nach § 397 Abs. 1 BGB. Der Erlassvertrag selbst ist lediglich verfügender Natur.[1] Ihm zu Grunde liegt daher stets ein Kausalgeschäft. Dies kann beispielsweise ein Vergleich sein, wenn dessen Voraussetzungen vorliegen,[2] ansonsten zumeist eine Schenkung.[3] Im Übrigen wird die Terminologie „Verzicht" im Zivilrecht uneinheitlich gebraucht.[4]

Wenn das AktG daher unter anderem in § 93 Abs. 4 S. 3 oder in § 302 Abs. 3 S. 1 von „Verzicht und Vergleich" handelt, so lässt sich für den „Vergleich" eine klare Parallele zum BGB ziehen (Vergleich nach § 779 Abs. 1 BGB). Für den Verzicht fehlt aber eine klare Anknüpfungsmöglichkeit. Ist der Erlassvertrag mit „Verzicht" in Bezug genommen, so passt dies deshalb nicht, weil damit einerseits auf ein Kausalgeschäft (Vergleich), andererseits aber auf ein Verfügungsgeschäft (Erlassvertrag) verwiesen wird. Naheliegender ist daher, dass mit Verzicht im AktG nicht alleine der Erlassvertrag als Verfügungsgeschäft gemeint ist, sondern die Konstellation, dass ein Anspruch auf Grundlage eines Schenkungsvertrages zumindest teilweise erlassen wird (unentgeltliche Zuwendung). Fließt hingegen für den (Teil-)Erlass eine wie auch immer geartete Gegenleistung, so handelt es sich zumeist um die Konstellation eines „Vergleichs".

---

1 OLG Hamburg NJW 1961, 76; MünchKommBGB[7]/*Schlüter* § 397 Rn. 6; Erman/*E. Wagner* § 397 Rn. 1; Soergel/*Schreiber* § 397 Rn. 8; Staudinger/*Rieble* (2017) § 397 Rn. 44, 251; BeckOK BGB/*Dennhardt* § 397 Rn. 2.

2 BeckOK BGB/*Dennhardt* § 397 Rn. 3; Staudinger/*Rieble* (2017) § 397 Rn. 51 ff.

3 BeckOK BGB/*Dennhardt* § 397 Rn. 3.

4 Vgl. nur Erman/*E. Wagner* § 397 Rn. 1 aE.

Diese Unterscheidung wird jedenfalls den weiteren Ausführungen zu Grunde gelegt. Wenn im Folgenden der „Verzicht" auf einen Anspruch behandelt wird, so ist damit der Fall eines kompensationslosen Erlassvertrages, dem dann ein Schenkungsvertrag zu Grunde liegt, gemeint (unentgeltliche Zuwendung). Der „Teilverzicht" (bzw. Erlass) im Rahmen eines Vergleichs wird hingegen in Kapitel 2[5] behandelt.

B. Verstoß gegen die Kapitalerhaltung

Schließt die Aktiengesellschaft einen Verzicht über einen ihr zustehenden Anspruch ab, so kann dies gegen die Kapitalerhaltung verstoßen.

I. Sachlicher Anwendungsbereich

Nach § 57 Abs. 1 S. 1 AktG dürfen den Aktionären die Einlagen nicht zurückgewährt werden. Gemeint ist damit nicht nur eine anlasslose Auszahlung der Einlagen, sondern jegliche Leistung, die geeignet ist, das Vermögen der AG zu reduzieren, ohne dass eine entsprechende Gegenleistung fließt (strikte Kapitalbindung).[6]

Schließt die Aktiengesellschaft einen Erlassvertrag (§ 397 Abs. 1 BGB) ab, so verliert sie dadurch ihren Anspruch (beispielweise aus einem Kaufvertrag mit dem Aktionär).[7] Da der Erlass selbst lediglich verfügender Natur ist, kommt es auf das zu Grunde liegende Kausalgeschäft an. Fließt ihr eine marktangemessene Gegenleistung zu, so ist das Geschäft neutral und zulässig. Handelt es sich bei einem Verzicht aber um einen Erlassvertrag auf Basis einer Schenkung,[8] so stellt dies eine unentgeltliche Leistung dar, welche gegen die Kapitalerhaltung verstößt.[9]

---

5 Siehe S. 105 ff.

6 *Hüffer/Koch* § 57 Rn. 2; MünchKommAktG⁴/*Bayer* § 57 Rn. 11; KölnKommAktG³/*Drygala* § 57 Rn. 16; KölnKommAktG²/*Lutter* § 57 Rn. 5; Spindler/Stilz/*Cahn/v. Spannenberg* § 57 Rn. 14; Schmidt/Lutter/*Fleischer* § 57 Rn. 11.

7 BeckOK BGB/*Dennhardt* § 397 Rn. 17; MüKoBGB⁷/*Schlüter* BGB § 397 Rn. 7.

8 Vgl. § 1 A. (S. 37).

9 Vgl. MünchKommAktG⁴/*Bayer* § 57 Rn. 45.

II. Persönlicher Anwendungsbereich

Adressaten der Kapitalerhaltung sind grundsätzlich nur Aktionäre, egal in welchem Umfang Aktien an der Gesellschaft gehalten werden.[10] Erfasst werden aber auch mittelbare Leistungen an Aktionäre bzw. mittelbare Aktionäre.[11]

Halten beispielsweise die Mitglieder des Vorstands auch nur eine Aktie, so sind sie bereits Aktionäre und Adressaten der Kapitalbindung, sodass jeglicher Verzicht auf Ansprüche deswegen ausscheiden müsste. Weil aber in börsennotierten Gesellschaften auf Grund aktienbasierter Vergütung eine Doppelstellung als Aktionär und als Mitglied der Verwaltung eher die Regel als die Ausnahme sein dürfte, müsste ein Verzicht insbesondere auch auf Ersatzansprüche aus § 93 Abs. 2 gemäß § 93 Abs. 4 S. 3 AktG auch gegenüber Mitgliedern der Verwaltung grundsätzlich ausscheiden. Deshalb ist eine einschränkende Auslegung des § 57 Abs. 1 S. 1 AktG für den Fall zu erwägen, dass der Verzicht nicht wegen der Aktionärsstellung (also *societatis causa*), sondern wegen der Stellung als Mitglied der Verwaltung erfolgt, weil dann eine Einlagenrückgewähr an den Aktionär (§ 57 Abs. 1 S. 1 AktG) nicht vorliegt.[12] Voraussetzung ist aber, dass sich der Verzicht eindeutig und ausschließlich der Sphäre als Mitglied der Verwaltung zuordnen lässt. Ist der Verzicht nämlich auch auf die Stellung als Aktionär zurückzuführen, so kommt ein Verzicht nicht in Betracht.[13]

---

10 Vgl. MünchKommAktG[4]/*Bayer* § 57 Rn. 13.

11 Vgl. dazu MünchKommAktG[4]/*Bayer* § 57 Rn. 101 ff.; KölnKommAktG[3]/*Drygala* § 57 Rn. 118 ff.; Spindler/Stilz/*Cahn/v. Spannenberg* § 57 Rn. 56 ff.; Schmidt/Lutter/*Fleischer* § 57 Rn. 30 ff.; *Hüffer/Koch* § 57 Rn. 18 f.

12 Vgl. *Flume*, Juristische Person, S. 286 ff.; *ders.* ZHR 144 (1980), 18, 22; *Wilhelm*, FS Flume II, 1978, 337, 378 ff.; Spindler/Stilz/*Cahn/v. Spannenberg* § 57 Rn. 27; KölnKommAktG[3]/*Drygala* § 57 Rn. 89; *Bezzenberger*, Kapital, S. 232 ff.; aA MünchKommAktG[4]/*Bayer* § 57 Rn. 64; *Hüffer/Koch* § 57 Rn. 11; GroßkommAktG[4]/*Henze* § 57 Rn. 47; KölnKommAktG[2]/*Lutter* § 57 Rn. 27; MHdbAG/*Wiesner* § 16 Rn. 43; Grigoleit/*Grigoleit/Rachlitz* § 57 Rn. 16.

13 Vgl. auch *Wigand*, Verzicht Vergleich, S. 343.

III. Rechtsfolgen

1. Meinungsstand zur Rechtsfolge

Es ist allgemein anerkannt, dass ein Vertrag, der die Regeln über die Kapitalerhaltung verletzt, nicht vollzogen werden darf.[14] Strittig ist aber zum einen die Begründung hierfür, jedenfalls aber die Rechtsfolge hinsichtlich des Erfüllungsgeschäfts.

Sowohl die alte Rechtsprechung[15] als auch Teile der Literatur[16] gingen davon aus, dass § 57 Abs. 1 S. 1 AktG ein gesetzliches Verbot im Sinne des § 134 BGB darstellt. Alle Rechtsgeschäfte, egal ob Verpflichtungs- oder Erfüllungsgeschäfte, sind, folgt man dieser Ansicht, nichtig.

Die Gegensicht[17], der sich auch der BGH[18] angeschlossen hat, hält das Erfüllungsgeschäft hingegen für wirksam. Das Verpflichtungsgeschäft selbst ist nach dieser Ansicht zwar ebenfalls nicht nach § 134 BGB nichtig, es darf aber nicht vollzogen werden.[19] Ein Verstoß gegen das Kapitalerhaltungsgebot löst dann nur einen Rückgewähranspruch nach § 62 Abs. 1 S. 1 AktG aus.

Hinsichtlich dieses Anspruchs ist aber wiederum strittig, ob er auf Rückabwicklung *in natura* gerichtet ist[20] oder lediglich eine Pflicht zum Wertausgleich auslöst. Die traditionelle Auffassung, welche eine Nichtigkeit des Verfügungsgeschäfts nach § 134 BGB annahm, verlangte zwingend eine

---

14 MünchKommAktG³/*Bayer* § 57 Rn. 155 mwN in Fn. 393.

15 RGZ 77, 71, 72; RGZ 107, 161, 166; RGZ 121, 99, 106; RGZ 149, 385, 400; OLG Koblenz AG 1977, 231, 232; OLG München AG 1980, 272, 273.

16 *Hüffer*, 10. Aufl. 2012, § 57 Rn. 23; KölnKommAktG²/*Lutter* § 57 Rn. 62 f.; GroßkommAktG⁴/*Henze* § 57 Rn. 203 jew. mwN.

17 Vgl. MünchKommAktG⁴/*Bayer* § 57 Rn. 227 ff.; Schmidt/Lutter/*Fleischer* § 57 Rn. 74; Spindler/Stilz/*Cahn/v. Spannenberg* § 57 Rn. 87 ff.; Grigoleit/*Grigoleit/Rachlitz* § 57 Rn. 20 ff.; *Ballerstedt*, Kapital, S. 128 ff.; *K. Schmidt*, GesR § 29 II 2; *Bitter* ZHR 168 (2004), 302, 308 ff.; *Flume* ZHR 144 (1980), 18, 23 ff.; *Wilhelm,* FS Flume II, 1978, S. 337, 384 ff.; *E. Vetter*, DK 2012, 437, 439 f.

18 BGHZ 196, 312 = NJW 2013, 1742. Zust. Anm. von *Bayer/Scholz* AG 2013, 426; *Palzer* JZ 2013, 691; *Wilsing/Meyer* EWiR 2013, 297; eher kritisch *Nodoushani* NZG 2013, 687.

19 Vgl. nur BGHZ 196, 312 Tz. 17 = NJW 2013, 1742; *Bayer/Scholz* AG 2013, 426, 427; *Rosengarten* ZHR 168 (2004), 708, 723 f.

20 BGHZ 196, 312 Tz. 19 = NJW 2013, 1742; BGH NZG 2008, 467, Tz. 9 (zur GmbH); *Hüffer/Koch* § 62 Rn. 9 mwN; *Witt* ZGR 2013, 668, 674 ff.

Rückabwicklung in gegenständlicher Natur.[21] Die neuere Lehre hingegen sieht keine zwingende Notwendigkeit zu einer gegenständlichen Rückgewähr mehr, weil ein Wertausgleich zur Kompensation ausreicht.[22] Dabei ist aber wiederum strittig, ob der Anspruch auf Wertersatz gerichtet ist, der Aktionär aber alternativ eine Rückabwicklung *in natura* verlangen kann,[23] oder umgekehrt grundsätzlich ein Anspruch auf dingliche Rückgewähr besteht, der Aktionär aber aus § 242 BGB einen Anspruch auf Anpassung des Vertrages bei Leistung der angemessenen Differenz hat.[24] Außerdem soll § 62 Abs. 1 S.1 AktG eine „flexible Rechtsfolgenbestimmung" ermöglichen.[25]

2. *Auswirkungen auf den Erlassvertrag*

Nicht explizit behandelt werden die Auswirkungen auf den Erlassvertrag und vergleichbare Dispositionen. Denn ein Erlassvertrag nach § 397 Abs. 1 BGB stellt einerseits einen schuldrechtlichen Vertrag dar, beinhaltet aber gleichzeitig auch immer eine Verfügung über den Anspruch.[26]

Die Ansicht, welche generell Nichtigkeit aller Geschäfte nach § 134 BGB annimmt,[27] kann auch problemlos von der Nichtigkeit eines Erlassvertrages nach § 134 BGB ausgehen. Der Anspruch besteht dann einfach so fort, als wenn der Verzicht nicht stattgefunden hätte.

---

21 Vgl. GHEK/*Hefermehl*/*Bungeroth* § 62 Rn. 24; GroßkommAktG[4]/*Henze* § 62 Rn. 43 f.; KölnKommAktG[2]/*Lutter* § 62 Rn. 27 jew. mwN. Tendenziell wohl auch noch BGHZ 196, 312 Tz. 19 = NJW 2013, 1742 mit Verweis auf BGH NZG 2008, 467, Tz. 9 zur GmbH.

22 *Wilhelm*, FS Flume II, 1979, S. 337, 387; *Flume* ZHR 144 (1980), 18, 24; *Joost* ZHR 148 (1984), 27, 54; *Rosengarten* ZHR 168 (2004), 708, 723 f.; *E. Vetter* DK 2012, 437, 439 f.; Grigoleit/*Grigoleit*/*Rachlitz* § 57 Rn. 23; wohl Schmidt/Lutter/*Fleischer* § 62 Rn. 18; MünchKommAktG[4]/*Bayer* § 62 Rn. 50 ff.; Spindler/Stilz/*Cahn* § 62 Rn. 22; *Hüffer*/*Koch* § 62 Rn. 10.

23 So *Flume* ZHR 144 (1980), 18, 24; Grigoleit/*Grigoleit*/*Rachlitz* § 57 Rn. 23; gegen Recht zur gegenständlichen Rückabwicklung *Rosengarten* ZHR 168 (2004), 708, 723 f.; Schmidt/Lutter/*Fleischer* § 62 Rn. 18.

24 *Hüffer*/*Koch* § 62 Rn. 10.

25 MünchKommAktG[4]/*Bayer* § 62 Rn. 50 ff., 56. Ferner Spindler/Stilz/*Cahn* § 62 Rn. 22.

26 Vgl. Nachw. in Fn. 1.

27 Vgl. Fn. 15 f.

Geht man hingegen davon aus, dass der Erlassvertrag nicht nach § 134 BGB nichtig ist, so ist wiederum wie folgt zu differenzieren:

Folgt man der Ansicht, dass alle Geschäfte wirksam sind und nur ein Anspruch auf Wertausgleich besteht,[28] so kann die Gesellschaft nach § 62 Abs. 1 S. 1 AktG Zahlung in Höhe des Wertes des erlassenen Anspruchs verlangen, bei einer Geldforderung also den Nennbetrag der erlassenen Forderung. Es wird ein Anspruch beispielsweise aus einem Kaufvertrag gegen einen Anspruch aus § 62 Abs. 1 S. 1 AktG „getauscht".

Folgt man der Ansicht, dass Erfüllungsgeschäfte zwar generell wirksam, aber über § 62 Abs. 1 S. 1 AktG *in natura* rückabzuwickeln sind,[29] so müsste konsequenterweise aus § 62 Abs. 1 S. 1 AktG ein Anspruch auf Wiedereinräumung der ursprünglichen Forderung bestehen, was wohl durch ein abstraktes Schuldversprechen zu geschehen hätte.[30] Letztlich erfordert diese Lösung dann ein zweistufiges Vorgehen: es müsste zuerst auf Wiedereinräumung der Forderung und anschließend auf Erfüllung der wieder begründeten Forderung geklagt werden. Denkbar wäre ansonsten lediglich noch, stattdessen Wertersatz wegen des Untergangs der Forderung durch Erlass zu gewähren.

3. *Stellungnahme*

Im Ergebnis ist die sinnvollste Lösung für den Fall des Verzichts unter Verstoß gegen § 57 Abs. 1 S. 1 AktG diejenige, dass man den ursprünglichen Anspruch (beispielsweise Zahlungsanspruch aus Kaufvertrag) fortbestehen lässt. Bei einem Anspruch auf Zahlung von Geld ergeben sich nach allen Ansichten auf den ersten Blick zunächst keine gravierenden Unterschiede. Es muss letztendlich einfach der geschuldete Betrag bezahlt werden.

Probleme bestehen aber hinsichtlich der Verjährungsfristen. Tritt nämlich ein Anspruch aus § 62 Abs. 1 S. 1 AktG an die Stelle des ursprünglichen Anspruchs, so verlängert sich diese Frist von 3 Jahre (§ 195 BGB) auf 10 Jahre (§ 62 Abs. 3 S. 1 AktG). Ferner beginnt die Frist nach § 62 Abs. 3 S. 1 AktG erst mit dem Erlassvertrag zu laufen, während hinsichtlich der ursprünglichen Forderung möglicherweise schon einige Zeit verstrichen ist.

---

28 Vgl. insbes. Nachw. in Fn. 23.

29 Vgl. Fn. 24.

30 Vgl. BeckOK BGB/*Dennhardt* § 397 Rn. 17; MüKoBGB[7]/*Schlüter* BGB § 397 Rn. 10: nur Neubegründung möglich, aber keine Aufhebung des Erlassvertrags.

Dies kann im Ergebnis dazu führen, dass ein Aktionär wegen des Erlassvertrages noch zahlen muss, obwohl der Anspruch an sich schon verjährt wäre.

Beispiel: Ein Aktionär kauft im Jahr 2005 einen Gegenstand bei der Gesellschaft. Im Jahr 2007 wird die Kaufpreisforderung erlassen. Im Jahr 2015 verlangt der Insolvenzverwalter der mittlerweile insolventen AG Zahlung des Kaufpreises. Hätten Gesellschaft und Aktionär nicht gehandelt, so wäre der Anspruch zum 31.12.2008 verjährt. Selbst eine Anfechtung des Verjährenlassens31 nach § 134 Abs. 1 InsO wäre nicht mehr möglich. Weil der Aktionär sich aber im Jahr 2007 auf einen Verzicht eingelassen hat und in diesem Zeitpunkt ein Anspruch aus § 62 Abs. 1 S. 1 AktG mit zehnjähriger Verjährungsfrist entstanden ist, müsste er weiterhin zahlen.

a) Gegen die Nichtigkeitslehre

Dies spricht damit an sich für die Ansicht, welche Nichtigkeit nach § 134 BGB annimmt und somit § 62 Abs. 1 S. 1 AktG nicht zur Anwendung bringen muss. Dennoch ist diese Ansicht abzulehnen. Sie ist seit der Neufassung des AktG 1965 überholt.[32] Bis zu diesem Zeitpunkt gab es keine § 62 AktG inhaltlich entsprechende Vorschrift. Damit war § 134 BGB anzuwenden. Nach dem Wortlaut des § 134 BGB wird Nichtigkeit aber nur angeordnet, „wenn sich nicht aus dem Gesetz ein anderes ergibt." Seit 1965 ergibt sich aber ein anderes, nämlich dass die gewährten Leistungen nach § 62 Abs. 1 S. 1 AktG zurückzugewähren sind. Für die Annahme einer Nichtigkeit der Rechtsgeschäfte nach § 134 BGB ist daher kein Raum mehr.[33]

Ferner entspricht die ablehnende Haltung auch der generellen Funktionsweise der Kapitalerhaltung. Es sind nicht einzelne Vermögensgegenstände geschützt, sondern das Vermögen insgesamt als abstrakte Ziffer. Hierfür ist ausreichend, dass ein Rückgewähranspruch besteht. Denn bereits dann

31 Vgl. grundsätzlich Uhlenbruck/*Hirte/Ede* § 129 Rn. 123; siehe auch MünchKommAktG[4]/*Bungeroth* § 54 Rn. 102 ff. Zu berechtigter Kritik am Willenselement bei § 134 InsO, siehe Schmidt/*K. Schmidt,* InsO, § 129 Rn. 34. Es bliebe nur noch eine Anfechtung nach § 133 Abs. 1 InsO, die aber kaum zu beweisen sein dürfte, wenn schon das Willenselement bei § 134 Abs. 1 InsO nicht nachgewiesen werden kann.

32 Siehe MünchKommAktG[4]/*Bayer* § 57 Rn. 227 mwN.

33 So auch die heute hM, siehe Fn. 17 f.

neutralisiert sich bei bilanzieller Betrachtungsweise der entstandene Vermögensabfluss.[34]

Und zuletzt führt dies auch zu einem Gleichlauf mit der herrschenden Meinung bei der GmbH. Auch dort führt ein Verstoß gegen § 30 Abs. 1 S. 1 GmbHG nicht zur Nichtigkeit des Erfüllungsgeschäfts, sondern löst nur einen Anspruch auf Erstattung nach § 31 Abs. 1 GmbHG aus.[35]

b) Gegen die reine Differenzhaftung nach § 62 Abs. 1 AktG

Abzulehnen ist ferner auch die These, dass der Anspruch nach § 62 Abs. 1 S. 1 AktG stets alleine auf die Zahlung des Differenzbetrags zwischen Marktwert des Gegenstands und vereinbartem Kaufpreis gerichtet ist.[36] Denn dies führt zu einer Vertragsanpassung kraft Gesetzes. Es entspricht aber grundsätzlich der Vorstellung des Gesetzgebers, dass Geschäfte insgesamt rückabzuwickeln sind, wenn sie nicht Bestand haben sollen (vgl. nur §§ 346 Abs. 1, 355 Abs. 3 S. 1, 812 Abs. 1 S. 1 BGB). Nur wenn die Parteien ein anderes wollen, steht ihnen der Weg der Anpassung offen. Niemand ist aber gezwungen, einen Gegenstand zu einem geringeren als dem gewünschten Wert zu veräußern, unabhängig davon wie hoch der tatsächliche Marktwert ist.[37] Einzig im Hinblick auf die Anrechnungslösung nach § 27 Abs. 3 S. 3 AktG könnte seit dem ARUG ein anderes erwogen werden. Zu bedenken ist aber, dass der Gesetzgeber mit § 27 Abs. 3 AktG eine Sonderregelung zur Korrektur einer aus seiner Sicht aus dem Ruder gelaufenen Rechtsprechung beabsichtigte.[38] Hieraus ein neues, allgemeines Prinzip entgegen den grundsätzlichen Wertungen des Privatrechts abzuleiten, ginge daher zu weit.

---

34 BGHZ 196, 312 Tz. 19 = NJW 2013, 1742.

35 Vgl. dazu BGHZ 136, 125, 129 f.; Roth/Altmeppen/*Altmeppen* § 30 Rn. 151; U/H/L/*Habersack* § 30 Rn. 119 f. mwN.

36 So tendenziell wohl Schmidt/Lutter/*Fleischer* § 62 Rn. 18; *Rosengarten* ZHR 168 (2004), 708, 723 f.

37 MünchKommAktG[4]/*Bayer* § 62 Rn. 52.

38 Begr. RegE MoMiG BT-Drucks. 16/6140 S. 40.

c) Lösung auf Basis der herrschenden Meinung

Damit verbleibt im Ergebnis die Lösung der herrschenden Meinung, welche von einer Wirksamkeit des Erfüllungsgeschäfts ausgeht und den Rückgewähranspruch nach § 62 Abs. 1 S. 1 AktG wahlweise auf Rückgewähr *in natura* oder wertmäßige Kompensation gerichtet betrachtet, letztlich die Entscheidung über die Form der Rückabwicklung aber dem Aktionär überlässt.[39]

Betrachtet man den Erlassvertrag als Erfüllungsgeschäft und denkt diese Ansicht konsequent zu Ende, so ergibt sich bei einer Verpflichtung zur Rückgewähr *in natura* ein Anspruch auf Wiedereinräumung der erloschenen Forderung. Im Hinblick auf die Verjährung könnte man davon ausgehen, dass der Anspruch aus § 62 Abs. 1 S. 1 AktG auf Wiedereinräumung des ursprünglichen Anspruchs mit den vorherigen Verjährungsfristen gerichtet ist.[40] Insgesamt läuft diese Lösung damit auf ein kompliziertes Hin und Her hinaus. Der Anspruch erlischt zunächst, um dann wieder neu begründet zu werden.

Noch schwieriger stellt sich die Situation dar, wenn man von einem direkten Anspruch auf die Differenz ausgeht. Dann bestehen grundsätzlich keine Möglichkeiten, die Verjährungsfristen abzukürzen.

Dies alles lässt sich vermeiden, wenn man es dem Schuldner nach § 242 BGB versagt, sich bereits auf ein Erlöschen des ursprünglichen Anspruchs zu berufen. Für Verpflichtungsgeschäfte wird bereits gemeinhin angenommen, dass diese bei Verstoß gegen die Kapitalerhaltungsvorschriften nicht vollzogen werden dürfen.[41] Ob man dies aus § 57 Abs. 1 S. 1 AktG unmittelbar, oder aus dem Gedanken des *dolo agit* (§ 242 BGB) folgert, ist hier unerheblich.

Wird ein Gegenstand der AG unter Verstoß gegen die Kapitalerhaltungsvorschriften an einen Aktionär übertragen, so ist das Erfordernis einer Rückübereignung zwingend. Denn die sachenrechtlichen Bestimmtheitsgrundsätze erfordern dies, um den Verkehr zu schützen. Eine Berufung auf § 242 BGB im Rahmen des Sachenrechts wäre zweifelhaft. Bei dem Erlass

---

39 Vgl. § 1 B. III. 1. (S. 40) mit Nachw.

40 Was nach § 202 BGB durchaus möglich ist, vgl. nur MünchKommBGB[7]/*Grothe* § 202 Rn. 6.

41 Siehe Fn. 14.

einer Forderung spielt der Verkehrsschutz aber eine untergeordnete Rolle, da nur das unmittelbare Verhältnis Schuldner-Gläubiger betroffen ist.

Es bietet sich daher an, dem Schuldner (Aktionär) von vorneherein eine Berufung auf ein Erlöschen der Forderung durch einen Erlassvertrag nach § 242 BGB zu verweigern, weil der Verzicht wegen Verstoßes gegen das Prinzip der Kapitalerhaltung nicht Bestand haben kann.

Dann kann die AG weiterhin aus der ursprünglichen Forderung vorgehen und auch die Verjährungsproblematik[42] erledigt sich.

4. *Zwischenergebnis*

Ein Erlassvertrag, der auf Basis eines gegen die Kapitalerhaltung verstoßenden Verzichts geschlossen wird, führt nicht zu einem Erlöschen des Anspruchs. Dem Aktionär ist es nach § 242 BGB („*dolo agit*") verboten, sich auf das Erlöschen zu berufen; der Anspruch besteht einfach fort.

IV. Vertragskonzern

Besteht ein Vertragskonzern nach § 291 Abs. 1 AktG, so ist die Anwendung der Vorschriften über die Kapitalbindung suspendiert (§ 57 Abs. 1 S. 3 Alt. 1 AktG/§ 291 Abs. 3 AktG). Sie stehen damit einem Verzicht nicht mehr entgegen. An die Stelle der Kapitalbindung tritt die Pflicht zur Verlustübernahme nach § 302 Abs. 1 AktG.[43] Im Vertragskonzern kann also aus der Kapitalerhaltung kein Hindernis für einen Verzicht abgeleitet werden.

V. Ergebnis

Ein Verzicht gegenüber einem Aktionär oder einer gleichgestellten Person verstößt gegen das Gebot der Kapitalerhaltung (§ 57 Abs. 1 S. 1 AktG). Der Anspruch existiert dann einfach fort, weil der Aktionär sich auf das Erlöschen des Anspruchs nicht berufen darf. Im Vertragskonzern findet die Kapitalerhaltung hingegen keine Anwendung und hindert dort auch keinen Verzicht.

---

42 Siehe Beispiel oben (S. 43).

43 BGHZ 103, 1, 10; *Hüffer/Koch* § 302 Rn. 3; Emmerich/Habersack/*Emmerich* § 302 Rn. 3; MünchKommAktG[4]/*Altmeppen* § 302 Rn. 9; GroßkommAktG[4]/*Hirte* § 302 Rn. 4; Henssler/Strohn/*Paschos* AktG § 302 Rn. 2; Grigoleit/*Servatius* § 302 Rn. 1; *Gärtner* AG 2014, 793, 794 f.

C. Insolvenzrechtliche Auswirkungen

Reicht das gebundene Vermögen bzw. die liquiden Mittel voraussichtlich nicht mehr zur Erfüllung aller ausstehenden Verbindlichkeiten der Gesellschaft aus, so soll durch das Insolvenzverfahren sichergestellt werden, dass wenigstens alle Gläubiger eines Insolvenzschuldners gleichmäßig befriedigt werden (*par conditio creditorum*, s. § 1 S. 1 InsO) und die Gesellschaft im Übrigen vom Marktgeschehen ausgeschlossen wird.[44] Mit Eröffnung des Insolvenzverfahrens verliert die Aktiengesellschaft, vertreten durch die Vorstände, ihre Dispositionsbefugnis über das Gesellschaftsvermögen, welche auf den Insolvenzverwalter übergeht, § 80 Abs. 1 InsO. Im eröffneten Insolvenzverfahren ist daher der Abschluss eines Erlassvertrages ausgeschlossen und ein dennoch vereinbarter Verzicht unwirksam, § 81 Abs. 1 S. 1 InsO.[45]

Zu untersuchen bleibt daher nur noch, welche Auswirkung die Eröffnung des Insolvenzverfahrens auf einen bereits getätigten Verzicht über die Insolvenzanfechtungstatbestände (§§ 129 ff. InsO)[46] hat.

I. Allgemeine Voraussetzungen

Der Verzicht auf einen Anspruch stellt, da er auf einem Schenkungsvertrag und einem Erlassvertrag basiert, eine Rechtshandlung im Sinne des § 129 Abs. 1 InsO dar.[47] Weil die Gesellschaft durch den Erlassvertrag ihren Anspruch verliert, wird das der Befriedigung aller Gläubiger dienende Vermögen reduziert. Dies stellt grundsätzlich eine Gläubigerbenachteiligung dar.[48]

---

44 Vgl. Schmidt/*K. Schmidt/Herchen*, InsO, § 15a Rn. 1. Für Kapitalgesellschaften sieht § 15a Abs. 1 S. 1 InsO dementsprechend eine strafbewährte Pflicht zur Stellung eines Insolvenzantrags vor, wenn ein Insolvenzgrund der Zahlungsunfähigkeit oder Überschuldung vorliegt.

45 Vgl. Schmidt/*Sternal*, InsO, § 81 Rn. 4.

46 Geprüft wird im Folgenden ausschließlich die Anfechtung nach §§ 129 ff. InsO. Die ermittelnden Ergebnisse gelten ebenso für Anfechtungen nach dem AnfG, soweit dort entsprechende Anfechtungstatbestände vorgesehen sind. Auf das AnfG wird im Übrigen nicht näher eingegangen.

47 Vgl. Uhlenbruck/*Hirte/Ede* § 129 Rn. 86; K/P/B/*Ehricke* § 129 Rn. 36; Schmidt/*K. Schmidt*, InsO, § 129 Rn. 4; MünchKommInsO/*Kayser* § 129 Rn. 7 ff.

48 Vgl. Uhlenbruck/*Hirte/Ede* § 129 Rn. 159 ff.; K/P/B/*Ehricke* § 129 Rn. 86 f.; Schmidt/*K. Schmidt*, InsO, § 129 Rn. 50 ff.; MünchKommInsO/*Kayser* § 129 Rn. 77 ff.

II. Anfechtung nach § 133 Abs. 1 InsO

Möglich ist zunächst, dass der Verzicht rückwirkend für 10 Jahre nach § 133 Abs. 1 InsO anfechtbar ist. Dafür müsste zunächst der Insolvenzschuldner, für die Aktiengesellschaft also der handelnde Organwalter, mit Vorsatz der Gläubigerbenachteiligung gehandelt haben. Benachteiligungsvorsatz liegt vor, wenn die handelnde Person die Gläubigerbenachteiligung jedenfalls als mutmaßliche Folge seines Handelns gebilligt hat.[49] Auf der Gegenseite müsste dieser Vorsatz erkannt worden sein. Dabei reicht es aber schon aus, wenn es für möglich gehalten wurde, dass die Handlung die Gläubiger benachteiligt.[50]

Ob im Einzelfall der erforderliche Vorsatz auf beiden Seiten vorliegt, ist im Rahmen einer Gesamtwürdigung anhand von Indizien festzustellen.[51] Teilweise wurde vom BGH dabei auch schon die bloße Unentgeltlichkeit einer Leistung als Indiz gewertet,[52] was beim Verzicht als unentgeltliche Leistung faktisch immer die Anfechtung nach § 133 Abs. 1 InsO begründen könnte.[53] Jedenfalls bei Kenntnis der Zahlungsunfähigkeit ist aber bereits nach § 133 Abs. 1 S. 2 InsO zu vermuten, dass eine vorsätzliche Gläubigerbenachteiligung vorliegt.

Ob daher ein Erlassvertrag nach § 133 Abs. 1 S. 1 InsO anfechtbar ist, hängt von den konkreten Umständen des Einzelfalls ab.

III. Anfechtung nach § 134 Abs. 1 InsO

Unabhängig davon kommt aber eine Anfechtung für 4 Jahre rückwirkend ab dem Insolvenzantrag nach § 134 Abs. 1 InsO wegen einer unentgeltlichen Leistung in Betracht.

Handelt es sich bei einem „Verzicht“ um eine Schenkung, so begründet alleine dies schon die Unentgeltlichkeit.[54] Im Übrigen reicht es aber auch

---

49 Vgl. nur zuletzt BGHZ 167, 190 Tz. 14; BGH NJW 2007, 2325 Tz. 26; Uhlenbruck/*Ede*/*Hirte* § 133 Rn. 35 jew. mwN.

50 Uhlenbruck/*Ede*/*Hirte* § 133 Rn. 37.

51 BGH ZIP 2009, 1966 Tz. 8; Uhlenbruck/*Ede*/*Hirte* § 133 Rn. 61; K/P/B/*Bork* § 133 Rn. 26.

52 BGH NZI 2005, 678; BGH ZIP 2002, 85, 87.

53 Kritisch daher K/P/B/*Bork* § 133 Rn. 52; *ders.* ZIP 2008, 1041, 1045.

54 BGH NJW 2012, 2099 Tz. 28: „Der Erlass einer werthaltigen Forderung ohne Gegenleistung ist grundsätzlich als unentgeltlich zu bewerten“; vgl. auch

aus, dass die Leistung nur teilweise unentgeltlich ist, sobald der den Parteien zustehende Ermessensspielraum überschritten wurde.[55]

Im Ergebnis bedeutet dies, dass ein Verzicht rückwirkend für vier Jahre in der Insolvenz angefochten werden kann.

IV. Rechtsfolge

Wird der Verzicht erfolgreich angefochten, so ist die erhaltene Leistung zurückzugewähren, § 143 Abs. 1 S. 1 InsO. Gemeint ist damit grundsätzlich eine Rückgewähr *in natura*.[56] Ob man hieraus folgert, dass der erlassene Anspruch durch ein abstraktes Schuldversprechen erneut zu begründen ist,[57] oder aber gleich Wertersatz geschuldet wird, kann dahinstehen.[58] Man kann dem Anfechtungsgegner aber auch einfach verweigern, sich auf den Erlass berufen zu dürfen, sodass ein unmittelbarer Zahlungsanspruch besteht.[59]

V. Ergebnis

Im Ergebnis bedeutet dies, dass ein Erlassvertrag, wenn ihm nicht ausnahmsweise ein solides Austauschgeschäft oder ein angemessener Vergleich zu Grunde liegt, jedenfalls innerhalb von 4 Jahren nach § 134 Abs. 1 InsO angefochten werden kann, gegebenenfalls sogar nach § 133 Abs. 1 InsO innerhalb von 10 Jahren.

Uhlenbruck/*Ede/Hirte* § 134 Rn. 53; Schmidt/*Ganter/Weinland*, InsO, § 134 Rn. 34.

55 BGH NZI 2004, 376 Tz. 39; Uhlenbruck/*Ede/Hirte* § 134 Rn. 34; MünchKommInsO/*Kirchhof* § 134 Rn. 41.

56 Schmidt/*Büteröwe*, InsO, § 143 Rn. 7.

57 So grundsätzlich K/P/B/*Jacoby* § 143 Rn. 35.

58 Der Nachteil einer Pflicht zur Leistung von Wertersatz zeigt sich vor allem dann, wenn die erlassene Forderung noch nicht fällig war. In diesem Falle müsste an sich nicht sofort geleistet werden. Besteht nun aber eine Wertersatzpflicht, so wird der Anspruch hierdurch faktisch sofort „fällig gestellt".

59 Schmidt/*Büteröwe*, InsO, § 143 Rn. 10; Uhlenbruck/*Hirte/Ede* § 143 Rn. 203; K/P/B/*Jacoby* § 143 Rn. 36 unter Berufung auf BGH ZIP 1989, 1611, 1613. Ähnlich schon zur Kapitalerhaltung oben § 1 B. III. 3. c) (S. 45).

D. Begrenzung durch Zuständigkeitsordnung der AG

Unabhängig davon, ob ein Verzicht im Interesse der Gläubiger an der Kapitalerhaltung scheitert oder in der Insolvenz der Gesellschaft angefochten werden kann, stellt sich die Frage, inwieweit die Aktiengesellschaft durch ihre Organe überhaupt einen Verzicht abschließen kann und darf.

I. Erlass durch Vorstand oder Aufsichtsrat

Die Führung der Geschäfte der Aktiengesellschaft obliegt grundsätzlich dem Vorstand in eigener Verantwortung (§ 76 Abs. 1 AktG), der im Außenverhältnis auch die Vertretung der Gesellschaft übernimmt (§ 78 Abs. 1 S. 1 AktG). Lediglich wenn es um Rechtsgeschäfte mit Mitgliedern des Vorstands selbst geht, handelt der Aufsichtsrat für die Gesellschaft (§ 112 S. 1 AktG).

1. Innenverhältnis

Der Vorstand[60] ist bei der Führung der Geschäfte an den Zweck der Gesellschaft und den Unternehmensgegenstand der Satzung gebunden.[61] Im Regelfall ist Zweck der Gesellschaft, langfristig Gewinne zu erzielen.[62] Nur in diesem Rahmen ist der Vorstand berechtigt, sein unternehmerisches Ermessen auszuüben, wobei er auch die Interessen der Arbeitnehmer und des Gemeinwohls zu berücksichtigen hat.[63] Überschreitet er diesen Rahmen, so haftet er ggf. auf Schadensersatz (§ 93 Abs. 2 AktG).

Der Verzicht auf einen Anspruch, so gering auch seine Durchsetzungschancen sind, ist aber für die Gesellschaft nachteilig, da keine angemessene

---

60 Gleiches gilt für den Aufsichtsrat, soweit dieser zuständig ist (vgl. nur MünchKommAktG[4]/*Habersack* § 116 Rn. 16 ff.).

61 MünchKommAktG[4]/*Spindler* Vor § 76 Rn. 47; *Hüffer/Koch* § 23 Rn. 21.

62 OLG Hamm AG 1995, 512, 514; MünchKommAktG[4]/*Spindler* Vor § 76 Rn. 48; KölnKommAktG[3]/*Mertens/Cahn* § 76 Rn. 21; Spindler/Stilz/*Fleischer* § 76 Rn. 21 ff.; NK-AktG/*Oltmanns* § 76 Rn. 8; Hölters/*Weber* § 76 Rn. 19; *Hüffer*, FS Raiser, 2005, S. 163, 168.

63 *Hüffer/Koch* § 76 Rn. 28 ff.; Spindler/Stilz/*Fleischer* § 76 Rn. 42 jew. mwN. Stellt sich ein Verzicht als „Spende" zu Gunsten eines förderungswürdigen Projekts dar, kann dieser im Einzelfall auch einmal zulässig sein (zu Einzelfällen vgl. Spindler/Stilz/*Fleischer* § 76 Rn. 45 ff.).

Kompensation erfolgt.[64] Sie verliert durch den Verzicht, ohne einen vermögensmäßigen Vorteil zu erhalten. Der Verzicht auf Ansprüche dient damit im Regelfall nicht der Gewinnerzielung der Gesellschaft und damit ihrem Gesellschaftszweck. Dies bedeutet aber wiederum, dass der Vorstand in eigener Kompetenz nicht einfach auf Ansprüche verzichten darf.[65]

2. *Außenverhältnis*

Damit steht aber noch nicht fest, welche Folgen ein im Innenverhältnis unzulässiger Verzicht auf das Außenverhältnis hat. Grundsätzlich steht dem Vorstand eine unbeschränkbare Vertretungsmacht zu (§ 82 Abs. 1 AktG). Auch wenn ein Erlassvertrag nach dem Innenverhältnis nicht geschlossen werden durfte, so ist er im Außenverhältnis grundsätzlich wirksam.[66]

Denkbar ist aber, dass er an kollusivem Handeln (§ 138 Abs. 1 BGB) bzw. einem evidenten Missbrauch der Vertretungsmacht (§ 242 BGB) scheitert.

a) Anwendbarkeit in der AG

Unstreitig ist ein Rechtsgeschäft, bei dem der Vorstand kollusiv mit einem Dritten zum Schaden der Gesellschaft zusammenwirkt, unwirksam.[67]

Umstritten ist aber, inwieweit die Regeln über den evidenten Missbrauch der Vertretungsmacht[68] auch auf Vorstände einer AG anwendbar sind. Nach der Rechtsprechung reicht es für den evidenten Missbrauch der Vertretungsmacht aus, wenn der Vertreter (Vorstand) seine Befugnisse aus dem Innenverhältnis überschreitet und die andere Seite dies erkennt bzw. zwar nicht erkennt, die Überschreitung aber objektiv evident war.[69] Auf eine bewusste

---

64 Vgl. bereits § 1 A. (S. 37).

65 Vgl. auch GroßkommAktG[5]/*Hopt*/*Roth* § 93 Rn. 199.

66 Vgl. MünchKommAktG[4]/*Spindler* § 82 Rn. 27; KölnKommAktG[3]/*Mertens*/*Cahn* § 82 Rn. 5 ff.; *Hüffer*/*Koch* § 82 Rn. 3; Wachter/*Eckert* § 82 Rn. 3; Hölters/*Weber* § 82 Rn. 7.

67 RGZ 145, 311, 315; BGHZ 50, 112, 114; BGH NZG 2004, 139, 140; *Hüffer*/*Koch* § 82 Rn. 6; MünchKommAktG[4]/*Spindler* § 82 Rn. 59; KölnKommAktG[3]/*Mertens*/*Cahn* § 82 Rn. 45; Spindler/Stilz/*Fleischer* § 82 Rn. 13; MünchKommBGB[7]/*Schubert* § 164 Rn. 212 f.; Staudinger/*Schilken* (2014) § 167 Rn. 93; *Flume*, Das Rechtsgeschäft, S. 788 ff.

68 Allgemein dazu MünchKommBGB[7]/*Schubert* § 164 Rn. 214 ff.

69 RGZ 134, 67, 72; RGZ 145, 311, 315; BGHZ 50, 112, 114; BGH NJW 2006, 2776 Tz. 2 f.

Nachteilszufügung durch den Vertreter (Vorstand) soll es hingegen nicht ankommen.[70]

Letzteres ist teilweise auf Kritik gestoßen:[71] Auf das Erfordernis, dass wenigstens ein Mitglied des Vorstands vorsätzlich handele, könne nicht verzichtet werden. Die unbeschränkbare Vertretungsmacht diene nicht nur dem Verkehrsschutz, sondern solle die juristische Person mit natürlichen Personen gleichstellen. Gegenüber natürlichen Personen können aber Verhandlungspartner auch Geschäftschancen aus evidenten Fehleinschätzungen nutzen. Gleiches müsse für die Aktiengesellschaft gelten.

Gegen diese Kritik wird von der hM zutreffend vorgebracht, dass sie auf einem zu weiten Begriff des Missbrauchs beruhe.[72] Außerdem könne die Tatsache, dass schon das Organmitglied die Überschreitung nicht erkannt habe, als Indiz dafür gewertet werden, dass auch der anderen Seite der Missbrauch nicht evident war.[73] Insgesamt sind die Grundsätze über den evidenten Missbrauch der Vertretungsmacht auf den Vorstand einer AG daher ebenso anzuwenden wie in allen anderen Situationen einer Stellvertretung auch.

b) Bedeutung für den Verzicht

Stellt ein Verzicht einen Verstoß gegen die im Innenverhältnis bestehenden Pflichten dar,[74] liegt ein evidenter Missbrauch der Vertretungsmacht zumeist auf der Hand. Der Schuldner muss sich bewusst sein, dass der Vorstand das Vermögen der Gesellschaft nicht anlasslos weggeben darf. Damit kann

---

70 BGH NJW 2006, 2776 Tz. 2 f. Zustimmend *Hüffer/Koch* § 82 Rn. 7; Spindler/Stilz/*Fleischer* § 82 Rn. 14; GroßkommAktG[5]/*Habersack/Foerster* § 82 Rn. 12; Bürgers/Körber/*Bürgers/Körber* § 82 Rn. 6; MünchKommAktG[4]/*Spindler* § 82 Rn. 63 mwN in Fn. 150.

71 Grigoleit/*Vedder* § 82 Rn. 10 ff.; *ders.*, Missbrauch der Vertretungsmacht, S. 104 ff.; *ders.* GmbHR 2008, 736, 737 ff.; *ders.* JZ 2008, 1077, 1078 ff.; KölnKommAktG[3]/*Mertens/Cahn* § 82 Rn. 47; *Hüffer*, AktG, 10. Aufl. 2012, § 82 Rn. 7. Weitere Nachw. aus der älteren Literatur bei MünchKommAktG[4]/*Spindler* § 82 Rn. 63 in Fn. 150.

72 *Hüffer/Koch* § 82 Rn. 7.

73 MünchKommAktG[4]/*Spindler* § 82 Rn. 63; Spindler/Stilz/*Fleischer* § 82 Rn. 14.

74 Siehe schon § 1 D. I. 1. (S. 50).

sich der Schuldner im Regelfall auf den Erlassvertrag nicht berufen und der Anspruch existiert fort.

II. Verzicht unter Beteiligung der Hauptversammlung

Es stellt sich damit noch die Frage, wann es in der Aktiengesellschaft überhaupt einen (kompensationslosen) Verzicht auf einen Anspruch gegenüber Nichtaktionären[75] geben kann. Anderenfalls wäre eine Ausübung der Privatautonomie im Sinne eines „selbstherrlichen" Verhaltens[76] für die Aktiengesellschaft ausgeschlossen.

Der Vorstand kann weder alleine noch unter Beteiligung des Aufsichtsrats auf Ansprüche verzichten, weil er damit gegen seine Pflichtbindung verstößt.[77] Zu überlegen ist aber, ob ein Verzicht bei Beteiligung der Hauptversammlung möglich ist. Grundsätzlich hat der Vorstand über Geschäftsvorfälle in eigener Verantwortung zu entscheiden, § 76 Abs. 1 AktG. Eine Entscheidungsfindung über eine Frage der Geschäftsführung durch die Hauptversammlung kann der Vorstand aber über § 119 Abs. 2 AktG herbeiführen; er ist dann nach § 83 Abs. 2 AktG zum Vollzug verpflichtet.

Nicht vorgesehen ist hingegen nach dem Wortlaut des § 119 Abs. 2 AktG, dass der Aufsichtsrat die Hauptversammlung mit Fragen der Geschäftsführung beschäftigt. Dies ist insoweit konsequent, als der Vorstand Maßnahmen der Geschäftsführung grundsätzlich unabhängig treffen soll (§ 76 Abs. 1 AktG) und anderenfalls der Aufsichtsrat gemeinsam mit der Hauptversammlung Entscheidungen entgegen dem Willen des Vorstands herbeiführen könnte.[78] Obliegt die Entscheidung über eine Maßnahme (insbesondere Disposition über Ansprüche gegen Mitglieder des Vorstands) aber dem Aufsichtsrat, so droht dem Vorstand über eine Vorlage an die Hauptversammlung auch nicht ein Unterlaufen seiner Geschäftsführungsbefugnisse.

---

75 Für Aktionäre und gleichgestellte Personen hindert die Kapitalerhaltung einen Erlass, sofern nicht eine marktübliche Gegenleistung fließt, s. § 1 B. (S. 38). Die Frage eines Verzichts erledigt sich damit insoweit.

76 Siehe *Flume*, Das Rechtsgeschäft, S. 6 f.; Einführung B. I. (S. 28).

77 Vgl. § 1 D. I. (S. 50).

78 Deswegen wurde nach der Begr zum RegE 1965 eine Erstreckung der Vorlagebefugnis auf den Aufsichtsrat auch abgelehnt, vgl. *Kropff*, AktG, S. 165.

Entgegen immer noch verbreiteter Stimmen[79] spricht dann aber für diesen Fall auch nichts dagegen, dem Aufsichtsrat eine Vorlage an die Hauptversammlung nach § 119 Abs. 2 AktG analog zu eröffnen.[80]

1. *Zulässigkeit der Vorlage*

Strittig ist, unter welchen Bedingungen die Vorlage erfolgen darf, insbesondere ob der Vorstand (bzw. alternativ der Aufsichtsrat bei dessen Zuständigkeit) bei der Vorlageentscheidung einer Pflichtbindung (§ 93 Abs. 1 AktG) unterliegt.

a) Meinungsstand zur Pflichtbindung

Nach der wohl herrschenden Lehre kann der Vorstand grundsätzlich nach freiem Ermessen entscheiden, ob er eine Frage der Hauptversammlung vorlegt.[81] Das Ermessen des Vorstands soll erst dort enden, wo eine Ungleichbehandlung der Aktionäre intendiert ist (*Beispiel: Verkauf eines Grundstücks unter Wert an Mehrheitsaktionär*).[82]

Soweit es um die Beteiligung der Hauptversammlung bei Verzicht und Vergleich hinsichtlich Ersatzansprüchen (§ 93 Abs. 4 S. 3 AktG) geht, soll der Aufsichtsrat bei der Vorlageentscheidung nach einer Ansicht hingegen an die ARAG/Garmenbeck-Grundsätze gebunden sein.[83] Diesem Verständnis wurde entgegengehalten, § 93 Abs. 4 S. 3 AktG erlaube auch den Verzicht durch die Gesellschaft und die Hauptversammlung dürfe die Gesellschaft schädigen.[84] Ferner wird eine Anwendung der ARAG/Garmenbeck-Grundsätze teilweise auch abgelehnt, weil durch die Pflicht des Aufsichtsrats zur

---

79 *Hüffer/Koch* § 119 Rn. 13; MünchKommAktG[4]/*Kubis* § 119 Rn. 20; *Dietz-Vellmer* NZG 2014, 721, 724.

80 Ausführlich *Fischbach* ZIP 2013, 1153, 1155 f.; vgl. ferner *Schüppen* ZIP 2010, 905, 909; Schmidt/Lutter/*Spindler* § 119 Rn. 15; Spindler/Stilz/*Hoffmann* § 119 Rn. 14a.

81 MünchKommAktG[4]/*Spindler* § 119 Rn. 22; Spindler/Stilz/*Hoffmann* § 119 Rn. 14; GroßkommAktG[5]/*Mülbert* § 119 Rn. 199; Grigoleit/*Herrler* § 119 Rn. 14

82 MünchKommAktG[4]/*Kubis* § 119 Rn. 22; Schmidt/Lutter/*ders.* § 119 Rn. 17; GroßkommAktG[5]/*Mülbert* § 119 Rn. 200.

83 So *Hasselbach* DB 2010, 2037, 2040; *ders.* NZG 2016, 890, 891.

84 *Bayer/Scholz* ZIP 2015, 149, 151 ff.

Geltendmachung von Ansprüchen nur das Verfahren nach § 93 Abs. 4 S. 3 AktG geschützt werden solle.[85] Allerdings soll nach verbreiteter Auffassung die Business Judgement Rule Anwendung finden.[86]

b) Stellungnahme

Bei der Frage der Ermessensbindung des vorlegenden Organs (Vorstand oder Aufsichtsrat) handelt es sich um ein Scheinproblem.

Kraft eigener Geschäftsführungskompetenz dürfte der Vorstand keine die Gesellschaft schädigende Maßnahme beschließen. Würde man die Geschäftsführungsbefugnis der Hauptversammlung nach § 119 Abs. 2 AktG (bzw. entsprechend bei § 93 Abs. 4 S. 3 AktG) als ausschließlich von der Geschäftsführungsbefugnis des Vorstands/Aufsichtsrats abgeleitete Befugnis verstehen, so dürfte die Hauptversammlung auch nur Maßnahmen beschließen, welche der Vorstand/Aufsichtsrat genauso gut alleine hätte beschließen dürfen.

Eine solche Auslegung wird der Rolle der Hauptversammlung aber nicht gerecht. Die Hauptversammlung unterliegt keiner strengen Pflichtbindung entsprechend § 93 Abs. 1 AktG und ist vielmehr im Grundsatz zur selbstherrlichen Ausübung der Privatautonomie berufen. Sie kann über die Satzungsautonomie die Pflichtbindung des Vorstands letztlich steuern und ändern, soweit der Gesetzgeber nicht zwingende Vorgaben gemacht hat.[87] Jedenfalls unter Zustimmung aller Aktionäre könnte sogar der Gesellschaftszweck gem. § 33 Abs. 1 S. 2 BGB geändert werden und damit das Pflichtprogramm des Vorstands vollständig umgestellt werden.[88]

Sie muss daher grundsätzlich auch das Recht haben, eine *„Selbstschädigung zu beschließen, soweit der Schutz der Gesellschaftsgläubiger gewahrt bleibt“*.[89] Dann muss ihr auch zugestanden werden, dass sie grundsätzlich

---

85 *Dietz-Vellmer* NZG 2011, 248, 250 f.

86 *Dietz-Vellmer* NZG 2011, 248, 250 ff.; GroßkommAktG^{5}/*Hopt/Roth* § 93 Rn. 503; *Hüffer/Koch* § 93 Rn. 76; Schmidt/Lutter/*Krieger/Sailer-Coceani* § 93 Rn. 67.

87 *Flume*, Die juristische Person, S. 189 ff.

88 *Hüffer/Koch* § 179 Rn. 33; Spindler/Stilz/*Holzborn* § 179 Rn. 59 f.; Schmidt/Lutter/*Seibt* § 179 Rn. 10.

89 BGHZ 202, 26 = ZIP 2014, 1728 Tz. 20; vgl. auch *Bayer/Scholz* ZIP 2015, 149, 151. Zu ergänzen wäre aber noch „und der Schutz der Minderheitsaktionäre“.

Maßnahmen beschließt, welche der Vorstand alleine nicht hätte beschließen dürfen.

Eine Anwendung der Business Judgement Rule bzw. der ARAG/Garmenbeck-Grundsätze auf den Inhalt der Vorlageentscheidung ergibt für den Fall der Vorlage zum Verzicht dann keinen Sinn. Denn der Vorstand/Aufsichtsrat muss Ansprüche geltend machen.[90] Ein kompensationsloser Verzicht ist das komplette Gegenteil davon. Auch die vom BGH vorgesehene Rückausnahme, dass *„gewichtige Interessen und Belange der Gesellschaft"* einer Pflicht zur Durchsetzung der Ansprüche entgegenstehen können,[91] hilft insoweit kaum weiter. Denn ein kompensationsloser Verzicht kann nicht den Interessen der Gesellschaft dienen.

Der herrschenden Lehre ist umgekehrt insoweit zuzustimmen, dass der Vorstand eine Entscheidung der Hauptversammlung nicht vorlegen darf, wenn von Anfang an feststeht, dass kein wirksamer Beschluss erzielt werden kann. Im Beispiel des Verkaufs eines Grundstücks unter Wert an den Mehrheitsaktionär[92] folgt die Unwirksamkeit bereits aus dem Verstoß gegen das Gebot der Kapitalerhaltung (§ 241 Nr. 3 AktG).[93] Steht von Anfang an fest, dass ein Beschluss der Hauptversammlung nichtig sein wird, so ist bereits die Vorlage als pflichtwidrig zu betrachten, weil dann nur unnötiger Aufwand für die Durchführung der Hauptversammlung entsteht, obwohl kein Ergebnis erzielt werden kann. Entstehen der Gesellschaft Kosten für die sinnlose Durchführung der Versammlung und/oder nachfolgende Prozesse,

---

90 Dies folgt aus der Bindung an die Satzung (vgl. nur § 1 D. I. 1. [S. 50]) und entgegen *Dietz-Vellmer* (NZG 2011, 248, 250 f.) somit nicht aus § 93 Abs. 4 S. 3 AktG; vgl. auch GroßkommAktG[5]/*Hopt/Roth* § 93 Rn. 199 mwN. Legt der Vorstand/Aufsichtsrat ein Geschäft zur Entscheidung an die Gesellschaft vor, so muss er diese hierüber freilich zutreffend informieren. Insbes. bedeutet dies, dass er haftet, wenn er unangemessene, für die Gesellschaft schädliche Geschäfte auf Grund mangelhafter Vorbereitung als angemessene, im Interesse der Gesellschaft liegende Geschäfte darstellt. Dies hat aber keine Auswirkungen auf die Zulässigkeit der Vorlage als solche.

91 BGHZ 135, 244 = NJW 1997, 1926, 1928.

92 Vgl. Fn. 82.

93 Vgl. BGH NZG 2012, 1030 Tz. 13; *Hüffer/Koch* § 241 Rn. 18; Spindler/Stilz/*Würthwein* § 241 Rn. 211; MünchKommAktG[4]/*Hüffer/Schäfer* § 241 Rn. 55.

so muss der Vorstand (bzw. Aufsichtsrat) diese konsequenterweise nach § 93 Abs. 2 AktG ersetzen.

Zu fragen ist aber, ob der Vorstand/Aufsichtsrat auch eine die Gesellschaft schädigende Maßnahme zur Entscheidung an die Hauptversammlung vorlegen darf, wenn der Beschluss zwar nicht nichtig, aber gegebenenfalls anfechtbar ist. Auch hier muss gelten, dass der Vorstand/Aufsichtsrat der Gesellschaft unnötigen Aufwand zu ersparen hat. Es kann nicht allein ausreichen, dass plausible Gründe für die Annahme bestehen, dass die Hauptversammlung zustimmt.[94] Es muss vielmehr plausible Gründe für die Annahme geben, dass ein gesetzmäßiger Beschluss zustande kommen wird, den der Vorstand/Aufsichtsrat dann auch vollziehen kann und muss. Dabei ist auch miteinzubeziehen, dass der Vorstand/Aufsichtsrat unter Umständen nach § 245 Nr. 5 AktG verpflichtet ist, den zustimmenden Beschluss anzufechten, um nicht selbst in eine Schadensersatzhaftung zu kommen. Steht aber praktisch schon fest, dass der Vorstand Anfechtungsklage erheben wird und den Beschluss dadurch beseitigen wird, so erübrigt sich auch die Vorlage als von Anfang widersprüchliche Maßnahme. Nur hinsichtlich der Einschätzung, ob am Ende ein vollziehbarer Beschluss zu erwarten ist, kann man eine Anwendung der Business Judgement Rule befürworten.

Die eigentliche Frage ist daher, unter welchen Umständen ein einem Verzicht zustimmender Beschluss der Hauptversammlung angefochten werden kann und wann der Vorstand/Aufsichtsrat anfechten muss. Diese Auswirkungen hat der Vorstand bei Ausübung seines Vorlageermessens zu berücksichtigen.

c) Zwischenergebnis

Im Ergebnis ist eine Vorlage damit dann zulässig, wenn ein gesetzmäßiger Hauptversammlungsbeschluss zu erwarten ist. Bei einem Verzicht auf Ansprüche gegen Aktionäre ist dies wegen § 241 Nr. 3 AktG niemals möglich. Geht es hingegen um einen Verzicht auf Ansprüche gegenüber sonstigen Personen, so ist zumindest denkbar, dass ein gesetzmäßiger Beschluss zustande kommt. Legt der Vorstand/Aufsichtsrat hingegen vor, obwohl ein gesetzmäßiger Beschluss nach allen Umständen des Einzelfalls unter

94 So aber wohl *Bayer/Scholz* ZIP 2015, 149.

Berücksichtigung seiner Pflicht zur Anfechtung von Hauptversammlungsbeschlüssen praktisch nicht zu erreichen ist, so bürdet er der Gesellschaft unter Umständen die Kosten einer unnützen Hauptversammlung oder Prozesskosten auf. Für diese Kosten muss er dann nach § 93 Abs. 2 (ggf. iVm § 116 S. 1) AktG aber haften. Ob die Vorlage dann nichtig und die Hauptversammlung deswegen schon nicht zuständig, oder aber der Beschluss, gegebenenfalls nach einer Anfechtung, nichtig ist, spielt im Ergebnis keine Rolle.

2. *Anfechtbarkeit eines zustimmenden Beschlusses*

Beschließt die Hauptversammlung auf Vorlage durch den Vorstand oder Aufsichtsrat mit Mehrheit, dass die Gesellschaft auf einen Anspruch verzichten soll, so stellt sich die Frage der Anfechtbarkeit des Beschlusses.

a) Stand der Literatur

Soweit es um die Beteiligung der Hauptversammlung bei Verzicht und Vergleich auf Ersatzansprüche geht, wird im Schrifttum lediglich darauf verwiesen, dass es hierbei nicht um Grundlagenbeschlüsse im Sinne von Kali + Salz[95] handelt und eine materielle Beschlusskontrolle daher nicht in Betracht komme.[96] Es könne aber im Einzelfall ein „Missbrauch des Stimmrechts" vorliegen.[97] Andere dagegen lehnen eine Anfechtungsmöglichkeit deswegen ab, weil bei einem Verzicht auf Ansprüche gegen andere Personen als Aktionäre alle Aktionäre gleichmäßig geschädigt werden und daher keine Ungleichbehandlung oder die Gewährung eines Sondervorteils vorliege.[98]

b) Stellungnahme

Insgesamt ist der Verweis auf Kali + Salz wenig zielführend. Richtig ist, dass es sich bei einer Entscheidung der Hauptversammlung über einen Verzicht und/oder Vergleich nicht um einen Grundlagenbeschluss iSd Kali + Salz

---

95 BGHZ 71, 40.

96 *Dietz-Vellmer* NZG 2011, 248, 252; *Fleischer* AG 2015, 133, 136 f.; *Hüffer/Koch* § 93 Rn. 78.

97 *Fleischer* AG 2015, 133, 136 f.; *Dietz-Vellmer* NZG 2011, 248, 252.

98 *Hasselbach* DB 2010, 2037, 2042, der aber den Aufsichtsrat bei der Vorlageentscheidung bereits an die ARAG/Garmenbeck-Grundsätze binden möchte.

sowie Siemens/Nold-Rechtsprechung[99] handelt. Daraus aber den Schluss zu ziehen, im Übrigen sei eine Kontrolle des Hauptversammlungsbeschlusses ausgeschlossen, wäre ein Zirkelschluss. Denn im Regelfall hat die Hauptversammlung in der AG nur über Grundlagen der Gesellschaft zu befinden, weil die Geschäftsführung dem Vorstand zugewiesen ist (§ 76 Abs. 1 AktG). Dieser handelt in Pflichtbindung und muss die Interessen der Aktionärsgesamtheit beachten.

Legt der Vorstand aber über § 119 Abs. 2 AktG eine Frage an die Hauptversammlung vor, so entscheidet ausnahmsweise die Hauptversammlung selbst über die Geschäftsführungsmaßnahme. Die Situation ist dann durchaus vergleichbar mit der in der GmbH.[100] In dieser Situation kann aber nicht die Mehrheit völlig freie Hand haben, die Gesellschaft und damit auch die Interessen der Minderheit zu schädigen. Vielmehr muss sie, soweit sie das Geschäftsleiterermessen ausübt, sich ebenfalls vom Interesse der Gesellschaft leiten lassen.

Der Zweck der Aktiengesellschaft, der nur unter Zustimmung aller Aktionäre geändert werden kann, ist nach der Satzung regelmäßig die Erzielung von Gewinn zur Verteilung an die Aktionäre.[101] Dient der Hauptversammlungsbeschluss über die Geschäftsführungsmaßnahme nicht dem Zweck, die Gewinnerzielung der Gesellschaft im weitesten Sinne zu fördern, so stellt sich dieser Beschluss als satzungswidrig dar. Dann muss aber auch jeder Aktionär eine Anfechtungsmöglichkeit nach § 243 Abs. 1 AktG haben.

Damit ist aber auch genau umschrieben, wann ein *„Missbrauch des Stimmrechts“*[102] vorliegt: nämlich immer dann, wenn entweder andere Ziele als nach dem Gesellschaftszweck (Förderung der Gewinnerzielung im weitesten Sinne) verfolgt werden, oder das bestehende unternehmerische Ermessen der Hauptversammlung überschritten wird. Ist ein Verzicht auf

---

99 BGHZ 136, 133. Zur Entwicklung der Rechtsprechung vgl. MünchKommAktG[4]/*Hüffer/Schäfer* § 243 Rn. 50 ff.

100 Für die Gesellschafterversammlung der GmbH wird in Anlehnung an BGHZ 65, 15 – ITT dementsprechend auch eine umfassende Bindung der Mitglieder an eine Treuepflicht angenommen; die Mehrheit darf das ihr gewährte unternehmerische Ermessen nicht überschreiten; vgl. nur Roth/Altmeppen/*Altmeppen* § 43 Rn. 142.

101 *Hüffer/Koch* § 23 Rn. 22.

102 *Fleischer* AG 2015, 133, 136 f.; *Dietz-Vellmer* NZG 2011, 248, 252.

einen Anspruch für die Gesellschaft aber nicht von Vorteil, so braucht kein Aktionär dies hinzunehmen. Er kann den Hauptversammlungsbeschluss anfechten, der Vorstand darf ihn nicht vollziehen. Alternativ kann, wer eine Treuepflicht unter den Aktionären anerkennt, dieses Ergebnis auch hierüber erzielen.

Schließlich ergibt sich die Anfechtungsmöglichkeit mittlerweile auch explizit aus § 243 Abs. 2 S. 1 AktG, unabhängig davon ob ein Sondervorteil an den Aktionär selbst (in diesem Fall liegt zumeist sowieso schon Nichtigkeit nach § 241 Nr. 3 AktG vor) oder einen Dritten geleistet wird. Auch wenn die eigenständige Bedeutung dieses Anfechtungstatbestandes zweifelhaft ist,[103] so lässt sich die Anfechtung eines Verzichts gegenüber einem ausgeschiedenen Aktionär/Dritten doch auch hierauf stützen. Eine „materielle Beschlusskontrolle" darüber hinaus findet richtigerweise keine Anwendung.

c) Zwischenergebnis

Auch wenn die Hauptversammlung über Geschäftsführungsmaßnahmen (und nicht nur Grundlagen der Gesellschaft) entscheidet, kann jeder Aktionär erfolgreich Anfechtungsklage erheben, sofern durch diese Geschäftsführungsmaßnahme seine Vermögensinteressen verletzt werden. Weil ein Verzicht die Gesellschaft, und damit anteilig das Vermögen des einzelnen Aktionärs, schädigt, können diese den Beschluss, auf einen Anspruch zu verzichten, anfechten. Nur weil alle anderen Aktionäre ebenfalls gleichmäßig geschädigt werden, ergibt sich keine Pflicht des einzelnen Aktionärs, dies hinzunehmen.

3. *Pflicht zur Anfechtung*

Beschließt die Hauptversammlung über eine Geschäftsführungsmaßnahme, so haftet der Vorstand nicht für dessen Ausführung auf Schadensersatz, § 93 Abs. 4 S. 1 AktG, weil dann die Hauptversammlung die Verantwortung hierfür übernommen hat.[104] Ist ein Beschluss der Hauptversammlung aber anfechtbar, so darf ihn der Vorstand wiederum nicht vollziehen, jedenfalls

---

103 Vgl. nur MünchKommAktG[4]/*Hüffer/Schäfer* § 243 Rn. 73.

104 Vgl. MünchKommAktG[4]/*Spindler* § 93 Rn. 235; Grigoleit/*Grigoleit/Tomasic* § 93 Rn. 75; KölnKommAktG[3]/*Mertens/Cahn* § 93 Rn. 148 f.; Spindler/Stilz/*Fleischer* § 93 Rn. 264 ff.; *Hüffer/Koch* § 93 Rn. 73.

solange nicht, bis er durch Ablauf der Anfechtungsfrist gesetzmäßig geworden ist.[105]

Ferner stellt sich aber noch die Frage, ob nicht der Vorstand selbst anfechten müsste. Unterlässt er nämlich die Anfechtung pflichtwidrig und vollzieht trotzdem den gesetzmäßig gewordenen Beschluss, so haftet er dennoch auf Schadensersatz.[106]

a) Keine allgemeine Pflicht

Eine generelle Pflicht zur Anfechtung von rechtswidrigen Hauptversammlungsbeschlüssen kann es nicht geben.[107] Denn nach § 245 Nr. 5 AktG soll der Vorstand die Möglichkeit der Anfechtung haben, um seiner eigenen Haftung zu entgehen. Umgekehrt kann er dann aber nicht immer zur Anfechtung verpflichtet sein, weil sonst § 245 Nr. 4 AktG überflüssig wäre.[108]

Ist der Hauptversammlungsbeschluss nur deswegen rechtswidrig und anfechtbar, weil beispielsweise einem Aktionär unzureichend Auskunft erteilt wurde oder ein individueller Ladungsmangel besteht, so führt die Ausführung des Beschlusses nicht zu einem Schaden der Gesellschaft. Folglich kann dann auch keine Pflicht zur Leistung von Schadensersatz bestehen. Eine Anfechtung zur Vermeidung eigener Haftung ist damit aber nicht begründbar. Der betroffene Aktionär, der seine Mitverwaltungsrechte ausüben möchte, muss sich gegebenenfalls selbst zur Wehr setzen.

b) Anfechtungspflicht bei schädigendem Beschluss

Umgekehrt muss eine Pflicht zur Anfechtung immer dann bestehen, wenn der Gesellschaft, und damit jedem einzelnen Aktionär, ein Schaden

---

105 MünchKommAktG[4]/*Spindler* § 83 Rn. 18; GroßkommAktG[5]/*Habersack/Foerster* § 83 Rn. 12; KölnKommAktG[3]/*Mertens/Cahn* § 83 Rn. 9; Spindler/Stilz/*Fleischer* § 83 Rn. 16; Schmidt/Lutter/*Krieger/Sailer-Coceani* § 93 Rn. 61.

106 *Hüffer/Koch* § 93 Rn. 74; Grigoleit/*Grigoleit/Tomasic* § 93 Rn. 75; Spindler/Stilz/*Fleischer* § 93 Rn. 273 f.; GroßkommAktG[5]/*Hopt/Roth* § 93 Rn. 487; MünchKommAktG[4]/*Spindler* § 93 Rn. 235; KölnKommAktG[3]/*Mertens/Cahn* § 93 Rn. 156; *Wigand*, Verzicht Vergleich, S. 377.

107 Spindler/Stilz/*Fleischer* § 93 Rn. 274; MünchKommAktG[4]/*Spindler* § 93 Rn. 237; GroßkommAktG[5]/*Hopt/Roth* § 93 Rn. 175; Grigoleit/*Grigoleit/Tomasic* § 93 Rn. 23; Bürgers/Körber/*Bürgers* § 93 Rn. 34.

108 Vgl. MünchKommAktG[4]/*Hüffer/Schäfer* § 245 Rn. 72.

droht.[109] Zwar könnte sich jeder Aktionär (§ 245 Nr. 1 bzw. § 245 Nr. 3 AktG) durch Klageerhebung gegen schädigende Beschlüsse zur Wehr setzen. Der Kleinaktionär in der börsennotierten Gesellschaft ist aber häufig nicht bereit, die Risiken eines Prozesses auf sich zu laden, wenn die vermögensmäßige Belastung für ihn gering ist. Die Großaktionäre könnten wegen der Passivität einzelner Aktionäre dann aber schädigende Maßnahmen durchsetzen. Insoweit muss daher der Vorstand auch die Vermögensinteressen (im Gegensatz zu den Mitverwaltungsrechten) der Kleinaktionäre durch Erhebung einer Anfechtungsklage schützen.[110]

Bezogen auf den kompensationslosen Verzicht bedeutet dies aber, dass der Vorstand einen zustimmenden Beschluss zur Meidung eigener Haftung im Interesse der außenstehenden Aktionäre anfechten und damit beseitigen müsste, weil der Verzicht auf einen Anspruch eine die Gesellschaft schädigende Maßnahme ist. Muss der Vorstand aber einen Beschluss über einen Verzicht anfechten, um eine eigene Haftung zu vermeiden, so führt auch der Weg über die Hauptversammlung grundsätzlich nicht zum Ziel.

c) Ausnahme bei Einstimmigkeit

Zu überlegen ist aber noch, ob sich die Situation anders darstellt, wenn ausnahmslos alle Aktionäre in der Hauptversammlung einer schädigenden Maßnahme zustimmen.

aa) Schutz der Aktionäre

Stimmen alle Aktionäre einem Verzicht in der Hauptversammlung zu, so entfällt der Zweck, den einzelnen (Klein)Aktionär zu schützen, weil jeder sich mit der Selbstschädigung einverstanden erklärt hat.[111] Ausreichend

---

109 Vgl. MünchKommAktG[4]/*Spindler* § 93 Rn. 101; Spindler/Stilz/*Fleischer* § 93 Rn. 274; GroßkommAktG[5]/*Hopt/Roth* § 93 Rn. 175; Hölters/*Hölters* § 93 Rn. 66 und 300; Schmidt/Lutter/*Krieger/Sailer-Coceani* § 93 Rn. 61. Für weitergehende Anfechtungspflicht *Servatius*, Strukturmaßnahmen, S. 348 ff., 354 ff.; NK-AktG/*Heidel* § 243 Rn. 40.

110 Ähnlich Grigoleit/*Grigoleit/Tomasic* § 93 Rn. 23 mit Fn. 34: „Ein strengerer Maßstab [für die Anfechtungspflicht] liegt freilich dann zugrunde, wenn die Vorstandsmitglieder an der Vorbereitung der Beschlüsse maßgeblich beteiligt waren, insbes bei Vorlagen nach § 119 II [AktG]."

111 Vgl. zu diesem Gedanken, wenn auch mit falschen Folgerungen, schon BGHZ 29, 385, 390.

hierfür ist aber nicht bloß die Zustimmung aller selbst oder durch Bevollmächtigte in der Hauptversammlung vertretenen Aktionäre; vielmehr muss ausnahmslos jeder einzelne Aktionär der Gesellschaft zur Hauptversammlung erscheinen und seine Zustimmung erteilen.

bb) Schutz der Gläubiger

Dann verbleibt allenfalls noch der Schutz der Gläubiger der Gesellschaft als Grund für eine Anfechtungspflicht. Zum Gläubigerschutz ist eine Anfechtung des Beschlusses aber ebenfalls nicht nötig. Zum einen ergibt sich dies bereits daraus, dass die Anfechtungsvorschriften nur dem Schutz der Aktionäre dienen können, weil der Schutz der Gläubiger bereits über § 241 Nr. 3 AktG sichergestellt wird.[112] In ihrem Interesse müsste der Vorstand keine Anfechtungsklage, sondern allenfalls eine Nichtigkeitsfeststellungsklage (§ 249 Abs. 1 AktG) erheben. Ist der Beschluss aber nichtig, so haftet der Vorstand sowieso, wenn er ihn vollzieht, weil er nicht vollziehen darf.[113] Auf § 93 Abs. 4 S. 1 AktG kann er sich dann nicht berufen.[114]

Ferner ergibt sich für die Gläubiger jedenfalls eine vierjährige Anfechtungsmöglichkeit des Verzichts als unentgeltliche Leistung nach § 134 Abs. 1 InsO,[115] sofern dieser Anspruch zur Erfüllung ihrer Interessen erforderlich ist. In Anbetracht der regelmäßigen Verjährungsfrist von nur drei Jahren ab Jahresende (§§ 195, 199 Abs. 1 BGB) wirkt der Verzicht also nicht zu ihren Lasten, weil sie bei Eintritt einer Zahlungsunfähigkeit der Gesellschaft immer noch über die Anfechtung des Verzichts auf die ursprüngliche Forderung zugreifen könnten.

Für Ersatzansprüche, die auch im Gläubigerinteresse bestehen, ergibt sich ferner eine relative Unwirksamkeit des Verzichts (§ 93 Abs. 5 S. 1 und S. 3 AktG), sodass auch insoweit keine Schädigung der Gläubiger droht.[116]

---

112 Vgl. *Hüffer/Koch* § 241 Rn. 18; MünchKommAktG[4]/*Hüffer/Schäfer* § 241 Rn. 54 f.

113 Vgl. MünchKommAktG[4]/*Spindler* § 83 Rn. 18; Spindler/Stilz/*Fleischer* § 83 Rn. 8 ff.; Schmidt/Lutter/*Seibt* § 83 Rn. 10.

114 MünchKommAktG[4]/*Spindler* § 93 Rn. 101; Schmidt/Lutter/*Krieger/Sailer-Coceani* § 93 Rn. 61; *Hüffer/Koch* § 93 Rn. 73.

115 BGH NJW 2012, 2099 Tz. 28; vgl. bereits § 1 C. (S. 47).

116 Vgl. BGHZ 29, 385, 390.

Schließlich zeigt auch der Vergleich zur GmbH, dass im Gläubigerinteresse kein striktes Schädigungsverbot bestehen muss. Die Gefährdungssituation für die Gläubiger ist bei der GmbH wenigstens genauso hoch, eine Schädigung bei einstimmiger Weisung der Gesellschafterversammlung aber möglich, solange keine Verletzung von § 30 Abs. 1 S. 1 GmbHG vorliegt.[117]

cc) Haftung des Vorstands

Abschließend stellt sich noch die Frage, ob der Vorstand die Ausführung des einstimmigen Beschlusses doch verweigern muss, um nicht jedenfalls gegenüber den Gläubigern gemäß § 93 Abs. 5 S. 3 AktG in eine Haftung zu geraten.

Wollen die Aktionäre einstimmig keine Anfechtung und unterlässt der Vorstand daraufhin die Anfechtung, so kann ihm deswegen von den Aktionären kein Vorwurf gemacht werden. Dies bedeutet insbesondere, dass eine Inanspruchnahme des Vorstands aus § 93 Abs. 2 S. 1 AktG durch die Aktionäre, weil er die Anfechtung auf Wunsch aller unterlassen hat, einen Fall des *venire contra factum proprium* (Verstoß gegen § 242 BGB) darstellen würde.[118]

Besteht die Anfechtungspflicht nur im Aktionärsinteresse, so kann eine Verletzung derselben auch nicht zu einer Haftung gegenüber den Gläubigern führen. Der Ausschluss der Befreiung von der Haftung gegenüber den Gläubigern (§ 93 Abs. 5 S. 3 AktG) gilt zwar sowohl für nichtige, als auch für anfechtbare Beschlüsse, wenn der Vorstand diese nach § 83 Abs. 2 AktG nicht ausführen musste.[119] Ist der Beschluss über den Verzicht aber mangels Anfechtung gesetzmäßig geworden und daher auszuführen, so muss der Vorstand diesen vollziehen (§ 83 Abs. 2 AktG) und für eine Haftung gegenüber den Gläubigern ist kein Raum mehr.[120] Braucht der Vorstand aber

117 Eine Grenze bildet dort lediglich die Treuepflicht (vgl. BGHZ 65, 15 – ITT; Roth/Altmeppen/*Altmeppen* § 13 Rn. 29 ff.), welche aber bei übereinstimmendem Handeln aller Gesellschafter kein Hindernis darstellt. Nur wenn der Eingriff zu einer Existenzvernichtung der Gesellschaft führt, ergibt sich wieder eine Begrenzung der Dispositionsfreiheit aus § 826 BGB (BGHZ 173, 246 – Trihotel; Roth/Altmeppen/*Altmeppen* § 13 Rn. 76 ff.).

118 Ähnlich auch schon BGHZ 20, 385; vgl. ferner zum gleichen Gedanken GroßkommAktG[3]/*Schilling* § 93 Anm. 32.

119 MünchKommAktG[4]/*Spindler* § 93 Rn. 280.

120 MünchKommAktG[4]/*Spindler* § 93 Rn. 280; GroßkommAktG[5]/*Hopt/Roth* § 93 Rn. 542; *Hüffer/Koch* § 93 Rn. 82; Grigoleit/*Grigoleit/Tomasic* § 93 Rn. 76.

nicht im Aktionärsinteresse anzufechten, so kann er den Beschluss gesetzmäßig werden lassen und haftet anschließend auch nicht gegenüber den Gläubigern nach § 93 Abs. 5 S. 3 AktG für die rechtmäßige Vollziehung des Beschlusses. Auch unter dem Aspekt der Haftung gegenüber den Gläubigern muss der Vorstand die Ausführung daher nicht verweigern.

Im Ergebnis sprechen also weder der Gläubiger- noch der Minderheitenschutz für eine Pflicht zur Anfechtung, wenn alle Aktionäre in einer Hauptversammlung zustimmen. Vielmehr wäre es treuwidrig, den Vorstand in die Haftung zu nehmen, wenn alle Aktionäre eine Schädigung wollen.

d) Zwischenergebnis

Eine Pflicht zur Anfechtung von Hauptversammlungsbeschlüssen besteht dann, wenn die Aktiengesellschaft, und damit auch die Minderheitsaktionäre, geschädigt werden. Weil ein Verzicht eine Schädigung der Vermögensinteressen der Gesellschaft und damit auch der Minderheitsaktionäre bewirkt, muss der Vorstand grundsätzlich anfechten. Nur ausnahmsweise, nämlich wenn ausnahmslos alle Aktionäre einer Schädigung zustimmen, darf der Vorstand auf die Anfechtung verzichten. Ihm droht dann auch keine Haftung, weder wegen unterlassener Anfechtung, noch wegen des Vollzugs des gesetzmäßig gewordenen Hauptversammlungsbeschlusses.

4. Ergebnis

Letzten Endes bedeutet dies also, dass zum Zwecke des Verzichts auf einen Anspruch, soweit die Kapitalerhaltung nicht gilt, der Weg über die Hauptversammlung zwar möglich ist, weil ein gesetzmäßiger Beschluss durch ein allseitiges Unterlassen der Anfechtung denkbar erscheint. Unterlässt der Vorstand aber die Anfechtung, so gerät er deswegen in eine Schadensersatzhaftung. Seine Haftung ergibt sich zwar nicht aus der Ausführung des gesetzmäßig gewordenen Beschlusses, aber aus dem Unterlassen der Anfechtung.

Nur ausnahmsweise kann ein Verzicht auf Ansprüche gegenüber Dritten ohne Haftung des Vorstands in Betracht kommen, wenn nach Vorlage an die Hauptversammlung (§ 119 Abs. 2 AktG) ausnahmslos alle Aktionäre zustimmen. Zum Schutz der Gläubiger reicht dann die Anfechtbarkeit nach § 134 Abs. 1 InsO aus. Eine Inanspruchnahme des Vorstands wegen unterlassener Anfechtung wäre treuwidrig.

Bereits bei der Ausübung seines Ermessens über die Vorlageentscheidung hat der Vorstand dieses Ergebnis miteinzubeziehen. Ist faktisch ausgeschlossen, dass alle Aktionäre einem Verzicht zustimmen, und wird der Vorstand daher anfechten müssen, so ist die Beschäftigung der Hauptversammlung mit der Vorlage fruchtlos. Dann hat aber sinnvollerweise bereits die Beschäftigung der Hauptversammlung zu unterbleiben und eine dennoch erfolgte Vorlage ist pflichtwidrig.

III. Erlass auf Weisung (Beherrschungsvertrag)

Bei Bestehen eines Beherrschungsvertrages ist noch denkbar, dass das herrschende Unternehmen (als andere Vertragspartei) dem Vorstand eine Anweisung erteilt, restlos auf einen Anspruch zu verzichten.

Für die Rechtmäßigkeit einer Weisung kommt es im Regelfall[121] nicht auf das Interesse der vertraglich konzernierten AG, sondern auf das Konzerninteresse an, § 308 Abs. 1 S. 2 AktG.[122] Damit sind auch für die abhängige Gesellschaft nachteilige Weisungen zulässig, die ein gewissenhafter Geschäftsleiter alleine nicht tätigen dürfte.[123] Im Gegenzug übernimmt die herrschende Gesellschaft etwaige Jahresverluste zum Bilanzjahresende (§ 302 Abs. 1 AktG).[124]

1. Verzicht gegenüber anderer Vertragspartei

Weist das herrschende Unternehmen die konzernierte Aktiengesellschaft an, auf einen Anspruch gegenüber dem herrschenden Unternehmen zu verzichten, so ist diese Weisung für die konzernierte AG schädlich. Umgekehrt erhält das herrschende Unternehmen hierdurch einen Vermögensvorteil. Weil wirtschaftlich betrachtet das abhängige mit dem herrschenden

---

121 Es kann ein anderes im Beherrschungsvertrag vereinbart werden, vgl. Emmerich/Habersack/*Emmerich* § 308 Rn. 45.

122 Vgl. auch BGHZ 116, 37, 41 f.; MünchKommAktG[4]/*Altmeppen* § 308 Rn. 102; Emmerich/Habersack/*Emmerich* § 308 Rn. 48 ff.; GroßkommAktG[4]/*Hirte* § 308 Rn. 48.

123 Emmerich/Habersack/*Emmerich* § 308 Rn. 45; GroßkommAktG[4]/*Hirte* § 308 Rn. 50; Schmidt/Lutter/*Langenbucher* § 308 Rn. 24 ff.; Spindler/Stilz/*Veil* § 308 Rn. 23 ff.; *Hüffer/Koch* § 308 Rn. 15; *Sina* AG 1991, 1, 5.

124 MünchKommAktG[4]/*Altmeppen* § 302 Rn. 11.

Unternehmen durch den Unternehmensvertrag fusioniert ist,[125] gestaltet sich der Vorgang für den Gesamtverband Konzern im Ergebnis zumindest neutral. Ist es aber Aufgabe der Konzernleitung, die Allokation von wirtschaftlichen Ressourcen im Konzern zu steuern[126] und wird durch den Verzicht Vermögen verlagert, so ist der Vorgang im Konzerninteresse.

Besteht neben dem Beherrschungsvertrag ein Gewinnabführungsvertrag, so übernimmt am Jahresende der andere Vertragsteil alle Gewinne und Verluste der abhängigen Gesellschaft, insbesondere auch den Verlust, der aus dem Verzicht auf Ansprüche gegen den anderen Vertragsteil selbst resultiert.[127] Im laufenden Gewinnabführungsvertrag wirkt also ein Verzicht gegenüber dem herrschenden Unternehmen wirtschaftlich stets nur wie eine Stundung bis zum nächsten Bilanzstichtag bzw. bis zum Zeitpunkt der Vertragsbeendigung, bei welcher eine Zwischenbilanz[128] aufzustellen und ein letzter Verlustausgleichsanspruch zu erfüllen ist. Im isolierten Beherrschungsvertrag hingegen übernimmt der andere Vertragsteil nur Verluste nach § 302 Abs. 1 AktG, aber keine Gewinne. Wird durch den Verzicht nur ein bestehender Jahresgewinn reduziert, so führt dies zu einer dauerhaften Ergebnisverlagerung auf den anderen Vertragsteil. Fällt hingegen ein

---

125 Vgl. MünchKommAktG[4]/*Altmeppen* Vor § 291 Rn. 7; GroßkommAktG[4]/*Hirte* § 308 Rn. 49; Emmerich/Habersack/*Emmerich* § 308 Rn. 46.

126 Vgl. nur *Hommelhoff*, Konzernleitungspflicht, S. 43 ff.

127 Vgl. MünchKommAktG[4]/*Altmeppen* § 291 Rn. 145 ff.; Emmerich/Habersack/*Emmerich* § 291 Rn. 64 f.

128 BGHZ 103, 1, 9 f. – Familienheim; BGHZ 105, 168, 182 – HSW; MünchKommAktG[4]/*Altmeppen* § 302 Rn. 25; GroßkommAktG[4]/*Hirte* § 302 Rn. 19; KölnKommAktG[3]/*Koppensteiner* § 302 Rn. 32; Emmerich/Habersack/*Emmerich* § 302 Rn. 38; Spindler/Stilz/*Veil* § 302 Rn. 19; Schmidt/Lutter/*Stephan* § 302 Rn. 36; *Hüffer/Koch* § 302 Rn. 11; MHdbAG/*Krieger* § 70 Rn. 66; Henssler/Strohn/*Paschos* AktG § 302 Rn. 10; Grigoleit/*Servatius* § 302 Rn. 7; Hölters/*Deilmann* § 302 Rn. 17; *Berthold*, Unternehmensverträge in der Insolvenz, S. 68 ff.; *Grüner*, Beendigung, S. 199 ff.; *H. Wilhelm*, Beendigung des Beherrschungs- und Gewinnabführungsvertrags, S. 55; *K. Schmidt* ZGR 1983, 513, 525; *Sämisch/Adam* ZInsO 2007, 520, 522; *Hengeler/Hoffmann-Becking*, FS Hefermehl, 1976, S. 283, 300 f.; *H.-P. Müller*, FS Goerdeler, 1987, S. 375, 395; aA noch *Godin/Wilhelmi* § 302 Anm. 6; *Werner* AG 1967, 122, 124; *Meister* WM 1976, 1182, 1184.

Verlust an, so übernimmt der andere Vertragsteil diesen, der Verzicht wirkt wiederum nur wie eine Stundung.

2. *Verzicht gegenüber sonstigen Personen auf Weisung*

Geht es um einen Verzicht gegenüber einer sonstigen Person auf Weisung hin, so ist, anders als bei einem Verzicht gegenüber der anderen Vertragspartei, dieser nicht automatisch im Konzerninteresse.

Ein Erlassvertrag mit einem beliebigen Dritten (Extremfall: Familienangehörige des Vorstands des anderen Vertragsteils) ist beispielsweise nicht im Konzerninteresse, sondern allenfalls im Privatinteresse eines Geschäftsleiters. Eine solche Weisung darf dann bereits nicht ergehen,[129] der Geschäftsleiter des anderen Vertragsteils gerät in die Haftung nach § 309 Abs. 2 S. 1 AktG.[130] Der Vorstand der abhängigen Gesellschaft gerät ebenfalls nach § 310 Abs. 1 S. 1 AktG in die Haftung, wenn die Rechtswidrigkeit der Weisung für ihn erkennbar war. Davon zu trennen ist die Frage, inwieweit der Vorstand der vertraglich konzernierten Gesellschaft zu prüfen hat, ob die Weisung tatsächlich im Konzerninteresse ist.[131]

Umgekehrt ist es aber durchaus möglich, dass ein Verzicht im Konzerninteresse liegt. Beispielsweise kann im Rahmen konzerninterner Umstrukturierungen die eine Tochtergesellschaft auf Ansprüche gegen eine andere Tochtergesellschaft verzichten. Denkbar ist auch, dass der Konzern mit einem Dritten einen Generalvergleich abschließt und im Rahmen dieses Vergleichs eine vertraglich konzernierte Tochtergesellschaft auf einen bestimmten Anspruch verzichten soll.

Es ist daher stets eine Einzelfallbetrachtung durchzuführen, wobei das Konzerninteresse an die Stelle des Interesses der eigenständigen Gesellschaft tritt.

---

129 Vgl. MünchKommAktG[4]/*Altmeppen* § 308 Rn. 103.

130 MünchKommAktG[4]/*Altmeppen* § 309 Rn. 49; Emmerich/Habersack/*Emmerich* § 309 Rn. 32.

131 Dazu MünchKommAktG[4]/*Altmeppen* § 308 Rn. 143 ff., § 310 Rn. 20 f., 22 ff.; Emmerich/Habersack/*Emmerich* § 308 Rn. 52 ff.; GroßkommAktG[4]/*Hirte* § 308 Rn. 54 ff.; *Sina* AG 1991, 1, 8 f.

3. *Grenzen des Weisungsrechts*

Abschließend stellt sich noch die Frage, inwieweit Weisungen, die die Existenzfähigkeit der konzernierten Gesellschaft gefährden, zulässig sind. So ist beispielsweise theoretisch denkbar, dass die abhängige Gesellschaft insolvenzreif wird, wenn sie auf einen Anspruch gegenüber dem anderen Vertragsteil verzichtet, anstatt Erfüllung zu verlangen.

a) Meinungsstand

Die herrschende Meinung geht davon aus, dass unmittelbar existenzgefährdende Weisungen unzulässig und damit nichtig sind.[132] Eine existenzgefährdende Weisung soll insbesondere vorliegen, wenn die herrschende Gesellschaft selbst nicht mehr Willens oder in der Lage ist, den Verlustausgleichsanspruch zu erfüllen, oder wenn die Leistung unmittelbar zur Zahlungsunfähigkeit der abhängigen Gesellschaft führt (§ 92 Abs. 2 S. 3 AktG).[133] Weisungen, die lediglich die Überlebensfähigkeit und damit die Existenz der Gesellschaft nach Beendigung des Unternehmensvertrages gefährden, werden hingegen für zulässig erachtet.[134] Es wird aber von einigen Stimmen eine Pflicht zur Leistung von Aufbauhilfen erwogen.[135]

---

132 OLG Düsseldorf ZIP 1990, 1333, 1337; GHEK/*Geßler* § 308 Rn. 55; *Hüffer/Koch* § 308 Rn. 19; Emmerich/Habersack/*Emmerich* § 308 Rn. 61 ff.; GroßkommAktG[4]/*Hirte* § 308 Rn. 42 ff.; MHdbAG/*Krieger* § 70 Rn. 148 f.; Schmidt/Lutter/*Langenbucher* § 308 Rn. 31 ff.; Hölters/*Leuring/Goertz* § 308 Rn. 36; *Semler*, FS Stiefel, 1987, S. 750 f.; *Sina* AG 1991, 1, 7 f.; *Tröger/Dangelmayer* ZGR 2011, 558, 575, 585 ff.; *H. Wilhelm*, Beendigung, S. 139 ff.; *Habersack*, FS Schaumburg, 2009, S. 1291, 1298 f.; *Clemm* ZHR 141 (1977), 197, 204 ff.; *Immenga* ZHR 140 (1976), 301, 304 ff.; *Ulmer* ZHR 148 (1984), 391, 408 ff.

133 Schmidt/Lutter/*Langenbucher* § 308 Rn. 32.

134 Vgl. Emmerich/Habersack/*Emmerich* § 308 Rn. 65; GroßkommAktG[4]/*Hirte* § 308 Rn. 45; *Hüffer/Koch* § 308 Rn. 19; Schmidt/Lutter/*Langenbucher* § 308 Rn. 35.

135 BAG NZA 2010, 641, 644 f.; GHEK/*Geßler* Vor § 300 Rn. 6; *ders.* ZHR 140 (1976), 433, 435; *Hommelhoff*, Konzernleitungspflicht, S. 309 ff.; *H. Wilhelm*, Die Beendigung des Beherrschungs- und Gewinnabführungsvertrags, S. 116; dies vehement ablehnend MünchKommAktG[4]/*Altmeppen* § 291 Rn. 65 ff. mwN.

Die Gegenansicht will eine Existenzgefährdung der abhängigen Gesellschaft zulassen,[136] solange die Verhältnismäßigkeit gewahrt ist.[137] Die gesetzlichen Sicherungen (§§ 300 ff. AktG) seien im Übrigen ausreichend.[138]

Schließlich wird vorgeschlagen von einer kontinuierlichen Informationspflicht des herrschenden Unternehmens über die Solvenz auszugehen.[139] Solange die Mutter uneingeschränkt solvent ist, könne keine Existenzgefährdung bestehen.[140] Ist die Solvenz, und damit die Vollwertigkeit des Verlustausgleichanspruchs, nicht mehr gesichert, so soll das Weisungsrecht entfallen, weil nur auf Grundlage der Existenz der Verlustausgleichspflicht schädliche Weisungen zu rechtfertigen sind.[141] Im Übrigen sei der Verlustausgleichsanspruch gegebenenfalls nach Zerschlagungswerten zu berechnen, wenn die Gesellschaft bei Beendigung des Unternehmensvertrages alleine nicht mehr überlebensfähig ist.[142]

b) Stellungnahme

Zuzustimmen ist der letztgenannten Lehre. Eine Schädigung der konzernierten Gesellschaft kommt nur deswegen in Betracht, weil im Gegenzug alle Verluste der Gesellschaft nach § 302 Abs. 1 AktG übernommen und dadurch die Überschuldung der Gesellschaft verhindert wird.[143] Denkbar ist lediglich noch, dass die Gesellschaft auf Grund einer Weisung, beispielsweise liquide Mittel abzuführen, in die Zahlungsunfähigkeit gerät. Insoweit

---

136 KölnKommAktG³/*Koppensteiner* § 308 Rn. 52: *„auch existenznotwendige Liquidität darf […] abgesaugt werden“* bzw. Rn. 49: *„[Beherrschungs-]Vertrag […] legitimiert, die [abhängige] Gesellschaft insolvent werden zu lassen“*. Vgl. ferner *ders.*, FS Ostheim, 1990, S. 403, 432; *Wellkamp* WM 1993, 2155, 2156 f.; Spindler/Stilz/*Veil* § 308 Rn. 31.

137 KölnKommAktG³/*Koppensteiner* § 308 Rn. 53.

138 Spindler/Stilz/*Veil* § 308 Rn. 31.

139 MünchKommAktG⁴/*Altmeppen* § 308 Rn. 127.

140 MünchKommAktG⁴/*Altmeppen* § 308 Rn. 123 ff.; *ders.* DB 1999, 2453, 2455 f.; *ders.* DB 2002, 879; *ders.* ZHR 171 (2007), 320, 328.

141 MünchKommAktG⁴/*Altmeppen* § 308 Rn. 126; *ders.*, Die Haftung des Managers im Konzern, S. 23, 26; *ders.* ZHR 171 (2007), 320, 328; *ders.* NZG 2010, 361, 364.

142 MünchKommAktG⁴/*Altmeppen* § 308 Rn. 132 und § 302 Rn. 28 ff.

143 Begr. RegE, abgedruckt bei *Kropff*, AktG, S. 391; MünchKommAktG⁴/*Altmeppen* § 302 Rn. 11 f. mwN in Fn. 12.

hat aber der andere Vertragsteil ein hohes Eigeninteresse, eine Insolvenz zu verhindern: alle insolvenzbedingten Kosten würden ihn nämlich über die Verlustausgleichspflicht bzw. § 303 Abs. 1 AktG am Ende selbst treffen. Solange daher der andere Vertragsteil solvent ist, ist auch die Existenz der konzernierten Gesellschaft gesichert.[144]

Damit bestehen für die vertraglich konzernierte Gesellschaft im Ergebnis zwei Risiken: zum einen, dass der Vertrag beendet wird und die Gesellschaft danach nicht mehr überlebensfähig ist, zum anderen, dass das herrschende Unternehmen nicht mehr uneingeschränkt solvent und die Verlustübernahme bzw. Erfüllung aller Ansprüche gesichert ist. Das Problem der fehlenden Überlebensfähigkeit bei Beendigung des Unternehmensvertrages lässt sich ohne Schwierigkeiten lösen, indem man den letzten Verlustausgleichsanspruch nach Zerschlagungswerten berechnet.[145] Für „Wiederaufbauhilfen“ besteht dann keine Notwendigkeit.

Damit verbleibt das Risiko, dass der andere Vertragsteil insolvent werden könnte. Steht bereits mit hinreichender Wahrscheinlichkeit fest, dass eine Erfüllung aller Ansprüche nicht mehr gesichert ist, so versteht es sich nahezu von selbst, dass eine weitere Schädigung der abhängigen Gesellschaft unzulässig sein muss. Denn Grundlage nachteiliger Weisungen ist die Pflicht zum Ausgleich aller Verluste. Ist mit einem Verlustausgleich aber nicht mehr zu rechnen, so ist dem Beherrschungsvertrag und damit dem Schädigungsrecht die (Geschäfts-)Grundlage entzogen.[146]

Nicht ausgeschaltet ist damit aber die Gefahr, dass das herrschende Unternehmen zunächst uneingeschränkt solvent ist, später aber in die Insolvenz fällt. Stehen der vertraglich konzernierten Gesellschaft dann noch Ansprüche (z.B. Verlustausgleichsansprüche; Upstream-Darlehen im cash pool) gegen den anderen Vertragsteil zu, so ist mit einer Erfüllung nicht

---

144 Vgl. Nachw. in Fn. 140. Ob darüber hinaus ein Anspruch auf Abschlagszahlungen auf den Verlustausgleichsanspruch besteht, kann hier dahinstehen (für eine solche Pflicht: *Priester* ZIP 1989, 1301, 1307 f.; *ders.* BB 2005, 2483, 2485; *Altmeppen* DB 1999, 2453, 2455 f.; MünchKommAktG[4]/*ders.* § 302 Rn. 132 mwN auch zur Gegenansicht in Fn. 58).

145 Vgl. MünchKommAktG[4]/*Altmeppen* § 308 Rn. 132; *ders.*, Die Haftung des Managers im Konzern, S. 22 ff.; Schmidt/Lutter/*Langenbucher* § 308 Rn. 35; Hölters/*Leuering*/*Goertz* § 308 Rn. 37.

146 Insoweit hM, vgl. Nachw. in Fn. 132 und 141.

mehr zu rechnen. Ausschalten lässt sich dieses Risiko aber nur, wenn man stets eine Besicherung aller Verbindlichkeiten verlangen würde. Damit wäre aber letztlich der Zweck des Vertragskonzerns, nämlich eine wirtschaftliche Fusion auf Zeit mit freier Allokation der Mittel unter Aufhebung der Kapitalbindung (§§ 57 Abs. 1 S. 3 Alt. 1, 291 Abs. 3 AktG), nicht mehr zu erreichen. Vielmehr ist es umgekehrt gerade Folge einer wirtschaftlichen Fusion der abhängigen Gesellschaft mit dem Mutterunternehmen, dass sie das wirtschaftliche Risiko und damit auch das Insolvenzrisiko bis zu einem gewissen Grade teilen. Es kann daher ausschließlich darum gehen, die wirtschaftliche Fusion zu beenden, wenn die Risiken für die abhängige Gesellschaft unüberschaubar werden. Die Überwachung der Eigeninteressen der konzernierten Gesellschaft obliegt dabei notwendigerweise dem Vorstand der abhängigen AG. Er muss, wenn die Risiken der wirtschaftlichen Fusion zu groß werden, reagieren. Dabei hat die abhängige Gesellschaft richtigerweise einen Auskunftsanspruch hinsichtlich der Solvenz des anderen Vertragsteils.[147] Im Übrigen aber ist das Risiko einer Doppelinsolvenz von Tochter und Mutter als Folge einer wirtschaftlichen Fusion hinzunehmen.

c) Bedeutung für den Verzicht

Für den Verzicht auf einen Anspruch bedeutet dies im Ergebnis: solange die uneingeschränkte Solvenz des anderen Vertragsteils außer Frage steht, darf ein Verzicht auf Weisung hin erfolgen. Ist die uneingeschränkte Solvenz aber nicht mehr gesichert, so ist eine Weisung, zu Gunsten des anderen Vertragsteils oder einer anderen Konzerngesellschaft auf einen Anspruch zu verzichten, unzulässig, auch wenn dies im Konzerninteresse erfolgt. Der Vorstand der vertraglich konzernierten Gesellschaft muss sich hinsichtlich der Solvenz des herrschenden Unternehmens vor Ausführung der Weisung bei Zweifeln ggf. Auskunft erteilen lassen.

4. Ergebnis

Der kompensationslose Erlass eines Anspruchs ist bei Bestehen eines Beherrschungsvertrags auf Weisung hin zulässig, wenn der Erlass im

---

147 Eingehend MünchKommAktG[4]/*Altmeppen* § 308 Rn. 126 ff., insbes. auch zum unaufgeforderten Auskunftsanspruch der abhängigen Gesellschaft.

Konzerninteresse ist. Ein Verzicht ist regelmäßig im Konzerninteresse, wenn er gegenüber dem herrschenden Unternehmen oder einem anderen Konzernunternehmen erfolgt. Kein Verzicht darf mehr erfolgen, wenn die Solvenz des anderen Vertragsteils zweifelhaft ist.

Zusammenfassung zu § 1

Ein Verzicht auf einen Anspruch gegenüber einem Aktionär verstößt gegen das Prinzip der Kapitalerhaltung. Der Aktionär darf sich auf den Erlassvertrag nicht berufen, der Anspruch besteht fort. Ein Verzicht gegenüber sonstigen Personen scheitert meist an einem evidenten Missbrauch der Vertretungsmacht und führt jedenfalls zu einer Haftung der handelnden Organwalter. Auch wenn die Hauptversammlung eingebunden wird, muss der Vorstand/Aufsichtsrat gegen den Beschluss vorgehen, um nicht selbst in eine Schadensersatzhaftung zu geraten. Allenfalls für den Sonderfall, dass alle Aktionäre nach Vorlage an die Hauptversammlung einem Verzicht zustimmen, kann die Zulässigkeit ohne Haftung des Vorstands in Betracht kommen. Zum Schutz der Gläubiger reicht dann die Anfechtbarkeit nach § 134 Abs. 1 InsO aus. Im Vertragskonzern hingegen ist eine Weisung, auf einen Anspruch zu verzichten, zulässig, wenn sie im Konzerninteresse ist. Es sind nur die allgemeinen Grenzen des Weisungsrechts einzuhalten.

§ 2 Verzicht auf Ersatzansprüche

> Ausgangssituation: Ein Vorstandsmitglied hat die Gesellschaft geschädigt. Auf den dadurch entstandenen Ersatzanspruch nach § 93 Abs. 2 S. 1 AktG will die Gesellschaft verzichten.

A. § 93 Abs. 4 S. 3 AktG

Nach § 93 Abs. 4 S. 3 AktG bedarf der Verzicht auf einen Ersatzanspruch gegen ein Mitglied des Vorstands der Zustimmung der Hauptversammlung, wobei eine Minderheit von 10 % des Grundkapitals nicht widersprechen darf. Außerdem ist für die Dauer von drei Jahren jeglicher Verzicht ausgeschlossen. Im Folgenden ist zu untersuchen, inwieweit sich § 93 Abs. 4 S. 3

AktG in die Regeln für allgemeine Ansprüche[1] einfügt und eine mögliche Abweichung gegebenenfalls genauer zu betrachten.

I. Zuständigkeit der Hauptversammlung

Für die Geltendmachung von Ansprüchen (und damit auch von Ersatzansprüchen gegen den Vorstand) ist grundsätzlich der Aufsichtsrat zuständig, § 112 AktG. Möchte er auf einen Ersatzanspruch verzichten, so kann er dies aber nicht alleine tun. Dies ergibt sich aus § 93 Abs. 4 S. 3 AktG, der für den Verzicht auf Ansprüche eine zwingende Zuständigkeit der Hauptversammlung anordnet. Ein Verstoß hiergegen führt zur Nichtigkeit des dennoch erklärten Verzichts.[2] Genauso folgt dies aber bereits aus der Pflichtbindung des Aufsichtsrats, im besten Interesse der Gesellschaft und damit im Interesse der Aktionärsgesamtheit handeln zu müssen.[3] Umgekehrt kennt der Vorstand die Verhältnisse der Gesellschaft, sodass ein pflichtwidrig durch den Aufsichtsrat abgeschlossener Verzicht an einem evidenten Missbrauch der Vertretungsmacht scheitern würde.[4] Ein Verzicht ohne Beteiligung der Hauptversammlung ist bereits deshalb ausgeschlossen.

Die Zuweisung der Zuständigkeit an die Hauptversammlung durch § 93 Abs. 4 S. 3 AktG deckt sich hinsichtlich des Verzichts daher mit der Rechtslage für allgemeine Ansprüche.[5] Die Frage, ob der Aufsichtsrat auch nach § 119 Abs. 2 AktG analog vorlegen darf,[6] erledigt sich durch die explizite Regelung in § 93 Abs. 4 S. 3 AktG.

II. Widerspruchsrecht

Von Interesse ist aber, welche Bedeutung das Widerspruchsrecht einer Minderheit von 10 % des Grundkapitals haben soll. Insbesondere stellt sich das Problem, ob durch die Schaffung eines Widerspruchrechts das

---

1 Siehe dazu § 1 (S. 37).

2 BGH ZIP 2014, 1728 Tz. 32; *Hüffer/Koch* § 93 Rn. 78; MünchKommAktG[4]/*Spindler* § 93 Rn. 261; Spindler/Stilz/*Fleischer* § 93 Rn. 288; *Wigand*, Verzicht Vergleich, S. 342.

3 Vgl. BGHZ 135, 244 ARAG/Garmenbeck, sowie schon § 1 D. I. 1. (S. 50).

4 Näher § 1 D. I. 2. (S. 51).

5 Dazu schon insgesamt § 1 D. (S. 50).

6 Dazu schon § 1 D. II. 1. (S. 54) mit Fn. 79 f.

Anfechtungsrecht eines jeden Einzelnen ausgeschlossen werden sollte bzw. wie sich das Verhältnis dieser beiden Instrumente zueinander darstellt.

1. *Problemstellung*

Kann nämlich jeder Aktionär im Wege der Anfechtungsklage gegen den Beschluss über den Verzicht vorgehen[7] und ihn allein deshalb, weil er nicht im Interesse der AG ist, aufheben lassen, bleibt für das Widerspruchsrecht bei einem Verzicht kein sinnvoller Anwendungsbereich mehr übrig.

Das Widerspruchsrecht könnte deswegen auch so interpretiert werden, dass es das Recht für einzelne Aktionäre, gegen den Beschluss mit der Anfechtungsklage vorzugehen, ausschließen oder erschweren soll.[8] Es soll dann eine inhaltliche Kontrolle des Beschlusses verhindern und nur einer Minderheit mit 10 % des Grundkapitals ein Mittel an die Hand geben.

2. *Auslegung*

Der Sinn und Zweck des Widerspruchsrechts ergibt sich nach Vorstellung des historischen Gesetzgebers daraus, dass das Recht zur Geltendmachung von Ersatzansprüchen aus § 147 Abs. 1 AktG abgesichert werden sollte.[9]

---

7 Näher § 1 D. II. 2. (S. 58).

8 So tendenziell *Fleischer* AG 2015, 133, 136 f.; *ders* ZIP 2014, 1305, 1308; *Dietz-Vellmer* NZG 2011, 248, 252.

9 Das Widerspruchsrecht findet sich erstmalig in § 213d ADHGB in der Fassung der 2. Aktienrechtsnovelle 1884. In der allgemeinen Begründung zum Gesetz (abgedruckt in den Verhandlungen des Reichstages, Band 77.1884 S. 281) heißt es dazu: „*Dagegen erscheint es mit Rücksicht auf die Bestimmung in Artikel 223* [heute im Wesentlichen § 147 AktG!] *geboten, Vergleiche oder Verzichte dann auszuschließen, sobald eine Minderheit, welche den fünften Teil des Grundkapitals darstellt, Widerspruch erhebt.*" Bei der Neufassung des AktG 1965 wurde die Schwelle 10 % des Grundkapitals abgesenkt, um einen Gleichlauf mit § 147 Abs. 1 AktG 1965 zu erzielen, vgl. Begr. RegE, abgedruckt bei *Kropff*, AktG, S. 123 f.: „*Deshalb bestimmt der Entwurf, daß dieselbe Minderheit, die die Geltendmachung der Ersatzansprüche gegen die Mitglieder des Vorstands verlangen kann (§ 147 Abs. 1), auch genügt, um durch ihren Widerspruch zu verhindern, daß sich die Gesellschaft über diese Ansprüche vergleicht oder auf sie verzichtet.*" Allgemein zur Entstehungsgeschichte von § 93 Abs. 4 S. 3 AktG vgl. *Fleischer* AG 2015, 133 ff.

Man könnte daraus den Umkehrschluss ziehen und eine Anfechtung deswegen ausschließen, weil der einzelne Aktionär alleine keine Möglichkeit hatte, eine Durchsetzung des Ersatzanspruchs sicherzustellen. Die Verhinderung eines Verzichts oder Vergleichs durch Anfechtung wäre in diesem Falle unnütz, weil die Ansprüche am Ende doch nicht geltend gemacht würden.

Ein solches Ergebnis kann aber letzten Endes nicht überzeugen. Zum einen basiert diese Überlegung alleine darauf, dass sich der Aufsichtsrat rechtswidrig verhalten würde und entgegen seiner Pflichten[10] nach einer erfolgreichen Anfechtung des Hauptversammlungsbeschlusses über den Verzicht die weitere Durchsetzung ablehnen würde. Es dürfte aber das Gegenteil der Fall sein: bekommt der Aufsichtsrat durch ein Gericht bestätigt, dass der Verzicht nicht zulässig ist, so wird er zur Meidung eigener Haftung erst recht die weitere Durchsetzung betreiben.

Außerdem lässt sich nicht schlüssig begründen, warum Vorstand und Aufsichtsrat allgemein[11] einerseits überhaupt nicht gegen den Willen eines Aktionärs verzichten können, andererseits aber Ersatzansprüche gegen Organwalter von der Mehrheit „verschleudert“ werden dürften.

Nicht mehr stichhaltig ist der Querverweis auf § 147 AktG ferner schon seit 1965 im (faktischen) Konzern: nach § 318 Abs. 4 S. 1 iVm 309 Abs. 5 S. 1 AktG kann dort nämlich jeder Aktionär den Ersatzanspruch unmittelbar geltend machen. Der Gesetzgeber ging auch zwanglos davon aus, dass jeder Aktionär sich gegen einen nachteiligen Beschluss der Hauptversammlung zur Wehr setzen könne.[12]

Und schließlich passt die 10 %-Hürde nicht mehr, seit durch das UMAG[13] das Klagezulassungsverfahren (§ 148 AktG) erweitert und das Recht zur Durchsetzung von Ersatzansprüchen schon einer Minderheit mit 1 % des Grundkapitals ermöglicht wurde. Auch wenn also beispielsweise auf einer Hauptversammlung 95 % des anwesenden Grundkapitals für einen Verzicht

10 BGHZ 135, 244 – ARAG/Garmenbeck.

11 Näher § 1 D. I. und II. (S. 50).

12 In der Begr. RegE, abgedruckt bei *Kropff*, AktG, S. 405 heißt es, der Aktionär könne *„daher den Zustimmungsbeschluss anfechten, wenn der Verzicht oder Vergleich nicht geboten war“*.

13 Gesetz zur Unternehmensintegrität und Modernisierung des Anfechtungsrechts (UMAG) vom 22.09.2005, BGBl I, S. 2802.

auf Schadensersatzansprüche votiert und die verbleibenden 5 % deswegen nicht nach § 93 Abs. 4 S. 3 AktG widersprechen können, so muss ihnen trotzdem der Weg der Anfechtungsklage mit gleichzeitigem Klagezulassungsverfahren offen stehen, wenn sie geltend machen, der Verzicht sei für die AG und damit auch ihre Vermögensinteressen schädlich. Bedeutung hat das Widerspruchsrecht also nur insoweit, als eine Minderheit von 10 % des Grundkapitals auch einen angemessenen Vergleich verhindern, eine Minderheit von weniger als 10 % des Grundkapitals per Anfechtungsklage aber nur einen Verzicht oder einen schädlichen Vergleich stoppen kann.

Aus der Existenz des Widerspruchsrechts der Minderheit mit 10 % des Grundkapitals ist damit aber nicht zu folgern, dass die Anfechtungsbefugnis beschränkt oder ausgeschlossen ist und ein (für die Gesellschaft stets schädlicher) Verzicht auch gegen den Willen eines einzelnen Aktionärs möglich sein soll.

3. *Folgerungen*

Es verbleibt dann bei der Möglichkeit eines jeden Aktionärs, den zustimmenden Hauptversammlungsbeschluss anzufechten, wenn und weil ein gänzlicher Verzicht für die Aktiengesellschaft nicht vorteilhaft ist.[14] Dies bedeutet aber wiederum, dass auch der Aufsichtsrat Anfechtungsklage erheben müsste, statt den Beschluss zu vollziehen. Einzig für den Fall, dass ausnahmslos alle Aktionäre einem Verzicht zustimmen, kann eine Ausnahme erwogen werden, weil Interessen der Aktionäre nicht berührt sind und für die Gläubiger andere Schutzvorrichtungen (Insolvenzanfechtung, relative Unwirksamkeit nach § 93 Abs. 5 S. 3 AktG) bestehen.[15]

Es ergibt sich also aus der Existenz des Widerspruchsrechts keine andere Lösung als für allgemeine Ansprüche.

4. *Ergebnis*

Es zeigt sich damit, dass sich die Regelung über das Widerspruchsrecht, soweit es um den Verzicht geht, an sich in die allgemeinen Regeln einfügt. Dies ist aber nur deshalb der Fall, weil die allgemeinen Regeln im Ergebnis strenger sind und durch das Widerspruchsrecht nicht verdrängt werden.

---

14 Vgl. schon § 1 D. II. 2. (S. 58).
15 Vgl. schon § 1 D. II. 3. (S. 60).

III. Sperrfrist von 3 Jahren

§ 93 Abs. 4 S. 3 AktG ordnet eine zeitliche Sperre von 3 Jahren für Verzicht und Vergleich an, sofern es sich nicht um eine Maßnahme zur Abwendung der Zahlungsunfähigkeit handelt (§ 93 Abs. 4 S. 4 AktG). Die Regeln für allgemeine Ansprüche kennen eine solche Sperrfrist nicht. Die Sperrfrist von 3 Jahren steht daher nicht in Einklang mit den allgemeinen Vorschriften zum Gläubiger- und Minderheitenschutz. Sie bedarf als (zeitliche) Beschränkung der Dispositionsbefugnis und damit der Privatautonomie einer gesonderten Rechtfertigung, um verfassungsgemäß zu sein.

1. Verstoß gegen Art. 2 Abs. 1 GG (Privatautonomie)

In Betracht kommen könnte zunächst ein Verstoß gegen Art. 2 Abs. 1 GG. Art. 2 Abs. 1 GG schützt insgesamt die Handlungsfreiheit[16] eines jeden Grundrechtsträgers, insbesondere auch der Kapitalgesellschaft.[17] Mitumfasst davon ist auch die Freiheit, Privatrechtsverhältnisse gestalten zu dürfen (Privatautonomie).[18]

a) Problemstellung

Um Rechtsbeziehungen gestalten zu können, erfordert die Privatautonomie als Korrelat das Recht und die Rechtsordnung.[19] Denn wer Verträge schließen darf, muss diese gegebenenfalls auch durchsetzen können und damit die Anerkennung durch das Recht bekommen. Will eine Kapitalgesellschaft beispielsweise in unvernünftiger Weise auf werthaltige Ansprüche verzichten, so erfordert dies das Institut des Erlassvertrages. Im gleichen Zuge der Ausgestaltung kann der Gesetzgeber dann aber wiederum die Möglichkeiten, einen Verzicht abzuschließen, einschränken und so die privatautonomen Gestaltungsmöglichkeiten einengen. Das Gleiche gilt auch für Gestaltungsrechte: Inwieweit ein einseitiger Verzicht möglich sein soll, muss der Gesetzgeber erst entscheiden. Es besteht damit aber stets die Schwierigkeit, festzustellen, welche Regeln der Zivilrechtsordnung die

---

16 BVerfGE 6, 32, 36 ff. – Elfes; Sachs/*Murswiek* Art. 2 GG Rn. 42 ff.
17 Dazu bereits Einleitung B. I. (S. 28).
18 Sachs/*Murswiek* Art. 2 GG Rn. 54.
19 *Flume*, Das Rechtsgeschäft, S. 1. Vgl. auch *Höfling*, Vertragsfreiheit, S. 20 ff.

Privatautonomie ausgestalten und welche sie beschränken.[20] Damit verbunden ist aber auch das Problem, festzustellen, welche Grenzen die Privatautonomie dem Gesetzgeber unter der Geltung des Grundgesetzes letztlich setzt.

Weitestgehend geklärt ist mittlerweile, dass das Grundgesetz überhaupt Auswirkungen auf die Privatrechtsordnung hat.[21] Denn auch die Rechtssetzung durch Gesetzgeber und Gerichte ist öffentlich-rechtliches Handeln im Sinne des Art. 1 Abs. 3 GG.[22] Relativ viel Beachtung gefunden hat insbesondere die Frage, welche Auswirkung die Grundrechte auf die Beziehung Bürger zu Bürger haben und inwieweit den Staat aus Art. 2 Abs. 1 GG eine Schutzpflicht trifft.[23]

Eher weniger Beachtung findet die hier interessierende Frage der abwehrrechtlichen Dimension der Privatautonomie, also inwieweit der Staat durch Art. 2 Abs. 1 GG in der konkreten Ausgestaltung der Privatrechtsordnung gebunden ist.

b) Meinungsstand

Einigkeit besteht jedenfalls insoweit, als dass durch den Gesetzgeber bei der Ausgestaltung der Privatrechtsordnung das Recht auf grundsätzliche Selbstbestimmung der Person zu achten ist.[24] Er darf den Menschen nicht zu einem fremdbestimmten Objekt machen. Ob darüber hinaus aber eine Kontrolle des Gesetzgebers bei der Ausgestaltung der Privatrechtsordnung möglich ist, ist strittig.

aa) Die Rechtsprechung des BVerfG

Das Bundesverfassungsgericht wendet die klassische Grundrechtsdogmatik (Schutzbereich – Eingriff – Rechtfertigung) auch im Bereich der Ausgestaltung der Privatautonomie und Vertragsfreiheit an. Zu überprüfen waren

---

20 Dies gilt für alle Institutsgarantien, vgl. *Höfling*, Vertragsfreiheit, S. 32.

21 *Bäuerle*, Vertragsfreiheit und Grundgesetz, S. 162 ff.

22 Maunz/Dürig/*Di Fabio* Art. 2 Abs. 1 Rn. 106 mwN.

23 BVerfGE 81, 242 – Handelsvertreterentscheidung; BVerfGE 89, 214 – Bürgschaftsentscheidung. Dazu Maunz/Dürig/*Di Fabio* Art. 2 Abs. 1 Rn. 107 ff. mwN.

24 BVerfGE 8, 274, 329; BVerfGE 12, 341, 347; BVerfGE 29, 260, 267; BVerfGE 50, 290, 366; BVerfGE 89, 242, 254; Maunz/Dürig/*Di Fabio* Art. 2 Abs. 1 Rn. 101; Mangoldt/Klein/Starck/*Starck*, Art. 2 Abs. 1 Rn. 136.

insbesondere Vorgaben hinsichtlich Preisbildung[25], Kontrahierungszwang[26] oder staatlicher Genehmigungen[27]. Diese sollen in den Schutzbereich der Privatautonomie eingreifen und somit einer Rechtfertigung bedürfen, müssen im Ergebnis insbesondere verhältnismäßig sein.

Bisher prüfte das BVerfG aber insbesondere einzelne Aspekte von möglichen Eingriffen in den Schutzbereich der Privatautonomie, welche durch Sondergesetze erfolgten. Eine saubere Trennung zwischen ausgestaltenden und beschränkenden Normen innerhalb der Privatrechtsordnung ist damit aber nicht möglich. In den bisher ergangenen Urteilen wurde auch noch keine Verletzung der Privatautonomie durch die Schaffung zwingender Vorschriften innerhalb der Privatrechtsordnung selbst festgestellt.

bb) Nur Selbstbestimmung als geschützter Kern der Privatautonomie

Nach anderer Ansicht[28] soll der Gesetzgeber daher weitestgehend das Recht haben, den Bestand an Rechtsformen zu ändern, oder teilweise zu beseitigen und dadurch den Gestaltungsspielraum des Einzelnen einzuengen. Er sei nur verpflichtet, das grundsätzliche Recht auf selbstverantwortliche Gestaltung der Rechtsverhältnisse zu achten.[29] Eine weitergehende Bindung über diese Achtung der Selbstbestimmung hinaus existiere nicht.

cc) Prinzipientheorie der Grundrechte

Einen abgewandelten Ansatz verfolgt *Höfling*[30] aufbauend auf der Prinzipientheorie der Grundrechte.[31] Danach sollen bestimmte Normen Rechtsprinzipien beschreiben und optimieren. Andere Normen hingegen sollen diese Rechtsprinzipien wieder einschränken. Soweit Normen ein Rechtsprinzip optimieren und damit ausgestalten, sollen sie keiner verfassungsrechtlichen Kontrolle unterworfen sein, weil sie nicht beschränkend wirken. Wird aber

---

25 BVerfGE 8, 274, 328; BVerfGE 70, 1, 25.
26 BVerfGE 89, 48, 61.
27 BVerfGE 21, 87; BVerfGE 60, 329, 339.
28 *Flume*, Das Rechtsgeschäft, S. 19. Ähnlich *H. Huber*, Die verfassungsrechtliche Bedeutung der Vertragsfreiheit, 1966. Früher auch schon *E.-R. Huber* AöR 23 (1933), 1, 40 f.
29 *Flume*, Das Rechtsgeschäft, S. 20.
30 *Höfling*, Vertragsfreiheit, S. 34 ff.
31 *Alexy*, Theorie der Grundrechte, 1985.

ein Rechtsprinzip eingeschränkt, so soll es sich um einen Eingriff in den Schutzbereich des Grundrechts mit der Folge einer verfassungsrechtlichen Kontrolle handeln.

c) Stellungnahme

Bereits aus der Tatsache, dass das Bundesverfassungsgericht bisher keine Vorschriften der Privatrechtsordnung wegen einer Beschränkung der privatrechtlichen Handlungsmöglichkeiten als mit der Verfassung für unvereinbar erklärt hat, wird ersichtlich, wie weit der Gestaltungsspielraum des Gesetzgebers und wie schwierig eine Kontrolle ist.

Auch wenn versucht wird, über die Definition einzelner Rechtsprinzipen eine Abgrenzung zwischen beschränkenden Normen und optimierenden Normen zu treffen[32], so muss man doch auch erst definieren welche Rechtsprinzipien von Verfassungswegen zu gelten haben. Nimmt man an, dass der schuldrechtliche Vertrag nach § 311 Abs. 1 BGB ein verfassungsrechtlich geschütztes Rechtsprinzip darstellt, so ließe sich eine Einschränkung desselben einer Kontrolle unterziehen. Dies setzt aber das Vorverständnis voraus, dass der umfassende schuldrechtliche Vertrag im Sinne des § 311 Abs. 1 BGB ein geschütztes Prinzip der Verfassung ist. Wenn der Gesetzgeber aber den schuldrechtlichen Vertrag durch andere Institute ersetzen (Beispiel: einen *numerus clausus* der schuldrechtlichen Vertragstypen einführen) dürfte[33], so bestätigt dies nur, dass der schuldrechtliche Vertrag auch nicht als verfassungsrechtlich geschütztes Prinzip unumschränkt geeignet wäre. Damit verbleibt aber als verfassungsrechtlich geschütztes Prinzip nur noch die Selbstbestimmung des Einzelnen. Solange in diese nicht eingegriffen wird, kann der Gesetzgeber grundsätzlich frei gestalten. Würde man hingegen das Prinzip der Vertragsfreiheit in der Ausgestaltung des BGB zum Prinzip erklären, dessen Einschränkung rechtfertigungsbedürftig ist, so könnte letztlich der einfache Gesetzgeber selbst definieren, welche Institute verfassungsrechtlich geschützt sind.

Dennoch lässt sich die Unterscheidung in Normen, welche ein Rechtsprinzip ausgestalten, und solche, welche ein Rechtsprinzip beschränken, fruchtbar machen. Eine Begrenzung der gesetzgeberischen Gestaltungsfreiheit

---

32 S. oben I.3. (S. 80) mit Fn. 30.
33 Vgl. *Flume*, Das Rechtsgeschäft, S. 19.

lässt sich nämlich aus dem Willkürverbot (Art. 3 Abs. 1 GG) ziehen: stellt der Gesetzgeber bestimmte Rechtsinstitute (und damit „Prinzipien“) zur Verfügung, so muss er diese gleichheitskonform ausgestalten.[34]

So ist der Gesetzgeber zwar beispielsweise nicht gehalten, ein bestimmtes Alter für die Geschäftsfähigkeit festzusetzen. Allerdings muss er dieses Alter dann für alle natürlichen Personen gleich festsetzen.[35] Behandelt der Gesetzgeber Rechtssubjekte unterschiedlich, so braucht er hierfür wenigstens irgendeinen sachlichen Grund. Bei einer unterschiedlichen Behandlung von natürlichen Personen und juristischen Personen ergibt sich ein sachlicher Grund schon häufig aus der fehlenden menschlichen Personalität der juristischen Person.[36] Stellt der Gesetzgeber das Institut/Prinzip der einseitigen Aufrechnung (wie in §§ 387 ff. BGB geschehen) zur Verfügung und spricht anschließend punktuelle Aufrechnungsverbote aus, so behandelt er in vergleichbaren Situationen (zwei sich deckende Forderungen) ungleich. Daher muss zumindest irgendein sachlicher Grund für diese Ungleichbehandlung und damit für das Verbot bestehen. Würde der Gesetzgeber hingegen generell nur eine Aufrechnung durch Vertrag ermöglichen, so wäre dies aber wiederum zulässig, denn es entstünde keine Ungleichbehandlung.

Es ist also erst der Gesetzgeber selbst, der „Rechtsprinzipien“ der Privatrechtsordnung aufstellt. Aus der Verfassung sind richtigerweise keine konkreten Prinzipien für eine bestimmte Ausgestaltung der Privatrechtsordnung abzuleiten, solange die grundlegende Selbstbestimmung des einzelnen nicht beschränkt wird. Entscheidet sich der Gesetzgeber aber für ein privatrechtliches Institut, so muss er dieses konsequent und kohärent ausgestalten, um nicht gegen Art. 3 Abs. 1 GG zu verstoßen.

Festzustellen ist damit, dass eine Prüfung einer privatrechtlichen Norm nur unter dem Aspekt des Verstoßes gegen die Privatautonomie (Art. 2 Abs. 1 BGB) selten fruchtbar ist.[37] Denn eine so weitgehende Einschränkung

---

34 Es geht also nicht darum, Art. 3 Abs. 1 GG im Verhältnis zwischen Privaten zur Anwendung zu bringen, was selbstverständlich auch im Lichte der Privatautonomie als Möglichkeit zum „selbstherrlichen“ Handeln nicht möglich wäre (allgemein dazu BeckOK GG/*Kischel* Art. 3 Rn. 92).

35 Mangoldt/Klein/Starck/*Starck* Art. 3 Abs. 1 Rn. 265.

36 *Bäuerle*, Vertragsfreiheit und Grundgesetz, S. 407.

37 Zutr. *Flume*, Das Rechtsgeschäft, S. 17 ff.

der Entfaltungsmöglichkeiten, dass eine freie Selbstbestimmung nicht mehr möglich ist, wird der Gesetzgeber kaum einmal vornehmen.

d) Bedeutung für § 93 Abs. 4 S. 3 AktG

Soweit § 93 Abs. 4 S. 3 AktG Verzicht und Vergleich für die Dauer von drei Jahren ausschließt, beschränkt er zwar die Dispositionsfreiheit der Kapitalgesellschaft. Weil hierdurch aber nicht das Recht zur Selbstbestimmung der Kapitalgesellschaft in grundlegender Weise eingeschränkt wird, kann aus Art. 2 Abs. 1 GG keine Unwirksamkeit der Regelung gefolgert werden.

2. *Verstoß gegen Art. 3 Abs. 1 GG*

Zu prüfen ist damit aber noch, ob die dreijährige Sperrfrist in § 93 Abs. 4 S. 3 AktG nicht gegen das Gleichbehandlungsgebot (Art. 3 Abs. 1 GG) verstößt.

Grundsätzlich ist ein Erlass von Forderungen ohne zeitliche Grenze zulässig. So kann die AG selbst auf andere Ansprüche als Ersatzansprüche sofort verzichten,[38] die GmbH kann auch auf Ersatzansprüche ohne zeitliche Grenze verzichten (vgl. § 43 GmbHG). Eine Beschränkung der Verzichtsmöglichkeit für die Dauer von drei Jahren hinsichtlich Ersatzansprüche stellt damit eine Ungleichbehandlung dar. Sie ist nur zu rechtfertigen, wenn ein sachlicher Grund für eine solche Ungleichbehandlung besteht.[39]

a) Zum Zweck der Regelung

Zurückzuführen ist die Regelung in § 93 Abs. 4 S. 3 AktG sowie in den Parallelvorschriften auf § 213d ADHGB in der Fassung der 2. Aktienrechtsnovelle von 1884. Ursprünglich sollte die Sperrfrist verhindern, dass die konstituierende Generalversammlung einen Generalverzicht gegenüber den Gründern und Gründungsgenossen beschließt, welche den Gründungsvorgang angeblich beherrschten.[40] Dieses Ziel hat sich aber zum einen

38 Dazu schon § 1.

39 Vgl. BVerfGE 1, 14, 52; Sachs/*Osterloh* Art. 3 Rn. 8 ff.

40 Vgl. allgemeine Begründung zum Gesetz (abgedruckt in den Verhandlungen des Reichstages, Band 77.1884 S. 281): „*2. Beschränkung von Vergleichen etc über Gründungsansprüche. Ein Hauptbedenken gegen die konstituierende Generalversammlung des bisherigen Rechts hat man mit Recht aus der Decharge hergeleitet, welche in dieser Versammlung die Gründer sich erteilen ließen. Ist*

spätestens mit der Abschaffung der Stufengründung in Deutschland[41] 1965 weitestgehend erledigt. Zum anderen kann es von vorneherein nicht für den Verzicht im Rahmen des § 93 Abs. 4 S. 3 AktG gelten, der nichts mit dem Gründungsvorgang zu tun hat.

Die Ausweitung der Sperrfrist auf alle Formen von Verzicht und Vergleich auf Ersatzansprüche erfolgte 1937 ohne nähere Begründung.[42] Sie ist eine Fehlleistung des Gesetzgebers von 1937.

Der Gesetzgeber von 1965 übernahm die Vorschrift, wobei er aber die Sperrfrist von fünf auf drei Jahre verkürzte. Nach seiner Vorstellung soll mit der Dreijahresfrist verhindert werden, „*dass über einen Verzicht oder Vergleich bereits zu einem Zeitpunkt entschieden wird, in dem sich noch kein abschließendes Bild über die Auswirkungen der schädigenden Handlung gewinnen lässt.*“[43]

Teilweise wird noch ergänzt, die Vorschrift wolle verhindern, dass sich pflichtvergessene Vorstandsmitglieder mit Rückendeckung durch den Großaktionär in Sicherheit wiegen, weil sie bei einem Kontrollwechsel innerhalb von 3 Jahren mit einer Inanspruchnahme durch den neuen Großaktionär rechnen müssten.[44]

Dagegen mehren sich Stimmen, die eine gänzliche Streichung der Sperrfrist *de lege ferenda* fordern, weil sie einem schnellen Vergleichsschluss, der

---

auch nach den vom Entwurf für dieselbe getroffenen Bestimmungen nicht zu befürchten, dass die Gründer sie vollständig beherrschen werden, so lässt sich doch der tatsächliche Einfluss derselben nicht völlig beseitigen.“

41 Vgl. Begr. RegE, abgedruckt bei *Kropff*, AktG, S. 47.

42 Die genauen Gründe für die generelle Ausweitung lassen sich nicht erschließen und waren wohl eher unbeabsichtigt (*Fleischer* AG 2015, 133, 134; *Harbarth*, Liber Amicorum M. Winter, 2011, S. 215, 225 f.). In der amtlichen Begründung zu § 84 AktG 1937 (abgedruckt bei *Klausing*, AktG, Begr. S. 72.) heißt es nur: „*Verzichte oder Vergleiche der Gesellschaft auf entstandene Ersatzansprüche sind, wie nach geltendem Recht, nur unter erschwerten Bedingungen zulässig*“, zu § 101 Abs. 4 AktG 1937 findet sich kein einziger Satz (vgl. bei *Klausing*, AktG, Begr. S. 85 ff.).

43 Vgl. Begr. RegE, abgedruckt bei *Kropff*, AktG, S. 123. Ebenso auch BGHZ 191, 364 Tz. 26.

44 *Fleischer* AG 2015, 133, 138; vgl. ferner GroßkommAktG[5]/*Hopt*/*Roth* § 93 Rn. 518; *Mertens*, FS Fleck, 1988, S. 209, 211.

im Interesse aller Beteiligter sein kann, entgegensteht.[45] Darüber hinaus wird auch schon unter dem geltenden Recht eine teleologische Reduktion der Dreijahresfrist erwogen, wenn dies notwendig ist, um in den Genuss einer kartellrechtlichen Kronzeugenregelung zu kommen.[46]

b) Überprüfung auf Stichhaltigkeit

Soweit es um den Verzicht auf Ansprüche geht, fällt eine Rechtfertigung der Sperrfrist schwer. Zwar kann der Gesetzgeber auch paternalistische Vorschriften vorsehen. Diese müssen dann aber konsequent ausgestaltet werden, um nicht gegen das Willkürverbot (Art. 3 Abs. 1 GG) zu verstoßen.

aa) Keine Zustimmung aller Aktionäre

Stimmen nicht ausnahmslos alle Aktionäre einem Verzicht in der Hauptversammlung zu, so ist der Beschluss anfechtbar und der Aufsichtsrat muss den Beschluss grundsätzlich anfechten, anstatt zu vollziehen. Geschieht dies nicht, so wird der Beschluss gesetzmäßig und damit vollziehbar, der Aufsichtsrat gerät aber in eine Schadensersatzhaftung.[47]

Die Sperrfrist verhindert letztlich einen Verzicht auch bei Bestehen eines gesetzmäßig gewordenen Hauptversammlungsbeschlusses. Für den einzelnen (Klein)Aktionär macht es aber keinen Unterschied, ob nach oder vor Ablauf von 3 Jahren verzichtet wird. In beiden Fällen werden seine Vermögensinteressen geschädigt, es kann aber der Aufsichtsrat in Regress genommen werden. De facto wird durch die Unwirksamkeit des Verzichts innerhalb von 3 Jahren damit vor allem der Aufsichtsrat selbst geschützt, der sich anderenfalls wegen unterlassener Anfechtung schadensersatzpflichtig gemacht hätte.

---

45 DJT, Beschlüsse der Abteilung Wirtschaftsrecht des 70. Deutschen Juristentags 2014, I.7; *Bachmann*, Gutachten E zum 70. Deutschen Juristentag 2014, E 49 ff. (mwN in Fn. 175); *DAV-Handelsrechtsausschuss* NZG 2010, 897, 899; *ders.* NZG 2011, 217, 221; *ders.* NZG 2012, 380, 383; vgl. auch KölnKommAktG[3]/*Mertens/Cahn* § 93 Rn. 164 („dringend [...] abschaffen").

46 Vgl. *Harbath,* Liber Amicorum M. Winter, 2011, S. 215, 229 ff.; ablehnend *Fleischer* AG 2015, 133, 139; GroßkommAktG[5]/*Hopt/Roth* § 93 Tz. 505 mit Fn. 1863; *Zimmermann* DB 2008, 687, 688.

47 Näher § 1 D. II. 3. (S. 60).

Unzutreffend ist die Annahme des Gesetzgebers, dass die Aktionäre in dieser Konstellation durch eine Sperrfrist zu schützen sind. Haften die Mitglieder des Aufsichtsrats auf Schadensersatz, wenn sie die Anfechtung unterlassen, so ist die Sperrfrist zum Schutz der Aktionäre nicht erforderlich. Im Übrigen können die Aktionäre auch selbst Anfechtungsklage erheben und sich hierdurch vor einem Vermögensverlust schützen.[48]

bb) Zustimmung aller Aktionäre

Für den Fall, dass ausnahmslos alle Aktionäre einen Verzicht wollen und der Aufsichtsrat bei einer Unterlassung der Anfechtung deswegen nicht in eine Haftung gerät,[49] bedarf es der Sperrfrist eigentlich ebenfalls nicht.

Die dreijährige Sperrfrist soll die Aktionäre nach Vorstellung des Gesetzgebers vor übereilten Maßnahmen schützen, wenn sich der Schaden noch nicht überblicken lässt. Wollen aber alle Aktionäre die bewusste Schädigung der Gesellschaft zu Gunsten eines Vorstandsmitglieds durch restlosen Verzicht, so ist auch dies noch Ausübung der Privatautonomie in Form von „Selbstherrlichkeit".[50] Eines Schutzes bedürfen die Aktionäre dann eher nicht. Denn wenn alle Aktionäre gänzlich auf Ersatzansprüche verzichten möchten, so ist ein Abwarten zur Klärung der genauen Hintergründe und des Umfangs des Anspruchs überflüssig, weil dies nicht angestrebt wird. Den Überlegungen des Gesetzgebers dürften daher primär die Fälle von voreiligen Vergleichsschlüssen zu Grunde gelegen haben.

Zu bedenken ist ferner, dass bei Bestehen einer allgemeinen Übereinkunft offensichtliche Umgehungsmöglichkeiten bestehen: Dem Vorstand wird beispielsweise (unter Wahrung des § 89 AktG) ein Darlehen eingeräumt, mit welchem der Anspruch aus § 93 Abs. 2 AktG erfüllt wird. Auf die Darlehensforderung kann die Gesellschaft dann ohne zeitliche Sperre verzichten, wenn alle Aktionäre zustimmen.[51] Der Gesetzgeber müsste daher

48 Zur Anfechtbarkeit schon § 1 D. II. 2. (S. 58) und § 2 A. II. (S. 75).
49 Näher § 1 D. II. 3. c) (S. 62).
50 Näher Einleitung B. I. (S. 28).
51 Siehe schon § 1 D. II. (S. 53). Ferner wird noch zu einer Abtretung des Anspruchs und anschließendem Verzicht geraten (vgl. GroßkommAktG[5]/*Hopt/Roth* § 93 Rn. 505, 530). Ob dieser Weg tatsächlich gangbar ist, ist aber fragwürdig (Köln-KommAktG[3]/*Mertens/Cahn* § 93 Rn. 172). Zur Abtretung dann noch § 20 (S. 293).

konsequenterweise alle Formen des Verzichts in der AG unter den Vorbehalt des Ablaufs der Dreijahresfrist stellen. Tut er dies nicht, so schafft er eine inkonsequente Regelung. Ist der Gesetzgeber aber gemäß Art. 3 Abs. 1 GG verpflichtet, einmal getroffene Grundentscheidungen konsequent auszugestalten, so ist die isolierte Dreijahresfrist schwer zu rechtfertigen, es sei denn man wendet sie analog auf alle Verzichtsfälle an.

Wenn von der Literatur als weiteren Grund für die Existenz der Vorschrift angeführt wird, sie wolle verhindern, dass sich pflichtvergessene Vorstandsmitglieder mit Rückendeckung des Großaktionärs in Sicherheit wiegen, so kann auch dies die Sperrfrist für den Verzicht nicht rechtfertigen: stimmt nur ein Minderheitsaktionär nicht für einen Verzicht, so muss dieser scheitern. Es kann also allenfalls noch um den Fall der Einmann-AG oder eines gemeinsamen Handelns aller Aktionäre gehen. Zum Gläubigerschutz reicht dann aus, dass jeglicher Verzicht entweder unwirksam (§ 93 Abs. 5 S. 3 AktG) oder jedenfalls für 4 Jahre anfechtbar (§ 134 Abs. 1 InsO)[52] ist. Darüber hinaus hat § 93 Abs. 2 S. 1 AktG auch nicht eine verhaltenssteuernde Funktion im Interesse der Allgemeinheit, sondern soll nur Schäden der Gesellschaft kompensieren.[53]

Zumindest erscheint es aber nicht völlig abwegig, dass die Aktionäre einen Verzicht nochmals überdenken, wenn sie zuwarten müssen und möglicherweise weitere Schadenspositionen aufgedeckt werden. Ob die Einführung einer Sperrfrist deswegen sinnvoll ist, muss bezweifelt werden. Jedenfalls wird man dem Gesetzgeber aber so viel Gestaltungsspielraum zugestehen müssen, dass er die Sperrfrist in der getroffenen pauschalen Form einführt und diese damit nicht gegen Art. 3 Abs. 1 GG verstößt.

c) Konsequenzen

Im Ergebnis ist die Sperrfrist daher hinzunehmen. Jedenfalls für den Fall des Verzichts ist die ersatzlose Streichung *de lege ferenda* aber dringend zu empfehlen, da ihr Zweck mehr als zweifelhaft erscheint.

---

52 Vgl. zur Anfechtung beispielhaft auch *Geißler* GmbHR 2016, 337, 343 f.

53 Vgl. *Harbath,* Liber Amicorum M. Winter, 2011, S. 215, 227 ff. gegen *Mertens*, FS Fleck, 1988, S. 209, 210 f.

IV. Ergebnis

Soweit § 93 Abs. 4 S. 3 AktG die Zustimmung der Hauptversammlung zu einem Verzicht vorschreibt, fügt sich die Vorschrift nahtlos in die allgemeine Rechtslage ein. Das Widerspruchsrecht der Minderheit existiert nach allgemeiner Rechtslage zwar nicht, ist aber in Anbetracht der Anfechtungsmöglichkeit für den Verzicht bedeutungslos.

Missraten ist die Sperrfrist von 3 Jahren, soweit es um den Verzicht geht. § 93 Abs. 4 S. 3 AktG ist *de lege lata* hinzunehmen, *de lege ferenda* sollte sie für den Verzicht aber jedenfalls gestrichen werden.

B. § 93 Abs. 5 S. 1 und S. 3 AktG

Nach § 93 Abs. 5 S. 1 AktG steht den Gläubigern das Recht zu, einen Ersatzanspruch der Gesellschaft gegen Vorstände im Falle einer Zahlungsunfähigkeit der Gesellschaft unmittelbar selbst geltend zu machen (Gläubigerverfolgungsrecht). Beschränkt wird dies nach § 93 Abs. 5 S. 2 AktG aber auf Ansprüche, welche auf grob fahrlässigem Verhalten beruhen oder sich aus § 93 Abs. 3 AktG ergeben. Nach § 93 Abs. 5 S. 3 AktG wirkt ein Verzicht oder Vergleich der Gesellschaft den Gläubigern mit einem Verfolgungsrecht gegenüber nicht (relative Unwirksamkeit).

Da ein solches Gläubigerverfolgungsrecht, insbesondere auch die relative Unwirksamkeit von Verzicht und Vergleich, nicht für alle Arten von Ansprüchen vorgesehen ist, bedarf es einer näheren Untersuchung.

I. Zum Inhalt und Zweck des Gläubigerverfolgungsrechts

Weil die Gläubiger mit dem Verfolgungsrecht einerseits einen „Ersatzanspruch der Gesellschaft" geltend machen, andererseits aber im eigenen Namen handeln und Zahlung an sich verlangen können,[54] ist die genaue dogmatische Einordnung und damit verbunden letztlich auch der Zweck des Gläubigerverfolgungsrechts umstritten. Einerseits kann das Gläubigerverfolgungsrecht als eigenständiger Anspruch der Gläubiger aufgefasst werden,

54 *Hüffer/Koch* § 93 Rn. 81; Schmidt/Lutter/*Krieger/Sailer-Coceani* § 93 Rn. 72; MünchKommAktG[4]/*Spindler* § 93 Rn. 272; GroßkommAktG[5]/*Hopt/Roth* § 93 Rn. 563; KölnKommAktG[3]/*Mertens/Cahn* § 93 Rn. 181; MHdbAG/*Wiesner* § 26 Rn. 27.

dessen Höhe lediglich durch den Anspruch der Gesellschaft beschränkt wird.[55] Es besteht dann eine gewisse Nähe zur Gesamtgläubigerschaft, ohne eine zu sein.[56] Umgekehrt lässt sich das Gläubigerverfolgungsrecht auch als eine Sonderform der Prozessstandschaft verstehen. Die Gläubiger machen dann einen Anspruch der Gesellschaft geltend, wobei lediglich ein vorheriger Pfändungs- und Überweisungsbeschluss entbehrlich ist.[57]

1. *Wortlaut*

Aus dem Wortlaut des § 93 Abs. 5 S. 1 AktG alleine lässt sich nicht schließen, ob den Gläubigern ein eigener Anspruch zusteht, oder ob nur ein Anspruch der Gesellschaft geltend gemacht wird. Zwar deutet der Wortlaut eher auf ein nur abgeleitetes Recht hin („*Ersatzanspruch der Gesellschaft*"). Dieser Wortlaut kann aber auch als bloßer Hinweis auf den Ursprung des Anspruchs (nämlich abstammend vom „*Ersatzanspruch der Gesellschaft*") verstanden werden. Umgekehrt kann auch § 93 Abs. 5 S. 4 AktG („das Recht der Gläubiger") eher für einen eigenen Anspruch angeführt werden,[58] ohne dass dies zwingend wäre.

2. *Zur Entstehungsgeschichte*

Das Recht der Gläubiger, Ersatzansprüche bei Zahlungsunfähigkeit der Gesellschaft unmittelbar geltend machen zu können, sowie die Unwirksamkeit von Verzicht und Vergleich ihnen gegenüber, finden sich erstmals in Art. 226 Abs. 3 ADHGB in der Fassung der 2. Aktienrechtsnovelle von

---

55 *Hüffer/Koch* § 93 Rn. 81; Spindler/Stilz/*Fleischer* § 93 Rn. 294; Schmidt/Lutter/-*Krieger/Sailer-Coceani* § 93 Rn. 68; MünchKommAktG⁴/*Spindler* § 93 Rn. 267; KölnKommAktG³/*Mertens/Cahn* § 93 Rn. 180; GroßkommAktG⁵/*Hopt/Roth* § 93 Rn. 549 ff.; MHdbAG/*Wiesner* § 26 Rn. 25; Grigoleit/*Grigoleit/Tomasic* § 93 Rn. 82; Bürgers/Körber/*Bürgers* § 93 Rn. 43; *Zempelin* AcP 155 (1956), 209, 237 ff.

56 Vgl. MünchKommAktG⁴/*Spindler* § 93 Rn. 275; KölnKommAktG³/*Mertens/Cahn* § 93 Rn. 183; GroßkommAktG⁵/*Hopt/Roth* § 93 Rn. 568; teilweise auch Vergleich mit Haftung in der KG (§ 171 HGB): MünchKommAktG⁴/*Spindler* § 93 Rn. 267; GroßkommAktG⁵/*Hopt/Roth* § 93 Rn. 549; Grigoleit/*Grigoleit/Tomasic* § 93 Rn. 82.

57 So OLG Frankfurt WM 1977, 59; *Habscheid*, FS F. Weber, 1975, S. 197 ff.; *Godin/Wilhelmi* § 93 Anm. 28.

58 GroßkommAktG⁵/*Hopt/Roth* § 93 Rn. 549; Grigoleit/*Grigoleit/Tomasic* § 93 Rn. 82.

1884 für den Aufsichtsrat und parallel in Art. 241 Abs. 4 für den Vorstand. Dieses Recht war aber noch beschränkt auf Ersatzansprüche nach Art. 226 Abs. 2 der Novelle (entspricht heute weitestgehend § 93 Abs. 3 AktG), insbesondere also auf Verstöße gegen die Kapitalerhaltung. Erst der Gesetzgeber des AktG von 1937 erweiterte dieses Verfolgungsrecht auch auf grob fahrlässiges Verhalten.

Zum einen sollte mit dem Gläubigerverfolgungsrecht die Rechtsverfolgung für die Gläubiger beschleunigt werden, indem ein Pfändungs- und Überweisungsbeschluss überflüssig gemacht wurde.[59] Außerdem sollte der Ersatzanspruch aber auch insoweit eine zusätzliche Sicherung der Gläubiger bilden, als dass diese auch den Gläubigern gegenüber die Verantwortung für die ordnungsgemäße Verwendung des haftenden Grundkapitals übernahmen.[60] Der Gesetzgeber wollte aber eine vorrangige Inanspruchnahme der Gesellschaft sicherstellen, und den Gläubigern daher nur ein *„Rückgriffsrecht"*[61] geben, wenn das Gesellschaftsvermögen nicht mehr ausreicht. Es sollte sich bei diesem Rückgriffsrecht aber um ein *„selbständige[s] Verfolgungsrecht"* handeln.[62] Die später erfolgte Ausdehnung auf grobe Fahrlässigkeit, auch wenn kein Verstoß gegen die Kapitalerhaltung vorlag, sollte eine zusätzliche Absicherung der Gläubiger bewirken.[63]

---

59 Vgl. dazu Allgemeine Begründung zum Gesetz, abgedruckt in den Verhandlungen des Reichstages, Band 77.1884, S. 292: *„Sie* [die Gläubiger] *sollen es nicht nötig haben, erst die Gesellschaft zu verklagen und sich den Anspruch der Gesellschaft gegen die Mitglieder des Aufsichtsrats im Wege der Zwangsvollstreckung überweisen lassen. Es würde dies eine unnütze, die Rechtsverfolgung nur erschwerende Formalität sein …"*.

60 Vgl. dazu Allgemeine Begründung zum Gesetz, abgedruckt in den Verhandlungen des Reichstages, Band 77.1884, S. 292: *„… weil die Mitglieder des Aufsichtsraths wenigstens mittelbar zugleich die Interessen der Gesellschaftsgläubiger wahrzunehmen haben und vom Vorwurf der Arglist nicht frei sind, wenn sie als Wahrer des Gesetzes und des Gesellschaftsvertrages willentlich dulden oder gestatten, daß das den Gesellschaftsgläubigern verhaftete Grundkapital unzulässig verwendet wird."*

61 Vgl. dazu Allgemeine Begründung zum Gesetz, abgedruckt in den Verhandlungen des Reichstages, Band 77.1884, S. 292.

62 Allgemeine Begründung zum Gesetz, abgedruckt in den Verhandlungen des Reichstages, Band 77.1884, S. 292.

63 Vgl. amtliche Begründung, abgedruckt bei *Klausing*, AktG, Begr. S. 71: *„[d]er Entwurf vergrößert die Rechte des Vorstands und legt namentlich die Leitung*

Der Gesetzgeber des AktG 1965 übernahm die Regelung aus § 84 Abs. 5 AktG 1937 weitestgehend einfach in § 93 Abs. 5 AktG.[64] Lediglich bei der Anpassung des Wortlauts von § 117 Abs. 5 AktG an § 93 Abs. 5 AktG findet sich der Hinweis, der Gläubiger habe keinen eigenen Anspruch, sondern mache nur einen Anspruch der Gesellschaft geltend.[65]

3. *Systematische Erwägungen*

In systematischer Hinsicht lässt sich anführen, dass auch ein Hauptversammlungsbeschluss gegenüber den Gläubigern nicht zu einer Enthaftung führt (§ 93 Abs. 5 S. 3 AktG). Im Übrigen verhindert ein Hauptversammlungsbeschluss aber bereits die Entstehung eines Anspruchs der Gesellschaft (§ 93 Abs. 4 S. 1 AktG).[66] Besteht aber von vorneherein kein Anspruch der Gesellschaft, so kann ein Gläubiger auch nicht auf diesen im Wege der Prozessstandschaft zugreifen. Auch die Vorstellung, § 93 Abs. 5 S. 3 AktG wirke gleich einer Anfechtung von Dispositionen, hilft insoweit nicht weiter, weil bereits das Entstehen des Anspruchs nach § 93 Abs. 4 S. 1 AktG verhindert wird. Dies spricht eher dafür, von einem eigenständigen Recht der Gläubiger auszugehen.[67]

Auch besteht durch das Gläubigerverfolgungsrecht kein Exklusivitätsverhältnis. Jeder Gläubiger kann eigenständig und unabhängig aus seinem Gläubigerverfolgungsrecht vorgehen und darüber disponieren.[68] Auch dies spricht tendenziell mehr für einen eigenständigen Anspruch, anstatt nur der prozessualen Geltendmachung eines fremden Rechts.

---

der Gesellschaft in seine Hände. Dieser gehobeneren Stellung muß daher auch eine erhöhte Verantwortlichkeit [den Gläubigern gegenüber] *entsprechen.*" Hinsichtlich der Beschränkung auf grobe Sorgfaltswidrigkeit heißt es umgekehrt, anderenfalls würde die drohende Haftung auf *„das Verantwortungsbewußtsein des Vorstands lähmend wirken.*"

64 Vgl. Begr. RegE, abgedruckt bei *Kropff*, AktG, S. 124.

65 Vgl. Begr. RegE, abgedruckt bei *Kropff*, AktG, S. 124.

66 MünchKommAktG⁴/*Spindler* § 93 Rn. 267; *Zempelin* AcP 155 (1955), 209, 241; freilich hilft dies dem Vorstandsmitglied praktisch wenig, wenn er wegen unterlassener Anfechtung des Hauptversammlungsbeschlusses in die Haftung gerät.

67 KölnKommAktG³/*Mertens/Cahn* § 93 Rn. 180. Eher kritisch zu diesem Argument Grigoleit/*Grigoleit/Tomasic* § 93 Rn. 82.

68 Vgl. GroßkommAktG⁵/*Hopt/Roth* § 93 Rn. 567 ff.

4. *Zum Sinn und Zweck des Gläubigerverfolgungsrechts*

Abschließend stellt sich noch die Frage, welchen Sinn und Zweck ein Gläubigerverfolgungsrecht überhaupt hat.

Wenn es in der amtl. Begründung der Aktienrechtsnovelle 1884 heißt, der Gläubiger solle es nicht nötig haben erst gegen die Gesellschaft vorzugehen und dann einen Pfändungs- und Überweisungsbeschluss zu erwirken, weil es sich um eine unnötige Formalität handele,[69] dann mag dies zwar zutreffend sein. Das ändert aber nichts an der Tatsache, dass in allen anderen Fällen, wenn kein Ersatzanspruch i.S.d. § 93 Abs. 5 S. 2 AktG besteht, genau dies der gesetzlich angeordnete Weg für die Gläubiger ist. Ginge es nur darum, eine *„unnütze* [...] *Formalität"*[70] zu verhindern, hätte das Gläubigerverfolgungsrecht allgemein eingeführt werden müssen, wenn die Gesellschaft nicht mehr zahlungsfähig ist. Insbesondere hätte es dann auch keiner Beschränkung auf bestimmte Fälle von Ersatzansprüchen bedurft.

Die Beschränkung auf bestimmte Ersatzansprüche lässt sich nur damit erklären, dass die Vorstände auch gegenüber den Gläubigern die Verantwortung übernehmen, dass das in ihrem Interesse gebundene Kapital ausschließlich für eine ordnungsgemäße Geschäftsführung genutzt wird (§ 93 Abs. 3 Nr. 1 AktG).[71]

Die Tatsache, dass der Gesetzgeber von 1965 im Rahmen der Anpassung des Wortlauts von § 117 Abs. 5 AktG an § 93 Abs. 5 AktG davon ausging, der Gläubiger habe keinen eigenen Anspruch,[72] wiegt dagegen wenig. Bei dieser Anpassung handelte es sich ersichtlich um eine Wortlautangleichung, ohne dass erkennbar eine inhaltliche Änderung auch für § 93 Abs. 5 AktG beabsichtigt gewesen wäre.

Besteht der Ersatzanspruch aber auch im besonderen Interesse der Gläubiger, so kann es der Gesellschaft nicht gestattet sein, nur unter Beachtung der Interessen der Aktionäre unbegrenzt zu disponieren.

Versteht man das Gläubigerverfolgungsrecht aber als Sonderform einer Prozessstandschaft, so bleibt die Dispositionsgewalt (abgesehen von den dann ihrerseits rechtfertigungsbedürftigen Sonderfällen des § 93 Abs. 5 S. 3

69 Vgl. Fn. 59.
70 Vgl. Fn. 59.
71 Vgl. Fn. 60.
72 Vgl. oben § 2 B. I. 2. (S. 89) insbes. mit Fn. 65.

AktG) letztlich in der Hand der Gesellschaft bzw. Aktionäre. Zwar könnte bei einem Verzicht auf den Anspruch ein Zugriff der Gläubiger immer noch über den Weg einer Anfechtung nach § 134 Abs. 1 InsO erfolgen.[73] Bei anderen Dispositionen (z.B. Stundung, Abtretung) scheitert der Rückgriff auf das Anfechtungsrecht aber zumeist. Es handelt sich dann in der Tat kaum um mehr als eine Abkürzung bei der Vollstreckung, welche aber der Sonderrolle der Ersatzansprüche für die Gläubiger der Gesellschaft nicht gerecht wird.

Die Tatsache, dass über das Gläubigerverfolgungsrecht die Verantwortlichkeit des Vorstands gegenüber den Gläubigern für die Einhaltung der Vorgaben aus der Kapitalerhaltung mit abgesichert ist, spricht dafür, von einem starken, im Bestand vom Ersatzanspruch der Gesellschaft unabhängigen Recht auszugehen.

Dieses Verständnis des Gläubigerverfolgungsrechts als Absicherung der Kapitalerhaltung und der Insolvenzantragspflicht[74] rechtfertigt dann auch seine Existenz im Verhältnis zu den allgemeinen Ansprüchen. Die weitere Ausdehnung stellt dann eine flankierende Maßnahme dar, um andere Fälle vorsätzlicher Schädigung (v.a. Existenzvernichtungshaftung) aufzufangen, die Einbeziehung grob fahrlässiger Schädigungen erleichtert die Beweisführung.[75]

5. *Ergebnis*

Im Ergebnis bedeutet dies, dass vieles für ein Verständnis des Gläubigerverfolgungsrechts als eigenständiger Anspruch der Gläubiger spricht, welcher neben den Anspruch der Gesellschaft tritt und lediglich der Höhe nach durch den Anspruch der Gesellschaft begrenzt wird. Die Existenz dieses für allgemeine Ansprüche nicht vorgesehenen Rechtsinstituts lässt sich mit der Verantwortlichkeit des Vorstands gegenüber den Gläubigern

---

73 Zur Anfechtbarkeit des Erlassvertrages vgl. schon § 1 C. (S. 47).

74 Zur Situation in der GmbH vgl. entsprechend § 43 Abs. 3 GmbHG und § 64 S. 4 GmbHG.

75 Insbes. erübrigt sich durch die gesetzliche Regelung für die AG die Frage, inwieweit die Disponibilität der Geschäftsleiterhaftung im Gläubigerinteresse einzuschränken ist. Zur GmbH vgl. nur Roth/Altmeppen/*Altmeppen* § 43 Rn. 128 ff. mit zahlr. Nachw. zum Meinungsstand.

für Kapitalerhaltung und Insolvenzantragspflicht begründen. Die Haftung für Fälle der groben Fahrlässigkeit stellt eine flankierende Absicherung dar.

II. Zur relativen Unwirksamkeit des Verzichts

Versteht man das Gläubigerverfolgungsrecht als eigenständigen Anspruch der Gläubiger, so bedarf die (relative) Unwirksamkeit eines Verzichts diesen gegenüber keiner gesonderten Begründung mehr, weil der Gesellschaft dann von vorneherein die Dispositionsbefugnis über diesen Anspruch fehlt. Seine Grenze findet die relative Unwirksamkeit nur in der Verjährung des Gläubigerverfolgungsrechts selbst entsprechend § 93 Abs. 6 AktG.[76]

Es besteht eine gewisse Nähe zur Gesamtgläubigerschaft, auch wenn eine solche mangels Gleichstufigkeit der Ansprüche nicht vorliegt.[77] Bei der Gesamtgläubigerschaft reicht Leistung an eine Person aus (§ 428 BGB), um den Anspruch zum Erlöschen zu bringen. Für alle anderen Formen der Disposition (Verzicht, Vergleich, Abtretung) ist aber Zustimmung aller Gesamtgläubiger notwendig.[78]

Geht man also von einem eigenen Anspruch der Gläubiger aus, so führt dies dazu, dass Verzicht und Vergleich nur gegenüber den Ansprüchen der Gläubiger unwirksam sind.[79] Im Verhältnis Organwalter und AG hingegen bleibt der Verzicht voll wirksam, die AG als solche hat keinen Anspruch mehr auf Leistung.[80] Die Option einen Pfändungs- und Überweisungsbeschluss gegen die Gesellschaft zu erwirken, fällt damit (vorbehaltlich einer Anfechtung nach der InsO oder dem AnfG) weg. Genauso wenig kann der

---

76 GroßkommAktG[5]/*Hopt/Roth* § 93 Rn. 570; Grigoleit/*Grigoleit/Tomasic* § 93 Rn. 82.

77 MünchKommAktG[4]/*Spindler* § 93 Rn. 267; KölnKommAktG[3]/*Mertens/Cahn* § 93 Rn. 183.

78 Vgl. BGH NJW 1986, 1861; MünchKommBGB[7]/*Bydlinski* § 429 Rn. 4 ff.

79 Für den historischen Gesetzgeber war dies scheinbar selbstverständlich: „*folgt ferner von selbst*", Allgemeine Begründung zum Gesetz, abgedruckt in den Verhandlungen des Reichstages, Band 77.1884, S. 292. Anders die Rechtslage zu § 9b I 1 GmbHG: nach hM auflösende Bedingung, vgl. U/H/L/*Ulmer/Habersack* § 9b Rn. 15; Scholz/*Veil* § 9b Rn. 10; Roth/Altmeppen/*Roth* § 9b Rn. 3.

80 Nur im Rahmen eines Insolvenzverfahrens spielt dieser Unterschied keine Rolle, weil sowieso Leistung an die Masse geschuldet wird (sa MünchKommAktG/*Spindler* § 93 Rn. 273).

Aktionär sich aber noch durch Leistung an die Gesellschaft befreien, weil diese keinen Anspruch mehr hat.[81] Weiterhin möglich ist aber eine Leistung an einen anderen Gläubiger mit Gläubigerverfolgungsrecht.

An sich müsste der Organwalter bei Leistung an Gläubiger Regress bei seiner Gesellschaft nehmen können, soweit diese auf den Anspruch verzichtet hat. Weil die Gesellschaft aber nicht mehr zahlungsfähig ist und der Organwalter auf Grund der Verantwortung gegenüber den Gläubigern nachrangig zu diesen zum Zuge kommen soll, läuft der Regress leer. Nur für den seltenen Fall, dass nach einer Liquidation auch noch die Aktionäre befriedigt werden könnten, muss man einen Regressanspruch gegen die Gesellschaft zugestehen: dann liegen an sich schon die Voraussetzungen für das Gläubigerverfolgungsrecht und die relative Unwirksamkeit nicht vor.

III. Ergebnis

Das Gläubigerverfolgungsrecht nach § 93 Abs. 5 S. 1 AktG stellt einen eigenständigen Anspruch der Gläubiger dar. Daraus folgt automatisch und unabhängig von § 93 Abs. 5 S. 3 AktG, dass Dispositionen der Gesellschaft den Gläubigern gegenüber nicht wirken. Somit berührt ein Verzicht auf

---

81 Es wird in der Kommentarliteratur (MünchKommAktG/*Spindler* § 93 Rn. 273; siehe auch KölnKommAktG³/*Mertens/Cahn* § 93 Rn. 179; *Hüffer/Koch* § 93 Rn. 83) empfohlen, auch den Anspruch der Gesellschaft gegen den Organwalter zu pfänden und sich zur Einziehung überweisen zu lassen, um die eigene Position zu sichern. Zutreffend ist daran, dass sich der Organwalter nicht mehr durch Zahlung an die Gesellschaft der Inanspruchnahme durch den Gläubiger entziehen kann, sobald ein Pfändungs- und Überweisungsbeschluss vorliegt. Dadurch steht aber noch nicht fest, dass auch das Gläubigerverfolgungsrecht der sonstigen Gläubiger erlischt. Deutet man das Gläubigerverfolgungsrecht insgesamt als Prozessstandschaft, so entfällt dieses, sobald die Gesellschaft selbst keinen Anspruch mehr geltend machen darf. Versteht man aber das Gläubigerverfolgungsrecht als eigenen Anspruch der Gläubiger, so müsste auch dieser Anspruch gepfändet worden sein. Gepfändet wird aber allein der Anspruch der Gesellschaft. Der Anspruch anderer Gläubiger bleibt davon unberührt. Sie können also weiterhin ihr Gläubigerverfolgungsrecht geltend machen. Damit kann sich der Organwalter aber dem Anspruch des einen Gläubigers immer noch entziehen, indem er an einen anderen Gläubiger mit Gläubigerverfolgungsrecht leistet. Die Erwirkung eines Pfändungs- und Überweisungsbeschlusses verhindert also nur eine schuldbefreiende Zahlung an die Gesellschaft (Schmidt/Lutter/*Krieger/Sailer-Coceani* § 93 Rn. 72).

den Ersatzanspruch, so wie jede Disposition der Gesellschaft über diesen Anspruch, die Ansprüche der Gläubiger nicht.

Zusammenfassung zu § 2

§ 93 Abs. 4 S. 3 fügt sich, soweit es um die Zuständigkeit der Hauptversammlung und das Widerspruchsrecht der Minderheit bei einem Verzicht geht, in die allgemeinen Regeln ein. Die Zuständigkeit der Hauptversammlung ergibt sich generell schon aus der Tatsache, dass ein Verzicht durch den Aufsichtsrat pflichtwidrig und unzulässig wäre. Das Widerspruchsrecht der Minderheit ist für den Verzicht letztlich belanglos, weil sowieso jeder Aktionär den Beschluss der Hauptversammlung durch Anfechtung beseitigen kann. Die dreijährige Sperrfrist für den Verzicht ist eine historisch gewachsene Fehlkonstruktion, die *de lege ferenda* zu streichen ist. Die relative Unwirksamkeit eines Verzichts gegenüber den Gläubigern (§ 93 Abs. 5 S. 3 AktG) folgt automatisch aus dem den Gläubigern gegebenen selbstständigen Verfolgungsrecht. Die Existenz eines eigenständigen Gläubigerverfolgungsrechts lässt sich mit einer Verantwortung der Geschäftsleitung für den Gläubigerschutz rechtfertigen.

§ 3 Verzicht auf kapitalerhaltungsrechtlich relevante Ansprüche

A. Der Verzicht auf den Einlageanspruch

> Ausgangssituation: Die AG möchte auf den auf Zahlung der noch ausstehenden Einlage gerichteten Anspruch gegen einen Aktionär restlos verzichten.

Für Ansprüche auf Zahlung einer noch ausstehenden Einlage sieht § 66 Abs. 1 S. 1 AktG ein Befreiungs- und somit ein Verzichtsverbot vor.[1] § 66 AktG wird als „Eckpfeiler des deutschen Aktienrechts“[2] und „zentrale

---

1 MünchKommAktG[4]/*Bayer* § 66 Rn. 13; KölnKommAktG[3]/*Drygala* § 66 Rn. 8; GroßkommAktG[4]/*Gehrlein* § 66 Rn. 11; *Hüffer/Koch* § 66 Rn. 4; Schmidt/Lutter/*Fleischer* § 66 Rn. 5; Spindler/Stilz/*Cahn* § 66 Rn. 7.

2 Düringer/Hachenburg/*Flechtheim* HGB, 3.Aufl. 1932, § 221 Anm. 1.

Vorschrift im System der Kapitalaufbringung“[3] bezeichnet. Sie soll der „Sicherung der realen Kapitalaufbringung“ dienen.[4]

Soll in der AG ein Haftungsfonds für die Gläubiger erhalten werden, so muss dieser zunächst erst geschaffen werden. Könnte die AG daher auf Ansprüche zur Aufbringung der Einlage verzichten, wäre die Schaffung und Erhaltung eines Haftungsfonds nicht mehr gesichert. Das Erfordernis eines Befreiungsverbots lässt sich also bereits aus dem System eines festen Kapitalstocks unmittelbar ableiten. Dies wird auch dadurch ersichtlich, dass der Gesetzgeber erst 1897 das Verzichtsverbot explizit auf den Einlageanspruch erstreckte[5], obwohl dies scheinbar auch vorher schon selbstverständlich war.

Die explizite Regelung des § 66 Abs. 1 S. 1 AktG lässt sich vor allem damit erklären, dass § 57 Abs. 1 S. 1 AktG verwirrend von „Einlagerückgewähr“ spricht, während im Falle des § 66 Abs. 1 S. 1 AktG die Einlagen noch nicht (vollständig) geleistet wurden.

Bei bilanzieller Betrachtung, und um nichts anderes kann es im Gesamtsystem von Kapitalaufbringung und -erhaltung nach MoMiG und ARUG gehen,[6] ist der ausstehende Einlageanspruch nichts anderes als eine Forderung gegen den Aktionär, wie sie auch aus einem Austauschgeschäft resultieren könnte. Er ist, solange er nicht eingefordert wurde, in der Bilanz offen von dem Posten gezeichnetes Kapital abzusetzen, § 272 Abs. 1 S. 3 HGB. Damit die Gesellschaft den Anspruch aber geltend machen und damit auch

---

3 KölnKommAktG³/*Drygala* § 66 Rn. 2.

4 *Hüffer/Koch* § 66 Rn. 1; MünchKommAktG⁴/*Bayer* § 66 Rn. 2; KölnKommAktG³/*Drygala* § 66 Rn. 2; GroßkommAktG⁴/*Gehrlein* § 66 Rn. 2; Schmidt/Lutter/*Fleischer* § 66 Rn. 1.

5 In der Begründung zum Entwurf des § 221 HGB 1897 als Vorgänger des heutigen § 66 Abs. 1 AktG (abgedruckt in *Schubert/Schmiedel/Krampe*, Band II.1 auf S. 120) heißt es dazu, „*die Vorschrift des § 184* [= § 221 HGB 1897 = § 66 Abs. 1 AktG 1965], *dass die Aktionäre von den ihnen nach den §§ 177, 182, 183 [des Entwurfs] obliegenden Leistungen nicht befreit werden können, faßt die Bestimmungen der bisherigen Art. 184a Abs. 3 und § 184b Abs. 3 zusammen und bringt gleichzeitig zum Ausdruck, daß sich die Unzulässigkeit einer solchen Befreiung namentlich auch auf Einzahlungspflicht des letzten Aktionärs bezieht.*

6 Vgl. Begr RegE MoMiG, BT-Drucks 16/6140 S. 41; ferner KölnKommAktG³/*Drygala* § 57 Rn. 41 ff.

darüber disponieren kann, muss sie ihn einfordern (§ 63 Abs. 1 AktG). In diesem Falle ist der Einlageanspruch unter den Forderungen getrennt auszuweisen, § 272 Abs. 1 S. 3 HS 2 HGB. Kann die AG wegen einer strikten Kapitalbindung ohne bilanziell gleichwertige Kompensation generell nicht auf Forderungen gegen Aktionäre verzichten,[7] so kann sie auch und erst recht nicht auf einen Anspruch auf Leistung der Einlagen verzichten. Insoweit fügt sich das Verzichtsverbot aus § 66 Abs. 1 S. 1 AktG also in die allgemeinen Vorschriften ein.

B. Der Verzicht auf den Rückgewähranspruch

Ausgangssituation: Die AG hat zu Unrecht Leistungen an einen Aktionär gewährt. Auf den dadurch entstandenen Rückgewähranspruch aus § 62 Abs. 1 S. 1 AktG möchte sie anschließend verzichten.

Einen Verzicht auf den Anspruch auf Rückgewähr von Leistungen, die gegen das Kapitalerhaltungsprinzip verstoßen haben (§ 62 Abs. 1 S. 1 AktG), schließt § 66 Abs. 2 AktG durch Verweis auf § 66 Abs. 1 S. 1 AktG aus.[8]

Soweit § 66 Abs. 2 AktG das Befreiungsverbot des § 66 Abs. 1 S. 1 AktG auch auf Ansprüche auf Rückgewähr von verbotswidrigen Leistungen (§ 62 Abs. 1 S. 1 AktG) und Ansprüche wegen nicht gehörig erbrachter Sacheinlage erstreckt, ist die Vorschrift letztlich überflüssig. Denn bei genauer Betrachtung folgt schon aus § 57 Abs. 1 S. 1 AktG, dass die AG nicht auf Ansprüche verzichten kann. Der Anspruch aus § 62 Abs. 1 S. 1 AktG ist richtigerweise wie alle Forderungen in der Bilanz zu aktivieren. Dies ergibt sich – anders als für den Einlageanspruch[9] – zwar nicht explizit aus dem HGB. Weil es sich aber bei dem Anspruch auf Rückgewähr auch um eine wirtschaftlich verwertbare Forderung handelt, folgt dies aus den allgemeinen Bilanzierungsgrundsätzen.[10] Dadurch, dass in der Bilanz an die Stelle des verbotswidrig weggegebenen Gegenstands der Anspruch

---

7 Vgl. § 1 B. (S. 38).

8 Vgl. Schmidt/Lutter/*Fleischer* § 66 Rn. 18.

9 Siehe soeben § 3 A. (S. 96).

10 Der Streit im GmbH-Recht, ob ein Anspruch aktivierbar ist, beschränkt sich ausschließlich auf die Frage der Berücksichtigung bei der Feststellung einer Unterbilanz. Vgl. dazu MünchKommGmbHG/*Ekkenga* § 30 Rn. 102; Baumbach/

auf Rückgewähr tritt, wird die verbotene Leistung bilanziell sofort wieder neutralisiert. Würde die Gesellschaft dann auf den Anspruch auf Rückgewähr verzichten, würde dies bei bilanzieller Betrachtung erneut einen Verstoß gegen § 57 Abs. 1 S. 1 AktG darstellen, weil gebundenes Vermögen ausgeschüttet wird. Auf den Verzicht dürfte der Aktionär sich dann nicht berufen, der Rückgewähranspruch würde einfach fortbestehen.[11] Auf § 66 Abs. 2 AktG kommt es dann aber überhaupt nicht mehr an. Umgekehrt ist die explizite Regelung eines Befreiungsverbots auch unschädlich.

Einen eigenständigen Charakter hat § 66 Abs. 2 AktG für den Fall, dass ein Aktionär nach Erhalt einer verbotswidrigen Leistung aus dem Adressatenkreis des § 57 Abs. 1 AktG ausscheidet. Denn mit dem Ende der Aktionärsstellung entfällt auch das Verbot der Einlagenrückgewähr. Nach allgemeinen Regeln könnte die Gesellschaft bei Zustimmung aller Aktionäre einen Verzicht erklären.[12] Ob man § 66 Abs. 2 AktG für diesen Fall daher teleologisch reduziert, um einen Gleichlauf mit den allgemeinen Regeln zu schaffen, dürfte aber eher eine theoretische Frage bleiben.

C. Der Verzicht auf den Anspruch auf Verlustausgleich

> Ausgangssituation: Eine vertraglich konzernierte AG hat im vergangenen Geschäftsjahr Verluste erwirtschaftet. Auf den dadurch entstandenen Verlustausgleichsanspruch möchte sie (1) während der Laufzeit des Unternehmensvertrages bzw. (2) nach Beendigung des Unternehmensvertrages restlos verzichten.

Möchte die Aktiengesellschaft auf einen Verlustausgleichsanspruch verzichten, so ist dies nach § 302 Abs. 3 S. 1 AktG erst nach Ablauf einer Frist von drei Jahren nach Eintragung der Beendigung des Unternehmensvertrages möglich, sofern nicht wegen einer Zahlungsunfähigkeit der herrschenden Gesellschaft die Wartezeit nach § 302 Abs. 3 S. 2 AktG entbehrlich ist. Ferner bedarf der Verzicht nach § 302 Abs. 3 S. 3 AktG der Zustimmung

---

Hueck/*Fastrich* § 30 Rn. 18 mwN. Dies hat aber keine Auswirkungen auf die generelle Bilanzierbarkeit.

11 Vgl. § 1 B. III. (S. 40).

12 Vgl. insgesamt dazu § 1 (S. 37).

der außenstehenden Aktionäre, wobei eine Minderheit von 10 % nicht dem Beschluss widersprechen darf.

I. Zum Sinn und Zweck der Vorschrift

§ 302 AktG wurde insgesamt erst mit dem AktG 1965 neu geschaffen. Der Gesetzgeber übernahm einfach ohne nähere Erklärung die Regeln zum Verzicht und Vergleich bei Ersatzansprüchen.[13]

Die Sperrfrist soll, entsprechend der Situation bei Ersatzansprüchen, eine vorschnelle Entscheidung über Verlustausgleichsansprüche verhindern,[14] das Erfordernis der Beteiligung der außenstehenden Aktionäre eine Selbstbefreiung des anderen Vertragsteils von der Verlustausgleichspflicht.[15]

Die Vorschrift ist in der Literatur teilw. auf Kritik gestoßen, weil der Zweck der dreijährigen Verzichtssperre, zumal bei Einmann-Gesellschaften, nicht ersichtlich sei. Der Schutz der Gläubiger vollziehe sich nämlich bei Vertragsbeendigung über § 303 Abs. 1 AktG.[16]

II. Bewertung der Vorschrift

Grundsätzlich ist für den Verlustausgleichsanspruch stets zwischen dem Zeitraum vor und nach Beendigung des Unternehmensvertrages nach § 291 Abs. 1 AktG zu unterscheiden.

1. Laufender Unternehmensvertrag

Im laufenden Unternehmensvertrag wirkt der Verzicht wirtschaftlich lediglich wie eine Stundung bis zum nächsten Bilanzstichtag, weil der aus dem Verzicht resultierende Verlust dann wieder übernommen werden

---

13 Vgl. Begr. RegE, abgedruckt bei *Kropff*, AktG, S. 392: *„Nach Absatz 3* [des § 302 AktG] *gelten für den Verzicht auf den Ausgleichsanspruch ähnliche Grundsätze wie für Verzichte auf andere gesellschaftsrechtliche Ersatzansprüche [§§ 50, 93 Abs. 4, § 117 Abs. 4, § 309 Abs. 3, § 317 Abs. 4 i. Verbindung mit § 309 Abs. 3].“*

14 Vgl. *Hüffer/Koch* § 302 Rn. 25; KölnKommAktG³/*Koppensteiner* § 302 Rn. 12; GroßkommAktG⁴/*Hirte* § 302 Rn. 68; Spindler/Stilz/*Veil* § 302 Rn. 44.

15 MünchKommAktG⁴/*Altmeppen* § 302 Rn. 97; *Hüffer/Koch* § 302 Rn. 27; KölnKommAktG³/*Koppensteiner* § 302 Rn. 13.

16 MünchKommAktG⁴/*Altmeppen* § 302 Rn. 94; siehe auch KölnKommAktG³/*Koppensteiner* § 302 Rn. 12; Schmidt/Lutter/*Stephan* § 302 Rn. 68.

muss.[17] Die Frage eines Verzichts stellt sich daher eigentlich nicht. Die Regelung eines Verzichtsverbots für diesen Zeitraum ist überflüssig, wenn man eine Stundung zulassen sollte.[18] Hält man hingegen eine auch nur unterjährige Stundung für unzulässig, so muss man den Verzicht ebenfalls für unzulässig halten. Dies sollte der Gesetzgeber dann aber auch klar zum Ausdruck bringen, der scheinbar nur den Verzicht nach Beendigung des Unternehmensvertrages vor Augen hatte.[19] *De lege lata* ist die Regelung des § 302 Abs. 3 AktG freilich in seiner umfassenden Form hinzunehmen und zu beachten.

2. Beendeter Unternehmensvertrag

Wird der Unternehmensvertrag beendet, so ist danach zu unterscheiden, ob das (ehemals) herrschende Unternehmen als Aktionär verbleibt.

a) Anderer Vertragsteil des Unternehmensvertrages verbleibt als Aktionär

Verbleibt der andere Vertragsteil auch nach Beendigung des Unternehmensvertrags als (auch mittelbarer) Aktionär, was dem Regelfall entsprechen dürfte, so gilt ab dem Moment der Beendigung des Vertrages wieder das Gebot der Kapitalerhaltung. Die Suspensionswirkung nach § 57 Abs. 1 S. 3 Alt. 1/§ 291 Abs. 3 AktG entfällt.[20] Ein Verzicht auf den Anspruch muss, wie jeder Verzicht auf irgendeinen Anspruch der Gesellschaft gegenüber dem Aktionär, damit aber ausscheiden.[21]

Einzige Alternative wäre, dass man § 302 Abs. 3 AktG dahingehend interpretiert, dass der Gesetzgeber für diesen Ausnahmefall eine Befreiung vom Gebot der Kapitalerhaltung beabsichtigte. Der Gesetzgeber hat aber für § 302 Abs. 3 AktG generell auf die Parallelvorschriften in § 50, § 93 Abs. 4, § 117 Abs. 4 und § 309 Abs. 3 AktG verwiesen.[22] Diese wiederum decken in ihrer Entstehungsgeschichte[23] nicht die Auslegung, der

---

17 Näher § 1 D. IV. (S. 66).
18 Zur Stundung des Verlustausgleichsanspruchs dann eingehend noch § 11 (S. 181).
19 Vgl. Begr. RegE, abgedruckt bei *Kropff*, AktG, S. 392.
20 Vgl. Wortlaut: „*bei Bestehen*“ des Vertrages.
21 Näher § 1 B. (S. 38).
22 Siehe Begr. RegE, abgedruckt bei *Kropff*, AktG, S. 392.
23 Dazu im Überblick § 2 A. III. 2.a) (S. 83).

Gesetzgeber habe die Absicht einer Befreiung von den Vorschriften über die Kapitalerhaltung gehabt.[24] Denn es sollte das Schutzniveau erhöht und nicht gesenkt werden.

Auf die Dreijahresfrist des § 302 Abs. 3 S. 1 AktG und ein Zustimmungserfordernis kommt es damit überhaupt nicht an. Auch die Kritik[25] an dieser ist, soweit es um den Verzicht eines Einmann-Aktionärs geht, unerheblich, weil dieser sowieso nicht verzichten darf und kann.

b) Anderer Vertragsteil mit Beendigung kein Aktionär (mehr)

Scheidet hingegen der ehemals herrschende andere Vertragsteil nach Beendigung des Unternehmensvertrages gänzlich aus der Gesellschaft aus bzw. war er nie Adressat der Kapitalerhaltung, so hindert die Kapitalerhaltung einen Verzicht nicht mehr. Nach allgemeinen Regeln wäre ein Verzicht dann denkbar, wenn alle Aktionäre einstimmig diesem zustimmen und Gläubigerinteressen nicht entgegenstehen.[26] Die Interessen der Altgläubiger, welche bereits vor Beendigung des Unternehmensvertrages Ansprüche gegen das abhängige Unternehmen hatten, werden, wie bereits zutreffend hervorgehoben wird,[27] ausreichend durch § 303 AktG geschützt. Nicht geschützt werden durch § 303 AktG aber die Neugläubiger der ehemals abhängigen Gesellschaft. Durch einen Verzicht nach Beendigung des Unternehmensvertrages wird aber auch ihnen Haftungsmasse entzogen. Für sie steht aber wiederum der Weg über die Anfechtung nach § 134 Abs. 1 InsO offen, falls es wirklich zur Insolvenz kommt.[28]

Die Notwendigkeit einer Beteiligung der Hauptversammlung ergibt sich bereits aus allgemeinen Vorschriften.[29] Die Vorschrift des § 302 Abs. 3 S. 3 AktG, welche einen Beschluss der außenstehenden Aktionäre vorschreibt, ist letztlich für den Verzicht überflüssig, weil es nach gänzlichem Ausscheiden des (ehemals) herrschenden anderen Vertragsteils nur noch

---

24 Vgl. zur Anwendbarkeit der Kapitalerhaltung nur *Wigand*, Verzicht Vergleich, S. 342 f.

25 Vgl. schon § 3 C. I (S. 100) mit Fn. 16.

26 Eingehend § 1.

27 MünchKommAktG^4/*Altmeppen* § 302 Rn. 94.

28 Näher § 1 C. (S. 47).

29 Näher § 1 D. II (S. 53).

„außenstehende“ Aktionäre gibt und die Sonderversammlung damit faktisch zu einer Hauptversammlung wird.

Schwer zu erklären ist aber, warum die Aktionäre auf Ansprüche gegen einen dann Dritten zu ihrem Nachteil überhaupt verzichten sollten. Wollen sie es aber wider alle Vernunft dennoch, so gibt es kaum einen Grund, dies durch eine dreijährige Sperrfrist zu hindern.[30] *De lege lata* ist die Sperrfrist freilich hinzunehmen.

Zusammenfassung zu § 3 C

Soweit es um den Verzicht auf den Verlustausgleichsanspruch geht, ist die Regelung in § 302 Abs. 3 AktG gänzlich missraten. Sie basiert auf der blinden Übernahme von Vorschriften zum Ersatzanspruch. Solange der Vertragskonzern besteht, wirkt ein Verzicht sowieso nur wie eine Stundung bis zum Bilanzjahresende. Wird der Unternehmensvertrag beendet, so greift die Kapitalerhaltung wieder ein und ein Verzicht auf den Anspruch aus § 302 Abs. 1 AktG scheitert deswegen zwingend. Scheidet der ehemals herrschende Aktionär nach Vertragsbeendigung aus der Gesellschaft aus oder war der andere Vertragsteil nie Aktionär, gibt es nur noch „außenstehende Aktionäre“. Eine Sonderversammlung macht dann aber keinen Sinn mehr, weil diese de facto eine Hauptversammlung wie nach allgemeinen Vorschriften ist. Warum diese drei Jahre lang nicht soll verzichten können, lässt sich kaum begründen. Insgesamt ist § 302 Abs. 3 AktG daher, soweit es um den Verzicht geht, *de lege ferenda* ersatzlos zu streichen, weil kein sinnvoller Regelungsgehalt besteht. Bis dahin ist die Vorschrift freilich anzuwenden.

---

30 Eingehend § 2 A. III (S. 78).

2 Der Vergleich

§ 4 Vergleich über allgemeine Ansprüche

Ausgangssituation: Der Gesellschaft steht ein Anspruch aus einem Kaufvertrag zu. Weil der Käufer die ordnungsgemäße Erfüllung bestreitet, möchte sich die Gesellschaft mit ihm vergleichen und dabei einen Teil der Forderung erlassen.

A. Der Vergleich

Schließt eine Aktiengesellschaft schuldrechtliche Verträge ab, so kann im Nachhinein Streit entstehen, ob einzelne Ansprüche begründet sind und – gegebenenfalls – in welcher Höhe sie bestehen. Es kann dann im Interesse der Parteien liegen, eine einvernehmliche Verständigung herbeizuführen, um einen langen und teuren Prozess zu vermeiden oder zu beenden. Hierzu steht der Vergleich als schuldrechtlicher Vertrag zur Verfügung.[1] Ein Vergleich ist dadurch gekennzeichnet, dass die Parteien durch gegenseitiges Nachgeben eine streitige Rechtslage beseitigen möchten (siehe § 779 Abs. 1 BGB). Dabei wird im Rahmen eines Vergleichs häufig ein teilweiser Erlass des geltend gemachten Anspruchs vereinbart.[2] Ferner kann ein Vergleich für den Gläubiger aber auch von Interesse sein, wenn die Solvenz des Schuldners zweifelhaft ist und durch teilweises Nachgeben im Gegenzug wenigstens eine teilweise Erfüllung sichergestellt werden kann, während anderenfalls ein umfangreicher Ausfall der Forderung droht.

B. Verstoß gegen die Kapitalerhaltung

Möchte sich die Gesellschaft mit einem Aktionär oder einer gleichgestellten Person[3] über einen allgemeinen Anspruch vergleichen und dabei auf den

---

1 Vgl. MünchKommBGB[6]/*Habersack* § 779 Rn. 2.

2 Vgl. schon § 1 A. (S. 37) zum Verhältnis von Erlassvertrag, Verzicht und Vergleich.

3 Zum Adressatenkreis der Kapitalerhaltung vgl. schon § 1 B. II. (S. 39).

Anspruch teilweise verzichten, so kann dies aber gegen die Kapitalerhaltung (§ 57 Abs. 1 S. 1 AktG) verstoßen.

I. Bilanzielle Betrachtung

Nach § 57 Abs. 1 S. 1 AktG darf das Vermögen der Gesellschaft nicht ausgeschüttet werden. Zulässig im Rahmen der Kapitalerhaltung sind grundsätzlich marktübliche Geschäfte, während auch verdeckte Kapitalausschüttungen unzulässig sind.[4] Für einen Vergleich stellt sich das Problem, dass ein marktüblicher „Preis" nicht zu ermitteln ist, weil jeder Vergleich ganz konkret von allen Umständen des Einzelfalls abhängt.

Hilfreicher ist daher eine Annäherung über eine bilanzielle Betrachtungsweise (wertmäßige Bindung), welche der Kapitalerhaltung zu Grunde liegt:[5]

Ist unsicher, ob ein Anspruch realisiert werden kann, so muss die Gesellschaft diesen abwerten, oder darf ihn von vorneherein nicht bilanzieren.[6] Müsste die Gesellschaft aber bereits eine Rückstellung bilden, so führt ein Vergleich als solcher nicht zu einer negativen bilanziellen Auswirkung. Vielmehr folgt die bilanziell negative Auswirkung aus der Tatsache, dass der Anspruch als solcher dem Grunde nach oder hinsichtlich der Höhe ungewiss, oder dass der Aktionär nicht mehr solvent ist. Insoweit stellt der Vergleich dann keinen Verstoß gegen die Kapitalerhaltung dar, er ist vielmehr angemessen. Umgekehrt ist aber, wenn bei objektiver Beurteilung die Forderung werthaltig ist und hierüber ein Vergleich abgeschlossen wird, der Vergleichsschluss als solcher der Auslöser einer notwendigen Korrektur in der Bilanz. Dann liegt aber ein Verstoß gegen das Prinzip der Kapitalbindung vor.

---

4 BGH AG 2007, 120,121; MünchKommAktG[4]/*Bayer* § 57 Rn. 46 ff.; *Hüffer/Koch* § 57 Rn. 8; GroßkommAktG[4]/*Henze* § 57 Rn. 35; Schmidt/Lutter/*Fleischer* § 57 Rn. 11.

5 Vgl. KölnKommAktG[3]/*Drygala* § 57 Rn. 41 ff.; Spindler/Stilz/*Cahn/v. Spannenberg* § 57 Rn. 15 ff.

6 Vgl. dazu auch *Fleischer* AG 2015, 133, 148; MünchKommHGB[3]/*Ballwieser* § 253 Rn. 60.

Festzuhalten ist demnach, dass angemessene Vergleiche zulässig sind, unangemessene Vergleiche aber gegen die Kapitalerhaltung verstoßen.[7]

II. Feststellung der Angemessenheit

Damit stellt sich aber im nächsten Schritt die Frage, wie im Einzelfall die Angemessenheit eines Vergleiches zu ermitteln ist. Weil es bei einem Vergleich gerade keinen allgemeinen Marktpreis gibt, kann es für einen Vergleichsschluss auch nie nur ein einziges, objektiv richtiges Ergebnis geben. Ferner kann sich im Nachhinein auch herausstellen, dass unter den nachträglich bekanntgewordenen Umständen ein Vergleich objektiv besser hätte unterbleiben sollen. Es ist aber einem Vergleich immanent, dass sich erst später, häufig auch niemals, herausstellt, ob er wirtschaftlich von Vorteil war.

Um also die Angemessenheit eines Vergleichs objektiv festzustellen, kann nur geprüft werden, ob sich der Vergleich auf Basis der der Gesellschaft vorliegenden Informationen zum Zeitpunkt des Abschlusses im Rahmen des wirtschaftlich Vertretbaren bewegt.[8] Hierfür muss aus einer *ex ante* Sicht auf die Beurteilung einer verständig und objektiv urteilenden Person an der Stelle des handelnden Vorstands abgestellt werden.[9]

Zu verlangen ist, dass die Ausgangslage zutreffend analysiert, auf Grundlage dieser Analyse zielgerichtet und ernstlich mit der Gegenseite verhandelt

---

7 OLG Dresden GmbHR 2002, 1245, 1246; *Hüffer/Koch* § 57 Rn. 10; GroßkommAktG[4]/*Henze* § 57 Rn. 48; vgl. ferner BGHZ 191, 364 Tz. 20 ff.

8 Vgl. BGHZ 191, 364 Tz. 31.

9 Einer solchen Sichtweise entspricht auch die business judgement rule (§ 93 Abs. 1 S. 2 AktG), sodass prinzipiell die gleichen Maßstäbe angelegt werden können, wenn es auch nicht nur um die Frage der Sorgfalt des Geschäftsleiters geht. *Fleischer* (AG 2015, 133, 144 ff) prüft daher unmittelbar nur die Sorgfaltspflichten des Vorstands. Es geht bei der Frage, ob ein Vergleich angemessen ist oder nicht zwar auch darum, ob der Vorstand in die Sorgfaltshaftung gerät (§ 93 Abs. 2 AktG). Darüber hinaus ist die Frage, ob ein Vergleich angemessen oder unangemessen ist, auch für weitere Fragestellungen (Kapitalerhaltung, Insolvenzanfechtung, ...) von Interesse. Im Ergebnis kann der Maßstab der business judgement rule herangezogen werden. Das aber nur, weil die Frage eines sorgfaltswidrigen Handelns und der Frage, ob ein Vergleich angemessen ist, die gleichen Wertungen zu Grunde liegen, nämlich ob ein Vorstandsermessen sich noch im Bereich des Vertretbaren hält.

und schließlich unter Abwägung aller Belange im Interesse der Gesellschaft über den Vergleichsschluss entschieden wurde.[10]

1. *Analyse*

Erforderlich ist, dass zunächst für die Vergleichsverhandlungen eine angemessene Informationsgrundlage geschaffen wird.[11] Dafür sind die Erfolgsaussichten eines möglichen Rechtsstreits (aus der *ex ante* Sicht) zu bewerten, wobei sowohl beweistechnische Risiken, als auch rechtliche Unklarheiten einzubeziehen sind.[12]

Der Sachverhalt muss hierfür so weit wie möglich aufgeklärt werden. Sind einzelne Punkte zwischen den Parteien streitig, so ist eine Würdigung der vorhandenen Beweismittel durchzuführen. Mit zu beachten sind dabei auch Beweismittel, die die Gegenseite eventuell einbringen könnte. Lässt sich der Sachverhalt nicht weiter aufklären, so ist unter Beachtung der Beweislastverteilung der Sachverhalt so festzustellen, wie es von einem Gericht ebenfalls zu erwarten wäre.

Auf Basis dieses möglichst weitgehend festgestellten Sachverhalts muss dann eine rechtliche Würdigung vorgenommen werden. Zu ermitteln ist dabei, an welchen Stellen welche rechtlichen Risiken bestehen. Die einzelnen rechtlichen Risiken sind jeweils zu bewerten und daraus insgesamt eine Einschätzung zu destillieren.[13]

Zur sachgerechten Einschätzung der Beweissituation und der Rechtslage kann primär auf rechtliche Beratung (interne Rechtsabteilung, Rechtsanwälte, Gutachter) zurückgegriffen werden. Diese darf sich aber nicht nur in vagen Aussagen erschöpfen, sondern muss auf die konkreten Risiken des Einzelfalls eingehen.[14] Soweit bereits ein Rechtsstreit initiiert wurde, kann auch auf Einschätzungen der Richter oder, soweit schon erlassen, Urteile der Vorinstanz zurückgegriffen werden. Der konkrete „Wert“ der

---

10 Vgl. auch *Fleischer* AG 2015, 133, 144 ff.; ähnlich auch *Priester* AG 2012, 525, 526.

11 Ausführlich zur Prozessrisikoanalyse *Eidenmüller* ZZP 113 (2010), 5 ff.; vgl. auch *Fleischer* AG 2015, 133, 147 ff.

12 Vgl. *Fleischer* AG 2015, 133, 145 f.

13 Vgl. dazu *Eidenmüller* ZZP 113 (2010), 5, 8 ff.

14 *Fleischer* AG 2015, 133, 147.

richterlichen Einschätzung hängt mithin aber auch von den Rechtsmittelmöglichkeiten ab.[15]

Ist die Solvenz des Schuldners zweifelhaft, so muss neben dem Bestand der Forderung auch die Zahlungsfähigkeit des Schuldners wirtschaftlich analysiert und auf dieser Grundlage in eine Verhandlung mit dem Schuldner getreten werden. Abzuschätzen ist hierbei insbesondere einerseits die Wahrscheinlichkeit des Eintritts einer Zahlungsunfähigkeit des Schuldners und die Folgen einer Insolvenz (Höhe der Insolvenzquote). Im Gegenzug sind aber auch Auswirkungen des Vergleichs auf (akzessorische) Kreditsicherheiten zu beachten. So kann ein Vergleichsschluss beispielsweise eine Einrede des Bürgen nach § 768 Abs. 1 S. 1 BGB begründen. Außerdem muss das Risiko einer Insolvenzanfechtung bei Erhalt von Zahlungen auf Grundlage des Vergleichs beachtet und abgesichert werden. Auch hier ist eine betriebswirtschaftliche und rechtliche Beratung im Regelfall angezeigt.

Der im Einzelfall zu betreibende Aufwand korreliert mit der Größe und Bedeutung der Angelegenheit für die Gesellschaft.[16]

2. *Vergleichsgespräche*

Parallel zur Evaluierung der Rechtslage bzw. im Anschluss daran muss in Gesprächen mit der Gegenseite die Möglichkeit eines Vergleichsschlusses erörtert und die Eckpunkte abgesteckt werden. Zu fordern ist für einen angemessenen Vergleich, dass der Vorstand insgesamt zielgerichtet im Interesse der Gesellschaft verhandelt. Es kann nicht verlangt werden, dass der Vorstand ein besonders geschicktes Vorgehen zeigt, umgekehrt darf die Verhandlungsführung aber auch nicht nachlässig sein.

3. *Entscheidung*

Liegen die Optionen Vergleichsschluss einerseits und Prozessführung andererseits vor, so muss der Vorstand eine *angemessene* Entscheidung treffen. Hierfür zählt primär das Prozessrisiko gegen das Vergleichsergebnis. Miteinbezogen werden können (und müssen) auch die Prozesskosten, die

15 Etwas pauschal *Fleischer* AG 2015, 133, 146: „wohl besten Prädiktor“.
16 *Fleischer* AG 2015, 133, 148.

Prozessdauer, gebundene Managementkapazitäten,[17] aus dem Prozess drohende Reputationsrisiken und die Gefahr der Offenlegung von Geschäftsgeheimnissen.

Nach dem II. Zivilsenat des BGH handelt es sich nur um eine unangemessene Entscheidung, wenn das Vergleichsergebnis den „Bereich verlässt, der ernsthaftlich zweifelhaft ist"[18]. Dagegen wird eingewandt, das Management könne somit „jede x-beliebige Vergleichssumme vereinbaren".[19] Zutreffenderweise kann man aber nicht mehr fordern, als dass der Vorstand eine umfassende Analyse betreibt, um dann ernstlich und zielgerichtet zu verhandeln. Er muss in den Verhandlungen versuchen, das beste Ergebnis für die Gesellschaft zu erzielen. Lässt sich aber in den Verhandlungen keine höhere Vergleichssumme herausschlagen, so verbleibt nur die Entscheidung zwischen der Option Klageerhebung oder Vergleichsschluss. Der Vorstand kann sich also nicht eine beliebige Summe aussuchen, er kann am Ende nur zwischen zwei Optionen entscheiden. Die Grenze seiner Entscheidungsmöglichkeit ist nur dann erreicht, wenn er sich nicht mehr von den Interessen der Gesellschaft leiten lässt, weil er sich für einen Vergleich ausspricht, der objektiv außerhalb des vertretbaren Bereichs ist.[20]

III. Rechtsfolgen

Verstößt der Vergleich, weil er unangemessen ist, gegen die Vorschriften über die Kapitalbindung, so kann nichts anderes gelten als für den Verzicht: der Aktionär darf sich auf den Vergleichsschluss, der den Anspruch der Gesellschaft wenigstens teilweise zum Erlöschen bringt, nicht berufen.[21] Der Anspruch besteht dann einfach fort.

---

17 *Fleischer* AG 2015, 133

18 BGHZ 191, 364 Tz. 31.

19 *Fleischer* AG 2015, 133, 149 f.

20 BGHZ 191, 364 Tz. 31 verweist zutreffend darauf, dass es keine abstrakten Grenzen geben kann und die Ermittlung des zulässigen Bereichs stets eine tatrichterliche Frage ist.

21 Dazu eingehend schon oben § 1 B. III (S. 40).

IV. Ergebnis

Ein unangemessener Vergleich verstößt gegen die Kapitalerhaltung. Der Aktionär darf sich auf das Erlöschen der Forderung nicht berufen, der Anspruch besteht einfach fort. Ein angemessener Vergleich ist hingegen zulässig.

C. Insolvenzanfechtung

Unabhängig von der Frage der Zulässigkeit eines Vergleichs unter dem Gesichtspunkt der Kapitalerhaltung stellt sich die Frage, inwieweit ein Vergleich in der Insolvenz angefochten werden kann.

I. § 133 Abs. 1 InsO

Wollte der Vorstand in Wirklichkeit keinen Vergleich schließen, sondern dem Gegenüber einen Vermögensvorteil zuwenden (unechter Vergleich),[22] so kann dies zu einer Anfechtbarkeit nach § 133 Abs. 1 InsO führen. Insoweit gilt nichts anderes, als für den Verzicht.[23]

II. § 134 Abs. 1 InsO

Möglich ist ferner eine Anfechtung wegen (teilweise) unentgeltlicher Leistung. Im Rahmen der Anfechtung nach § 134 Abs. 1 InsO ist der Vergleich hinsichtlich der konkreten Leistungen zu bewerten. Subjektive Ansichten spielen nur insoweit eine Rolle, als sie sich im Rahmen eines angemessenen Bewertungsspielraums bewegen.[24] Überschreiten die Parteien, wenn auch

22 Der Begriff des echten Vergleiches findet sich zwar regelmäßig (vgl. nur BGHZ 191, 364 Tz. 29), eine allgemeine Definition wird aber nicht gegeben. Der Begriff des unechten Vergleichs wird in dieser Arbeit für Fälle verwendet, in welchen der Vorstand *subjektiv* keinen angemessenen Vergleich schließen, sondern einen Vermögensvorteil zuwenden wollte. Der unangemessene Vergleich ist hingegen subjektiv (nach Vorstellung des Vorstands bei Abschluss!) betrachtet ein „echter" Vergleich, *objektiv* betrachtet aber außerhalb des dem Vorstand zustehenden weiten Ermessensspielraums (vgl. § 4 B. II. 3 [S. 109]).

23 Dazu schon § 1 C. II. (S. 48).

24 Graf/Schlicker/*Huber* § 134 Rn. 19; HmbKomm-InsO/*Rogge/Leptien* § 134 Rn. 17, 20. Neuerdings die subjektive Komponente stärker betonend: Schmidt/-*Ganter/Weinland*, InsO, § 134 Rn. 39; *Ganter*, NZI 2015, 249.

vom Vorstand nicht beabsichtigt, den großzügigen Ermessensbereich, so liegt eine objektive Unangemessenheit vor und der Vergleich kann nach § 134 Abs. 1 InsO angefochten werden.[25] Der BGH verwendet dabei die Formel, dass ein Vergleich anfechtbar ist, „wenn der Vergleichsinhalt den Bereich verlässt, der bei objektiver Beurteilung ernstlich zweifelhaft sein kann."[26] Dies deckt sich aber bereits mit der Abgrenzung angemessener und unangemessener Vergleich.[27] Damit kann im Ergebnis festgehalten werden, dass unangemessene Vergleiche nach § 134 Abs. 1 InsO stets anfechtbar sind, angemessene Vergleiche hingegen nicht.

III. Anfechtungsmöglichkeit beim angemessenen Vergleich

Selbst wenn der Vergleich aber angemessen ist, kann sich eine Anfechtbarkeit nach den Vorschriften über die Deckungsanfechtung (§§ 130, 131 InsO) oder den Vorschriften über Gesellschafterdarlehen ergeben (§ 135 Abs. 1 Nr. 2 InsO), wenn Forderungen gegen die Gesellschaft miteinbezogen wurden. Handelt es sich aber nur um einen Vergleich über einen Anspruch der Gesellschaft, so besteht keine Anfechtungsmöglichkeit nach diesen Vorschriften.

IV. Ergebnis

Ein angemessener Vergleich über einen Anspruch der Gesellschaft hat damit auch in der Insolvenz der Gesellschaft Bestand, ein objektiv unangemessener Vergleich hingegen ist nach § 134 Abs. 1 InsO grundsätzlich anfechtbar. Wollte der Vorstand in Wirklichkeit keinen Vergleich abschließen, sondern einen Verzicht verdecken (unechter Vergleich), so kann dies ferner nach den Umständen des Einzelfalls eine Anfechtbarkeit nach § 133 Abs. 1 InsO begründen.

---

25 BGH NJW-RR 2007, 263 Tz. 15 ff.; BGH NJW 2012, 2099 Tz. 35; Schmidt/*Ganter/Weinland*, InsO, § 134 Rn. 39; Graf-Schlicker/*Huber* § 134 Rn. 19; Braun/*de Bra*, InsO, § 134 Rn. 29; K/P/B/*Bork* § 134 Rn. 78; MünchKommInsO/*Kayser* § 134 Rn. 40a.

26 BGH NJW-RR 2007, 263 Tz. 17.

27 Vgl. § 4 B. II. (S. 107).

D. Begrenzung durch Zuständigkeitsordnung

Damit stellt sich noch die Frage, welche Begrenzungen für Vergleichsschlüsse über allgemeine Ansprüche aus der Zuständigkeitsordnung innerhalb der Gesellschaft zu folgern sind.

I. Innenverhältnis

Der Vorstand ist im Rahmen seiner umfassenden Geschäftsführungskompetenz (§ 76 Abs. 1 AktG) grundsätzlich auch berechtigt, Vergleiche in beliebiger Höhe abzuschließen.[28] Eine Beteiligung der Hauptversammlung ist grundsätzlich nicht erforderlich, eine Beteiligung des Aufsichtsrats nur, wenn ein Zustimmungsvorbehalt nach § 111 Abs. 4 S. 2 AktG vorgesehen ist.[29] Soweit der Aufsichtsrat ausnahmsweise selbst zuständig ist (§ 112 S. 1 AktG), braucht er (abgesehen vom Sonderfall der Ersatzansprüche nach § 93 Abs. 4 S. 3 AktG) ebenfalls die Hauptversammlung grundsätzlich nicht zu beteiligen.

Der Vorstand bzw. Aufsichtsrat ist aber bei der Ausübung seines unternehmerischen Ermessens, welches auch den Abschluss von Vergleichen erlaubt, an das Unternehmenswohl gebunden.[30] Dies wiederum bedeutet, dass nur angemessene Vergleiche geschlossen werden dürfen. Ist der Vergleich hingegen unangemessen, so haftet der Vorstand bei Verschulden auf Schadensersatz (§ 93 Abs. 2 AktG). Der Abschluss eines unangemessenen Vergleichs ist insbesondere auch außerhalb des Anwendungsbereichs der Business Judgement Rule, weil sonst bereits ein angemessener Vergleich vorliegen würde.[31] Bei der Berechnung des konkreten Schadens können zwei rechtmäßige Alternativen unterstellt werden: die eine, dass der Vorstand keinen Vergleich, die andere, dass der Vorstand einen Vergleich im gerade noch angemessenen Bereich abgeschlossen hätte. Dem Vorstand ist es zu gestatten, sich auf die für ihn günstigere Variante zu berufen (Einwand des rechtmäßigen Alternativverhaltens).[32]

---

28 *Fleischer* AG 2015, 133, 143 f.
29 *Fleischer* AG 2015, 133, 150.
30 Vgl. § 1 D. I. 1. (S. 50).
31 Vgl. Fn. 9; ferner *Fleischer* AG 2015, 133, 144 ff.
32 Vgl. BGHZ 152, 280, 283 ff.; BGH NJW 2009, 2454 Tz. 42; BGH NJW 2013, 1958 Tz. 14; MünchKommAktG[4]/*Spindler* § 93 Rn. 174; *Hüffer/Koch* § 93 Rn. 50.

Erkennt hingegen der Vorstand oder Aufsichtsrat, dass der Vergleich in dieser Form für die Gesellschaft schädlich ist und zumindest teilweise einen verdeckten Verzicht darstellt (unechter Vergleich), so steht freilich der Weg über die Hauptversammlung offen, wenn sich eine Zustimmung aller Aktionäre abzeichnet. Es gilt dann nichts anderes als für den Verzicht.[33]

II. Außenverhältnis

Ungeachtet der Tatsache, dass der Vorstand im Innenverhältnis nur angemessene Vergleiche abschließen darf, ist jeder Vergleich im Außenverhältnis grundsätzlich auf Grund der unbeschränkbaren Vertretungsmacht des Vorstands (§ 82 Abs. 1 AktG) wirksam. Denkbar ist nur, dass ein für die Gesellschaft nachteiliger Vergleich auf Grund eines evidenten Missbrauchs der Vertretungsmacht auch im Außenverhältnis unwirksam ist.

1. Unechter Vergleich

Erkennt der handelnde Vorstand beim Abschluss des Vergleichs selbst, dass dieser nicht im Interesse der Gesellschaft ist und in Wirklichkeit ein verdeckter Teilverzicht vorliegt, so stellt dies einen Missbrauch der Vertretungsmacht dar. Ist dieser Missbrauch für die andere Seite evident, so ist der Vergleich unwirksam.[34] Erst Recht ist dann ein kollusiver Vergleich zu Lasten der Gesellschaft nichtig.

2. Unangemessener Vergleich

Schwieriger ist die Situation, wenn der Vorstand selbst nicht erkennt, dass der Vergleich nach den konkreten Umständen des Einzelfalls unangemessen ist.

Nach herrschender Meinung ist grundsätzlich nicht erforderlich, dass der Vorstand die Überschreitung seiner Befugnisse im Innenverhältnis erkennt, um einen evidenten Missbrauch der Vertretungsmacht und damit die Unwirksamkeit eines Rechtsgeschäfts im Außenverhältnis zu begründen.[35]

---

33 Eingehend zum Verzicht schon § 1 D. II. (S. 53).

34 Vgl. *Hüffer/Koch* § 82 Rn. 7a; Spindler/Stilz/*Fleischer* § 82 Rn. 14; GroßkommAktG[5]/*Habersack/Foerster* § 82 Rn. 9 ff.; MünchKommAktG[4]/*Spindler* § 82 Rn. 63.

35 BGH NJW 2006, 2776 Tz. 2 f.; *Hüffer/Koch* § 82 Rn. 7; Spindler/Stilz/*Fleischer* § 82 Rn. 14; GroßkommAktG[5]/*Habersack/Foerster* § 82 Rn. 9 ff.; Bürgers/

Damit stellt sich aber die Frage, welche Anforderungen konkret an die Evidenz zu stellen sind. Insbesondere bestünde die Gefahr, dass das Ausspielen eines Wissensvorsprungs in den Vergleichsverhandlungen gleich zu einer Nichtigkeit nach den Grundsätzen des evidenten Missbrauchs der Vertretungsmacht führen müsste.[36] Man darf die Anforderungen an den Missbrauch der Vertretungsmacht daher nicht zu niedrig anlegen.[37]

Weil im Rahmen von Vergleichsgesprächen kein marktgängiger Preis zu ermitteln ist und der konkrete Inhalt des Vergleichs mitunter auch davon abhängt, welche Informationen den Parteien vorliegen, sowie wie diese bewertet werden, braucht die Gegenseite nicht vorschnell auf einen Missbrauch der Vertretungsmacht zu schließen. Spielt die Gegenseite in den Gesprächen einen Wissensvorsprung aus, so ist dies außerhalb des Bereichs der arglistigen Täuschung (§ 123 Abs. 1 BGB) legitim. Sie muss sich nicht darum kümmern, welche konkreten Informationen der Gegenseite vorliegen und wie diese bewertet werden. Es ist also im Regelfall für die Gegenseite auch nicht erkennbar, ob die Gesellschaft über bestimmte Informationen und Bewertungen schlicht nicht verfügt (dann aus der Sicht eines objektiven Vorstands angemessener Vergleich), oder ob der Vorstand fahrlässig Informationen außer Acht lässt und/oder falsch bewertet (dann objektiv unangemessener Vergleich). Nur wenn eine krasse Fehlbewertung durch den Vorstand vorliegt, kann man erwarten, dass durch die Gegenseite auf einen Missbrauch der Vertretungsmacht geschlossen wird.

Im Ergebnis liegt bei einem bloß unangemessenen Vergleich damit in aller Regel kein Fall eines evidenten Missbrauchs der Vertretungsmacht vor. Der Vergleich ist dann trotz Unangemessenheit wirksam.

Körber/*Bürgers* § 82 Rn. 6; MünchKommAktG[4]/*Spindler* § 82 Rn. 63 mwN in Fn. 150. AA Grigoleit/*Vedder* § 82 Rn. 10 ff.; *ders.* Missbrauch der Vertretungsmacht, S. 104 ff.; *ders.* GmbHR 2008, 736, 737 ff.; *ders.* JZ 2008, 1077, 1078 ff.; KölnKommAktG[3]/*Mertens/Cahn* § 82 Rn. 47; *Hüffer*, AktG, 10. Aufl. 2012, § 82 Rn. 7. Vgl. auch schon § 1 D. I. 2. (S. 51).

36 Vgl. insbes. Kritik von Grigoleit/*Vedder* § 82 Rn. 10 ff.; *ders.* Missbrauch der Vertretungsmacht, S. 104 ff.

37 *Hüffer/Koch* § 82 Rn. 7.

3. *Vergleich mit Mitglied des Vorstands*

Eine Besonderheit besteht, wenn der Aufsichtsrat mit einem (aktiven) Mitglied des Vorstands über einen allgemeinen Anspruch einen Vergleich abschließen möchte. Es stellt sich einerseits die Frage, ob die Vertretungsmacht nach § 112 S. 1 AktG auch den Abschluss von unangemessenen Geschäften durch den Aufsichtsrat deckt und als damit verbundene Folgefrage, inwieweit die Grundsätze über den evidenten Missbrauch der Vertretungsmacht Anwendung finden.

a) Zum Umfang der Vertretungsmacht nach § 112 AktG

Da ein aktives Mitglied des Vorstands zumeist mit den Vorgängen innerhalb der Gesellschaft vertraut ist, könnte erwogen werden, dass die Vertretungsmacht des Aufsichtsrats nur Geschäfte im Interesse der Gesellschaft deckt, unangemessene Geschäfte also stets auch im Außenverhältnis (schwebend) unwirksam sind.[38]

Andererseits handelt das betroffene Mitglied des Vorstands, soweit es um eigene Ansprüche der Gesellschaft gegenüber ihm geht, nicht organschaftlich. Insbesondere unterliegt es hinsichtlich Vertragsschlüssen dann auch nicht den Bindungen aus dem Innenverhältnis.[39] Es darf also gegenüber der Gesellschaft und dem Aufsichtsrat seine Eigeninteressen verfolgen, solange die Willensbildung des Aufsichtsrats nicht durch Fehlinformationen beeinflusst wird.[40]

Würde man die Vertretungsmacht des Aufsichtsrats aber auf angemessene, im Interesse der Gesellschaft liegende Geschäfte beschränken, so müsste das betroffene Mitglied des Vorstands, obwohl es an sich seine Eigeninteressen verfolgen darf, immer auch prüfen, ob das Geschäft im Interesse der Gesellschaft ist. Der Aufsichtsrat umgekehrt könnte sich bei einer Fehleinschätzung an das Vorstandsmitglied halten, müsste also letzten Endes nicht selbst haften. Dies würde aber zu einer Umkehr der

38 Vgl. zur Vorstandsvergütung Spindler/Stilz/*Fleischer* § 87 Rn. 58: „teleologische Reduktion der Vertretungsregeln bei Insidergeschäften", *ders.* NZG 2005, 529, 535 f.

39 *Cahn*, FS Hoffmann-Becking, 2013, S. 247, 276 f.

40 Zur Vorstandsvergütung: MünchKommAktG⁴/*Spindler* § 87 Rn. 136; KölnKommAktG³/*Mertens*/*Cahn* § 87 Rn. 5; *Brandes* ZIP 2013, 1107, 1111.

Verantwortlichkeit führen: nicht mehr der Aufsichtsrat müsste prüfen und für Fehler haften, sondern das Vorstandsmitglied.[41]

Im Interesse einer angemessenen Risikoverteilung ist es daher gerechtfertigt, grundsätzlich auch im Verhältnis zu Vorstandsmitgliedern von einer vollumfassenden Vertretungsmacht des Aufsichtsrats nach § 112 S. 1 AktG auszugehen. Beschränkt wird diese Vertretungsmacht dann nur in Fällen eines evidenten Missbrauchs der Vertretungsmacht.[42] Hierbei kann dann im Rahmen der konkreten Anforderungen an die Evidenz des Missbrauchs der besonderen Rolle eines (aktiven) Vorstandsmitglieds Rechnung getragen werden.

b) Missbrauchs der Vertretungsmacht bei Vergleichsschluss

Übertragen auf Vergleichsverhandlungen bedeutet dies, dass das betroffene Mitglied des Vorstands einen etwaigen Wissensvorsprung im Ausgangspunkt ausspielen darf, solange nicht arglistig getäuscht wird.[43]

Geht es aber um Informationen, welche im Zusammenhang mit seiner Organtätigkeit stehen oder standen, so wird dieses Wissen der Gesellschaft grundsätzlich auch zugerechnet.[44] Erkennt das Vorstandsmitglied, dass der Aufsichtsrat über diese Informationen nicht verfügt oder sie aber falsch bewertet, so muss er diese offenlegen. Tut er dies nicht, so ist ihm bewusst, dass der Vergleich aus der Perspektive der Gesellschaft objektiv unangemessen ist, weil die Gesellschaft diese Informationen kraft seiner Wissenszurechnung an sich hat und in den Vergleich mit einbeziehen müsste. Erkennt das Mitglied des Vorstands aber, dass der Vergleich objektiv unangemessen und daher nicht im Interesse der Gesellschaft ist, so liegt ein evidenter Missbrauch der Vertretungsmacht vor. Auf die tatsächliche Kenntnis des Aufsichtsrats von der Unangemessenheit kommt es dann nicht mehr an.[45]

---

41 *Cahn*, FS Hoffmann-Becking, 2013, S. 247, 276 f.

42 *Cahn*, FS Hoffmann-Becking, 2013, S. 247, 277.

43 Vgl. bereits § 4 D. II. 2. (S. 114).

44 Vgl. KölnKommAktG^3/*Mertens/Cahn* § 76 Rn. 83 ff.; *Hüffer/Koch* § 78 Rn. 24 ff.; MünchKommAktG^4/*Spindler* § 78 Rn. 93 ff.; *Flume*, Juristische Person, S. 398 ff.

45 Vgl. Fn. 35.

Es stellt sich damit noch die Frage, welches Wissen man ausschließlich der Privatsphäre zuordnen kann. Insbesondere innere Erwägungen des betroffenen Vorstandsmitglieds hinsichtlich seiner weiteren persönlichen Entwicklung wird man der Gesellschaft nicht als Wissen zurechnen können (*Beispiel: Die Ernsthaftigkeit der Drohung, das Organverhältnis vorzeitig zu beenden*). Im Übrigen können aber auch privat erlangte Kenntnisse der Gesellschaft grundsätzlich zuzurechnen sein, jedenfalls sofern eine Offenbarungspflicht bestand.[46] Das wiederum bedeutet im Ergebnis aber, dass bei (aktiven) Organwaltern sehr schnell von einem evidenten Missbrauch der Vertretungsmacht auszugehen ist und das Regel-Ausnahme-Verhältnis sich faktisch umkehrt.

4. *Ergebnis*

Ein unangemessener Vergleich kann auf Grund eines evidenten Missbrauchs der Vertretungsmacht auch im Außenverhältnis unwirksam sein. Gegenüber außenstehenden Personen ist die Hürde hierfür aber hoch. Anders stellt sich die Situation bei Vergleichen mit Organwaltern da. Weil deren Wissen der Gesellschaft zugerechnet wird, müssen sie regelmäßig auf einen Missbrauch der Vertretungsmacht schließen.

Zusammenfassung zu § 4

Auch in der Aktiengesellschaft gibt es ein legitimes Interesse, Streitigkeiten über das Bestehen von Ansprüchen durch Vergleich beizulegen. Der Vorstand (bzw. Aufsichtsrat) ist grundsätzlich berechtigt, angemessene Vergleiche abzuschließen. Ist ein Vergleich hingegen unangemessen, liegt bei Abschluss mit Aktionären ein Verstoß gegen die Kapitalerhaltung vor, der Vergleich ist unwirksam. In der Insolvenz ist außerdem jeder unangemessene Vergleich nach § 134 Abs. 1 InsO anfechtbar. Im Übrigen ist ein unangemessener Vergleich mit Außenstehenden wirksam, wenn nicht

---

46 Vgl. KölnKommAktG³/*Mertens/Cahn* § 76 Rn. 88; GroßkommAktG⁵/*Kort* § 76 Rn. 205; MünchKommAktG⁴/*Spindler* § 78 Rn. 98 jew. mwN; *Fleischer* NJW 2006, 3239, 3241 f. Weitergehend für Zurechnung ohne Einschränkung: *Buck-Heeb*, Wissen und juristische Person, S. 244 f.; *Wiesner* BB 1981, 1533, 1536; *Baum*, Die Wissenszurechnung, S. 81 ff.

ein evidenter Missbrauch der Vertretungsmacht vorliegt. Während Gesellschaftsfremde nicht vorschnell auf einen Missbrauch der Vertretungsmacht schließen brauchen, wird man bei aktiven Organwaltern regelmäßig davon ausgehen müssen, dass sie den Missbrauch der Vertretungsmacht erkannt haben. Jedenfalls geraten die handelnden Organwalter bei Abschluss eines unangemessenen Vergleichs in eine Schadensersatzhaftung gegenüber der Gesellschaft.

§ 5 Vergleich über Ersatzansprüche

> Ausgangssituation: Der Gesellschaft steht ein Ersatzanspruch gegen ein Mitglied des Vorstands zu. Um eine schnelle und einvernehmliche Lösung herbeizuführen, soll mit dem betroffenen Mitglied des Vorstands ein Vergleich geschlossen und dabei ein Teil der geforderten Summe erlassen werden.

A. § 93 Abs. 4 S. 3 AktG

Möchte sich die Gesellschaft über Ersatzansprüche vergleichen, so ist hierfür wie für einen Verzicht[1] nach § 93 Abs. 4 S. 3 AktG eine Zustimmung der Hauptversammlung bzw. der außenstehenden Aktionäre notwendig, wobei nicht eine Minderheit von 10 % des Grundkapitals bzw. der anwesenden außenstehenden Aktionäre Widerspruch zu Protokoll erklären darf. Für die ersten 3 Jahre ist der Vergleich sogar gänzlich ausgeschlossen.

I. Zuständigkeit der Hauptversammlung und Widerspruchsrecht

Nach allgemeinen Regeln wäre der Aufsichtsrat für den Abschluss von angemessenen Vergleichen zuständig, § 112 AktG. Anders als für den Verzicht ergibt sich die Zuständigkeit der Hauptversammlung daher nicht aus den allgemeinen Regeln und ist daher gesondert zu untersuchen. Gleiches gilt für das Widerspruchsrecht der Minderheit.

1 Siehe § 2 A. (S. 73).

1. *Meinungsstand zum Grund für Zustimmungserfordernis*

Als Grund für ein Zustimmungserfordernis der Hauptversammlung wird angeführt, dass hierdurch ein kollusives Zusammenwirken von Vorstand und Aufsichtsrat bzw. eine Selbstenthaftung der Organe verhindert werden soll.[2]

Ferner soll durch das Widerspruchsrecht der Minderheit die Möglichkeit zur Durchsetzung von Ansprüchen nach §§ 147, 148 AktG abgesichert werden, weil anderenfalls ein Unterlaufen dieses Rechts durch Vergleichsschluss drohe.[3]

Das Widerspruchsrecht selbst ist aber neuerdings in die Kritik geraten, weil es nicht mehr zu der angepassten Schwelle von § 148 Abs. 1 S. 1 AktG (1 % der Aktionäre!) passt. Während einige die restlose Streichung fordern,[4] plädieren andere für eine Beibehaltung des Quorums von 10 %.[5]

2. *Stellungnahme*

Die Regelungen zum Vergleichsschluss über Ersatzansprüche differenzieren, anders als dies für allgemeine Ansprüche der Fall ist,[6] nicht danach, ob ein Vergleich unecht, unangemessen oder angemessen ist.

a) Kollusiver Vergleich

Möchte der Aufsichtsrat einen Vergleich über einen Ersatzanspruch schließen, durch den in Wirklichkeit ein Teilverzicht verdeckt werden soll, so würde dies ungeachtet des § 93 Abs. 4 S. 3 AktG nach allgemeinen Regeln bereits

---

2 MünchKommAktG[4]/*Spindler* § 93 Rn. 252; GroßkommAktG[5]/*Hopt/Roth* § 93 Rn. 506; KölnKommAktG[3]/*Mertens/Cahn* § 93 Rn. 161; *Hüffer/Koch* § 93 Rn. 78.

3 MünchKommAktG[4]/*Spindler* § 93 Rn. 250 aE; GroßkommAktG[4]/*Hopt* § 93 Rn. 362; KölnKommAktG[3]/*Mertens/Cahn* § 93 Rn. 161.

4 *DAV-Handelsrechtsausschuss* NZG 2010, 897, 899; Schmidt/Lutter/*Krieger/Sailer-Coceani* § 93 Rn. 65; *Dietz-Vellmer* NZG 2011, 248, 250; *Sailer-Coceani*, Referat zum 70. Deutschen Juristentag, abgedruckt in Verhandlungen des 70. Deutschen Juristentages Hannover 2014, Band II/1, N. S. 11, 19.

5 DJT 2014, Abteilung Wirtschaftsrecht, vgl. Beschlussergebnis, abgedruckt in Verhandlungen des 70. Deutschen Juristentages, Band II/1, N 63.; *Fleischer* AG 2015, 133, 138.

6 Vgl. § 4 (S. 105).

an einem evidenten Missbrauch der Vertretungsmacht scheitern, weil der Aufsichtsrat (§ 112 S. 1 AktG) nicht berechtigt ist, schädliche Geschäfte abzuschließen. Erkennt die Gegenseite, dass es sich nicht um einen echten Vergleich, sondern einen verdeckten Teilverzicht handelt, so darf sie sich auf die Vertretungsmacht zum Abschluss des Vergleichs nicht berufen. Die Anforderungen bei Organmitgliedern sind hierbei sogar erhöht.[7] Zur Verhinderung kollusiver, unangemessener Vergleiche ist also ein Zustimmungserfordernis der Hauptversammlung nicht erforderlich, weil bereits aus dem evidenten Missbrauch der Vertretungsmacht die Unwirksamkeit des Vergleichs folgt.

Im Übrigen besteht die Gefahr kollusiver Zusammenwirkung auch bei Vergleichen über andere Ansprüche, eine Zuständigkeit der Hauptversammlung wird aber dennoch nicht generell begründet. Die Zuständigkeit der Hauptversammlung alleine mit der Gefahr einer gegenseitigen Schonung und kollusiver Vergleichsschlüsse zu begründen, reicht daher nicht aus.

b) Schutz der Mechanismen zur Durchsetzung von Ersatzansprüchen

Es verbleibt damit das Ziel, die Möglichkeit der Durchsetzung von Ersatzansprüchen durch Aktionäre über §§ 147, 148 AktG (bzw. § 309 Abs. 4 S. 1 AktG) sicherzustellen. Dieses Ziel lässt sich zum einen direkt aus der Entstehungsgeschichte ableiten.[8] Zum anderen entspricht dies aber auch der besonderen Rolle der Ersatzansprüche bei der Durchsetzung einer ordentlichen Geschäftsführung: weil die allgemeine *actio pro socio* ausgeschlossen[9] und die Geschäftsführung in die Hände des Vorstands gelegt ist (§ 76 Abs. 1 S. 1 AktG), verbleibt nur die Geltendmachung von Ersatzansprüchen durch die Aktionäre als Mittel zur Sicherstellung einer ordnungsgemäßen Geschäftsführung durch Vorstand und Aufsichtsrat.

Indem die Entscheidung über einen Vergleich über Ersatzansprüche der Hauptversammlung zugewiesen wird, werden die Aktionäre grundsätzlich

---

7 Eingehend schon § 4 D. II. 3. (S. 116).

8 Vgl. bereits § 2 A. II. 2. (S. 72), sowie Allgemeine Begründung zur 2. Aktienrechtsnovelle 1884, abgedruckt in den Verhandlungen des Reichstages, Band 77.1884 S. 281 und Begr. RegE AktG 1965, abgedruckt bei *Kropff*, AktG S. 123 f.

9 *Hüffer/Koch* § 148 Rn. 2; Spindler/Stilz/*Casper* Vor §§ 241 Rn. 29 jew. mwN; aA noch *Bühring-Uhle/Nelle* AG 1989, 41, 49 ff.; *Wellkamp* DZWiR 1994, 221, 223 f.

beteiligt. Der Aufsichtsrat kann nicht an ihnen vorbei disponieren und damit die Durchsetzungsmechanismen umgehen, die Rückkoppelung der Verantwortlichkeit gegenüber der Hauptversammlung wird gewahrt. Es geht also insoweit um den Schutz vor Vergleichen, welche eine Durchsetzung der Ansprüche nach §§ 147, 148 AktG am Ende zu verhindern mögen. Die letzte Entscheidung soll vielmehr bei den Aktionären liegen.[10]

aa) Vergleich ist unangemessen

Ist der Vergleich unangemessen, so kann jeder Aktionär einen zustimmenden Beschluss mit dem Argument anfechten, der Vergleich sei unangemessen[11] und wende daher einer dritten Person einen Sondervorteil zu (§ 243 Abs. 2 AktG). Stellt sich im Prozess die Unangemessenheit des Vergleichs heraus, so hat die Klage Erfolg.

Letztlich bedeutet dies aber wiederum, dass es zur Verhinderung unangemessener Vergleiche und der Wahrung der Sonderrechte zur Durchsetzung von Ersatzansprüchen zwar einer Zuständigkeit der Aktionäre (Hauptversammlung/Sonderversammlung der außenstehenden Aktionäre) bedarf, um überhaupt erst ein Klagerecht zu schaffen. Das Widerspruchsrecht ist aber jedenfalls zur Verhinderung unangemessener Vergleiche nicht erforderlich, weil sowieso eine Anfechtungsmöglichkeit eines jeden Aktionärs besteht.[12]

---

10 Alternativ zur Hauptversammlungszuständigkeit könnte der Gesetzgeber auch ein anderes Verfahren installieren, um eine Beteiligung der Aktionäre sicherzustellen. Beispielsweise könnte eine Pflicht zur Ankündigung von Vergleichsabschlüssen und im Rahmen des § 148 AktG dann ein Recht zur Beantragung einer einstweiligen Verfügung zur Unterbindung des (unangemessenen) Vergleichsschlusses vorgesehen werden. Ziel müsste nur sein, dass der Aufsichtsrat nicht einfach vollendete Fakten schaffen kann.

11 Konkret heißt es in der Begr. des RegE zu § 309 Abs. 4 AktG, abgedruckt bei *Kropff*, AktG, S. 405: *„Allerdings kann ein Aktionär den Ersatzanspruch der Gesellschaft nicht mehr geltend machen, wenn diese auf den Anspruch verzichtet oder sich über ihn verglichen hat. Ein solcher Verzicht oder Vergleich ist aber nur mit Zustimmung der außenstehenden Aktionäre möglich. Der Aktionär kann daher den Zustimmungsbeschluß anfechten, wenn der Verzicht oder Vergleich nicht geboten war.“* Konsequenterweise muss dies dann auch im Rahmen des § 93 Abs. 4 S. 3 AktG gelten.

12 Vgl. auch bereits zum Verzicht § 2 A. II. 3. (S. 77).

bb) Vergleich ist angemessen

Ist der Vergleich hingegen angemessen, so kann eine Anfechtungsklage keinen Erfolg haben. Nur und ausschließlich in diesem Falle wird das Widerspruchsrecht der Minderheit mit 10 % des Grundkapitals relevant. Das Widerspruchsrecht verhindert damit primär angemessene, im Interesse der Gesellschaft (!) liegende Vergleichsschlüsse.

Zweifelsohne handelt es sich bei der Frage, ob ein angemessener Vergleich, oder aber die Möglichkeit zur Durchsetzung von Ersatzansprüchen durch Aktionäre (§§ 147, 148 AktG) Vorrang haben soll, um eine Wertungsfrage. Der historische Gesetzgeber hat sich dabei dafür entschieden, dass zumindest bei Ansprüchen aus Gründerhaftung der Durchsetzung Vorrang vor dem Vergleichsschluss einzuräumen ist.[13] Der Gesetzgeber von 1965 hat sich entschieden, dieses Konzept zu übernehmen und hinsichtlich eines Widerspruchs einen Gleichlauf zwischen § 147 Abs. 1 AktG aF und § 93 Abs. 4 S. 3 AktG herzustellen.[14]

Bereits das ursprüngliche Konzept lässt dabei Zweifel aufkommen. Ist ein Vergleichsschluss im Interesse der Gesellschaft und könnte dies im Rahmen eines (nicht erfolgreichen) Anfechtungsprozesses sogar gerichtlich bestätigt werden, so stellt sich die Frage, warum eine Minderheit von lediglich 10 % des Grundkapitals (ursprünglich waren es immerhin 20 %) eine Geschäftsführungsmaßnahme soll verhindern können, wenn anderenfalls selbst bei Grundlagenentscheidungen wie einer Auflösung der Gesellschaft (§ 262 Abs. 1 Nr. 2 AktG) nur eine Gruppe von 25 % des Kapitals eine Sperrminorität besitzt. Denn wenn unter Abwägung aller Umstände des Einzelfalls der Vergleichsschluss im besten Interesse der Gesellschaft ist, so kann die Weiterverfolgung des Anspruchs sogar zum Schaden der Gesellschaft sein. Weil der Widerspruch der Minderheit aber nicht gerichtlich angreifbar ist, bedeutet dies, dass ein Minderheitsaktionär mit 10,1 % im Extremfall sogar das Recht hat, die Gesellschaft zu schädigen, jedenfalls ihr aber seinen Willen aufzuoktroyieren.

Verstärkt werden die Bedenken dadurch, dass Widerspruchsrecht und Recht zur Durchsetzung von Ersatzansprüchen mittlerweile eine

---

13 Allgemeine Begründung zur 2. Aktienrechtsnovelle 1884, abgedruckt in den Verhandlungen des Reichstages, Band 77.1884 S. 281.

14 Begr. RegE AktG 1965, abgedruckt bei *Kropff*, AktG S. 123 f.

Entkoppelung erfahren haben. Bereits 1965 hat der Gesetzgeber im Konzernrecht auch einzelnen Aktionären ein Recht zur Geltendmachung von Ersatzansprüchen eingeräumt (§ 309 Abs. 4 S. 1 AktG). Das Widerspruchsrecht der Minderheit von 10 % der außenstehenden Aktionäre findet dort keine sachliche Legitimation, sondern folgt einer blinden Übernahme aus § 93 Abs. 4 S. 3 AktG.[15] Dementsprechend ist der Hinweis, die Aktionäre könnten ja nicht gebotene Vergleiche anfechten,[16] fast schon als Kapitulationserklärung zu verstehen.

Seit zunächst durch das KonTraG 1998 der Schwellenwert in § 147 Abs. 3 S. 1 AktG auf 5 % gesenkt wurde und durch das UMAG 2005 schließlich das Klagezulassungsverfahren (§ 148 Abs. 1 S. 1 AktG) schon einer Minderheit mit 1 % eine Anspruchsdurchsetzung ermöglicht wurde, hat sich der Gleichlauf von § 147 AktG und § 93 Abs. 4 S. 3 AktG erledigt.

Eine Absenkung auf 1 % (entsprechend § 148 Abs. 1 S. 1 AktG) würde zwar wieder den Gleichlauf mit § 148 Abs. 1 S. 1 AktG herstellen. Warum aber eine Minderheit von nur noch 1 % einen angemessenen Vergleichsschluss gegen den Mehrheitswillen sollte verhindern können, ist nicht mehr erklärbar. Ferner würde eine solch niedrige Schwelle dem Missbrauch Tür und Tor öffnen.[17] Den status quo beizubehalten[18] kann aber auch nicht überzeugen, weil die Quote von 10 % in Anbetracht von § 148 Abs. 1 S. 1 AktG keine sachliche Legitimation durch § 147 AktG mehr hat. Richtig wäre damit alleine, das Widerspruchsrecht ersatzlos zu streichen.[19] Es verbliebe die Anfechtung des Beschlusses, sofern der Vergleich unangemessen ist.

Dagegen einzuwenden, der Weg einer Anfechtung wäre zu beschwerlich[20], kann schon deswegen nicht überzeugen, weil der Weg einer Anfechtungsklage nach der Konzeption des AktG der absolute Regelfall ist, sich

---

15 Vgl. Begr. RegE (abgedruckt bei *Kropff*, AktG, S. 405 mit S. 392), wo lediglich auf die Begründung zu § 93 Abs. 4 AktG verwiesen wird.

16 Vgl. Fn. 11.

17 Zutreffend *Fleischer* AG 2015, 133, 138.

18 Dafür immerhin der DJT 2014, Abteilung Wirtschaftsrecht, vgl. Beschlussergebnis, abgedruckt in Verhandlungen des 70. Deutschen Juristentages, Band II/1, N 63.

19 Vgl. Nachw. in Fn. 4.

20 So *Fleischer* AG 2015, 133, 138.

gegen unangemessene Entscheidungen der Hauptversammlung zur Wehr zu setzen.

c) Schlussfolgerungen

Das Erfordernis der Beteiligung der Hauptversammlung lässt sich nicht ausschließlich mit einer Gefahr kollusiver Zusammenwirkung von Vorstand und Aufsichtsrat begründen, weil insoweit bereits die Regelungen über den evidenten Missbrauch der Vertretungsmacht ein solches Verhalten unterbinden.

Es kann einzig darum gehen, Vergleiche zu verhindern, welche die Rechte der Aktionäre zur Geltendmachung von Ansprüchen (§§ 147, 148 AktG) zu unterlaufen drohen. Indem die Hauptversammlung eingebunden wird, eröffnet dies den Aktionären die Möglichkeit, einen Vergleich mehrheitlich abzulehnen oder wenigstens einen zustimmenden Beschluss mit der Begründung anzufechten, dieser sei nachteilig für die Gesellschaft.

Nicht stichhaltig begründen lässt sich aber, warum eine Minderheit von 10 % durch ein Widerspruchsrecht auch Vergleiche soll verhindern können, die im objektiven Interesse der Gesellschaft sind. *De lege ferenda* ist eine Streichung des Widerspruchsrechts daher zu empfehlen. Bis dahin ist das Widerspruchsrecht aber als geltendes Recht hinzunehmen, ohne dass es sich systematisch in das durch das KonTraG und das UMAG geänderte AktG einfügt.

II. Sperrfrist

Möchte die Gesellschaft einen Vergleich über Ersatzansprüche abschließen, so hat sie ferner die Sperrfrist von 3 Jahren zu beachten (§ 93 Abs. 4 S. 3 AktG), sofern nicht der Vergleich zur Abwendung einer Zahlungsunfähigkeit dient (§ 93 Abs. 4 S. 4 AktG). Durch die Sperrfrist soll verhindert werden, dass über einen Vergleich bereits entschieden wird, obwohl sich noch kein abschließendes Bild über die Auswirkungen der schädigenden Handlung gewinnen lässt.[21]

---

21 Begr. RegE AktG 1965, abgedruckt bei *Kropff*, AktG, S. 123. Vgl. auch § 2 A. III. (S. 78).

Zwar kann man die Sperrfrist von 3 Jahren, anders als beim Verzicht[22], bei einem Vergleich noch besser rechtfertigen, weil für einen angemessenen Vergleich ein Zuwarten und weitere Aufklärung weitaus mehr förderlich sein kann. Umgekehrt verkennt der Gesetzgeber aber, dass auch ein schneller Vergleichsschluss im Interesse der Gesellschaft liegen kann und hierdurch verhindert wird.

Die ersatzlose Streichung der Frist *de lege ferenda* ist daher entsprechend der mittlerweile überwiegenden Ansicht[23] empfehlenswert, *de lege lata* ist die Frist aber hinzunehmen.

B. § 93 Abs. 5 S. 1 und S. 3 AktG

Schließlich ist ein Vergleich, selbst wenn er gegenüber der Gesellschaft wirksam ist, gegenüber den Gläubigern nach § 93 Abs. 5 S. 3 AktG bei grob sorgfaltswidrigem Verhalten unwirksam. Die Regelung erfasst nach ihrem Wortlaut nicht nur unangemessene, sondern auch angemessene, im Interesse der Gesellschaft und damit auch im Interesse der Aktionäre sowie Gläubiger liegende Vergleiche.

Versteht man das Gläubigerverfolgungsrecht als eigenständiges Recht der Gläubiger,[24] so lässt sich die Unwirksamkeit eines Vergleichs ungeachtet des § 93 Abs. 5 S. 3 AktG schon mit der fehlenden Dispositionsbefugnis der Gesellschaft und der Aktionäre begründen.[25] Einer gesonderten Rechtfertigung dafür, dass auch angemessene Vergleiche unwirksam sind, bedarf es dann nicht mehr, weil dies bereits aus der Natur des Gläubigerverfolgungsrechts als eigenständigem Anspruch folgt.

Auch die strittige Frage, ob § 93 Abs. 4 S. 4 AktG auf das Gläubigerverfolgungsrecht dahingehend analoge Anwendung findet, dass ein zur Abwendung der Insolvenz des Vorstandsmitglieds geschlossener Vergleich auch gegenüber den Gläubigern wirkt,[26] lässt sich damit beantworten. Weil die

---

22 Vgl. § 2 A. III. (S. 78).

23 Vgl. Nachw. bei § 2 in Fn. 45.

24 Vgl. § 2 B. I. (S. 88).

25 Vgl. § 2 B. II. (S. 94).

26 Für Analogie MünchKommAktG[4]/*Spindler* § 93 Rn. 276; KölnKommAktG[3]/*Mertens/Cahn* § 93 Rn. 185; GroßkommAktG[5]/*Hopt/Roth* § 93 Rn. 540; Grigoleit/*Grigoleit/Tomasic* § 93 Rn. 83.

Gesellschaft nicht dispositionsbefugt ist, kann ein Vergleich grundsätzlich nicht gegenüber den Gesellschaftsgläubigern mit Verfolgungsrecht wirken, auch nicht, wenn dieser zur Abwendung einer Insolvenz geschlossen wird. Sonst könnten die Aktionäre insbesondere wiederum das Gläubigerverfolgungsrecht aushebeln. Ein anderes gilt nur für einen bestätigten Insolvenzplan, weil dieser bereits nach § 254b InsO Wirkung für und gegen alle Gläubiger hat.[27] Eine analoge Anwendung des § 93 Abs. 4 S. 4 AktG ist dann nicht mehr geboten.

Zusammenfassung zu § 5

Die Notwendigkeit, die Hauptversammlung bei einem Vergleich über Ersatzansprüche zu beteiligen, lässt sich mit der Absicherung der Klagerechte nach §§ 147, 148, 309 Abs. 4 S. 1 AktG rechtfertigen. Das Widerspruchsrecht der Minderheit von 10 % hingegen hat sich überholt und kann daher *de lege ferenda* restlos entfallen. Bis zu einer Änderung ist es aber zu beachten. Die dreijährige Sperrfrist ist nur schwer nachvollziehbar und sollte daher gänzlich gestrichen werden. Die relative Unwirksamkeit von Vergleichen gegenüber Gläubigern lässt sich hingegen zwanglos begründen, wenn man das Gläubigerverfolgungsrecht als eigenständigen Anspruch versteht und man dementsprechend die Gesellschaft für nicht dispositionsbefugt hält.

§ 6 Vergleich über Einlage- und Rückgewähransprüche

Ausgangssituation: Der Vorstand möchte sich mit einem Aktionär über einen Einlageanspruch bzw. einen Rückgewähranspruch vergleichen und dabei einen Teil der geltend gemachten Forderung erlassen.

27 Vgl. KölnKommAktG³/*Mertens*/*Cahn* § 93 Rn. 186.

A. Überblick zum Meinungsstand

Nach allg. Meinung verstößt ein Vergleich über einen Einlage- oder Rückgewähranspruch, sowie über einen im Zusammenhang mit der Kapitalsicherung stehenden Anspruch (Differenzhaftungsanspruch, Haftung der Vormänner, Ausfallhaftung nach Kaduzierung), nicht gegen § 66 Abs. 1 S. 1 (ggf. iVm Abs. 2) AktG, wenn es sich um einen objektiv echten, angemessenen Vergleich handelt.[1] Unangemessene Vergleiche hingegen sollen gegen § 66 AktG verstoßen und unwirksam sein.[2]

Strittig ist aber, ob es einer Zustimmung der Hauptversammlung analog § 93 Abs. 4 S. 3 AktG bedarf.[3] Ferner wird teilweise eine (analoge) Anwendung des § 62 Abs. 2 AktG dahingehend befürwortet, dass ein Vergleichsschluss den Gläubigern gegenüber unwirksam sein soll.[4]

B. Anwendung der einzelnen Regelungen

I. Verstoß gegen den Grundsatz der „realen" Kapitalaufbringung?

Eine Unwirksamkeit oder Unzulässigkeit des Vergleichs oder anderer Dispositionen über Einlageanspruchs lässt sich nicht generell aus einem „Grundsatz der realen Kapitalaufbringung" ableiten. Einen Grundsatz der realen Kapitalaufbringung kennt das Gesetz nicht. Die Behauptung, der Grundsatz der realen Kapitalaufbringung lasse sich aus einer Gesamtschau der Vorschriften zur Kapitalaufbringung (insbes. §§ 27, 32-37, 54, 63-66

---

1 BGHZ 191, 364 Tz. 20 ff. – Babcock Borsig; MünchKommAktG[4]/*Bayer* § 66 Rn. 29; GroßkommAktG[4]/*Gehrlein* § 66 Rn. 22; KölnKommAktG[3]/*Drygala* § 66 Rn. 14; Spindler/Stilz/*Cahn* § 66 Rn. 16; *ders.*, Vergleichsverbote, S. 17 ff.; Schmidt/Lutter/*Fleischer* § 66 Rn. 5a; *ders.* AG 2015, 133, 141 f.; *Hüffer/Koch* § 66 Rn. 4; Bürgers/Körber/*Westermann* § 66 Rn. 4; Hölters/*Laubert* § 66 Rn. 5; *Priester* AG 2012, 525, 526; *Krause* BB 2012, 411; *Verse* ZGR 2012, 875, 886; *Wieneke* NZG 2012, 136, 138; zur GmbH schon RGZ 79, 271, 274; BayObLG DB 1985, 107.

2 Vgl. Nachw. in Fn. 1.

3 Dafür *Cahn* Vergleichsverbote, S. 30; Spindler/Stilz/*ders.* § 66 Rn. 16; *Priester* AG 2012, 525; dagegen BGHZ 191, 364 Tz. 25; *Hüffer/Koch* § 66 Rn. 4; Schmidt/Lutter/*Fleischer* § 66 Rn. 5a; *ders.* AG 2015, 133, 142; *Verse* ZGR 2012, 875, 888; *Wieneke* NZG 2012, 136, 138.

4 *Cahn* Vergleichsverbote, S. 55 ff.; Spindler/Stilz/*ders.* § 66 Rn. 16.

AktG) ableiten[5], verhindert nur eine tiefergehende Beschäftigung mit dem Sinn und Zweck einer jeder einzelnen Norm.[6]

Bereits der Begriff der „realen“ Kapitalaufbringung ist widersprüchlich. Einerseits ist Kapitalaufbringung immer „real“, weil tatsächlich und wirklich Vermögen zugeführt werden muss, um das (Eigen-)Kapital der Gesellschaft aufzubauen. Gleichzeitig ergibt sich dies aber schon aus dem Wort der Kapitalaufbringung. Umgekehrt müsste man sonst fragen, was „irreale“ Kapitalaufbringung im Gegensatz zur schlicht nicht erfolgten Kapitalaufbringung ist.[7]

Im Ergebnis bedeutet dies, dass aus einem „Grundsatz der realen Kapitalaufbringung“ keinerlei Rückschlüsse für die Auslegung von Normen gezogen werden können, insbesondere auch nicht ob eine enge oder weite Auslegung zu erfolgen hat. Die Unwirksamkeit einer Disposition über den Einlageanspruch lässt sich mit einem Grundsatz der realen Kapitalaufbringung jedenfalls nicht begründen.

II. Verstoß gegen § 66 Abs. 1 S. 1 AktG

Ob § 66 Abs. 1 S. 1 (ggf. iVm Abs. 2) AktG ein Vergleichsverbot darstellt, lässt sich aus dem Wortlaut alleine („befreit werden“) nicht ableiten. Dieser erlaubt eine Auslegung in zwei Richtungen: einerseits kann man alle Maßnahmen, die nicht zu einer vollständigen und ordnungsgemäßen Erfüllung des Anspruchs führen, als unzulässig einstufen. Umgekehrt kann man aber „Befreiung“ auch nur als Verbot, grundlos zu verzichten, verstehen.

Das richtige Ergebnis lässt sich nur aus dem Zweck des Einlageanspruchs bzw. Rückgewähranspruchs und der Funktion des § 66 Abs. 1 S. 1 AktG ableiten. Die Einlage dient dazu, den Haftungsfonds der AG aufzubauen, der Rückgewähranspruch bei unzulässigem Vermögensabfluss den Haftungsfonds wieder aufzufüllen. Wirtschaftlich ist der Einlageanspruch aber dennoch nichts anderes als ein normaler Anspruch, welcher auch zu bilanzieren ist.[8] Selbiges gilt für den Rückgewähranspruch, der alleine durch

---

5 So beispielsweise MüKoAktG[4]/*Pentz* § 27 Rn. 5.
6 Vgl. beispielsweise BGHZ 110, 47, 64.
7 Kritisch auch schon *Frey*, Einlagen in Kapitalgesellschaften, S. 52.
8 Vgl. § 3 A. (S. 96).

seine Existenz den Verstoß gegen das Prinzip der Kapitalbindung bilanziell kompensiert.

Das System der Kapitalbindung in der AG (§ 57 Abs. 1 S. 1 AktG), in dessen engen funktionalen Zusammenhang auch § 66 Abs. 1 S. 1 AktG steht, beruht aber insgesamt auf einer bilanziellen Betrachtungsweise.[9] Ist die Realisierung eines Anspruchs unsicher, so ist der Anspruch in der Bilanz entsprechend niedriger anzusetzen bzw. eine Rückstellung zu bilden. Dann löst aber nicht erst der angemessene Vergleich eine Reduktion des Vermögensstocks aus, sondern bereits die Tatsache, dass der Anspruch im Bestand unsicher ist. Insoweit unterscheidet sich der Anspruch auf Erbringung der Einlage und auf Rückgewähr von verbotswidrig erhaltenen Leistungen nicht von irgendeinem anderen Anspruch.[10]

Dementsprechend sind auch für die Auslegung des Begriffs der „Befreiung" von der Leistungspflicht in § 66 Abs. 1 S. 1 AktG die Wertungen des § 57 Abs. 1 AktG zu übertragen. Insbesondere wird dadurch erreicht, dass sich § 66 Abs. 1 S. 1 AktG als Sondervorschrift und § 57 Abs. 1 AktG nahtlos ineinanderfügen.

Im Ergebnis verstößt daher der echte, angemessene Vergleich weder gegen § 57 Abs. 1 S. 1 AktG, noch gegen § 66 Abs. 1 S. 1 AktG (ggf. iVm § 66 Abs. 2 AktG), während bei unangemessenen Konditionen ein Verstoß vorliegt.[11] Der allgemeinen Meinung ist daher insoweit voll zuzustimmen.

Eine andere Frage ist aber, wann ein Vergleich konkret angemessen ist, weil der Einlage- oder Rückgewähranspruch bilanziell nicht voll werthaltig ist. Hierbei ist wiederum zu beachten, welche Optionen der Gesellschaft alternativ zur Geltendmachung des Anspruchs zur Verfügung stehen.

1. *Einlageanspruch und Kaduzierung*

Bei der Einlage kann die Gesellschaft immer auch den Weg der Kaduzierung nach §§ 64, 65 AktG gehen. Denn selbst wenn weder eine Inanspruchnahme der Vormänner möglich ist, noch ein öffentlicher Verkauf den erforderlichen Betrag einbringt, so verbleibt am Ende immer noch ein Rückgriffsanspruch

---

9 Vgl. KölnKommAktG³/*Drygala* § 57 Rn. 41 ff.
10 Dazu schon § 4 B. I. (S. 105).
11 Vgl. schon eingehend § 4 B. (S. 105).

gegenüber dem ursprünglichen Aktionär (§ 64 Abs. 4 S. 2 AktG), über den man sich dann immer noch vergleichen kann.

a) Mangelnde Solvenz des Einlageschuldners

Ein Vergleich über den originären Einlageanspruch wegen mangelhafter Kreditwürdigkeit des Aktionärs soll nach herrschender Meinung daher nicht in Betracht kommen.[12]

Dem ist aber nur im Grundsatz zuzustimmen. Die Gesellschaft darf ihre Aktien und damit die Mitgliedschaft in der Gesellschaft nicht gegen geringeres Entgelt vergeben, als sie auf anderem Wege erlangen kann. Der Verzicht auf das Kaduzierungsverfahren kommt ferner auch im Interesse der Vormänner nicht in Betracht, weil diese für ihre Leistung die Mitgliedschaft in der Gesellschaft erlangen sollen (§ 65 Abs. 1 S. 4 AktG).[13] Vergleicht sich die Gesellschaft aber über den Einlageanspruch, so verbleibt die Mitgliedschaft beim ursprünglichen Einlageschuldner. Eine Inanspruchnahme der Vormänner ist dann ausgeschlossen, diese dürfen überhaupt erst nach einer Kaduzierung in Anspruch genommen werden.[14] Die Gesellschaft muss daher grundsätzlich den Weg über § 64 AktG gehen und kann erst ganz am Ende einen Vergleich mit dem kaduzierten Aktionär über den fortbestehenden Anspruch auf Leistung der rückständigen Einlage (§ 64 Abs. 4 S. 2 AktG) schließen.

Allenfalls wenn der Einlageschuldner im Rahmen des Vergleichs bereit ist, die Mitgliedschaft in der Gesellschaft abzugeben, kann ein sofortiger Vergleich in Betracht kommen. Das Kaduzierungsverfahren ist dann aber immer noch nachgelagert durchzuführen. Ein Regress des Vormanns beim kaduzierten Aktionär kann freilich durch den Vergleich zwischen Gesellschaft und kaduzierten Aktionär nicht beschränkt werden, weil die

---

12 GroßkommAktG[4]/*Gehrlein* § 66 Rn. 22; KölnKommAktG[3]/*Drygala* § 66 Rn. 14; MünchKommAktG[4]/*Bayer* § 66 Rn. 30; aA *Cahn*, Vergleichsverbote, S. 17 f., 118 ff.

13 *Hüffer/Koch* § 65 Rn. 6; MünchKommAktG[4]/*Bayer* § 65 Rn. 51.

14 BGH AG 2002, 618, 619; *Hüffer/Koch* § 65 Rn. 3.

Gesellschaft über die Vereinbarungen im Innenverhältnis[15] zwischen Vormann und Nachmann nicht disponieren kann.[16]

Abweichend von der herrschenden Meinung kommt ausnahmsweise ein Vergleich unmittelbar über den Einlageanspruch ohne Kaduzierungsverfahren in Betracht, wenn hierdurch offensichtlich kein zusätzlicher Mittelzufluss generiert werden kann. Denkbar ist dies, wenn Vormänner nicht existieren und die Gesellschaft selbst ebenso insolvent ist, weil ein Verkauf der Aktie an Dritte wegen insolvenzbedingter Wertlosigkeit scheitern wird. Anstatt den aussichtslosen Weg über das Kaduzierungsverfahren zu gehen, kann es dann im Interesse der Gesellschaft sein, unmittelbar einen Vergleich zu schließen.

Im Ergebnis kommt ein Vergleich wegen Zahlungsunfähigkeit des Aktionärs über den originären Einlageanspruch nur bei Doppelinsolvenz von Gesellschaft und Aktionär in Betracht, wenn kein Vormann vorhanden ist. Im Übrigen ist immer auch über das Kaduzierungsverfahren vorzugehen und gegebenenfalls ein Vergleich über den Anspruch aus § 64 Abs. 4 S. 2 AktG abzuschließen.

b) Streit über Bestehen der Einlagepflicht

Auch wenn der Aktionär das Bestehen des Einlageanspruchs grundsätzlich, beispielsweise die Wirksamkeit der Übernahme seiner Aktien, bestreitet, muss die Gesellschaft den Weg über das Kaduzierungsverfahren gehen. Denn in diesem Falle muss auch geklärt werden, ob der Einlageschuldner überhaupt Aktionär ist. Hat er kein Interesse daran, Aktionär zu sein, und kann die Beteiligung anderweitig veräußert werden, so ist allen Interessen gedient. Nur wenn die Veräußerung zum vollen Wert wiederum scheitert, kann und muss die Gesellschaft den Anspruch aus § 64 Abs. 4 S. 2 AktG geltend machen. Hierüber kann sie sich dann gegebenenfalls vergleichen.

Die Lage unterscheidet sich also nicht grundlegend von dem Fall, dass der Aktionär schlicht zahlungsunfähig ist.[17]

---

15 Es gibt keinen aktienrechtlichen Regressanspruch, vgl. MünchKommAktG[4]/*Bayer* § 65 Rn. 63 ff.; GroßkommAktG[4]/*Gehrlein* § 65 Rn. 49; Schmidt/Lutter/*Fleischer* § 65 Rn. 21.

16 Vgl. *Cahn*, Vergleichsverbote, S. 84 ff.

17 Vgl. § 6 B. II. 1. a) (S. 131).

c) Streit über ordnungsgemäße Erfüllung

Damit verbleibt noch der Fall, dass die ordnungsgemäße Erfüllung des Einlageanspruchs streitig ist. Bei der Erfüllung von Geldforderungen durch Bezahlung dürfte Streit über eine ordnungsgemäße Erfüllung kaum von Bedeutung sein. Ist aber eine Sacheinlage geschuldet bzw. nimmt die Gesellschaft eine Sache an Erfüllungs statt auf die Einlage an, so kann die Werthaltigkeit und die Freiheit von Sach- und Rechtsmängeln in Streit stehen.

Das Kaduzierungsverfahren hilft in diesem Falle deswegen nicht weiter, weil der Aktionär auf Grund seiner angeblichen ordnungsgemäßen Leistung den Verlust seiner Aktionärsrechte nicht klaglos hinnehmen würde. Im Regelfall dreht sich der Streit dann aber nicht um den Einlageanspruch als solchen, sondern um die Frage einer Differenzhaftung (§ 9 Abs. 1 GmbHG analog[18]) oder einer Kaufmängelhaftung (§ 365 BGB).

d) Ergebnis

Auch wenn also ein Vergleich über den originären Einlageanspruch grundsätzlich möglich ist, kommt wegen der Kaduzierungsmöglichkeit nur selten ein Fall in Betracht, bei dem ein Vergleich tatsächlich ein angemessenes Instrument für die Gesellschaft wäre. Vielmehr wird es zumeist um sekundäre Ansprüche gehen, insbesondere Ansprüche aus § 64 Abs. 4 S. 2 AktG und Differenzhaftungsansprüche.

2. *Bewertung der sonstigen Ansprüche*

Für alle anderen Ansprüche als den originären Einlageanspruch sieht das Gesetz keine Sicherheit oder subsidiäre Mithaftung weiterer Personen vor. Insbesondere auch für den Anspruch auf Rückgewähr verbotswidrig erhaltener Leistungen nach § 62 Abs. 1 S. 1 AktG gibt es keine Gesellschafterhaftung entsprechend § 31 Abs. 3 GmbHG. Lediglich eine Haftung des Vorstands nach § 93 Abs. 3 Nr. 1 AktG bei unzulässiger Einlagenrückgewähr besteht. Diese hindert aber nicht einen angemessenen Vergleich mit dem Rückgewährschuldner, weil der Rückgriff insoweit offen bleibt.

Ob ein Vergleich angemessen ist, muss daher für diese Ansprüche ebenso bewertet werden, wie dies für allgemeine Ansprüche gilt.[19]

---

18 Vgl. BGHZ 191, 364 Tz. 16.

19 Dazu schon § 4 B. II. (S. 107).

3. *Ergebnis*

Ein Vergleich, der angemessen ist, verstößt nicht gegen § 66 Abs. 1 S. 1 AktG, ein unangemessener Vergleich über Einlage- oder Rückgewähransprüche hingegen verstößt gegen § 66 Abs. 1 S. 1 AktG und ist unwirksam. Bei der Feststellung, ob ein Vergleich nach allen Umständen des Einzelfalls angemessen ist, muss insbesondere die Möglichkeit des Kaduzierungsverfahrens gebührend berücksichtigt werden.

III. Verstoß gegen §§ 36 Abs. 2, 36a Abs. 1 AktG

Gemäß §§ 36 Abs. 2, 36a Abs. 1 AktG ist vor Eintragung der Gesellschaft bzw. einer Kapitalerhöhung (§ 188 Abs. 2 AktG) eine Mindesteinlage einzufordern und entsprechend § 54 Abs. 3 AktG zu leisten. Ein Vergleich könnte daher gegen diese Vorschriften verstoßen, wenn er dazu führt, dass die erforderliche Einlage nicht erbracht wird.

Bei genauer Betrachtung handelt es sich aber um ein Scheinproblem. Auch auf die vor Eintragung einzufordernde Einlage findet das Kaduzierungsverfahren Anwendung.[20] Daher ist grundsätzlich erst das Kaduzierungsverfahren durchzuführen.[21] Kann nach einer Kaduzierung und einem angemessenen[22] Vergleich nicht einmal die Mindesteinlage/vor Eintragung einzufordernde Einlage aufgebracht werden, so ist die Gründung bzw. Kapitalerhöhung einfach gescheitert.

IV. Relative Unwirksamkeit nach § 62 Abs. 2 AktG

Besteht ein Rückgewähranspruch der Gesellschaft, so können Gläubiger der Gesellschaft diesen Anspruch geltend machen, § 62 Abs. 2 S. 1 AktG. Fraglich ist aber, ob entsprechend der Rechtslage bei Ersatzansprüchen[23] Dispositionen der Gesellschaft ihnen gegenüber ebenfalls unwirksam sind.

---

20 MünchKommAktG⁴/*Bayer* § 65 Rn. 10; KölnKommAktG³/*Drygala* § 64 Rn. 14; GroßkommAktG⁴/*Gehrlein* § 64 Rn. 9.

21 Vgl. § 6 B. II. 1. (S. 130).

22 Bei einem unangemessenen Vergleich liegt bereits ein Verstoß gegen § 66 Abs. 1 S. 1 AktG („Befreiung“ von der Einlagepflicht) und eine damit verbundene Nichtigkeit des Vergleichs vor, vgl. § 6 B. II. (S. 129).

23 Vgl. § 5 B. (S. 126) und § 2 B. (S. 88).

Dies wiederum hängt davon ab, wie man § 62 Abs. 2 S. 1 AktG dogmatisch einordnet.[24]

Betrachtet man § 62 Abs. 2 S. 1 AktG als eigenständigen Anspruch der Gläubiger, Leistung an sich zu fordern, so wird man konsequenterweise entsprechend der Rechtslage zu § 93 Abs. 5 S. 1 AktG auch von einer Unwirksamkeit von Verfügungen der Aktiengesellschaft auszugehen haben.[25]

Versteht man § 62 Abs. 2 S. 1 AktG hingegen mit der herrschenden Meinung[26] lediglich als das Recht, einen Anspruch der Aktiengesellschaft geltend zu machen, so muss sich der Gläubiger konsequenterweise auch Einwendungen des Aktionärs gegenüber der Aktiengesellschaft entgegenhalten lassen.[27] Ein wirksamer (weil angemessener) Vergleich über den Rückgewähranspruch führt dann auch zum Untergang des Gläubigerrechts aus § 62 Abs. 2 S. 1 AktG. Ob man dann letztlich von einer Empfangszuständigkeit der Gläubiger[28] oder der Gesellschaft[29] ausgeht, ist hier unerheblich.

1. *Entstehungsgeschichte*

Die heutige Fassung des § 62 Abs. 2 S. 1 AktG ist erst mit dem AktG 1965 auf Vorschlag des Rechtsausschusses entstanden.[30] Die vorherige Fassung hingegen ging noch auf Art. 197 Abs. 3 ADHGB 1861 zurück, wurde in Art. 198 ADHGB in der Fassung der Aktienrechtsnovelle 1884, dann in § 217 Abs. 1 HGB 1897 und schließlich in § 56 Abs. 1 AktG 1937 übernommen.

Während nach § 56 Abs. 1 AktG 1937 noch ausschließlich ein Forderungsrecht der Gläubiger ähnlich der Kommanditistenhaftung vorgesehen

---

24 Zur Einordnung von § 93 Abs. 5 S. 3 AktG vgl. bereits § 2 B. II. (S. 94).

25 So *Cahn*, Vergleichsverbote, S. 42 ff.; Spindler/Stilz/*ders.* § 62 Rn. 31 ff.; Grigoleit/*Grigoleit/Rachlitz* § 62 Rn. 7.

26 MünchKommAktG[4]/*Bayer* § 62 Rn. 85; *Hüffer/Koch* § 62 Rn. 15; GroßkommAktG[4]/*Henze* § 62 Rn. 100; KölnKommAktG[3]/*Drygala* § 62 Rn. 101.

27 Vgl. MünchKommAktG[4]/*Bayer* § 62 Rn. 99; *Hüffer/Koch* § 62 Rn. 17.

28 BGHZ 69, 274, 284; *Godin/Wilhelmi* § 62 Anm. 3; GroßkommAktG[3]/*Barz* § 62 Anm. 8, 10; Spindler/Stilz/*Cahn* § 62 Rn. 31 ff.; Grigoleit/*Grigoleit/Rachlitz* § 62 Rn. 7.

29 MünchKommAktG[4]/*Bayer* § 62 Rn. 88 ff.; *Hüffer/Koch* § 62 Rn. 16; GroßkommAktG[4]/*Henze* § 62 Rn. 108 ff.; KölnKommAktG[3]/*Drygala* § 62 Rn. 109.

30 Vgl. bei *Kropff*, AktG, S. 82 f.

war, hat die Neufassung des § 62 Abs. 2 S. 1 AktG einen Anspruch der Gesellschaft festgelegt und die Möglichkeit der Geltendmachung durch die Gläubiger geregelt.

Hinsichtlich des Rechts der Gläubiger, den Anspruch geltend zu machen, heißt es im Ausschussbericht zu § 62 AktG 1965 nur, die Regelung sei § 93 Abs. 5 S. 1 und 4 AktG nachgebildet.[31]

Aus der Entstehungsgeschichte wurde daher gefolgert, dass § 62 Abs. 2 S. 1 AktG ein eigenständiges Verfolgungsrecht sei und konsequenterweise dann auch eine relative Unwirksamkeit des Verzichts den Gläubigern gegenüber begründe.[32]

Überraschend ist aber, dass im Ausschussbericht nur auf § 93 Abs. 5 S. 1 und S. 4 AktG verwiesen wird, nicht aber auf § 93 Abs. 5 S. 3 AktG, welcher die relative Unwirksamkeit von Vergleich und Verzicht gegenüber Gläubigern anordnet. Hinsichtlich des Verzichts kann man wegen § 66 Abs. 1 S. 1 AktG über den fehlenden Verweis hinwegsehen, nicht aber hinsichtlich des angemessenen Vergleichs. Man könnte diese Stelle daher auch so interpretieren, dass der Ausschuss eine relative Unwirksamkeit von Vergleich und Verzicht nicht wollte. Aus der Begründung zum Regierungsentwurf des § 117 Abs. 5 AktG 1965 ergibt sich ferner, dass man für § 93 Abs. 5 S. 1 davon ausging, der Gläubiger habe „keinen eigenen Ersatzanspruch", sondern mache „nur den Ersatzanspruch der Gesellschaft geltend".[33] Dies vermag zwar das Verständnis von § 93 Abs. 5 S. 1 AktG als eigenständigem Anspruch nicht zu erschüttern.[34] Es zeigt aber, dass der Gesetzgeber 1965 die dogmatische Einordnung des Gläubigerverfolgungsrechts nicht klar geregelt hat.

Dies spricht tendenziell eher gegen ein Verständnis dahingehend, dass der Gesetzgeber 1965 ein eigenständiges Recht mit relativer Unwirksamkeit von Verzicht und Vergleich schaffen wollte.

Letzten Endes muss man die Frage, ob die Entstehungsgeschichte zu § 62 Abs. 2 S. 1 AktG ein bestimmtes Auslegungsergebnis erzwingt, daher

---

31 Abgedruckt bei *Kropff*, AktG, S. 83.
32 *Cahn*, Vergleichsverbote, S. 41 ff.; ferner Grigoleit/*Grigoleit/Rachlitz* § 62 Rn. 7.
33 Vgl. bei *Kropff*, AktG, S. 163.
34 Siehe § 2 B. I. (S. 88).

ablehnen. Es lässt sich weder das eine noch das andere Ergebnis eindeutig aus den Materialien ableiten.[35]

2. *Systematische Erwägungen*

In systematischer Hinsicht ist interessant, dass der Gesetzgeber für den Verlustausgleichsanspruch im Vertragskonzern (§ 302 Abs. 1 AktG) eine Hauptversammlungszuständigkeit bei Verzicht und Vergleich vorgesehen hat (§ 302 Abs. 3 AktG), nicht aber ein Gläubigerverfolgungsrecht. Für Gesellschaftsgläubiger, welche im Zeitpunkt der Beendigung des Unternehmensvertrages nach § 291 Abs. 1 AktG bereits Ansprüche hatten, reicht § 303 AktG als Sicherung aus. Der Anspruch aus § 302 Abs. 1 AktG ist aber auch haftendes Vermögen, das den Neugläubigern nicht einfach entzogen werden darf.[36]

§ 302 Abs. 1 AktG steht funktional aber den Einlage- und Rückgewähransprüchen nahe.[37] Der Gesetzgeber hat in einer Gesamtschau für den Einlageanspruch weder eine Zuständigkeit der Aktionäre noch ein direktes Klagerecht der Gläubiger, für den Rückgewähranspruch nur ein Klagerecht der Gläubiger, für den Anspruch auf Verlustausgleich nur eine Zuständigkeit der außenstehenden Aktionäre vorgesehen. Ein systematisches Gesamtkonzept fehlt.

Fehlt aber ein Gesamtkonzept, so können einzelne Ausnahmeregelungen nicht extensiv ausgelegt werden. Eine enge Auslegung des § 62 Abs. 2 S. 1 AktG bedeutet aber, dass man den Gläubigern kein eigenständiges Recht mit relativer Unwirksamkeit zugesteht, sondern nur ein einfaches Klagerecht in Form einer Prozessstandschaft.

---

35 Dass die Änderung des § 62 AktG nicht bereits in letzter Konsequenz vom Ausschuss durchdacht wurde, zeigt der erst jüngst auch höchstrichterlich entschiedene Streit darüber, ob ein Verstoß gegen § 57 Abs. 1 S. 1 AktG zur Unwirksamkeit der Verfügung, oder nur zum Anspruch aus § 62 Abs. 1 S. 1 AktG führt, vgl. eingehend § 1 B. III. (S. 40) mit Nachw.

36 Vgl. zum Verzicht nach Beendigung des Unternehmensvertrages § 3 C. (S. 99).

37 Vgl. MünchKommAktG[4]/*Altmeppen* § 302 Rn. 9 ff. mwN.

3. *Teleologische Erwägungen*

Schließlich muss man erwägen, welchen Zweck das Gläubigerrecht nach § 62 Abs. 2 S. 1 AktG überhaupt erfüllen soll.

Der Gesetzgeber hat sich nach § 62 Abs. 1 S. 1 AktG von einem Anspruch der Gläubiger abgewandt und einen Anspruch der Gesellschaft statuiert.[38] Die Verantwortung für die Durchsetzung dieses Anspruchs liegt beim Vorstand.[39] Diese Pflicht besteht auch im eigenen Interesse, weil nur hierdurch die eigene Mithaftung nach § 93 Abs. 3 Nr. 1 AktG für den Verstoß gegen die Kapitalerhaltung beendet wird. Bei Verstößen gegen die Durchsetzungspflicht haftet er gegebenenfalls den Gläubigern direkt mit seinem Privatvermögen für den vorangegangenen Verstoß gegen die Kapitalerhaltung (§ 93 Abs. 5 S. 1 AktG). Weil es sich um einen eigenen Anspruch der Gläubiger handelt, kann selbst die Hauptversammlung nicht darüber disponieren.[40] Die unverzichtbare Haftung des Vorstands gegenüber den Gläubigern ist somit ein Druckmittel, den Vorstand zu rechtmäßigem Handeln zu zwingen, insbesondere auch zur Durchsetzung des Rückgewähranspruchs.

Der Vorstand kann aber, selbst wenn er die Hauptversammlung beteiligt, nicht frei über den Rückgewähranspruch disponieren (§ 66 Abs. 2 AktG).[41] Der Zweck eines eigenen Anspruchs der Gläubiger nach § 62 Abs. 2 S. 1 AktG mit entsprechendem relativen Verfügungsverbot wäre dann aber ausschließlich darauf beschränkt, angemessene Geschäfte (Vergleiche) des Vorstands zu verhindern, zu denen er auch durch das Gläubigerverfolgungsrecht nach § 93 Abs. 5 AktG gerade angehalten werden soll. Ferner besteht keine Notwendigkeit, auf den Rückgewährschuldner Druck auszuüben, soweit dieser nicht unzulässigen Einfluss auf den Vorstand nimmt. Verhindert der Rückgewährschuldner aber die Durchsetzung des Anspruchs gegen ihn, so gerät er auch den Gläubigern gegenüber in eine Haftung aus § 117 Abs. 5 und §§ 317 Abs. 1 und 4, 309 Abs. 4 S. 3 AktG. Insgesamt gibt es damit keinen sinnvollen Anwendungszweck für ein Gläubigerverfolgungsrecht entsprechend der Regelung zu den Ersatzansprüchen.

---

38 Vgl. schon § 6 IV. 1. (S. 135) zur Entstehungsgeschichte.
39 *Hüffer/Koch* § 62 Rn. 15.
40 Vgl. § 2 B. (S. 88).
41 Vgl. schon § 3 A. (S. 96) und § 6 B. II. (S. 129).

Daher spricht mehr dafür, nicht von einem eigenen, unmittelbaren Anspruch der Gläubiger gegen den Rückgewährschuldner auszugehen, sondern lediglich von einer Form der Prozessstandschaft. Dann folgt aber automatisch, dass auch keine relative Unwirksamkeit eines Vergleichs besteht, der Rückgewährschuldner vielmehr alle Einwendungen gegenüber der Gesellschaft auch gegenüber den Gläubigern geltend machen kann.[42]

4. *Ergebnis*

Im Ergebnis bedeutet dies, dass § 62 Abs. 2 S. 1 AktG nicht dahingehend auszulegen ist, dass den Gläubigern ein eigener Anspruch zugestanden werden soll und dementsprechend Verfügungen der Gesellschaft, einschließlich angemessener Vergleiche, den Gläubigern gegenüber unwirksam sind. Der angemessene Vergleich über den Rückgewähranspruch ist damit auch bei Zahlungsunfähigkeit der Gesellschaft den Gläubigern gegenüber wirksam.

C. Analoge Anwendung von Vorschriften

I. Zustimmung der Hauptversammlung analog § 93 Abs. 4 S. 3 AktG

Mangels einer besonderen Regelung gilt an sich auch für Vergleiche über Einlage- und Rückgewähransprüche die allgemeine Zuständigkeitsverteilung in der AG. Danach entscheidet der Vorstand auch über Vergleiche mit Aktionären (§ 76 Abs. 1 AktG). Strittig ist aber, ob für Vergleiche über Einlage- und Rückgewähransprüche eine Zustimmung der Hauptversammlung in Analogie zu §§ 50, 93 Abs. 4 S. 3, 116, 117 Abs. 4 AktG erforderlich ist.[43]

Befürwortet wird dies einerseits mit dem Argument, die Hauptversammlung sei generell für das Nennkapital und deswegen auch für Vergleiche über Einlage- und Rückgewähransprüche zuständig.[44] Ferner wird darauf verwiesen, dass auch bei Vergleichen über Einlage- und Rückgewähransprüchen die Gefahr einer (gegenseitigen) Verschonung von Vorstand und Aktionären bestehe.[45]

---

42 Vgl. MünchKommAktG⁴/*Bayer* § 62 Rn. 99; *Hüffer/Koch* § 62 Rn. 17.
43 Vgl. Nachw. in Fn. 3.
44 So *Priester* AG 2012, 525, 527.
45 *Cahn* Vergleichsverbote, S. 30; Spindler/Stilz/*ders.* § 66 Rn. 16.

Die Gegenansicht sieht dagegen keine Notwendigkeit für eine Zustimmung der Hauptversammlung, weil die Gefahr einer kollegialen Verschonung einzelner Vorstandsmitglieder und die wechselseitige Befreiung von Haftungsansprüchen hier nicht drohe.[46]

Stellungnahme: Eine analoge Erstreckung des Zustimmungserfordernisses nach §§ 50, 93 Abs. 4 S. 2, 116, 117 Abs. 4 AktG ist abzulehnen.

Die Notwendigkeit einer Analogie lässt sich nicht damit begründen, die Hauptversammlung sei generell für das Nennkapital zuständig. Denn durch einen Vergleich über Einlage- und Rückgewähransprüche wird das Nennkapital als bloß formale Ziffer nicht angetastet. Vielmehr gehen negative Auswirkungen des Vergleichs in die Gewinn- und Verlustrechnung ein, weil es sich um einen materiellen Vermögensverlust handelt. Auch ein Vergleich mit dem GmbH-Recht, wo entsprechend § 46 Nr. 2 GmbHG die Gesellschafterversammlung zustimmen muss,[47] ist in Anbetracht der dortigen Verteilung der Geschäftsführungsbefugnisse unangebracht.[48]

Umgekehrt lässt sich die Ablehnung einer Analogie aber auch nicht alleine damit begründen, dass bei § 93 Abs. 4 S. 3 AktG, anders als beim Einlageanspruch, die Gefahr einer wechselseitigen Verschonung droht.[49] Denn ein solches Risiko besteht auch gegenüber (herrschenden) Aktionären und §§ 50 und 117 Abs. 4 AktG zeigen, dass der Gesetzgeber auch an anderen Stellen eine Zustimmungspflicht bei Vergleichen mit Aktionären will.[50] Das Risiko einer unrechtmäßigen Schonung ist aber bei Streit über Ersatzansprüche nicht anders als bei Einlageansprüchen. Es handelt sich vielmehr um ein Grundproblem des Gesellschaftsrechts. Ein Fehlverhalten der Organwalter wird durch deren Haftung aufgefangen, sofern nicht sowieso bereits eine Unwirksamkeit wegen eines evidenten Missbrauchs der Vertretungsmacht oder eines Verstoßes gegen die Kapitalerhaltung besteht. Dass die Zuständigkeit der Hauptversammlung bei § 93 Abs. 4 S. 3 AktG von der herrschenden Meinung mit der Gefahr einer zu großen Rücksichtnahme

---

46 BGHZ 191, 364 Tz. 25; s. ferner *Hüffer/Koch* § 66 Rn. 4; Schmidt/Lutter/*Fleischer* § 66 Rn. 5a; *ders.* AG 2015, 133, 142; *Verse* ZGR 2012, 875, 888.
47 *Cahn,* Vergleichsverbote, S. 90 f.
48 Vgl. *Priester* AG 2012, 525, 527.
49 BGHZ 191, 364 Tz. 25.
50 Insoweit zutreffend *Priester* AG 2012, 525, 528.

unter den Mitgliedern von Vorstand und Aufsichtsrat gerechtfertigt wird,[51] ist bereits ein Fehlverständnis.[52]

Die Analogie ist aber abzulehnen, weil keine Regelungslücke besteht und die für die Analogie vorgeschlagenen Vorschriften unpassend sind. Eine Lücke besteht deswegen nicht, weil mit § 76 Abs. 1 AktG die Zuständigkeit in der AG umfassend geregelt ist und die §§ 50, 93 Abs. 4 S. 2, 116, 117 Abs. 4 AktG bereits eine (eng auszulegende) Ausnahme zu dieser Grundregel sind.

Die Zuständigkeit der Hauptversammlung bei Ersatzansprüchen ergibt sich daraus, dass die Ersatzansprüche eine Sonderfunktion im Aktienrecht spielen. Nur durch ihre Geltendmachung (§§ 147, 148 AktG, ggf. § 309 Abs. 4 S. 1 AktG) können die Aktionäre das Handeln der Organe sanktionieren. Auf andere Ansprüche besteht kein Zugriff. Dann darf aber die Disposition über diese Ansprüche nicht ausschließlich in der Hand der Verwaltung liegen.[53] Bei den Einlageansprüchen stellt sich die Situation hingegen anders dar: zuständig ist ausschließlich der Vorstand (§ 63 Abs. 1 S. 1 AktG). Dann ist dieser aber auch ausschließlich für Vergleiche hierüber zuständig.

Insgesamt ist daher der herrschenden Sichtweise beizutreten, die eine analoge Anwendung der Hauptversammlungszuständigkeit nach §§ 50, 93 Abs. 4 S. 2, 116, 117 Abs. 4 AktG ablehnt. Zu folgern ist dies aber nicht aus der fehlenden Gefahr einer Interessenkollision, sondern aus der unterschiedlichen Funktion von Ersatzansprüchen einerseits und Einlageansprüchen andererseits.[54] Es verbleibt also bei der alleinigen Zuständigkeit des Vorstands.

---

51 Vgl. BGH NZG 2014, 1058 Tz. 20; KölnerKommAktG[3]/*Mertens/Cahn* § 93 Rn. 161; GroßkommAktG[5]/*Hopt/Roth* § 93 Rn. 505; Spindler/Stilz/*Fleischer* § 93 Rn. 278; *ders.* AG 2015, 133, 135; MüKoAktG[4]/*Spindler* § 93 Rn. 252.

52 Siehe schon § 5 A. I. 2. (S. 120).

53 Vgl. § 5 A. I. 2. b) (S. 121).

54 Der Hinweis von *Cahn*, Vergleichsverbote, S. 29 und *Priester* AG 2012, 525, 528, dass bei § 302 AktG auch eine Zuständigkeit der Hauptversammlung bestehe, es sich hierbei aber um einen Anspruch mit Nähe zu den Einlageansprüchen handele, ist zwar zutreffend. Es wird aber verkannt, dass es sich hierbei um eine Fehlleistung des Gesetzgebers handelt, die nicht auch noch ausgebaut werden sollte. Dazu schon § 3 C. (S. 99) und sogleich § 7 (S. 143); vgl. ferner schon § 6 B. IV. 2. (S. 137).

II. Relative Unwirksamkeit analog § 62 Abs. 2 AktG

Ferner wird teilweise eine analoge Anwendung des § 62 Abs. 2 S. 1 AktG auf Einlageansprüche befürwortet und eine relative Unwirksamkeit von Vergleichen angenommen.[55] Die herrschende Ansicht lehnt die Analogie aber mangels Vergleichbarkeit ab.[56]

Stellungnahme: Eine Analogie kommt von vorneherein nicht in Betracht. Wenn dann müsste man § 62 Abs. 2 S. 1 AktG als eigenständigen Anspruch auffassen, der automatisch zu einer Unwirksamkeit von Dispositionen gegenüber den Gläubigern führt.[57] Dieses Recht aus § 62 Abs. 2 S. 1 AktG könnte man dann auch als Grundlage für eine Analogie hinsichtlich der Einlageansprüche anwenden.

Eine Analogie ist aber abzulehnen, weil Ersatzansprüche und kapitalerhaltungsrechtliche Ansprüche funktional verschieden sind. Versteht man § 62 Abs. 2 S. 1 AktG bereits nicht als eigenständigen Anspruch,[58] so ist einer Analogie jegliche Grundlage entzogen.

Zusammenfassung zu § 6

Dem BGH und der sich anschließenden Meinung in der Literatur ist damit grundsätzlich zuzustimmen. Der Vergleich über Einlage- und Rückgewähransprüche ist zulässig, wenn er insgesamt angemessen ist. Für den Einlageanspruch bedeutet dies aber im Regelfall den Vorrang des Kaduzierungsverfahrens. Weder ist eine Zustimmung der Hauptversammlung erforderlich, noch besteht eine relative Unwirksamkeit nach § 62 Abs. 2 AktG oder § 93 Abs. 5 S. 3 AktG analog. Ein unangemessener Vergleich verstößt hingegen gegen § 66 Abs. 1 S. 1 (ggf. mit Abs. 2) AktG und ist unwirksam.

---

55 Spindler/Stilz/*Cahn* § 66 Rn. 16; *ders.*, Vergleichsverbote, S. 55 ff.

56 BGHZ 191, 364 Tz. 28; dem zustimmend *Hüffer/Koch* § 66 Rn. 4; Schmidt/Lutter/*Fleischer* § 66 Rn. 5a; *ders.* AG 2015, 133, 142 f.; *Verse* ZGR 2012, 875, 890.

57 Insoweit zumindest konsequent *Cahn,* Vergleichsverbote, S. 55 ff.

58 Vgl. § 6 B. IV. (S. 134).

§ 7 Vergleich über Verlustausgleichsansprüche

Ausgangssituation: Eine vertraglich konzernierte AG hat im vorangegangenen Geschäftsjahr Verluste erwirtschaftet. Über den dadurch entstandenen Verlustausgleichsanspruch möchte sie sich (1) während der Laufzeit des Unternehmensvertrages bzw. (2) nach Beendigung des Unternehmensvertrages vergleichen.

A. Überblick

Möchte sich die vertraglich konzernierte Gesellschaft mit der herrschenden Gesellschaft über einen Verlustausgleichsanspruch nach § 302 Abs. 1 AktG vergleichen, so lässt § 302 Abs. 3 AktG den Vergleichsabschluss ähnlich der Vorgaben in § 93 Abs. 4 S. 3/§ 309 Abs. 3 S. 1 AktG erst nach Ablauf einer Sperrfrist von drei Jahren ab Eintragung der Beendigung des Unternehmensvertrags in das Handelsregister und nur unter Zustimmung der außenstehenden Aktionäre zu, wobei keine Minderheit mit dem zehnten Teil des abstimmenden Grundkapitals widersprechen darf. Dies stellt eine von der allgemeinen Rechtslage abweichende Sonderregelung dar, welche zu rechtfertigen ist.

B. Bewertung

Zu unterscheiden ist wie schon für den Fall des Verzichts auf den Verlustausgleichsanspruch[1] zwischen dem Zeitpunkt vor und nach Beendigung des Unternehmensvertrages.

I. Vergleich im bestehenden Vertragskonzern

Besteht zwischen den beiden Vertragsparteien während eines laufenden Vertragsverhältnisses Streit über die Höhe einer Verlustausgleichspflicht, so kommt ein Vergleich nach § 302 Abs. 3 S. 1 AktG nicht in Betracht, weil ein solcher erst nach Ablauf des Vertrages und unter Zustimmung der außenstehenden Aktionäre zulässig ist.

---

1 Vgl. § 3 C. (S. 99), insbes. auch mit Überblick zum Meinungsstand hinsichtlich Sinn und Zweck der Norm.

Dabei verkennt die Vorschrift, dass während eines laufenden Vertrages im Sinne des § 291 AktG wirtschaftlich betrachtet auch die Wirkungen eines Teilerlasses im Rahmen eines Vergleichs am Ende wiederum das herrschende Unternehmen treffen werden, weil am Bilanzjahresende eine Übernahme des wirtschaftlichen Ergebnisses erfolgt.[2] Selbst auf die Frage, ob ein Vergleich angemessen ist oder nicht, kommt es dann aber letztlich überhaupt nicht an. Es gibt also keinen Grund insoweit einen Vergleich für unzulässig zu erklären. Abgesehen davon kann im Beherrschungsvertrag das herrschende Unternehmen die Höhe des Verlustausgleichsanspruchs mittelbar durch Weisungen hinsichtlich der Ausübung von Bilanzwahlrechten und Wertansätzen sogar steuern.[3] Die Vergleichssperre und das Zustimmungserfordernis sind daher überflüssig.

Ist hingegen die Zahlungsfähigkeit des herrschenden Unternehmens zweifelhaft, so greift die Vergleichssperre einerseits nach § 302 Abs. 3 S. 2 AktG nicht ein. Andererseits entfällt damit aber auch die Basis für den Vertragskonzern.[4] Richtiger Ansicht nach darf der Leistungsaustausch nicht mehr vollzogen, Weisungen dürfen nicht mehr erteilt werden und die vertragliche Konzernierung als wirtschaftliche Fusion auf Zeit endet.[5] Dies bedeutet aber wiederum, dass es im laufenden Vertragskonzern auch keinen Vergleich wegen mangelnder Solvenz geben kann, weil mangelnde Solvenz gleichbedeutend mit dem Ende des Vertragskonzerns ist, weil dem Vertrag dadurch die Geschäftsgrundlage entzogen wird.

---

2 Vgl. bereits § 3 C. II. 1. (S. 100).

3 BGHZ 135, 374, 377 f.; MünchKommAktG[4]/*Altmeppen* § 308 Rn. 93 f.; KölnKommAktG[3]/*Koppensteiner* § 308 Rn. 33; GroßkommAktG[4]/*Hirte* § 308 Rn. 32; Emmerich/Habersack/*Emmerich* § 308 Rn. 40; *Hüffer/Koch* § 308 Rn. 12.

4 Vgl. MünchKommAktG[4]/*Altmeppen* § 297 Rn. 106: Grundlage des Vertrages ist, dass „das herrschende Unternehmen die wirtschaftliche Existenz der abhängigen Gesellschaft und die Befriedigung der Gläubiger garantiert."

5 Vgl. bereits § 1 D. III. 3. (S. 69) zu den Grenzen des Weisungsrechts; generell zur Beendigung des Vertragskonzerns bei Insolvenz des anderen Vertragsteils MünchKommAktG[4]/*Altmeppen* § 297 Rn. 102 ff.

II. *Vergleich nach Beendigung*

Es verbleibt damit noch der Fall, dass nach Beendigung des Unternehmensvertrages über die (letzte) Verlustausgleichszahlung ein Vergleich geschlossen werden soll.

1. *Unangemessener Vergleich*

Ist das (ehemals) herrschende Unternehmen weiterhin wenigstens mittelbar als Aktionär beteiligt, so kann sowieso nur ein angemessener Vergleich geschlossen werden, weil mit Beendigung des Vertrages die Kapitalerhaltung wieder gilt und der unangemessene Vergleich einen Verstoß gegen die Kapitalerhaltung (§ 57 Abs. 1 S. 1 AktG) darstellt.[6] Der Vergleichsschluss ist dann unabhängig von einer Sperrfrist oder einer Zustimmung der außenstehenden Aktionäre stets unwirksam.

Ist das ehemals herrschende Unternehmen aus der Gesellschaft gänzlich ausgeschieden und kein Adressat der Kapitalerhaltung (mehr), so hindert diese zwar nicht den Abschluss eines unangemessenen Vergleichs. In diesem Falle würde aber der Vorstand in eine Haftung geraten, sofern nicht sogar ein evidenter Missbrauch der Vertretungsmacht mit der Rechtsfolge der schwebenden Unwirksamkeit des Vergleichs vorliegen würde.[7] Den Ersatzanspruch gegen den Vorstand könnten die einzelnen Aktionäre dann ggf. nach §§ 147, 148 AktG durchsetzen.

Zur Verhinderung unangemessener Vergleiche ist die Sonderregelung in § 302 Abs. 3 AktG damit nicht erforderlich.

2. *Angemessener Vergleich*

Ist der Vergleich hingegen angemessen, so ist er im Interesse der Gesellschaft und folglich zugleich auch im Interesse der Gläubiger und der außenstehenden Aktionäre.

Dennoch ist ein Vergleichsschluss für 3 Jahre ausgeschlossen. Die Regelung basiert wie zu § 93 Abs. 4 S. 3 AktG auf der Prämisse des Gesetzgebers, dass noch nicht zu einem Zeitpunkt entschieden werden soll, zu dem sich ein abschließendes Bild noch nicht gewinnen lässt.[8] Diese Entscheidung

---

6 Vgl. § 4 B. (S. 105).

7 Vgl. § 4 D. (S. 113).

8 Vgl. Begr. RegE, abgedruckt bei *Kropff*, AktG, S. 123 mit S. 392.

des Gesetzgebers ist zwar *de lege lata* zu beachten,[9] letztlich aber noch schwieriger nachvollziehbar als bereits bei § 93 Abs. 4 S. 3 AktG, vor allem da auch angemessene Vergleiche über Einlage- und Rückgewähransprüche jederzeit möglich sind[10] und der Verlustausgleichsanspruch diesen funktional nahe steht.[11]

Auch die Notwendigkeit einer Zustimmung der außenstehenden Aktionäre lässt sich nicht schlüssig begründen: Der Vorstand handelt grundsätzlich eigenverantwortlich im Interesse der Gesellschaft (§ 76 Abs. 1 AktG). Er braucht die Aktionäre nicht einzubinden. Für Ersatzansprüche ergibt sich ein anderes nur, weil diese auch von Aktionären durchgesetzt werden können und es dem Vorstand bzw. Aufsichtsrat daher nicht möglich sein soll, an den Aktionären vorbei zu disponieren.[12] Der Anspruch aus § 302 Abs. 1 AktG kann aber nicht unmittelbar von den Aktionären durchgesetzt werden, sondern ist ausschließlich vom Vorstand geltend zu machen. Auch eine analoge Anwendung von § 309 Abs. 4 S. 1 AktG auf den Verlustausgleichsanspruch oder ein Rückgriff auf die allgemeine *actio pro socio* kommt nicht zur Begründung eines Klagerechts in Betracht.[13] Das AktG steht Aktionärsklagen grundsätzlich zurückhaltend gegenüber, insbesondere einem Rückgriff auf die allgemeine *actio pro socio*.[14] Der Verlustausgleichsanspruch steht funktional den Einlage- und Rückgewähransprüchen nahe, über welche der Vorstand nach herrschender und zutreffender Meinung[15] grundsätzlich auch ohne Beteiligung der Aktionäre disponieren darf und für die keine Klagerechte der Aktionäre vorgesehen sind. Damit gibt es aber keinen Anlass, ein Klagerecht für den Verlustausgleichsanspruch vorzusehen und im nächsten Schritt ist dann auch keine grundsätzliche Beteiligung der Aktionäre für Dispositionen zu fordern. Auf der anderen Seite ist die

9 Vgl. auch § 5 A. II. (S. 125).
10 Vgl. § 6 (S. 127).
11 Vgl. nur MünchKommAktG[4]/*Altmeppen* § 302 Rn. 9 f. mwN.
12 Vgl. § 5 A. I. (S. 119).
13 MHdB AG/*Krieger* § 71 Rn. 74; *Hüffer/Koch* § 302 Rn 18; MünchKommAktG[4]/*Altmeppen* § 302 Rn. 79 f.; Schmidt/Lutter/*Stephan* § 302 Rn. 58; Spindler/Stilz/*Veil* § 302 Rn. 26; aA Bürgers/Körber/*Schenk* § 302 Rn. 21; Emmerich/Habersack/*Emmerich* § 302 Rn. 44.
14 Vgl. MHdB AG/*Krieger* § 71 Rn. 74.
15 Vgl. § 6 C. I. (S. 139).

de lege lata bestehende Pflicht zur Beteiligung der außenstehenden Aktionäre aber auch nicht verfassungswidrig, weil zum einen die Privatautonomie der Gesellschaft nicht grundlegend beschränkt wird und zum anderen eine rein interne Zuständigkeitsregel keinen Verstoß gegen das Gleichheitsgebot darstellt.

Zusammenfassung zu § 7

Die Gleichstellung von Verlustausgleichansprüchen mit Ersatzansprüchen im Bereich von Vergleichen ist eine Fehlleistung des Gesetzgebers von 1965. Die dreijährige Sperrfrist ist zwar *de lege lata* ebenso zu beachten wie die Notwendigkeit der Einbindung der außenstehenden Aktionäre. *De lege ferenda* ist § 302 Abs. 3 AktG in der derzeitigen Form aber ersatzlos zu streichen.

3 Die Stundung

§ 8 Stundung von allgemeinen Ansprüchen

Ausgangssituation: Der Gesellschaft steht ein Zahlungsanspruch aus einem Kaufvertrag zu. Dieser Anspruch soll gestundet werden.

A. Stundung und pactum de non petendo

Durch die Stundung eines Anspruchs wird die Fälligkeit hinausgeschoben.[1] Die Stundungsvereinbarung selbst ist eine eigenständige schuldrechtliche Vereinbarung (Änderungsvertrag), sofern sie nicht bereits mit dem ursprünglichen Vertrag verbunden war.[2]

Ein Interesse an einer Stundung kann zum einen dann bestehen, wenn der Schuldner in Zahlungsschwierigkeiten ist und bei Geltendmachung der Forderung die Insolvenz drohen würde. Für den Gläubiger ist es unter Umständen wirtschaftlich sinnvoller, sich stattdessen entweder auf Ratenzahlung einzulassen, oder eine Besserung der wirtschaftlichen Situation des Schuldners abzuwarten. Zum anderen kann eine Stundung aber auch ein Instrument der Kreditgewährung sein. Anstatt beim Schuldner den Abfluss liquider Mittel aus der Erfüllung offener Forderungen über Bankdarlehen auszugleichen, kann die Forderung gestundet werden. Insbesondere wenn der Gläubiger auf die Mittel nicht angewiesen ist und seinerseits nur eine Geldanlage bei einem Kreditinstitut tätigen würde, kann die Stundung des Anspruchs im beiderseitigen Interesse sein.

Mit in den Kontext der Stundung gehört auch das Stillhalteabkommen (*pactum de non petendo*). Durch eine solche Vereinbarung wird zwar nicht die Fälligkeit als solche aufgeschoben.[3] Der Schuldner verzichtet aber

---

1 BeckOK BGB/*Lorenz* § 271 Rn. 13; MünchKommBGB[7]/*Krüger* § 271 Rn. 21; Soergel/*Forster* § 271 Rn. 12; Erman/*Artz* § 271 Rn. 11.

2 Soergel/*Forster* § 271 Rn. 17.

3 Soergel/*Forster* § 271 Rn. 15; MünchKommBGB[7]/*Krüger* § 271 Rn. 18.

einstweilen[4] auf die gerichtliche Geltendmachung und im Gegenzug tritt eine Verjährungshemmung nach § 205 BGB ein.[5] Im Übrigen hängen die Rechtsfolgen aber letztlich vom Parteiwillen ab. Gegen die dennoch erhobene Klage kann sich der Schuldner mit einer prozessualen bzw. materiellen Einrede wehren.[6] Eine Anerkennung der Forderung ist mit einem *pactum de non petendo* anders als im Falle einer Stundung regelmäßig nicht verbunden.[7] Ein *pactum de non petendo* kann befristet oder dauerhaft abgeschlossen werden.[8] Auch die Frage, ob der Verzugszins weiterläuft, hängt von den konkreten Vereinbarungen ab.[9]

Ein Stillhalteabkommen ist insbesondere dann von Interesse, wenn die Existenz der Forderung in Streit steht und entweder Verhandlungen geführt werden sollen oder ein weiteres Abwarten zur Klärung des Sachverhalts angezeigt ist.[10]

B. Verstoß gegen die Kapitalerhaltung

Möchte die AG eine Stundung oder ein Stillhalteabkommen mit einem Aktionär oder einer gleichgestellten Person bzgl. eines allgemeinen Anspruchs abschließen, so kann dies gegen die Kapitalerhaltung (§ 57 Abs. 1 AktG) verstoßen.

I. Grundsätzliche Zulässigkeit

Die Stundung ist wirtschaftlich mit der Gewährung eines Darlehens vergleichbar, sodass jeweils die gleichen Maßstäbe angewandt werden können.

---

4 Denkbar ist auch ein dauerhafter Verzicht der Geltendmachung, welcher dann wirtschaftlich einem Erlass entspricht (vgl. Soergel/*Schreiber* § 397 Rn. 10). Für diesen Fall müssen dann aber die Ausführungen im Kapitel 1 (S. 37 ff.) gelten.

5 Vgl. Soergel/*Forster* § 271 Rn. 15.

6 BGH NJW 1999, 1101, 1103; BGH NJW-RR 1989, 1048; MünchKommBGB[7]/*Krüger* § 271 Rn. 18.

7 MünchKommBGB[7]/*Grothe* § 205 Rn. 5.

8 Soergel/*Forster* § 271 Rn. 15.

9 Vgl. Soergel/*Forster* § 271 Rn. 15.

10 Vgl. MünchKommBGB[7]/*Grothe* § 205 Rn. 5.

Daher müssen die Wertungen des § 57 Abs. 1 S. 3 Alt. 2 AktG (analog) gelten.[11]

1. *Stundung als Darlehensersatz*

Im Grundsatz unproblematisch ist die Stundung, wenn der Anspruch der Gesellschaft weiterhin vollwertig im Sinne des § 57 Abs. 1 S. 3 Alt. 2 AktG ist und die Stundung daher wirtschaftlich wie die Verlängerung eines Darlehens wirkt.[12]

2. *Stundung bei zweifelhafter Solvenz*

Ist die Vollwertigkeit nicht mehr gesichert, weil der Schuldner eine zweifelhafte Bonität aufweist, so kommt eine (weitere) Stundung nicht in Betracht. Vielmehr muss die Gesellschaft im eigenen Interesse den Anspruch möglichst schnell durchsetzen.[13]

Hiervon ist aber eine Rückausnahme zu machen: Eine Stundung und ebenso die Prolongation eines Darlehens können ausnahmsweise auch bei zweifelhafter Solvenz bilanziell neutral sein. Ist die Forderung nämlich bereits nicht mehr vollwertig, so ist deswegen eine Rückstellung zu bilden bzw. die Forderung abzuschreiben.[14] Ist keine weitere Verschlechterung der Zahlungsfähigkeit des Schuldners zu erwarten, so ist das Risiko des Zahlungsausfalls bereits in der Bilanz eingepreist. Würde aber umgekehrt die Einforderung des Anspruchs eine Zahlungsunfähigkeit (und damit Insolvenz) erst auslösen, so würde sich hierdurch der Ausfall realisieren. Günstiger kann es dann sein, den Anspruch zu stunden und eine Besserung der wirtschaftlichen Verhältnisse des Schuldners abzuwarten. Nur wenn wegen des Hinausschiebens der Fälligkeit das Risiko eines Zahlungsausfalls noch größer wird, löst die Stundung eine höhere Rückstellungspflicht aus. In diesem Falle liegt dann ein Verstoß gegen die Kapitalbindung vor.[15]

---

11 Vgl. BGHZ 81, 311, 320; GroßkommAktG^{4}/*Henze* § 57 Rn. 50; MünchKommAktG^{4}/*Bayer* § 57 Rn. 172. Ferner Baumbach/Hueck/*Fastrich* § 30 Rn. 57.

12 Baumbach/Hueck/*Fastrich* § 30 Rn. 57; vgl. auch MünchKommAktG^{4}/*Bayer* § 57 Rn. 172.

13 Baumbach/Hueck/*Fastrich* § 30 Rn. 57; vgl. ferner Schmidt/Lutter/*Fleischer* § 57 Rn. 57; MünchKommAktG^{4}/*Bayer* § 57 Rn. 161.

14 Vgl. MünchKommGmbHG/*Ekkenga* § 30 Rn. 243.

15 GroßkommAktG^{4}/*Henze* § 57 Rn. 50.

Damit die Verschiebung der Fälligkeit aber bilanziell neutral ist, muss eine Besserung der wirtschaftlichen Verhältnisse des Schuldners absehbar sein.

Dagegen lässt sich auch nicht einwenden, § 57 Abs. 1 S. 3 Alt. 2 AktG verlange stets „Vollwertigkeit" des Anspruchs auch bei Prolongation von Darlehen und Stundung.[16] Zwar deckt der Wortlaut des § 57 Abs. 1 S. 3 Alt. 2 AktG nur Leistungen der Gesellschaft, wenn Vollwertigkeit des Gegenleistungs- oder Rückgewähranspruchs besteht. Bei einer Stundung/Prolongation liegt aber keine neue „Leistung" im Sinne einer Auszahlung vor,[17] für welche Vollwertigkeit bestehen müsste. Die Forderung ist vielmehr schon notleidend und es kann nur noch darum gehen „Vollwertigkeit" für den noch werthaltigen Teil der Forderung zu sichern. Die Privilegierung nach § 57 Abs. 1 S. 3 Alt. 1 AktG greift unter diesen Umständen nach dem Wortlaut zwar nicht ein. Zweck der Privilegierung kann es aber zum einen nicht sein, die Gesellschaft zu unter Umständen wirtschaftlich nachteiligem Handeln zu zwingen. Zum anderen hat der Gesetzgeber eine Rückkehr zur bilanziellen Betrachtungsweise angeordnet.[18] Bei bilanzieller Betrachtungsweise kann aber auch eine Stundung/Prolongation, wie soeben dargelegt, trotz fehlender Vollwertigkeit neutral sein.

Im Ergebnis heißt dies, dass bei zweifelhafter Solvenz des Schuldners im Regelfall keine Stundung erfolgen darf. Ausnahmsweise kann aber eine Stundung dennoch zulässig sein, wenn eine sofortige Geltendmachung des Anspruchs eine Insolvenz des Schuldners auslöst, umgekehrt aber ein Abwarten die Erfüllungsaussichten in absehbarer Zeit mit hoher Wahrscheinlichkeit verbessert.

---

16 So aber tendenziell Baumbach/Hueck/*Fastrich* § 30 Rn. 57. Wohl auch KölnKommAktG[3]/*Drygala* § 57 Rn. 115.

17 Bei einer neuen Auszahlung muss aber Vollwertigkeit bestehen, vgl. MünchKommAktG[4]/*Bayer* § 57 Rn. 163; Schmidt/Lutter/*Fleischer* § 57 Rn. 50; ferner Roth/Altmeppen/*Altmeppen* § 30 Rn. 113; Lutter/Hommelhoff/*Hommelhoff* § 30 Rn. 27; Baumbach/Hueck/*Fastrich* § 30 Rn. 55; Bork/Schäfer/*Thiessen* § 30 Rn. 77. aA Scholz/*Verse* § 30 Rn. 91; *Mülbert/Leuschner* NZG 2009, 281, 284; *Blasche/König* GmbHR 2009, 897, 901; *J. Flume* GmbHR 2011, 1258, 1264.

18 Vgl. BegrRegE MoMiG, BT-Drucks. 16/6140 S. 41.

3. *Pactum de non petendo*

Bei einem *pactum de non petendo* ist die Rechtslage nicht grundlegend anders: im Regelfall ist die zeitweise Nichtgeltendmachung der strittigen Forderung bilanziell neutral, es sei denn das Ausfallrisiko wird wegen der Vereinbarung vergrößert. Ist beispielsweise bei einer strittigen Forderung zu erwarten, dass sich die Beweislage über die Zeit verschlechtert, anstatt eine weitere Sachverhaltsklärung im Sinne der Gesellschaft zu bringen, so stellt der Abschluss eines *pactum de non petendo* einen Verstoß gegen die Kapitalerhaltung dar. Gleiches gilt, wenn zu erwarten ist, dass sich die Solvenz des Schuldners bei einem Abwarten verschlechtert.

4. *Folgen eines Verstoßes*

Liegt ein Verstoß gegen die Kapitalerhaltung deswegen vor, weil die Stundung insgesamt zu einer Verschlechterung der Erfüllungsaussichten führt, so muss die Stundungsvereinbarung als undurchführbar gewertet werden. Zwar ergibt sich eine Nichtigkeit der Stundungsabrede nicht bereits aus § 134 BGB, doch darf sich der Aktionär nicht auf die Stundungsabrede berufen.[19] Die Gesellschaft kann dann sofortige Erfüllung verlangen. Genauso können auch gegebenenfalls Gläubiger der Gesellschaft die Forderung pfänden, sich zur Einziehung überweisen lassen und dann sofort geltend machen.

5. *Ergebnis*

Eine Stundung ist zulässig, wenn Vollwertigkeit (vgl. § 57 Abs. 1 S. 3 Alt. 2 AktG) der Forderung weiterhin gegeben ist. Ist die Erfüllung nicht gesichert, so darf eine (weitere) Stundung im Regelfall nicht erfolgen. Ebenso ist ein *pactum de non petendo* zulässig, wenn die Realisierungsaussichten der Gesellschaft hierdurch nicht verschlechtert werden. Verstößt eine Abrede gegen die Kapitalerhaltung, so darf sich der Schuldner nicht auf sie berufen, die Gesellschaft kann dann sofortige Erfüllung verlangen.

---

19 Vgl. schon eingehend zum Verzicht § 1 B. III. 3. c) (S. 45). Diese Wertungen gelten hier entsprechend.

II. Pflicht zur Leistung eines Entgelts

Ist eine Stundung grundsätzlich zulässig, so stellt sich noch die Folgefrage, ob das Entgelt (Zins) für die Stundung angemessen sein muss.[20]

1. Meinungsstand zur Darlehensgewährung

Ob bei der Vergabe von Darlehen eine Pflicht zur Gewährung einer Gegenleistung besteht, ist strittig. Vereinzelte Stimmen sind davon ausgegangen, dass es im Rahmen des § 57 Abs. 1 S. 3 Alt. 2 AktG (bzw. § 30 Abs. 1 S. 2 Alt. 2 GmbHG) ausschließlich auf Vollwertigkeit ankommt, eine Verzinsung aber nicht mehr geschuldet wird.[21] Diese Ansicht stützt sich im Wesentlichen auf den Wortlaut der Vorschrift, die keine Verzinsung vorschreibt und die Intention des Gesetzgebers, Darlehensvergaben zu privilegieren.[22]

Andere wollen hingegen erst bei Laufzeiten von über einem Jahr eine Pflicht zur Leistung eines Entgelts vorsehen, weil nur dann nach Bilanzrecht eine Abzinsung vorzunehmen ist.[23]

Die wohl herrschende Meinung verlangt auch eine Verzinsung bei unterjähriger Darlehensvergabe. Dies folge entweder aus einem Drittvergleich,[24] oder weil die Beschränkung der Abzinsungspflicht auf Forderungen mit Laufzeiten jenseits der Jahresgrenze lediglich eine technische Vereinfachung darstelle, welche keine Auswirkungen auf die Kapitalerhaltung habe.[25]

---

20 Zur Notwendigkeit der Trennung der grundsätzlichen Zulässigkeit von der Höhe des erforderlichen Entgelts: Roth/Altmeppen/*Altmeppen* § 30 Rn. 118; Scholz/*Verse* § 30 Rn. 94; U/H/L/*Habersack* § 30 Rn. 106.

21 *Rothley/Weinberger* NZG 2010, 1001, 1004 ff.; *Kollrus* MDR 2011, 208, 210.

22 *Rothley/Weinberger* NZG 2010, 1001, 1005.

23 *Drygala/Kremer* ZIP 2007, 1289, 1293; *Brocker/Rockstroh* BB 2009, 730, 732; *Gehrlein* DK 2007, 771, 785; *Kiefner/Theusinger* NZG 2008, 801, 804; *Thümmel/Burkhardt* AG 2009, 885, 888; *Wand/Tillmann/Heckenthaler* AG 2009, 148, 152.

24 *Blasche/König* GmbHR 2009, 897, 899 f.; *Eusani* GmbHR 2009, 795, 797; *Hirte* ZInsO 2008, 689, 692; *Mülbert/Leuschner* NZG 2009, 281, 283; *Spliedt* ZIP 2009, 149, 150; Roth/Altmeppen/*Altmeppen* § 30 Rn. 119; U/H/L/*Habersack* § 30 Rn. 106.

25 *Winter* DStR 2007, 1484, 1487 ff.

2. *Stellungnahme*

Im Rahmen der Stundung muss wegen deren wirtschaftlicher Vergleichbarkeit gleiches gelten wie für eine Darlehensgewährung.

Aus der bilanziellen Sichtweise kann nicht abgeleitet werden, dass unterjährige Darlehensvergaben und Stundungen zinsfrei erfolgen dürfen. Zwar muss nach HGB eine Abzinsung erst bei Restlaufzeiten von über einem Jahr vorgenommen werden. Die bilanzielle Betrachtungsweise im Rahmen der Kapitalerhaltung (und auch § 57 Abs. 1 S. 3 Alt. 2 AktG) hat aber nicht sklavisch nach den Vorschriften des HGB zu erfolgen.[26] Vielmehr muss das Bilanzrecht des HGB aus Vereinfachungszwecken eine gewisse Pauschalierung vornehmen.[27]

Auch die Gewährung kurzfristiger Darlehen stellt eine Leistung dar, welche am Markt nur gegen Entgelt erbracht wird. Gewährt die Gesellschaft also ein kurzfristiges, zinsloses Darlehen an einen Aktionär, so entgehen ihr Zinsen, welche sie anderweitig bekommen hätte. Darüber hinaus bestünde die Gefahr, dass anstatt einer langfristigen Darlehensgewährung oder Stundung, Ketten von kurzlaufenden Verträgen abgeschlossen werden, um eine Verzinsungspflicht (auch zu Lasten der Minderheitsaktionäre) zu umgehen.

Ein Entgelt für die Darlehensüberlassung muss aber nicht zwingend in Form von Zinsen gewährt werden, auch andere wirtschaftliche Vorteile können eine zinsfreie Überlassung von Kapital kompensieren. So kann beispielsweise richtiger Ansicht nach im Rahmen eines Cash-Pool-Systems auch die Möglichkeit eines zinsfreien Erhalts von Geldern den Nachteil der Nichtverzinsung von Guthaben kompensieren.[28] Voraussetzung ist aber, dass der Cash-Pool nicht primär nur Mittel der Gesellschaft abschöpft, weil die Regelung dann nicht mehr einem Drittvergleich standhält.

Für Stundungen kann im Ergebnis nichts anderes gelten: wird die Fälligkeit hinausgeschoben, so muss auch bei unterjähriger Stundung eine angemessene Gegenleistung vereinbart werden. Eine Ausnahme ist nur zu machen, wenn es sich um allgemein übliche, kurzfristige Stundungen im

---

26 Vgl. auch *Wilhelmi*, Der Grundsatz der Kapitalerhaltung im System des GmbH-Rechts, S. 102 ff.

27 MünchKommAktG⁴/*Bayer* § 57 Rn. 167; *Mülbert/Leuschner* NZG 2009, 281, 282; *Blasche/König* GmbHR 2009, 897, 899; *Wirsch* DK 2009, 443, 449.

28 Zutr. Roth/Altmeppen/*Altmeppen* § 30 Rn. 119.

Geschäftsverkehr handelt (z.B. Rechnung zahlbar vier Wochen nach Erhalt der Ware).

Bei einem *pactum de non petendo* kann insbesondere auch vereinbart werden, dass der Verzugszins (§ 288 Abs. 1 BGB) weiterläuft und eine Verjährungshemmung eintritt (§ 205 BGB), sodass bereits hierdurch eine zumeist marktangemessene „Gegenleistung“ fließt.

3. Rechtsfolgen von Verstößen

Fraglich ist, welche Folgen ein zu geringes Entgelt hat. Denkbar ist in diesem Falle, dass man die Stundungsvereinbarung wie bei einem Fehlen der Vollwertigkeit[29] insgesamt als unwirksam betrachtet.[30] Alternativ könnte man aber auch lediglich von einem Anspruch aus § 62 Abs. 1 S. 1 AktG, der auf Zahlung der Differenz zwischen gezahlten Zinsen und angemessenen Zinsen gerichtet ist, ausgehen.[31]

Stellungnahme: Vereinbaren die Parteien eine unentgeltliche Stundung oder eine zu niedrige Verzinsung, so muss sich aus § 62 Abs. 1 S. 1 AktG ein Anspruch auf Zahlung entgangener Zinsen für die Vergangenheit ergeben, weil insoweit bereits vermögensmäßige Vorteile aus der weiteren Überlassung liquider Mittel an den Aktionär geflossen sind. Diese können nicht beim Aktionär verbleiben, sondern müssen der Gesellschaft zurückgewährt werden. Solange keine Zahlung durch den Aktionär erfolgt, sind dann auch für die Zukunft Zinsen zu entrichten.[32]

Die eigentliche Frage ist aber, ob eine Partei die andere einseitig an der Stundung/dem Darlehen festhalten kann. Hätte der Aktionär bei Vereinbarung des Darlehens/der Stundung gewusst, dass er (höhere) Zinsen zahlen muss, hätte er diese Vereinbarung möglicherweise unterlassen. Es ist ihm dann aber nicht zuzumuten, an einer Stundung bzw. einem Darlehen mit (höherer) Zinszahlungspflicht über § 62 Abs. 1 S. 1 AktG festgehalten zu

---

29 Vgl. schon § 8 B. I. 4. (S. 153).

30 KölnKommAktG[3]/*Drygala* § 57 Rn. 73; Lutter/Hommelhoff/*Hommelhoff* § 30 Rn. 30.

31 Vgl. Grigoleit/*Grigoleit/Rachlitz* § 57 Rn. 41; *Gehrlein* DK 2007, 771, 785; *Kiefner/Theusinger* NZG 2008, 801, 804; Roth/Altmeppen/*Altmeppen* § 30 Rn. 119 aE.

32 Insoweit allg. Meinung, vgl. MünchKommAktG[4]/*Bayer* § 57 Rn. 171.

werden. Möchte der Aktionär lieber tilgen, anstatt (angemessene) Zinsen zu bezahlen, so muss ihm diese Möglichkeit jedenfalls für die Zukunft gegeben werden. Insoweit kann nichts anders gelten als für alle Austauschverträge und man muss dies bei Darlehensverträgen und Stundungen dann konsequent gleichbehandeln.[33]

Nur wenn der Aktionär nicht Abstand von der Stundung nehmen möchte, stellt sich die Frage, ob die Gesellschaft dann dennoch auch den Gesamtbetrag sofort fordern kann. Ist der Aktionär seinerseits nicht verpflichtet, an der Stundung/dem Darlehen festzuhalten, so wird man auch der Gesellschaft das Recht einräumen müssen, sich von der Stundung zu lösen, zumal dann, wenn sich die zu Grunde liegenden Bedingungen für die Gesellschaft verschlechtert haben. Dies heißt, dass im Ergebnis die Stundung insgesamt als unwirksam zu betrachten ist, wenn mangels Vereinbarung eines angemessenen Entgelts ein Verstoß gegen das Prinzip der Kapitalerhaltung vorliegt. Umgekehrt kann aber, wenn keine schützenswerten Interessen der Gesellschaft entgegenstehen und der Aktionär zur Zahlung eines angemessenen Entgelts bereit ist, die sofortige Geltendmachung des Anspruchs treuwidrig sein (§ 242 BGB).[34]

4. *Ergebnis*

Die Stundung muss grundsätzlich zu marktangemessenen Konditionen stattfinden. Wird kein angemessenes Entgelt (Zins) vereinbart, so verstößt die Stundung gegen die Kapitalerhaltung. Es besteht dann jedenfalls ein Anspruch auf die entgangenen Zinsen aus § 62 Abs. 1 S. 1 AktG. Außerdem kann sofortige Leistung bewirkt und je nach Einzelfall begehrt werden.

C. Insolvenzanfechtung

Die Stundung einer Forderung ist wie die Gewährung eines Darlehens in der Insolvenz der Gesellschaft grundsätzlich nicht anfechtbar, weil die Forderung bestehen bleibt.[35] Zu fragen ist aber, wie sich eine fehlende angemessene Vergütung (Zinsen) für eine länger währende Stundung auswirkt.

---

33 Dazu schon § 1 B. III. (S. 40).

34 Ebenso zu Austauschgeschäften allgemein schon § 1 B. III. 3. (S. 42).

35 Vgl. Schmidt/*Ganter*/*Weiland*, InsO, § 134 Rn. 13; K/P/B/*Bork* § 134 Rn. 50.

Wird eine Forderung in Insolvenznähe für einen langen Zeitraum ohne Vergütung gestundet, so liegt die Vermutung nahe, dass es sich um eine vorsätzliche Gläubigerbenachteiligung (§ 133 Abs. 1 InsO) handelt. Ob die Indizien für einen Schluss auf Gläubigerbenachteiligungsvorsatz und Kenntnis davon ausreichen, hängt freilich von den konkreten Umständen des Einzelfalls ab.

Ungeachtet dessen kann aber eine Anfechtung als teilweise unentgeltliche Leistung nach § 134 Abs. 1 InsO in Betracht kommen. Die Rechtslage ist insoweit relativ ungeklärt. Für den Fall zinsloser Darlehensgewährungen wird eine Anfechtbarkeit teilweise abgelehnt,[36] andere halten hingegen eine Anfechtung nach § 134 Abs. 1 InsO als teilweise unentgeltliche Leistung im Hinblick auf die entgangenen Zinsen für möglich.[37]

Die Stundung ist hingegen bereits formell ein eigenständiges Rechtsgeschäft. Wird eine Stundung ohne Gegenleistung vereinbart, so ist diese deshalb unentgeltlich. Dann muss man aber auch von einer Anfechtbarkeit nach § 134 Abs. 1 InsO ausgehen. Das Gleiche gilt entsprechend auch für unangemessene Stundungen als teilweise unentgeltliche Geschäfte. Ist die Stundung anfechtbar und damit unwirksam, so kann der Insolvenzverwalter die Forderung insgesamt sofort geltend machen. Ob man hingegen auch entgangene Zinsen für die Vergangenheit gewährt, hängt davon ab, ob ohne die Stundung vorher eine Zinszahlungspflicht (insbesondere Verzugszinsen) bestand.

D. Begrenzung durch Zuständigkeitsordnung

I. Stundung durch Vorstand

Auch bei einer Stundung von Ansprüchen gegenüber Nichtaktionären ist der Vorstand nicht gänzlich frei. Er hat nämlich bei der Gewährung einer Stundung im besten Interesse der Gesellschaft zu entscheiden.[38] Dies heißt wiederum, dass eine Stundung nur dann in Betracht kommt, wenn hiermit Vorteile für die Gesellschaft verbunden sind.

---

36 OLG Rostock NZI 2007, 468; K/P/B/*Bork* § 134 Rn. 50.

37 *Thole* ZInsO 2011, 1425, 1427 f.; wohl auch MünchKommInsO/*Kayser* § 134 Rn. 25.

38 Vgl. schon § 1 D. I. 1. (S. 50).

Ist der Schuldner eines Anspruchs solvent, so besteht regelmäßig kein Anlass für eine Stundung, es sei denn eine marktangemessene Gegenleistung (z.B. in Form einer Verzinsung), an der die Gesellschaft ein Interesse hat, wird gewährt. Im Übrigen kommt es ebenso wie im Verhältnis gegenüber Aktionären auf die Umstände des Einzelfalls an, ob eine Stundung oder ein *pactum de non petendo* noch im Interesse der Gesellschaft ist. Ist die Stundung nicht angemessen und damit nicht im Interesse der Gesellschaft, so haftet der Vorstand, vorbehaltlich einer Unwirksamkeit der Stundung wegen eines evidenten Missbrauchs der Vertretungsmacht, auf Schadensersatz (§ 93 Abs. 2 AktG).[39]

II. Zuständigkeit des Aufsichtsrats

Soll eine Forderung gegen ein Mitglied des Vorstands, ein Mitglied des Aufsichtsrats, oder eine nahestehende Person eines Mitglieds des Vorstands oder Aufsichtsrats gestundet werden, so ist § 89 bzw. § 115 AktG zu beachten. Dabei stellt noch nicht jede kurzfristige Stundung eine zustimmungspflichtige Kreditgewährung dar, sofern es sich lediglich um eine allgemein übliche Zahlungsfrist handelt.[40] Längerfristige Stundungen an die betroffenen Personen sind aber lediglich mit Zustimmung des Aufsichtsrats zulässig. Im Übrigen gilt hier ebenfalls, dass Stundungen nur erfolgen dürfen, wenn sie im Interesse der Gesellschaft sind, was wiederum von den konkreten Umständen abhängt.

III. Stundung auf Weisung

Bei Bestehen eines Beherrschungsvertrages kann das herrschende Unternehmen auch schädliche Weisungen erteilen, solange sie im Konzerninteresse sind. Solange also ein anderes Konzernunternehmen profitiert, kann unter anderem auch die Vergabe von Darlehen oder die Stundung von

---

39 Theoretisch denkbar, wenn auch praktisch eher ferne liegend, ist noch, dass der Vorstand eine unangemessene Stundung der Hauptversammlung vorlegt und alle Aktionäre dem Geschäft dann einstimmig zustimmen. Vgl. dazu bereits eingehend die Überlegungen zum Verzicht, § 1 D. II (S. 53).

40 MünchKommAktG[4]/*Spindler* § 89 Rn. 12; *Hüffer/Koch* § 89 Rn. 2 und § 115 Rn. 2; KölnKommAktG[3]/*Mertens/Cahn* § 89 Rn. 13; GroßkommAktG[5]/*Kort* § 89 Rn. 23.

Ansprüchen angewiesen werden.[41] Daher kann beispielsweise auch ein zinsloses Darlehen oder eine unentgeltliche Stundung verlangt werden. Genauso gut kann die Stundung einer Forderung gegen ein nicht mehr solventes Tochterunternehmen der Konzernmutter angewiesen werden. Zu beachten sind nur die allgemeinen Grenzen des Weisungsrechts, insbesondere auch die Notwendigkeit einer fortbestehenden uneingeschränkten Solvenz des anderen Vertragsteils.[42]

Zusammenfassung zu § 8

Die AG kann Ansprüche gegenüber Aktionären jedenfalls stunden, wenn die Erfüllung weiterhin gesichert ist (Vollwertigkeit) und eine angemessene Gegenleistung vereinbart wird. Auch ein *pactum de non petendo* ist zulässig, wenn er nach den Umständen des Einzelfalls angemessen ist. Bei Unangemessenheit ist die Vereinbarung wegen eines Verstoßes gegen die Kapitalerhaltung regelmäßig unwirksam, entgangene Vergütungen (Zinsen) sind zu erstatten. Im Vertragskonzern ist eine Stundung auf Weisung generell zulässig, solange nicht die Grenzen des Weisungsrechts überschritten werden. Im Übrigen darf eine Stundung/ein *pactum de non petendo* gegenüber Nichtaktionären nur erfolgen, wenn dies im Interesse der Gesellschaft ist. Im Außenverhältnis ist das Geschäft aber stets vorbehaltlich eines evidenten Missbrauchs der Vertretungsmacht wirksam. Unangemessene Stundungen können in der Insolvenz der Gesellschaft angefochten werden.

§ 9 Stundung von Einlage- und Rückgewähransprüchen

> Ausgangssituation: Der Vorstand möchte einen Einlageanspruch nach dessen Einforderung bzw. einen Rückgewähranspruch gegenüber einem Aktionär stunden.

---

41 Spindler/Stilz/*Veil* § 308 Rn. 26; Emmerich/Habersack/*Emmerich* § 308 Rn. 49; *Hüffer/Koch* § 308 Rn. 17; Schmidt/Lutter/*Langenbucher* § 308 Rn. 22.

42 Dazu § 1 D. III. 3. (S. 69).

A. Überblick zum Meinungsstand

Die Stundung von Einlageansprüchen wird von der herrschenden Lehre unter dem Stichwort „Befreiung auf Zeit" als Verstoß gegen § 66 Abs. 1 S. 1 AktG eingeordnet und dementsprechend für unzulässig gehalten.[1] § 66 Abs. 1 S. 1 AktG sei traditionell zum Schutz der realen Kapitalaufbringung weit auszulegen.[2]

Der Vorstand sei aber unter Umständen nicht gehindert, „sein Einforderungsermessen entsprechend auszuüben", wenn „sachliche Gründe vor[liegen], die eine (entgeltliche) Stundung gegenüber bestimmten Aktionären im Interesse der Gesellschaft rechtfertigen".[3] Manche wollen die Zulässigkeit einer Stundung unter den Voraussetzungen des § 27 Abs. 4 AktG abweichend beurteilen.[4]

Ferner hatte *Lutter* in der 1. Auflage des Kölner Kommentars[5] noch ausgeführt, dass eine Stundung nicht eine Befreiung von der Einlage bewirke, die Stundung aber wegen eines Verstoßes gegen das Gebot der Gleichbehandlung zumeist unzulässig sei.

In der Kommentarliteratur wird nicht zwischen Einlage- und Rückgewähransprüchen differenziert. Aus dem pauschalen Verweis[6] muss daher geschlossen werden, dass auch die Stundung des Rückgewähranspruchs nach herrschender Lehre im gleichen Umfang unzulässig sein soll wie die Stundung des Einlageanspruchs.

---

1 KölnKommAktG³/*Drygala* § 66 Rn. 12; GroßkommAktG⁴/*Gehrlein* § 66 Rn. 20; MünchKommAktG⁴/*Bayer* § 66 Rn. 27; Spindler/Stilz/*Cahn* § 66 Rn. 9; Schmidt/Lutter/*Fleischer* § 66 Rn. 5; *Hüffer/Koch* § 66 Rn. 4; Hölters/*Laubert* § 66 Rn. 5; Bürgers/Körber/*Westermann* § 66 Rn. 5; NK-AktG/*Bergheim* § 66 Rn. 6; Grigoleit/*Grigoleit/Rachlitz* § 66 Rn. 3.

2 MünchKommAktG⁴/*Bayer* § 66 Rn. 12; GroßkommAktG⁴/*Gehrlein* § 66 Rn. 10; Spindler/Stilz/*Cahn* § 66 Rn. 7; Schmidt/Lutter/*Fleischer* § 66 Rn. 4; *Hüffer/Koch* § 66 Rn. 3; Wachter/*Servatius* § 66 Rn. 7.

3 Spindler/Stilz/*Cahn* § 66 Rn. 9.

4 Wachter/*Servatius* § 66 Rn. 7; MünchKommAktG⁴/*Bayer* § 66 Rn. 27.

5 KölnKommAktG¹/*Lutter* § 66 Rn. 7; aufgegeben in KölnKommAktG²/*Lutter* § 66 Rn. 8, wobei aber eine Stundung im Rahmen einer Annahme erfüllungshalber weiterhin zulässig sein soll.

6 Vgl. Schmidt/Lutter/*Fleischer* § 66 Rn. 18; MünchKommAktG⁴/*Bayer* § 66 Rn. 72; KölnKommAktG³/*Drygala* § 66 Rn. 5.

B. Anwendung der geltenden Vorschriften

I. Verstoß gegen § 66 Abs. 1 S. 1 AktG

Zu messen ist die Stundung richtigerweise an § 66 Abs. 1 S. 1 AktG. Das Schlagwort der „Befreiung auf Zeit“[7] verhindert aber (ebenso wie der Begriff der „realen“ Kapitalerhaltung[8]) lediglich die vertiefte Auseinandersetzung mit dem Sinn und Zweck des § 66 Abs. 1 S. 1 AktG. Wenig hilfreich ist auch die Aussage, § 66 Abs. 1 S. 1 AktG sei weit auszulegen,[9] da dies nicht subsumtionsfähig ist.

1. Wortlaut

Aus dem Begriff der „Befreiung“ alleine lässt sich noch nicht ableiten, ob auch die zeitweise Nichtgeltendmachung (Stundung) erfasst ist. Eine Stundung bewirkt jedenfalls noch nicht einen Entfall des Anspruchs, sodass eine Vergleichbarkeit mit dem Verzicht unangebracht ist.[10]

2. Zur Entstehungsgeschichte

Wenig ergiebig ist für die Auslegung des Begriffs der Befreiung die Entstehungsgeschichte.[11] § 66 Abs. 1 S. 1 AktG ist auf § 221 HGB 1897 zurückzuführen, wobei der Gesetzgeber nicht äußert, was er unter Befreiung zu verstehen gedenkt.[12] Auch die Begründung zum Regierungsentwurf 1965 schweigt hinsichtlich der Frage, wie „Befreiung“ konkret auszulegen ist.[13]

3. Zur Rechtslage bei der GmbH

In § 19 Abs. 2 GmbHG aF war dagegen ausdrücklich geregelt, dass der Einlageanspruch weder erlassen, noch gestundet werden kann. Durch die GmbH-Novelle 1980 wurde die Norm an die aktienrechtliche Regelung („nicht befreit werden“, § 19 Abs. 2 S. 1 GmbHG) angepasst. Eine inhaltliche Änderung war damit nicht bezweckt, vielmehr sollten nach der

---

7 Vgl. nur KölnKommAktG[3]/*Drygala* § 66 Rn. 12. Weitere Nachw. in Fn. 1.
8 Zur Kritik hieran vgl. schon § 6 B. I. (S. 128).
9 Vgl. Nachw. in Fn. 2.
10 Richtig noch KölnKommAktG[1]/*Lutter* § 66 Rn. 7.
11 Vgl. zur Entstehungsgeschichte auch § 3 A. (S. 96) mit Fn. 5.
12 Vgl. bei *Schubert/Schmiedel/Krampe*, Band II.1 auf S. 120.
13 Siehe *Kropff*, AktG, S. 86.

Regierungsbegründung weiterhin Verzicht und Stundung unzulässig sein.[14] Im Recht der Gesellschaften mit beschränkter Haftung soll die Stundung daher ebenfalls unzulässig sein.[15] Hieraus könnte geschlossen werden, dass das „Befreiungsverbot" auch im Aktienrecht die Stundung als „Befreiung auf Zeit" mitumfasst.

Hinzuweisen ist aber noch darauf, dass nach verbreiteter Meinung eine Verschiebung der Fälligkeit des Einlageanspruchs durch Satzungsregelung in der GmbH auch mit Wirkung für die Gläubiger der Gesellschaft zulässig sein soll.[16] Dies ist umso bemerkenswerter, als dass die Disposition über den Einlageanspruch den Gesellschaftern im Gläubigerinteresse im Übrigen weitestgehend entzogen sein soll. Dann kann aber konsequenterweise auch nicht über eine Satzungsregel gestundet werden, mag man dies auch lediglich als bloßes „Hinausschieben der Fälligkeit" bezeichnen.[17]

Für den Rückgewähranspruch hingegen mehren sich die Stimmen, welche die Stundung für zulässig halten, wenn ihr ein „solides Geschäft" im Sinne des § 30 Abs. 1 S. 2 Alt. 2 GmbHG zu Grunde liegt.[18] Bei § 66 AktG werden aber Einlage- und Rückgewähransprüche gleichgestellt, während für die GmbH eine unterschiedliche Regelung immer mehr befürwortet wird. Letztlich zeigt sich damit nur, folgt man dieser Meinung, dass in Anbetracht der Regelung von Darlehensvergaben in § 30 Abs. 1 S. 2 Alt. 2 GmbHG bzw. § 57 Abs. 1 S. 3 Alt. 2 AktG entweder die Rechtslage bei der GmbH oder im Aktienrecht nicht konsistent ist, möglicherweise auch

---

14 Begr. RegE, BT-Drucks 8/1347, S. 38.

15 Roth/Altmeppen/*Roth* § 19 Rn. 21; MünchKommGmbHG/*Schwandtner* § 19 Rn. 76 ff.; Lutter/Hommelhoff/*Bayer* § 19 Rn. 19; Baumbach/Hueck/*Fastrich* § 19 Rn. 21; Scholz/*Veil* § 19 Rn. 59.

16 Roth/Altmeppen/*Roth* § 19 Rn. 22; dies galt auch schon zu der Zeit, als der Wortlaut des § 19 Abs. 2 GmbHG ein ausdrückliches Stundungsverbot enthielt (siehe nur Hachenburg/*Ulmer*, 7. Auflage 1979, § 19 Rn. 30).

17 So Hachenburg/*Ulmer*, 7. Auflage 1979, § 19 Rn. 30; umgekehrt muss dann aber die Frage erlaubt sein, was die Stundung anderes als ein Hinausschieben der Fälligkeit, möge sie bei Regelung in der Satzung auch antizipiert sein, sonst sein soll.

18 Roth/Altmeppen/*Altmeppen* § 31 Rn. 35; Michalski/*Heidinger* § 31 Rn. 84; Gehrlein/Ekkenga/Simon/*Kuntz* § 31 Rn. 29; *Wicke* GmbHG, § 31 Rn. 7. AA die wohl noch herrschende Ansicht: vgl. nur U/H/L/*Habersack* § 31 Rn. 63 mwN in Fn. 197.

in beiden Gesetzen inkonsequent, wenn man die Stundung unter das Wort Befreiung subsumiert.

4. *Sinn und Zweck*

Letztendlich lässt sich das richtige Auslegungsergebnis nur aus einer funktionalen Betrachtung des Einlage- und des Rückgewähranspruchs ableiten.

a) Kapitalaufbringung und Kapitalerhaltung

Dabei ist zu berücksichtigen, dass Kapitalaufbringung und Kapitalerhaltung in einem nicht voneinander zu trennendem Zusammenhang stehen. Der Einlageanspruch kann von vorneherein nicht mehr leisten, als der Gesellschaft das Vermögen zuzuführen, welches anschließend im Interesse der Gläubiger erhalten wird.[19] Ebenso kann und soll der Rückgewähranspruch nur das Kapital wieder auffüllen, welches vorher unzulässigerweise ausgezahlt wurde, ohne aber die dingliche Zusammensetzung des Vermögens zu schützen.[20]

Stehen aber § 57 Abs. 1 S. 1 AktG und § 66 Abs. 1 S. 1 AktG in einem engen funktionalen Zusammenhang, so lässt sich eine unterschiedliche Beschränkung der Dispositionsmöglichkeiten nicht begründen. Die Wertungen des § 57 Abs. 1 S. 1 AktG sind für die Auslegung des Begriffs der Befreiung daher zu übertragen.[21] Nur hierdurch lassen sich konsequente Ergebnisse erzielen, während ein Abstellen auf eine weite Auslegung zur Beliebigkeit führt. Eine weite Auslegung würde entgegen der allg. Meinung[22] nämlich in letzter Konsequenz auch ein Vergleichsverbot bedeuten, weil ein Teilerlass droht.

Solange man davon ausging, dass die Ausreichung eines Darlehens gegen die Kapitalerhaltung verstößt,[23] solange musste man dann auch konsequenterweise die Stundung von Einlage- und Rückgewähransprüchen als „Befreiung" von der Leistungspflicht einordnen. Umgekehrt bedeutet dies

---

19 Vgl. auch § 3 A. (S. 96) und § 6 B. II. (S. 129). Siehe auch zum engen Zusammenhang GroßkommAktG[5]/*Schall* § 27 Rn. 2.
20 Vgl. zum Inhalt des Rückgewähranspruchs bereits § 1 B. III. (S. 40).
21 Siehe schon § 6 B. II. (S. 129).
22 Vgl. § 6 A. (S. 128).
23 Vgl. nur BGHZ 157, 72 – Novemberurteil.

aber, dass man jetzt auch die Wertungen des § 57 Abs. 1 S. 3 Alt. 2 AktG auf die Auslegung des Begriffs „Befreiung" zu übertragen hat. Überträgt man die Wertungen des § 57 Abs. 1 S. 3 AktG, so ist die Stundung des Einlageanspruchs zulässig, wenn die Erfüllung weiterhin gesichert ist und ein angemessenes Entgelt (Zins) fließt.[24]

b) Liquiditätsschutz

Ein anderes lässt sich nur rechtfertigen, wenn Einlage- und Rückgewähransprüche eine Funktion haben, die über den reinen Kapitalschutz in Form einer bilanziellen Ziffer hinausgeht, insbesondere noch dem Liquiditätsschutz dient.

Auch insoweit muss man aber erkennen, dass das System aus Kapitalaufbringung und Kapitalerhaltung keine Liquiditätsfunktion erfüllen kann und soll. Dies folgt aber nicht aus einer wie auch immer gearteten Lockerung des Liquiditätsschutzes durch das MoMiG/ARUG, sondern schon stets aus der Tatsache, dass auch die Leistung von Sacheinlagen unter bestimmten Voraussetzungen zulässig ist (§ 27 Abs. 1 S. 1 AktG). Werden aber Sachen eingebracht, so fließt der Gesellschaft keine Liquidität zu. Die Kapitalaufbringung hat also noch nie die Funktion gehabt, die Liquidität der Gesellschaft zu sichern. Erst recht hat aber die Kapitalerhaltung, welche einer bilanziellen Betrachtungsweise folgt und wertmäßige Kompensation genügen lässt,[25] nicht den Zweck, die Liquidität der Gesellschaft sicherzustellen.

Auch aus Zwecken des Liquiditätsschutzes bedarf es daher keiner extensiven Auslegung des Begriffs der Befreiung.

5. *Offensichtliche Umgehungsmöglichkeiten*

Schließlich kann eine „weite" Auslegung des § 66 Abs. 1 S. 1 AktG nicht funktionieren, wenn offensichtlich zulässige Umgehungsmöglichkeiten bestehen.

a) Einlageanspruch

Die beteiligten Personen haben immer die Möglichkeit, den Einlageanspruch zu erfüllen und anschließend Darlehen auszureichen, welche dann

24 Vgl. § 8 B. (S. 150).
25 Vgl. schon bei § 1 B. III. (S. 40).

nur der Begrenzung nach § 57 Abs. 1 S. 3 Alt. 2 AktG unterliegen. Der Versuch ein solches Vorgehen über ein Verbot des Hin- und Herzahlens aufzufangen, führt unweigerlich zu weiteren Abgrenzungsschwierigkeiten und muss mit der Neuregelung durch den Gesetzgeber (v.a. § 27 Abs. 4 AktG) als weitestgehend gescheitert betrachtet werden.[26]

b) Rückgewähranspruch

Noch offensichtlicher werden die Lücken im Konzept der herrschenden Meinung, wenn man den Rückgewähranspruch miteinbezieht. Danach soll wohl für den Rückgewähranspruch in der AG nichts anderes gelten als für den Einlageanspruch.[27] Konsequenterweise müsste man das Verbot des Hin- und Herzahlens mit Erlaubnistatbestand nach § 27 Abs. 4 AktG dann auch auf den Rückgewähranspruch ausdehnen, weil sonst dort ebenfalls eine offensichtliche Umgehungsmöglichkeit besteht, indem der Anspruch erfüllt und anschließend sofort ein Darlehen ausgereicht wird. Dies würde das Instrument des verbotenen Hin- und Herzahlens aber endgültig *ad absurdum* führen. Wendet man das Verbot des Hin- und Herzahlens auf den Rückgewähranspruch aber nicht an, so besteht eine offensichtliche Umgehungsmöglichkeit und das Stundungsverbot, das die herrschende Lehre aus § 66 Abs. 1 S. 1, Abs. 2 AktG entnimmt, kann nicht funktionieren.[28]

---

26 Vgl. nur die Diskussion zur Eingrenzung der Zahlungsströme (siehe bei KölnKommAktG³/*Arnold* § 27 Rn. 137 ff.; MünchKommAktG⁴/*Pentz* § 27 Rn. 216 ff.; GroßkommAktG⁵/*Schall* § 27 Rn. 383 ff.) und zur zeitlichen Geltung des Rechts der verdeckten Sacheinlage (siehe bei KölnKommAktG³/*Arnold* § 27 Rn. 95 f.; MünchKommAktG⁴/*Pentz* § 27 Rn. 100 ff., 104; GroßkommAktG⁵/*Schall* § 27 Rn. 289 ff.), wobei bereits der Gesetzgeber deswegen vor der Einführung klarer Fristen kapitulierte, vgl. BegrRegE MoMiG, BT-Drucks. 16/6140, S. 41: *„Entgegen teilweise geäußerten Forderungen verzichtet der Entwurf auf die Normierung einer festen Frist für den zeitlichen Zusammenhang zwischen der Übernahme der Geldeinlage und dem Verkehrsgeschäft, den die Rechtsprechung als Indiz für eine Abrede über den wirtschaftlichen Erfolg einer Sacheinlage wertet. Eine solche Frist wäre in jedem Fall leicht zu unterlaufen; […]“*

27 Vgl. § 9 A. (S. 161) mit Fn. 6.

28 Vgl. auch zur GmbH Roth/Altmeppen/*Altmeppen* § 31 Rn. 35; Michalski/*Heidinger* § 31 Rn. 84; Gehrlein/Ekkenga/Simon/*Kuntz* § 31 Rn. 29; *Wicke* GmbHG, § 31 Rn. 7.

Für den Rückgewähranspruch kann daher das Wort der Befreiung bereits deswegen nicht dahingehend verstanden werden, dass auch angemessene Stundungen, welche die Grenzen des § 57 Abs. 1 S. 1 und S. 3 Alt. 2 AktG einhalten, unzulässig sind.

c) Weitere Schlussfolgerung für Einlageanspruch

Lässt sich aber das Wort der „Befreiung" für den Rückgewähranspruch nicht als Stundungsverbot interpretieren, so muss man entweder das einheitliche Verständnis des Begriffs der „Befreiung" im Rahmen von § 66 Abs. 1 S. 1 AktG und § 66 Abs. 2 AktG aufgeben, oder aber richtigerweise den umgekehrten Schluss ziehen, nämlich dass auch für den Einlageanspruch „Befreiung" nicht generell als Stundungsverbot zu verstehen ist. Auch dies stützt letztlich die hier vorgestellte Lösung, für die Auslegung des Begriffs der Befreiung die Wertungen des § 57 Abs. 1 AktG entsprechend heranzuziehen.

6. *Ergebnis*

Aus § 66 Abs. 1 S. 1 AktG kann damit nicht gefolgert werden, dass Stundungen generell unzulässig sind. Eine unzulässige „Befreiung" von der Pflicht zur Leistung der Einlage liegt nur vor, wenn die Erfüllung durch die Stundung nicht mehr gesichert ist (fehlende Vollwertigkeit) oder kein bzw. ein lediglich unzureichendes Entgelt vereinbart wurde.[29] Die Wertungen aus § 57 Abs. 1 S. 3 Alt. 2 AktG sind auf die Auslegung des Begriffs der Befreiung in § 66 Abs. 1 S. 1 AktG zu übertragen.

II. Verstoß gegen § 53a oder § 63 Abs. 1 AktG (Ungleichbehandlung)

Durch eine Stundung gegen Entgelt werden die Aktionäre auch nicht ungleich behandelt (§ 53a AktG) bzw. die Einlagen ungleich eingefordert (§ 63 Abs. 1 AktG).[30] Denn eine nachgelagerte Stundung ändert nichts daran, dass grundsätzlich die Einlagen zunächst gleichmäßig eingefordert wurden.

---

29 Dazu schon § 8 B. (S. 105).

30 AA KölnKommAktG[1]/*Lutter* § 66 Rn. 7; auch Grigoleit/*Grigoleit/Rachlitz* § 66 Rn. 3 mit Fn. 7.

Ist ein marktübliches Entgelt für die Stundung vereinbart, so wird durch die Stundung kein Sondervorteil (Ungleichbehandlung) an einen Aktionär gewährt. Anderenfalls müsste man konsequenterweise jede Darlehensgewährung oder Stundung gegenüber einem Aktionär als unzulässige Ungleichbehandlung betrachten, was aber im Lichte von § 57 Abs. 1 S. 3 Alt. 2 AktG nicht der Fall ist. Insbesondere sind nach § 27 Abs. 4 AktG jetzt Darlehensgewährungen aus der Einlage nach Einzahlung möglich. Erst Recht kann es aber keine Ungleichbehandlung für den Rückgewähranspruch geben, weil dort keine Pflicht zur gleichmäßigen Einforderung vorgesehen ist und zumeist der Rückgewähranspruch auch nur gegenüber einer Person und nicht allen Aktionären besteht.

Umgekehrt wird aber wirtschaftlich betrachtet ein Sondervorteil gewährt, wenn die Stundung zu unangemessenen Konditionen stattfindet. In diesem Falle kommt es auf das Verbot der Ungleichbehandlung aber nicht mehr an, weil dann auch ein Verstoß gegen § 66 Abs. 1 S. 1 AktG vorliegt.[31]

III. Verstoß gegen §§ 36 Abs. 2, 36a AktG

Eine Grenze zur Stundung von Einlageforderungen kann sich aber mittelbar aus §§ 36 Abs. 2, 36a AktG ergeben. Die vor Eintragung der Gesellschaft eingeforderten Bareinlagen sowie die gesamten Sacheinlagen müssen vor Anmeldung aufgebracht werden.[32] Die ordnungsgemäße Erfüllung muss dann bei Anmeldung versichert werden, § 37 Abs. 1 S. 1 AktG. Die genannten Vorschriften ergeben sich nicht aus den Regeln zu allgemeinen Ansprüchen und sind daher gesondert zu betrachten.

1. Zum Sinn und Zweck der Regelung

Es stellt sich die Frage, warum man eine (teilweise) Einzahlung von Einlagen vor Gründung verlangen sollte, insbesondere weil die Regelung zu „Scheinzahlungen“ einlädt, wie bereits der Gesetzgeber 1884 festgestellt

31 Vgl. § 9 B. I. (S. 162).

32 Für die Kapitalerhöhung ergibt sich selbiges Ergebnis durch den Verweis in § 188 Abs. 2 AktG auf §§ 36 Abs. 2, 36a und 37 Abs. 1 AktG.

hat:[33] Nach Eintragung der Gesellschaft kann das Kapital als Darlehen wieder zurückfließen.[34]

Die Pflicht der Aktionäre, vor Eintragung der Gesellschaft ein gewisses Mindestkapital (ursprünglich 10 %, durch die 2. Aktienrechtsnovelle 1884 erhöht auf 25 %) einzahlen zu müssen, findet sich für die AG erstmalig in § 209 Abs. 1 ADHGB in der Fassung der 1. Aktienrechtsnovelle von 1870, die Pflicht, die ordnungsgemäße Einzahlung im Rahmen der Eintragung zu versichern, in Art. 210a Abs. 1 Nr. 1 und 2 ADHGB 1870. Diese Änderung war Folge des Wechsels auf das System von Normativbestimmungen, wobei der Gesetzgeber aber weniger den Gläubiger- als vielmehr den Minderheitenschutz vor Augen hatte.[35] Die Regelung zur Einzahlung eines Mindestkapitals vor Eintragung war von Anfang an umstritten: einerseits wurde ihre Streichung gefordert, weil die Vorschrift sowieso leicht umgangen werden könne, andererseits wurden auch höhere Einzahlungsquoten gefordert.[36]

Trotz der bereits damals geübten Kritik ist §§ 36 Abs. 2, 36a AktG aber nicht funktionslos: Müsste vor Eintragung und damit vor Abschluss der Gründung der Gesellschaft kein Kapital eingezahlt werden, so könnte durch mittellose Gründer, die als Treuhänder/Strohmänner fungieren, eine Gesellschaft errichtet werden, der Einlageanspruch wäre aber im Falle seiner Einforderung nicht realisierbar. Gleichzeitig bestünde gegen ein solches Vorgehen, abgesehen von Ansprüchen wegen sittenwidriger Schädigung (§ 826 BGB), keine Sanktion. Dieses wäre vielmehr von den Gründungsvorschriften gedeckt.

---

33 Vgl. Allgemeine Begründung zur 2. Aktienrechtsnovelle 1884, abgedruckt in den Verhandlungen des Reichstages, Band 77.1884 S. 272: „[…] *einer solchen Vorschrift, abgesehen davon, daß sie Scheinzahlungen keineswegs verhindern könnte, schwerwiegende* […].“

34 Dem steht das von der Rechtsprechung (vgl. zuletzt vor MoMiG und ARUG: BGHZ 165, 113, 116 f.; BGHZ 165, 352, 355; ferner zur GmbH BGHZ 153, 107; BGH NJW 2001, 3781) entwickelte Institut des Verbots des Hin- und Herzahlens zwar entgegen. Dieses Institut wurde aber nur geschaffen, weil man erkannt hatte, dass diese offensichtliche Umgehungsmöglichkeit (Scheinzahlungen) besteht.

35 *Lieder,* in: Bayer/Habersack, Aktienrecht im Wandel, Band I, S. 342 f.

36 Vgl. insgesamt *Lieder* in Bayer/Habersack, Aktienrecht im Wandel, Band I, S. 343 ff. mit Nachw.

Wird hingegen Volleinzahlung oder wenigstens Teileinzahlung vor Eintragung verlangt, so fließt der Gesellschaft tatsächlich eine Leistung zu. Soll diese nach Eintragung wieder zurückgewährt werden, so darf dies (ungeachtet des „Verbots des Hin- und Herzahlens")[37] nur geschehen, wenn die Darlehensrückzahlung gesichert ist (Vollwertigkeit, § 57 Abs. 1 S. 3 Alt. 2 AktG; § 27 Abs. 4 S. 1 AktG) und eine angemessene Vergütung gewährt wird.[38] Sind diese Voraussetzungen nicht erfüllt, so kann die Gesellschaft nach § 62 Abs. 1 S. 1 AktG Erstattung verlangen und der Vorstand gerät in eine Schadensersatzhaftung (§ 93 Abs. 3 Nr. 1 AktG), gegebenenfalls auch in eine strafrechtliche Verantwortung (§ 266 Abs. 1 StGB). Es ergibt sich dann ein Sanktionsregime zur Verhinderung unseriöser Gründungen („Seriositätskontrolle" bzw. „Bonitätskontrolle").[39] Zusätzlich abgesichert wird dies noch durch eine Offenlegungspflicht gegenüber dem Registerrichter (§ 37 Abs. 1 AktG) und einer Kontrolle des Vorgangs (§ 38 Abs. 1 AktG) sowie einer strafrechtlichen Verantwortung bei falschen Angaben (§ 399 Abs. 1 Nr. 1 AktG).

Dies würde an sich sogar dafür sprechen, stets eine Volleinzahlung zu verlangen. Ob man vor Eintragung der Gesellschaft aber eine Volleinzahlung oder nur eine beliebig hohe Teileinzahlung verlangt, ist letztlich eine Wertungsfrage für den Gesetzgeber. Jedenfalls lässt sich die Existenz des Gebots einer zumindest teilweisen Einzahlung vor Gründung damit rechtfertigen, dass eine Bonitäts- oder Seriositätskontrolle stattfindet.

2. *Bedeutung für Stundung*

Verlangen §§ 36 Abs. 2, 36a AktG eine Leistung vor Eintragung, so schließt an sich der Wortlaut die Stundung, welche ein Hinausschieben der Leistungspflicht bewirkt, aus.

Alleine der Zweck einer Bonitätskontrolle würde ein Stundungsverbot aber noch nicht erfordern. Vor einer Stundung müsste der Vorstand nämlich

---

37 Vgl. § 27 Abs. 4 AktG und schon Fn. 34.

38 Vgl. § 8 B. (S. 150).

39 Vgl. *Hüffer/Koch* § 36 Rn. 6; KölnKommAktG³/*Arnold* § 36a Rn. 2. Ferner *Frey*, Einlagen in Kapitalgesellschaften, S. 209: *„Pflicht zur Teilerfüllung […] dient der Bonitätskontrolle"*; KölnKommAktG³/*Drygala* § 54 Rn. 80 ff., 88: Schutzzweck der Normen besteht darin, einen Seriositätsbeitrag zu leisten.

sowieso prüfen, ob der Anspruch vollwertig ist. Anderenfalls würde die Stundung schon gegen § 66 Abs. 1 S. 1 AktG iVm § 57 Abs. 1 S. 3 Alt. 2 AktG verstoßen.[40] Die gewünschte Bonitätskontrolle würde also erfolgen. Soll aber zusätzlich eine registerrichterliche Seriositätskontrolle stattfinden (§ 38 Abs. 1 AktG), so muss das Verfahren zur effektiven Durchführung standardisiert werden. Eine Überprüfung der Bonität im Einzelfall ist für den Registerrichter nicht durchführbar, wohingegen bei einer Einzahlung eine Bankbestätigung (§ 37 Abs. 1 S. 3 AktG) ohne weiteren Aufwand kontrolliert werden kann.[41] Die Notwendigkeit einer Standardisierung des registerrichterlichen Kontrollprozesses rechtfertigt damit ein Stundungsverbot im Zeitraum bis zur Eintragung. Dass nach Eintragung alleine die Verantwortlichkeit des Vorstands vor unzulässigen Geschäften schützt, ist dagegen als notwendiges Element einer privatautonom handelnden juristischen Person hinzunehmen.

Im Ergebnis ist damit festzuhalten, dass der Anspruch auf die vor Eintragung eingeforderte Einlage nach §§ 36 Abs. 2, 36a AktG nicht gestundet werden darf.

3. *Rechtsfolgen*

Stundet der Vorstand den Anspruch auf die vor Eintragung eingeforderten Einlagen und wird anschließend gegenüber dem Registerrichter die ordnungsgemäße Leistung versichert (§ 37 Abs. 1 S. 1 AktG), so machen sich die beteiligten Personen wegen falscher Versicherungen strafbar (§ 399 Abs. 1 Nr. 1 AktG).[42] Zumeist wird die Eintragung der Gesellschaft aber schon deswegen scheitern, weil kein Beleg für eine Leistung der Einlagen vorgelegt werden kann (vgl. § 37 Abs. 1 S. 2 und 3 AktG).

§§ 36 Abs. 2, 36a AktG regeln hingegen nicht, welche Auswirkung eine unzulässige Stundung auf den Einlageanspruch selbst hat.

---

40 Eingehend § 9 B. I. (S. 162).

41 Vgl. MünchKommAktG[4]/*Pentz* § 27 Rn. 18 zur eingeschränkten Nachforschungspflicht.

42 MünchKommAktG[4]/*Schaal* § 399 Rn. 70 ff., 75; Schmidt/Lutter/*Oetker* § 399 Rn. 9 ff.

a) Lage vor Eintragung

Stundet der Vorstand den vor Gründung einzuzahlenden Geldbetrag, so muss diese Stundung als unwirksam betrachtet werden. Ob man dies aus § 134 BGB, aus einem evidenten Missbrauch der Vertretungsmacht oder aus der Pflicht der Gründer bzw. Zeichner, alles Erforderliche zur Gründung oder Kapitalerhöhung beizutragen, ableitet, ist letztlich unerheblich.

b) Lage nach Eintragung

Eine andere Frage ist dann aber, ob man eine an sich unwirksame Stundung nach der (wohl durch Täuschung erlangten) Eintragung im Wege einer Bestätigung (erneute Vornahme, § 141 Abs. 1 BGB) wirksam werden lassen kann. Denn wenn nach einer Gründung die geleisteten Mittel gemäß § 27 Abs. 4 AktG bzw. § 57 Abs. 1 S. 3 Alt. 2 AktG wieder zurückfließen dürfen, so muss man bei zweifelsfrei bestehender Solvenz des Einlageschuldners die Stundung als alternatives Mittel ebenfalls für zulässig halten. Besteht hingegen keine uneingeschränkte Solvenz des Einlageschuldners, so ist im Hinblick auf § 66 Abs. 1 S. 1 AktG eine Stundung sowieso unzulässig und würde im Übrigen den Zweck einer Bonitätskontrolle durch die Pflicht zur Leistung einer Mindesteinlage unterlaufen.

4. Ergebnis

Eine Stundung der vor Eintragung eingeforderten Einlage (§§ 36 Abs. 2, 36a Abs. 1 AktG) kommt damit nicht in Betracht und ist unwirksam. Wird die Gesellschaft auf Grund einer falschen Versicherung dennoch eingetragen, so muss aber im Lichte von § 57 Abs. 1 S. 3 Alt. 2 AktG eine Stundung dennoch anschließend zulässig sein, wenn der Einlageschuldner uneingeschränkt solvent ist und eine angemessene Vergütung gewährt wird.

C. Analoge Anwendung von Vorschriften

Schließlich ist auch keine analoge Anwendung des § 27 Abs. 4 S. 1 AktG geboten.[43] In Anbetracht der Tatsache, dass sich die Zulässigkeit einer Stundung richtiger Ansicht nach bereits aus § 66 Abs. 1 S. 1 mit § 57

---

43 Für Analogie wohl Wachter/*Servatius* § 66 Rn. 7.

Abs. 1 AktG ergibt, sofern der Anspruch vollwertig ist und ein angemessenes Entgelt vereinbart wurde, könnte § 27 Abs. 4 S. 1 AktG in analoger Anwendung einzig eine Einschränkung der Stundungsmöglichkeit bewirken (Erfordernis jederzeitiger Fälligkeit!). Das Erfordernis der Liquidität des Einlageanspruchs lässt sich aber nicht begründen, weil der Kapitalaufbringung und der Kapitalerhaltung keine Liquiditätsfunktion zu Grunde liegt.[44]

Auch ist aus § 27 Abs. 4 S. 1 AktG nicht generell zu schließen, dass Liquidität des Einlageanspruchs eine zwingende Voraussetzung ist. Denn der Gesetzgeber wollte mit der Schaffung dieser Norm das wirtschaftlich sinnvolle cash pooling privilegieren.[45] Aus einem Privilegierungstatbestand kann aber nicht im Umkehrschluss gefolgert werden, im Übrigen seien Rechtshandlungen unzulässig.[46] Denn der Gesetzgeber hat sich insoweit nicht geäußert, sondern nur auf restriktive Entwicklungen in der Rechtsprechung reagiert.

Abwegig wäre es schließlich, § 27 Abs. 4 AktG analog auf den Rückgewähranspruch anzuwenden. Hier kann und muss alleine die Wertung des § 57 Abs. 1 S. 3 Alt. 2 AktG gelten.

Zusammenfassung zu § 9

Eine Stundung der vor Eintragung einzufordernden/eingeforderten Einlage (vgl. §§ 36 Abs. 2, 36a Abs. 1 AktG) kommt nicht in Betracht. Eine Stundung des Resteinlageanspruchs nach Eintragung und des Rückgewähranspruchs ist aber unter den gleichen Voraussetzungen zulässig wie die Stundung eines jeden Anspruchs gegenüber einem Aktionär. Erforderlich ist dafür, dass die Erfüllung sichergestellt bleibt (also bei Vollwertigkeit) und eine angemessene Gegenleistung (Zins) fließt. Auf Liquidität des Einlageanspruchs (entsprechend § 27 Abs. 4 AktG) kommt es hingegen nicht an. Sind diese Voraussetzungen nicht erfüllt, so verstößt die Stundungsabrede gegen § 66 Abs. 1 S. 1 AktG und ist unwirksam.

44 Vgl. § 9 B. I. 4. b) (S. 165).

45 BegrRegE MoMiG, Drucks. 16/6140, S. 40.

46 AA wohl KölnKommAktG[3]/*Drygala* § 66 Rn. 12.

§ 10 Stundung von Ersatzansprüchen

Ausgangssituation: Der Aufsichtsrat möchte einen Ersatzanspruch gegenüber einem Vorstandsmitglied nicht sofort geltend machen, sondern diesen stunden bzw. bis zum Ablauf der dreijährigen Sperrfrist für einen Vergleich erst einmal eine Stillhaltevereinbarung abschließen.

A. Überblick zum Meinungsstand

Eher wenig Beachtung hat bisher die Frage gefunden, inwieweit eine Stundung bzw. ein *pactum de non petendo* bei Ersatzansprüchen in Anbetracht von § 93 Abs. 4 S. 3 und Abs. 5 AktG möglich und zulässig ist.

Nach einer Entscheidung des OLG Düsseldorf[1] sollen auch Umgehungsversuche des § 93 Abs. 4 S. 3 AktG unzulässig sein. Ferner heißt es dort: „*Dem entspricht es, daß auch die Stundung anerkanntermaßen dem Verzicht wertungsmäßig im Hinblick auf § 93 Abs. 4 S. 3 AktG gleichzustellen ist (vgl. Schilling, in Großkomm. z. AktG, 3. Aufl., § 93 Anm. 39).*“[2]

Dem hat sich die Kommentarliteratur angeschlossen.[3] Die Stundung soll also bei Nichteinhaltung des § 93 Abs. 4 S. 1 AktG (Sperrfrist, Hauptversammlungsbeschluss) unwirksam sein.

---

1 Urteil vom 17. November 1989 – 8 U 52/88, AG 1989, 361.

2 OLG Düsseldorf AG 1989, 361, 362. In GroßkommAktG[3]/*Schilling* § 93 Anm. 39 steht nicht, dass die Stundung unzulässig ist. Allerdings findet sich zu § 50 AktG in GroßkommAktG[3]/*Barz* § 50 Anm. 5, unter Berufung auf RGZ 133, 33, 38, der pauschale Hinweis, Stundung sei ein teilweiser Verzicht. Der Sachverhalt in RGZ 133, 33 war aber anders gelagert: es ging um einen bedingt erklärten Verzicht und die Gefahr einer zwischenzeitlich eintretenden Verjährung (RGZ 133, 33, 38 f.). Dies passt für die Stundung/*pactum de non petendo* schon deswegen nicht, weil in diesem Falle mangels Fälligkeit die Verjährung nicht läuft bzw. eine Hemmung der Verjährung besteht (§ 205 BGB!).

3 So heißt es bei MünchKommAktG[4]/*Spindler* § 93 Rn. 261, „[i]n gleicher Weise unterliegen alle wirtschaftlich einem Verzicht entsprechenden Maßnahmen, wie eine Stundung […] der Nichtigkeit nach § 93 Abs. 4 [AktG].“; auch nach GroßkommAktG[5]/*Hopt/Roth* § 93 Rn. 528 soll „ein pactum de non petendo sowie eine Stundung, da sie wirtschaftlich einen Teilverzicht darstellt“, unwirksam

Soweit es um die Frage der relativen Unwirksamkeit von Stundungen gegenüber den Gläubigern nach § 93 Abs. 5 S. 3 AktG geht, findet sich nur ein Pauschalhinweis auf die Kommentierungen zu § 93 Abs. 4 S. 3 AktG.[4]

B. § 93 Abs. 4 S. 3 AktG

I. Direkte Anwendung

Eine direkte Anwendung des § 93 Abs. 4 S. 3 AktG für Fälle der Stundung kommt nicht stets und immer in Betracht.[5] Zum einen ist die Stundung nicht wörtlich genannt. Zum anderen ist die Stundung rechtlich und wirtschaftlich betrachtet auch kein Verzicht oder Vergleich, weil der Bestand des Anspruchs als solches nicht berührt wird.[6] Lediglich bei unangemessenen Stundungen kann bei wirtschaftlicher Betrachtung ein Teilverzicht vorliegen. Dann lässt sich aber aus § 93 Abs. 4 S. 3 AktG in direkter Anwendung nur ableiten, dass eine unangemessene Stundung bzw. ein *pactum de non petendo* zu unangemessenen Konditionen der Einhaltung einer Sperrfrist von drei Jahren und danach einer Zustimmung der Hauptversammlung bedarf.

---

sein. KölnKommAktG³/*Mertens/Cahn* § 93 Rn. 171 schreiben dazu: „Über den Wortlaut der Vorschrift hinaus erfasst [§ 93] Abs. 4 S. 3 [AktG] Rechtsgeschäfte betreffend Ersatzansprüche gegen Vorstandsmitglieder, die wirtschaftlich einem Verzicht oder Vergleich entsprechen. Das betrifft etwa Vereinbarungen, den Anspruch nicht geltend zu machen (*pactum de non petendo*) und Stundungsabreden.“; Vgl. ferner Schmidt/Lutter/*Krieger/Sailer-Coceani* § 93 Rn. 64; Grigoleit/*Grigoleit/Tomasic* § 93 Rn. 78. Als Belege zitieren sich die genannten Kommentare lediglich gegenseitig. Einzig MünchKommAktG⁴/*Spindler* § 93 Rn. 261 verweist noch auf OLG Düsseldorf AG 1989, 361, 362, sowie unzutreffend auf *Hirte/Stoll* ZIP 2010, 253, 254, die die Stundung aber nicht erwähnen.

4 Siehe GroßkommAktG⁵/*Hopt/Roth* § 93 Rn. 566; MünchKommAktG⁴/*Spindler* § 93 Rn. 282.

5 Tendenziell ebenso KölnKommAktG³/*Mertens/Cahn* § 93 Rn. 171: *„Über den Wortlaut der Vorschrift hinaus“*.

6 Vgl. § 8 A. (S. 149).

II. Analoge Anwendung

Zu prüfen bleibt damit, ob und inwieweit eine analoge Anwendung des § 93 Abs. 4 S. 3 AktG auf die angemessene Stundung bzw. den angemessenen *pactum de non petendo* notwendig ist. Die Stundung von Ersatzansprüchen ist nicht gesondert geregelt und der Gesetzgeber[7] hat sich hierüber auch keine Gedanken gemacht, sodass eine planwidrige Regelungslücke bejaht werden kann. Es verbleibt damit einzig die Frage, ob eine von der allgemeinen Rechtslage abweichende Interessenlage besteht, welche die Analogie rechtfertigen kann.

1. Dreijahresfrist

Zu bedenken ist dabei insbesondere, dass nach § 93 Abs. 4 S. 3 AktG (abgesehen vom Sonderfall des S. 4) auch ein angemessener, im Interesse der Gesellschaft und Aktionäre liegender Vergleich für die Dauer von drei Jahren selbst bei Zustimmung der Hauptversammlung ausgeschlossen ist. Hält der Aufsichtsrat hinsichtlich eines strittigen Ersatzanspruchs einen Vergleich im Unternehmensinteresse für sinnvoll, so muss er für diesen Zeitraum die weitere Verfolgung faktisch unterlassen. Der strittige Anspruch befindet sich dann in einer Art Schwebezustand. Während das möglicherweise haftende Vorstandsmitglied ständig mit einer Geltendmachung des Anspruchs rechnen muss, läuft gleichzeitig die Verjährungsfrist gegen die Gesellschaft. Auch umgekehrt ist denkbar, dass ein Vorstandsmitglied gegen einen Anspruch mit einer negativen Feststellungsklage vorgeht.

Kann der Aufsichtsrat hingegen bis zum Ablauf der Dreijahresfrist den Anspruch einem *pactum de non petendo* unterwerfen, so können die Beteiligten in Ruhe abwarten, Beweise sammeln und die weitere Klärung vorbereiten, ohne dass die Verjährungsfrist weiterläuft. Im Einzelfall kann ein *pactum de non petendo* wegen der (fragwürdigen)[8] Sperrfrist im Interesse der Gesellschaft sein. Die Sperrfrist auf einen angemessenen *pactum de non petendo* bzw. eine angemessene Stundung analog anzuwenden, kann die Gesellschaft für die Dauer von drei Jahren in eine Situation der

---

7 Zur Entstehungsgeschichte vgl. schon bei § 2 A. III. 2. a) (S. 83), sowie *Fleischer* AG 2015, 133 ff.

8 Vgl. § 2 A. III. (S. 78) und § 5 A. II. (S. 125).

Handlungsunfähigkeit treiben bzw. einen fragwürdigen Gang vor Gericht erzwingen. Soll die Sperrfrist aber nach Vorstellung des Gesetzgebers eine vorschnelle Entscheidung über Ansprüche verhindern,[9] so ist ein *pactum de non petendo* umgekehrt sogar ein effektives Mittel, um vorschnelle Entscheidungen zu verhindern und auf später zu vertagen.

Es besteht damit aber ein legitimes Interesse, eine Stundung oder einen *pactum de non petendo* auch innerhalb der Sperrfrist zuzulassen. Eine analoge Anwendung des § 93 Abs. 4 S. 3 AktG, soweit es um die dreijährige Sperrfrist geht, ist daher jedenfalls abzulehnen.

2. Beteiligung der Hauptversammlung bei Stundungen

Für die Frage einer analogen Anwendung der Hauptversammlungszuständigkeit auf Stundungen ist zu untersuchen, ob eine mit einem Verzicht oder Vergleich vergleichbare Interessenlage besteht.

Als Grund für eine Beschränkung der Dispositionsbefugnis des Aufsichtsrats kommt alleine der Schutz der besonderen Durchsetzungsmechanismen nach §§ 147, 148 AktG bzw. § 309 Abs. 4 S. 1 AktG wegen der funktionellen Sonderrolle der Ersatzansprüche in Betracht.[10] Wird ein Anspruch der Gesellschaft gestundet, so scheitert eine Leistungsklage (§§ 147, 148 AktG), weil der Beklagte die Einrede der Stundung geltend machen wird.[11]

Anders als bei einem Vergleich bleibt der Anspruch aber bestehen, lediglich die sofortige Durchsetzbarkeit wird aufgehoben. Ferner ist mit einer Stundung im Gegensatz zum Stillhalteabkommen im Regelfall ein Anerkenntnis des Schuldners verbunden.[12] Wird der Anspruch aber anerkannt und zu angemessenen Konditionen gestundet, so ist seine Durchsetzung zwar nicht sofort möglich, letztlich aber dennoch sichergestellt. Der Sinn und Zweck der Durchsetzungsmechanismen wird damit auf anderem Wege erreicht.

---

9 Vgl. Begr. RegE, abgedruckt bei *Kropff*, AktG, S. 123, sowie schon § 2 A. III. 2. a) (S. 83).

10 Siehe schon § 5 A. I. 2 (S. 120).

11 Es handelt sich auch bei § 148 AktG um eine Prozessstandschaft (vgl. nur Schmidt/Lutter/*Spindler* § 148 Rn. 40; *Hüffer/Koch* § 148 Rn. 15), sodass Einwendungen und Einreden gegen die Gesellschaft unbegrenzt geltend gemacht werden können. Eventuell kann aber noch ein Feststellungsantrag (ggf. durch eine einseitige Erledigungserklärung im laufenden Prozess) gestellt werden.

12 MünchKommBGB[7]/*Grothe* § 205 Rn. 5.

Dabei ist insbesondere auch zu bedenken, dass nach § 89 Abs. 1 AktG unter Zustimmung des Aufsichtsrats (angemessene) Darlehen an Vorstände gewährt werden dürfen. Es bestünde also immer die Möglichkeit, ein Darlehen zur Bezahlung des Ersatzanspruchs zu gewähren, ohne dass eine dreijährige Sperrfrist gilt bzw. ein Hauptversammlungsbeschluss notwendig werden würde. Auch wenn man hiergegen einwenden würde, es handle sich um eine Umgehung des § 93 Abs. 4 S. 3 AktG, so gerät man nur in einen kasuistischen Sumpf. Man müsste § 93 Abs. 4 S. 3 AktG in analoger Form auch auf Darlehensgewährungen erstrecken und könnte eine klare Abgrenzung nicht mehr durchführen.

3. *Beteiligung der Hauptversammlung bei einem pactum de non petendo*

Bei einem *pactum de non petendo* wird die Klagemöglichkeit der Gesellschaft für eine bestimmte Dauer ausgeschlossen, gegen eine dennoch erhobene Klage bestünde eine Einrede.[13] Dies bedeutet aber auch, dass für diesen Zeitraum das Klagerecht der Aktionäre (§§ 147, 148 AktG) als eine Form der Prozessstandschaft ausgeschaltet wäre. Damit wären die Aktionäre zeitweise waffenlos gestellt, ohne dass die Forderung anerkannt und die Durchsetzung gesichert worden wäre. Für einen *pactum de non petendo*, der auch die Rechte aus §§ 147, 148 bzw. 309 Abs. 4 S. 1 AktG beschränkt, muss man daher konsequenterweise die Zustimmung der Hauptversammlung und ein Widerspruchsrecht der Minderheit analog § 93 Abs. 4 S. 3 AktG verlangen.

Unproblematisch ist aber im Hinblick auf § 93 Abs. 4 S. 3 AktG eine Vereinbarung zwischen Aufsichtsrat und Schuldner dahingehend, dass nur der Aufsichtsrat sich zum Unterlassen einer klageweisen Geltendmachung (Stillhalteabkommen) im Gegenzug für eine Hemmung der Verjährung[14]

---

13 BGH NJW 1999, 1101, 1103; BGH NJW-RR 1989, 1048; MünchKommBGB[7]/*Krüger* § 271 Rn. 18.

14 Ob § 205 BGB in diesem Falle auch gilt, oder aber der Schuldner einfach nur zusagt, sich nicht auf die Verjährung zu berufen, spielt letztlich keine Rolle. Insgesamt zur Frage, inwieweit die Verjährung gehemmt oder unterbrochen werden kann: *Schnorbus/Klormann* NZG 2015, 938.

verpflichtet, das Recht der Hauptversammlung/Aktionäre, eine Durchsetzung zu erzwingen, aber unberührt bleibt. Eine solche Vereinbarung muss aber nach den Umständen des Einzelfalls vom unternehmerischen Ermessen des Aufsichtsrats gedeckt sein, um keine eigene Haftung zu begründen.[15]

III. Ergebnisse

Ein legitimes Interesse der Gesellschaft an Stundungen bzw. *pacta de non petendo* bei Ersatzansprüchen ist anzuerkennen, ein pauschales Verbot lässt sich nicht begründen. Umgekehrt kann eine generelle Zulässigkeit von Stundungen/*pacta de non petendo* ohne Beteiligung der Hauptversammlung zu einer Ausschaltung der Aktionärsrechte nach §§ 147, 148 309 Abs. 4 S. 1 AktG führen.

Richtigerweise ist daher wie folgt zu differenzieren: Eine Stundung zu angemessenen Konditionen unter Anerkennung des Anspruchs kann der Aufsichtsrat ohne Einbindung der Hauptversammlung vornehmen, weil die Anspruchsdurchsetzung gesichert ist und über eine Darlehensgewährung eine Hauptversammlungszuständigkeit sowieso umgangen werden könnte. Ferner kann der Aufsichtsrat auch Vereinbarungen mit dem Schuldner abschließen, die eine Durchsetzung des Anspruchs durch den Aufsichtsrat im Gegenzug für eine Verjährungshemmung vorläufig unterbinden, solange die Rechte der Hauptversammlung/Aktionäre nach §§ 147, 147, 309 Abs. 4 S. 1 AktG unberührt bleiben. Für einen angemessenen *pactum de non petendo* braucht der Aufsichtsrat hingegen die Zustimmung der Hauptversammlung analog § 93 Abs. 4 S. 3 AktG, eine analoge Anwendung der Sperrfrist von drei Jahren ist hingegen nicht geboten.

Auf unangemessene Stundungen oder *pacta de non petendo* findet hingegen § 93 Abs. 4 S. 3 AktG direkt Anwendung, sodass diese erst drei Jahre nach Anspruchsentstehung und nur unter Zustimmung der Hauptversammlung erfolgen dürfen.

---

15 Vgl. BGHZ 135, 244 – ARAG/Garmenbeck; Semler/v. Schenk/*Schütz*, Der Aufsichtsrat, § 111 Rn. 291; MünchKommAktG[4]/*Habersack* § 116 Rn. 39.

C. § 93 Abs. 5 S. 3 AktG

Unabhängig von der Zulässigkeit im Verhältnis zu den Aktionären ist die Frage der Wirksamkeit einer Stundung oder eines Stillhalteabkommens im Verhältnis zu den Gläubigern mit Verfolgungsrecht zu betrachten.

Geht man von der herrschenden und richtigen Ansicht aus,[16] dass das Gläubigerverfolgungsrecht einen eigenständigen Anspruch der Gläubiger begründet, so fehlt der Gesellschaft die Dispositionsbefugnis. Dann sind aber konsequenterweise ungeachtet des § 93 Abs. 5 S. 3 AktG alle Dispositionen, welche nicht eine Erfüllung des Anspruchs bewirken, den Gläubigern mit Verfolgungsrecht gegenüber unwirksam.[17]

Dies bedeutet dann, dass auch Stundungen und *pacta de non petendo* den Gläubigern (bzw. einem Insolvenzverwalter, der nach § 93 Abs. 5 S. 4 AktG vorgeht) gegenüber unwirksam sind, wenn der Ersatzanspruch auf grob sorgfaltswidrigem Verhalten oder einem Verstoß gegen die Pflichten nach § 93 Abs. 3 AktG beruht. Auf eine Analogie zu § 93 Abs. 5 S. 3 AktG muss daher nicht zurückgegriffen werden.

Zusammenfassung zu § 10

Die Stundung von Ersatzansprüchen zu angemessenen Bedingungen und unter Anerkennung des Anspruchs durch den Aufsichtsrat ist grundsätzlich möglich. Ein angemessener *pactum de non petendo* (Stillhalteabkommen), der auch die Durchsetzungsrechte der Aktionäre beschränkt, ist aber nur unter Zustimmung der Hauptversammlung analog § 93 Abs. 4 S. 3 AktG ohne gleichzeitigen Widerspruch der Minderheit zulässig, wobei die dreijährige Sperrfrist nicht eingehalten werden muss. Auf unangemessene Stundungen oder *pacta de non petendo* findet § 93 Abs. 4 S. 3 AktG hingegen direkte Anwendung. Gegenüber den Gläubigern mit Gläubigerverfolgungsrecht nach § 93 Abs. 5 S. 1 AktG wirkt eine Stundung bzw. ein *pactum de non petendo* nicht, sodass in der Zahlungsunfähigkeit der Gesellschaft der Ersatzverpflichtete dennoch sofort in Anspruch genommen werden kann.

---

16 Eingehend schon § 2 B. I. (S. 88).

17 Vgl. § 2 B. II. (S. 94).

§ 11 Stundung von Verlustausgleichsansprüchen

Ausgangssituation: Eine vertraglich konzernierte AG hat im vergangenen Geschäftsjahr Verluste erwirtschaftet. Den dadurch entstandenen Verlustausgleichsanspruch möchte sie (1) während der Laufzeit des Unternehmensvertrages bzw. (2) nach Beendigung des Unternehmensvertrages stunden, um Liquidität beim herrschenden Unternehmen zu belassen.

A. Überblick zum Meinungsstand

Die Frage, inwieweit der Vorstand der abhängigen Gesellschaft den Verlustausgleichsanspruch nach § 302 Abs. 1 AktG stunden darf, wird wenig diskutiert. Die herrschende Lehre geht mit Blick auf das Verzichtsverbot in § 302 Abs. 3 S. 1 AktG von einer Unzulässigkeit der Stundung aus.[1] Der Vorstand sei grundsätzlich verpflichtet, den Verlustausgleichsanspruch geltend zu machen[2] und dürfe entgegenstehenden Weisungen der herrschenden Gesellschaft nicht folgen.[3]

Abweichend davon soll nach einer Auffassung eine Stundung von maximal drei Wochen zulässig sein.[4] Nach anderer Ansicht soll zumindest ein Stillhalteabkommen möglich sein.[5] Schließlich wird noch vorgeschlagen, die

---

1 Emmerich/Habersack/*Emmerich* § 302 Rn. 40c; Hölters/*Deilmann* Rn. 20; MHdB AG/*Krieger* § 70 Rn. 75; *ders.* NZG 2005, 787, 789; Schmidt/Lutter/*Stephan* § 302 Rn. 69; MünchKommAktG[4]/*Altmeppen* § 302 Rn. 74. Wohl auch KölnKommAktG[3]/*Koppensteiner* § 302 Rn. 54. Abweichend GroßkommAktG[4]/*Hirte* § 302 Rn. 63: entsprechend § 66 Abs. 1 S. 1 AktG unzulässig.

2 MünchKommAktG[4]/*Altmeppen* § 302 Rn. 84; KölnKommAktG[3]/*Koppensteiner* § 302 Rn. 50; Emmerich/Habersack/*Emmerich* § 302 Rn. 43.

3 MünchKommAktG[4]/*Altmeppen* § 302 Rn. 85; KölnKommAktG[3]/*Koppensteiner* § 302 Rn. 54; Emmerich/Habersack/*Emmerich* § 302 Rn. 43; GroßkommAktG[4]/*Hirte* § 302 Rn. 57; Bürgers/Körber/*Schenk* § 302 Rn. 21.

4 *Bärenz/Fragel*, FS Görg, 2010, S. 13, 16 ff. Wohl zustimmend *Hüffer/Koch* § 302 Rn. 25.

5 *Hoffmann/Theusinger* NZG 2014, 1170, 1171 ff. Ablehnend dagegen Emmerich/Habersack/*Emmerich* § 302 Rn. 40d.

Stundung auf Weisung hin bis zum Zeitpunkt der Beendigung des Unternehmensvertrages zuzulassen.[6]

Mit in den Kontext der Stundung gehört auch die Frage, inwieweit die vertraglich konzernierte Gesellschaft Darlehen an das herrschende Unternehmen gewähren darf. Hierbei wird die Darlehensgewährung aus Mitteln der abhängigen Gesellschaft teilweise für unzulässig gehalten, wenn dies auf eine faktische Rückgewähr des Verlustausgleichsanspruchs hinausläuft.[7]

B. Anwendung der geltenden Vorschriften

Aus § 302 Abs. 3 S. 1 AktG lässt sich nicht unmittelbar ein generelles Stundungsverbot entnehmen. Zum einen erfasst der Wortlaut der Vorschrift Stundungen nicht ausdrücklich, zum anderen enthält eine angemessene Stundung entgegen verbreiteter Ansicht kein Verzichtselement. Der Anspruch bleibt vielmehr vollumfänglich bestehen.[8] Nur für eine Stundung zu unangemessenen Bedingungen kann man von einem Teilverzicht und einer damit verbundenen Anwendbarkeit des § 302 Abs. 3 AktG ausgehen.[9] Dem Gesetz kann also nicht unmittelbar ein generelles Stundungsverbot entnommen werden.

Diesem Ergebnis steht auch nicht entgegen, dass es sich bei Verlustausgleichsansprüchen um kraft Gesetzes begründete Ansprüche handelt.[10] Denn auch über kraft Gesetzes entstandene Ansprüche (einfacher Fall: § 823 Abs. 1 BGB) können die Parteien nach deren Entstehung vorbehaltlich weiterer zwingender Regelungen frei disponieren. Ob § 302 Abs. 3 AktG eine solche zwingende Regelung enthält, ist gerade Untersuchungsgegenstand.

---

6 GroßkommAktG[3]/*Würdinger* § 302 Anm. 14.

7 Emmerich/Habersack/*Emmerich* § 302 Rn. 40d; GroßkommAktG[4]/*Hirte* § 302 Rn. 63; wohl auch Schmidt/Lutter/*Stephan* § 302 Rn. 55. AA *Hoffman/Theusinger* NZG 2014, 1170, 1171 ff.

8 Siehe auch § 9 B. I. 1. (S. 162) und § 10 B. I. (S. 175); ferner *Hoffman/Theusinger* NZG 2014, 1170, 1171 ff.

9 Siehe auch § 10 B. I. (S. 175).

10 So aber MünchKommAktG[4]/*Altmeppen* § 302 Rn. 74 mwN in Fn. 118.

C. Analoge Anwendung von Vorschriften

Zu untersuchen bleibt, ob ein Stundungsverbot auf § 302 Abs. 3 S. 1 AktG analog zu stützen ist. Insoweit ist hinsichtlich des Zeitraums vor und nach Beendigung des Vertragskonzerns zu unterscheiden.

I. Stundung im laufenden Vertragskonzern

Die Stundung von Verlustausgleichsansprüchen im laufenden Vertragskonzern ist nicht explizit geregelt und der Gesetzgeber hat das Problem nicht erkannt.[11] Fraglich ist aber, ob ein Stundungsverbot auf Grund der funktionalen Stellung des Verlustausgleichsanspruchs im System des Vertragskonzernrechts erforderlich ist.

1. Funktionsweise des Verlustausgleichsanspruchs und Stundung

Der Verlustausgleichsanspruch soll zum einen die Außerkraftsetzung der Kapitalerhaltungsregeln kompensieren.[12] Insbesondere erlaubt aber nur die vollständige Übernahme aller Verluste der Gesellschaft, dass diese im fremden Interesse (nämlich im Interesse der Muttergesellschaft/des Konzerns) geschädigt werden darf.[13] Die Gläubiger und außenstehenden Aktionäre sind durch die Übernahme aller Verluste geschützt.

a) Bilanzielle Betrachtung

Dem Verlustausgleichsanspruch liegt, und insoweit ergibt sich eine Nähe zur Kapitalerhaltung, eine bilanzielle Betrachtungsweise zu Grunde. Soll nämlich der Jahresfehlbetrag übernommen werden, so muss dieser erst durch die Aufstellung einer Bilanz, einschließlich der Gewinn- und Verlustrechnung, ermittelt werden.[14]

---

11 Vgl. Begr. RegE, abgedruckt bei *Kropff,* AktG, S. 392.

12 BGHZ 103, 1, 10; MünchKommAktG[4]/*Altmeppen* § 302 Rn. 9; GroßkommAktG[4]/*Hirte* § 302 Rn. 4; KölnKommAktG[3]/*Koppensteiner* § 302 Rn. 9; *Hüffer/Koch* § 302 Rn. 3; Emmerich/Habersack/*Emmerich* § 302 Rn. 3 jew. mwN.

13 Begr. RegE, abgedruckt bei *Kropff,* AktG, S. 391. MünchKommAktG[4]/*Altmeppen* § 302 Rn. 11 f.; KölnKommAktG[3]/*Koppensteiner* § 302 Rn. 6 jew. mwN.

14 Zur Ermittlung vgl. nur MünchKommAktG[4]/*Altmeppen* § 302 Rn. 17 ff.; Schmidt/Lutter/*Stephan* § 302 Rn. 18 ff.; KölnKommAktG[3]/*Koppensteiner* § 302 Rn. 18 ff.

Inwieweit der Verlustausgleichsanspruch darüber hinaus auch eine liquiditätsschützende Funktion erfüllen soll, ist umstritten. Der überwiegende Teil der Literatur geht davon aus, dass dem Verlustausgleichsanspruch keine Liquiditätsfunktion zukommt,[15] während die Gegenmeinung zumindest eine eingeschränkte Liquiditätsfunktion in Form einer Pflicht zur Leistung von Vorschüssen unter bestimmten Umständen zu erkennen vermag.[16] Jedenfalls erfordert der Verlustausgleichsanspruch nach praktisch einhelliger Meinung nicht zwingend die Zuführung liquider Mittel.[17]

b) Bedeutung für die Stundung

Wird ein Verlustausgleichsanspruch gestundet, so bleibt sein bilanzieller Wert, uneingeschränkte Solvenz des anderen Vertragsteils vorausgesetzt, unangetastet. Einzig bei Laufzeiten jenseits der Jahresgrenze müsste eine Abzinsung vorgenommen werden, sofern nicht eine entsprechende Kompensation erfolgt.[18] Dem Sinn und Zweck des Verlustausgleichsanspruchs ist, soweit es um die bilanzielle Neutralisierung geht, auch bei einer angemessenen Stundung, d.h. bei Solvenz des anderen Vertragsteils und angemessener Verzinsung, noch gedient. Eine generelle Notwendigkeit für ein Stundungsverbot ergibt sich damit aber nicht. Hat der Verlustausgleichsanspruch darüber hinaus auch keine zwingende Liquiditätsfunktion, so lässt sich auch daraus keine Notwendigkeit für ein Stundungsverbot ableiten.

c) Vergleich mit Darlehensgewährung

Dieses Ergebnis lässt sich auch durch einen Blick auf die Alternative der Darlehensgewährung bestätigen. Die Stundung eines Anspruchs kann, wie auch in der Literatur richtig erkannt,[19] durch Erfüllung des

---

15 KölnKommAktG³/*Koppensteiner* § 302 Rn. 57; GroßkommAktG⁴/*Hirte* § 302 Rn. 62; Henssler/Strohn/*Paschos* AktG § 302 Rn. 15; Grigoleit/*Servatius* § 302 Rn. 14; Hölters/*Deilmann* § 302 Rn. 23; MHdB AG/*Krieger* § 70 Rn. 74.

16 Vgl. *Altmeppen* DB 1999, 2453, 2455 f.; MünchKommAktG⁴/*ders.* § 302 Rn. 38 mit umfangreichen Nachw. in Fn. 58; *Priester* ZIP 1989, 1301, 1307 f.; *ders.* BB 2005, 2483, 2485.

17 Vgl. MünchKommAktG⁴/*Altmeppen* § 302 Rn. 87; KölnKommAktG³/*Koppensteiner* § 302 Rn. 50.

18 MünchKommHGB³/*Ballwieser* § 253 Rn. 60.

19 Vgl. Fn. 7.

Verlustausgleichsanspruchs und anschließende Darlehensgewährung umgangen werden.

Eine Darlehensgewährung der abhängigen an die herrschende Gesellschaft kann aber spätestens seit Schaffung des § 57 Abs. 1 S. 3 Alt. 2 AktG nicht mehr für grundsätzlich unzulässig gehalten werden.[20] Denn wenn selbst im faktischen Konzern eine Darlehensgewährung zulässig ist, so muss dies erst recht im Vertragskonzern, bei welchem das herrschende Unternehmen per Weisung durchregieren darf, wenigstens bei Vollwertigkeit des Rückzahlungsanspruchs zulässig sein. Richtigerweise darf wegen der Aufhebung der Kapitalbindung (§§ 57 Abs. 1 S. 3 Alt. 1, 291 Abs. 3 AktG) selbst jenseits der Kriterien des § 57 Abs. 1 S. 3 Alt. 2 AktG noch ein Darlehen vergeben werden.[21] Ist beispielsweise die Verzinsung zu niedrig, so bleibt dies unerheblich, weil am Jahresende das herrschende Unternehmen sowieso das Ergebnis übernimmt.[22]

Ist die Darlehensgewährung aber grundsätzlich zulässig, während die Stundung des Verlustausgleichsanspruchs unzulässig sein soll, so beginnt unweigerlich die Diskussion darüber, wann eine Umgehung vorliegt und wie diese zu sanktionieren ist. Dabei hat sich bereits für die Kapitalaufbringung gezeigt, dass das Konzept des „verbotenen Hin- und Herzahlens" zu schwierigen Abgrenzungsschwierigkeiten führt.[23] Würde man die Wertungen von dort, insbesondere die Vermutung eines Hin- und Herzahlens während der ersten sechs Monate nach Eintragung der Gesellschaft,[24] übertragen, müsste eine Darlehensgewährung im Vertragskonzern im ersten Halbjahr faktisch ausgeschlossen, im zweiten hingegen wieder uneingeschränkt zulässig sein.

Wenn man also unmittelbares Hin- und Herzahlen als unzulässig einstuft, so mag dies auf den ersten Blick konsequent klingen. Die genaue Definition,

---

20 MünchKommAktG^4/*Altmeppen* § 308 Rn. 97; *Hentzen* AG 2017, 885, 886.

21 Vgl. nur MünchKommAktG^4/*Altmeppen* § 308 Rn. 96; *Hentzen* AG 2017, 885, 886.

22 Einzig im isolierten Beherrschungsvertrag erfolgt, solange die abhängige Gesellschaft noch Gewinne erwirtschaftet, keine Ergebnisübernahme. Dies ändert aber nichts an den grundlegenden Wertungen, weil das herrschende Unternehmen per Weisung sich jederzeit Vermögen zuwenden lassen kann.

23 Vgl. schon § 9 mit Fn. 26.

24 Vgl. GroßkommAktG^5/*Schall* § 27 Rn. 389; Schmidt/Lutter/*Bayer* § 27 Rn. 106 mit Rn. 66; MünchKommAktG^4/*Pentz* § 27 Rn. 220.

wann dies vorliegen soll, ist aber im Vertragskonzern mit seinen engen wirtschaftlichen Verflechtungen zum Scheitern verurteilt.[25] Noch fernerliegender wäre es, § 27 Abs. 4 AktG auf den Verlustausgleichsanspruch analog anzuwenden.[26] Denn mit Kapitalaufbringung hat § 302 Abs. 1 AktG nichts zu tun. Ein Konzept des verbotenen Hin- und Herzahlens im Rahmen des § 302 Abs. 1 AktG ist damit aber nicht durchführbar.[27]

Umgekehrt ist daraus dann der Schluss zu ziehen, dass eine Darlehensvergabe grundsätzlich zulässig ist. Ist aber die Darlehensvergabe zulässig, so ist ein Stundungsverbot wegen der offensichtlichen Umgehungsmöglichkeit nicht durchhaltbar.

d) Zwischenergebnis

Damit muss man aber als Zwischenergebnis festhalten, dass eine Stundung des Verlustausgleichsanspruchs im bestehenden Vertragskonzern nicht grundsätzlich unzulässig sein kann.

2. *Schutz vor Zahlungsfähigkeit als Kernproblem*

Zum Problem wird die Stundung des Verlustausgleichsanspruchs erst und nur, wenn das herrschende Unternehmen in die Insolvenz gerät. Denn in diesem Falle verliert auch der Verlustausgleichsanspruch seinen Wert, eine weitere Kompensation über den nächsten Verlustausgleichsanspruch ist auf Grund der Zahlungsunfähigkeit nicht zu erwarten. Wird über mehrere Jahre gestundet, so entsteht zwangsläufig ein Klumpenrisiko.[28]

Die Zahlungsunfähigkeit der Mutter ist im Vertragskonzern stets die größte Gefahr für das abhängige Unternehmen, nämlich der „eigentliche Katastrophenfall" für die abhängige Gesellschaft.[29] Es handelt sich hierbei aber um keine Angelegenheit, welche spezifisch den Verlustausgleichsanspruch betrifft, sondern jegliches Wirtschaften im Interesse der

---

25 Vgl. auch schon *Grunewald* NZG 2005, 781, 783: *„Man fragt sich, [...] wie überhaupt ordnungsgemäß geleistet werden könnte."*

26 So aber wohl Schmidt/Lutter/*Stephan* § 302 Rn. 69.

27 Vgl. auch schon die Zweifel von *Hentzen* AG 2006, 133, 139 f.; *ders.* AG 2017, 885, 891.

28 Vgl. *Hentzen* AG 2006, 133, 139.

29 *Paulus* ZIP 1996, 2141, 2144; MünchKommAktG[4]/*Altmeppen* § 297 Rn. 107.

Konzernmutter. So könnte das herrschende Unternehmen sich per Weisung auch im großen Umfang werthaltiges Vermögen der Gesellschaft zuwenden oder Darlehen gewähren lassen. Gerät das herrschende Unternehmen sodann in die Insolvenz, wäre der entsprechend hohe Verlustausgleichs- oder Darlehensrückzahlungsanspruch dennoch wertlos. Die Existenz der vertraglich konzernierten Gesellschaft steht und fällt somit faktisch mit der Solvenz des anderen Vertragsteils.

Damit ist im Ergebnis eigentlich auch schon die Frage beantwortet, ob ein Stundungsverbot für den Verlustausgleichsanspruch in Betracht kommt: es kann nichts anderes gelten, als für alle anderen Arten von Ansprüchen auch, weil die Gefährdungssituation gleich ist.

a) Pflichtbindung des Vorstands

Handelt der Vorstand der konzernierten Gesellschaft nicht auf Weisung des herrschenden Unternehmens, so muss er grundsätzlich die Geschäfte eigenverantwortlich im Interesse der Gesellschaft führen (§ 76 Abs. 1 AktG). Es besteht kein Unterschied im Vergleich zu nur faktisch abhängigen Gesellschaften.[30] Nur subsidiär darf er und muss er dann auch die Konzerninteressen berücksichtigen.[31] Zu seinen Pflichten gehört insbesondere auch, dass er bestehende Ansprüche, einschließlich des Verlustausgleichanspruchs, geltend macht.[32]

Möchte er von einer sofortigen Geltendmachung absehen, so muss auch dies im Interesse der Gesellschaft sein. Eine Stundung kommt daher in der Regel nur in Betracht, wenn die Gesellschaft selbst keine liquiden Mittel zur Aufrechterhaltung des Geschäftsbetriebs braucht, eine angemessene Vergütung (Verzinsung) für die Stundung gewährt wird und die spätere Erfüllung/Rückzahlung außer Frage steht. Jedenfalls darf der Vorstand dann den Verlustausgleichsanspruch stunden, wenn er auch im faktischen Konzern einen Anspruch stunden dürfte (entsprechend den Wertungen des § 57 Abs. 1 S. 1 und S. 3 Alt. 2 AktG).[33]

---

30 MünchKommAktG^{4}/*Altmeppen* § 308 Rn. 157 ff.
31 Vgl. dazu *Hentzen* AG 2017, 885, 887 f.
32 So zum Verlustausgleichsanspruch auch eindeutig die hL, vgl. Nachw. in Fn. 2.
33 Vgl. schon § 8 D. I. (S. 158).

Verfolgt der Vorstand den Verlustausgleichsanspruch nicht mit der gebotenen Sorgfalt, oder lässt er sich auf unangemessene Stundungen/Darlehensvergaben ein, so haftet er konsequenterweise der Gesellschaft auf Schadensersatz.

b) Handeln auf Weisung

Davon zu trennen ist die Situation, dass der Vorstand der abhängigen Gesellschaft auf Weisung (§ 308 Abs. 1 S. 1 AktG) handelt.

Die Annahme der herrschenden Meinung, Weisungen hinsichtlich des Verlustausgleichsanspruchs seien generell unzulässig,[34] ist in dieser Pauschalität richtigerweise nicht begründbar. Sie findet, anders als für die Änderung, Aufrechterhaltung oder Beendigung des Unternehmensvertrages (vgl. § 299 AktG) keine Stütze im Gesetz. § 308 Abs. 1 S. 1 AktG gewährt ein vollumfängliches Weisungsrecht und erlaubt hierbei nach § 308 Abs. 1 S. 2 AktG auch die Schädigung der abhängigen Gesellschaft.

Mehr noch zeigt sich am Beispiel der Darlehensgewährung,[35] dass für die Stundung eine nur allzu leichte Umgehungsmöglichkeit bestünde. Anstatt die Stundung des Verlustausgleichsanspruchs anzuweisen, wird eine Darlehensvergabe angewiesen und anschließend die Aufrechnung erklärt. Dieses Vorgehen unterbinden zu wollen, würde zu unübersehbaren Abgrenzungsschwierigkeiten führen.[36]

Es muss also darum gehen, generell für alle Arten von Rechtsgeschäften die Grenzen der Weisungsbefugnis festzulegen,[37] nicht aber isolierte Weisungsverbote für bestimmte Ansprüche (Verlustausgleichsansprüche) zu konstruieren und gleichzeitig für andere Ansprüche Weisungen zuzulassen.

Zuzustimmen ist daher grundsätzlich der Ansicht,[38] welche davon ausgeht, dass Verlustausgleichsansprüche auch auf Weisung gestundet werden können. Nur wenn die allgemeinen Grenzen des Weisungsrechts

---

34 Vgl. Nachw. in Fn. 3.

35 Vgl. § 11 C. I. 1. c) (S. 184).

36 Vgl. eingehend *Hentzen* AG 2017, 885, 889 ff. zu den damit verbundenen praktischen Abgrenzungsproblemen und Vorschlägen hinsichtlich der Vorgehensweise.

37 Vgl. zu den Grenzen des Weisungsrechts § 1 D. III. 3. (S. 69).

38 GroßkommAktG^3/*Würdinger* § 302 Anm. 14.

überschritten werden, insbesondere auch weil das herrschende Unternehmen nicht (mehr) uneingeschränkt solvent ist, darf der Verlustausgleichsanspruch nicht (mehr) gestundet werden.

c) Zwischenergebnis

Es ergeben sich keine Gründe dafür, warum im laufenden Vertragskonzern eine Stundung des Verlustausgleichsanspruchs (zu angemessenen Konditionen, d.h. mit marktüblicher Verzinsung) unzulässig sein sollte. Vielmehr darf der Vorstand der abhängigen AG den Verlustausgleichsanspruch stunden und muss dies bei Vorliegen einer rechtmäßigen Weisung sogar tun.

3. Problem der unangemessenen Stundung

Erfolgt während eines bestehenden Vertragskonzerns eine Stundung auf Weisung zu unangemessenen Bedingungen, insbesondere weil auf eine angemessene Verzinsung verzichtet wird, so liegt wirtschaftlich betrachtet ein Teilverzicht vor, was § 302 Abs. 3 S. 1 AktG an sich verbietet.[39]

Eine Unangemessenheit der Stundung kann sich einerseits daraus ergeben, dass das herrschende Unternehmen nicht mehr solvent ist („fehlende Vollwertigkeit").[40] In dieser Situation endet aber richtigerweise der Vertragskonzern/das Weisungsrecht, weil der Bestand des Vertragskonzerns nur auf der Basis zulässig ist, dass das herrschende Unternehmen alle Verluste ausgleichen kann.[41] Daher kann es eine Stundung zu unangemessenen Bedingungen auf Grund mangelnder Solvenz des herrschenden Unternehmens im laufenden Vertragskonzern nicht geben, weil mangelnde Solvenz des herrschenden Unternehmens gleichbedeutend mit der Beendigung des Unternehmensvertrages ist.

Andererseits kann sich eine Unangemessenheit der Stundung auch daraus ergeben, dass eine zu geringe oder keine Verzinsung gewährt wird.[42] Dann übernimmt aber das herrschende Unternehmen den daraus entstehenden

---

39 Vgl. § 11 B. (S. 182).
40 Vgl. allgemein § 8 B. I. (S. 150).
41 MünchKommAktG[4]/*Altmeppen* § 297 Rn. 106 und § 308 Rn. 122 ff. mwN; vgl. ferner § 1 D. III. 3. b) (S. 70). Zur Situation nach Beendigung dann noch sogleich.
42 Vgl. dazu allgemein § 8 B. II. (S. 154).

Verlust mit dem nächsten Verlustausgleichsanspruch, während es bei angemessener Verzinsung den daraus erzielten Gewinn ebenfalls mit dem nächsten Verlustausgleich bzw. mit der nächsten Gewinnübernahme übernehmen würde. Aus der Perspektive des abhängigen Unternehmens, seiner Gläubiger und außenstehenden Aktionäre ist es also belanglos, ob eine angemessene Verzinsung erfolgt, oder eben nicht, solange nur die Solvenz des herrschenden Unternehmens und damit die Verlustübernahme gewährleistet ist.[43] Die Differenzierung nach Unangemessenheit oder Angemessenheit der Stundung ist im laufenden Vertragskonzern insoweit unnötig. Ob man § 302 Abs. 3 S. 1 AktG deswegen teleologisch reduziert, oder aber verlangt, alle Stundungen auf dem Papier durch Verzinsung „angemessen" zu machen, ist wirtschaftlich betrachtet unerheblich. Es zeigt sich nur, wie wenig die Übernahme der Regelungen zu Ersatzansprüchen (§ 93 Abs. 4 S. 3 AktG) in § 302 Abs. 3 S. 1 AktG auf den Verlustausgleichsanspruch passt.[44]

II. Auswirkungen einer Beendigung des Vertragskonzerns

Wird der Unternehmensvertrag beendet, so ist der letzte Verlustausgleichsanspruch mit Hilfe einer Zwischenbilanz auf den Beendigungsstichtag zu berechnen.[45] Bei der Beendigung des letzten Verlustausgleichsanspruchs werden daher grundsätzlich auch die bilanziellen Auswirkungen, welche sich aus einer vorher gewährten Stundung oder Darlehensvergabe ergeben, berücksichtigt.

Ferner wird man der vertraglich konzernierten Gesellschaft ein Recht zur außerordentlichen Kündigung der Stundungsvereinbarung nach § 314 Abs. 1 S. 1 BGB wegen einer Beendigung des Unternehmensvertrages, oder jedenfalls nach § 490 Abs. 1 BGB analog bei drohender Insolvenz des anderen Vertragsteils zugestehen müssen.

Mit der Beendigung des Unternehmensvertrages erhält die (ehemals) abhängige AG somit einen letzten Verlustausgleichsanspruch, der alle

---

43 Dies ist gerade Folge der wirtschaftlichen Fusion auf Zeit, vgl. MünchKommAktG[4]/*Altmeppen* Vor § 291 Rn. 7.

44 Vgl. auch schon zum Verzicht § 3 C. II. (S. 100) und zum Vergleich § 7 B. (S. 143).

45 MünchKommAktG[4]/*Altmeppen* § 302 Rn. 25; GroßkommAktG[4]/*Hirte* § 302 Rn. 19; KölnKommAktG[3]/*Koppensteiner* § 302 Rn. 32; Emmerich/Habersack/*Emmerich* § 302 Rn. 38. Weitere Nachw. bei § 1 in Fn. 128.

Schäden aus vorherigen Stundungen neutralisiert, und kann ferner alle vorher gestundeten Verlustausgleichsansprüche fällig stellen.

Damit ist aber letzten Endes der Ansicht von *Würdinger*[46] zu folgen, dass jedenfalls eine Stundung des Verlustausgleichsanspruchs bis zur Vertragsbeendigung auf Weisung des herrschenden Unternehmens möglich ist.

III. Stundung über Vertragsende hinaus

Es stellt sich noch die Frage, inwieweit der letzte Verlustausgleichsanspruch und zum Vertragsende fällig gestellte Verlustausgleichsansprüche auch nach Vertragsbeendigung noch gestundet werden dürfen.

1. Kapitalerhaltung

Endet der Unternehmensvertrag, so greift ab diesem Moment wieder die Kapitalerhaltung ein, da deren Suspension nach § 57 Abs. 1 S. 3 Alt. 1/§ 291 Abs. 3 AktG entfällt. Dies bedeutet aber, dass damit auch § 57 Abs. 1 S. 3 Alt. 2 AktG unmittelbar Anwendung findet. Noch ausstehende Verlustausgleichsansprüche können dann nur unter den gleichen Voraussetzungen gestundet werden, wie alle anderen Ansprüche auch, nämlich bei Vollwertigkeit des Anspruchs und angemessener Verzinsung.[47] Insoweit ist eine Anwendung des § 302 Abs. 3 S. 1 AktG auf Stundungen nicht notwendig.

2. Situation bei Ausscheiden aus der Gesellschaft

Ist das (ehemals) herrschende Unternehmen nach Beendigung des Vertragskonzerns nicht mehr Adressat der Kapitalerhaltung, so ergibt sich aus allgemeinen Grundsätzen ebenfalls, dass eine Stundung durch den Vorstand allenfalls zu angemessenen Konditionen, also regelmäßig Vollwertigkeit und angemessene Verzinsung, erfolgen darf.[48] Auch insoweit bedarf es daher keiner analogen Anwendung des § 302 Abs. 3 S. 1 AktG, weil bereits keine Regelungslücke besteht. Lediglich für den Fall der Stundung zu unangemessenen Konditionen findet § 302 Abs. 3 S. 1 u. 3 AktG (direkte) Anwendung.

---

46 GroßkommAktG³/*Würdinger* § 302 Anm. 14.
47 Vgl. § 8 B. (S. 150).
48 Vgl. § 8 D. I. (S. 158).

Zusammenfassung zu § 11

Ein allgemeines Stundungsverbot für den Verlustausgleichsanspruch nach § 302 Abs. 1 AktG lässt sich nicht begründen. Nach Beendigung des Unternehmensvertrages ist eine Stundung vielmehr unter den Voraussetzungen des § 57 Abs. 1 S. 3 Alt. 2 AktG zulässig. Im laufenden Unternehmensvertrag ist die Stundung auf Weisung des herrschenden Unternehmens grundsätzlich zu angemessenen Bedingungen möglich. Es gelten lediglich die allgemeinen Grenzen für die Ausübung des Weisungsrechts, d.h. insbesondere das Erfordernis uneingeschränkter Solvenz des anderen Vertragsteils. Ohne Weisung ist die Stundung zulässig, wenn sie auch im Interesse der abhängigen Gesellschaft ist. Nur für Fälle einer Stundung zu unangemessenen Bedingungen (v.a. fehlende Verzinsung) kann § 302 Abs. 3 S. 1 u. 3 AktG direkt angewendet werden, sodass solche Stundungen *de lege lata* vor Ablauf der Dreijahresfrist und Zustimmung der außenstehenden Aktionäre unwirksam sind.

4 Die Aufrechnung

§ 12 Aufrechnung mit allgemeinen Ansprüchen

Ausgangssituation: Der Gesellschaft steht ein Anspruch auf Zahlung des Kaufpreises gegen eine Person, dieser Person dagegen ein Rückzahlungsanspruch aus einem Darlehen zu. Der Vorstand möchte die Aufrechnung hinsichtlich dieser beiden Forderungen erklären.

A. Die Aufrechnung

Stehen sich zwei gleichartige Forderungen gegenüber und ist wenigstens die eigene Forderung fällig und durchsetzbar,[1] so können beide durch Erklärung der Aufrechnung zum Erlöschen gebracht werden (§§ 387 ff. BGB). Der Vorteil der Aufrechnung liegt zum einen darin, dass der Austausch der Leistungen unterbleiben kann. Insbesondere ermöglicht die Aufrechnung aber eine Selbstexekution, ohne den langen Weg über die Gerichtsbarkeit bis zur Vollstreckung der Forderung gehen zu müssen.[2] Wenn die eigene Forderung bestritten wird, so wird der Gegenseite die Last der Klageerhebung aufgebürdet. Schließlich stellt die Aufrechnungsmöglichkeit noch eine Form der Absicherung dar, wenn die Solvenz der Gegenseite unsicher ist. Solange man sich durch Aufrechnung selbst befriedigen kann, hat man kein Insolvenzrisiko zu tragen.[3]

Die Aufrechnung ist grundsätzlich eine Form der ordnungsgemäßen und vollständigen Erfüllung.[4] Dabei stellen die Regeln über die Aufrechnung selbst sicher, dass sich die Ansprüche decken und stets zum Nennwert der Forderung aufgerechnet wird (§ 389 BGB).

---

1 Palandt/*Grüneberg* § 387 Rn. 11; Soergel/*Schreiber* § 387 Rn. 8.

2 BGH NJW 1987, 2997, 2998; Palandt/*Grüneberg* § 387 Rn. 1; MünchKommBGB[7]/*Schlüter* § 387 Rn. 1; Soergel/*Schreiber* Vor § 387 Rn. 1; *Bötticher,* FS Schima, 1969, S. 95.

3 Vgl. MünchKommBGB[7]/*Schlüter* § 387 Rn. 1.

4 RGZ 120, 282; Soergel/*Schreiber* § 387 Rn. 1; MünchKommBGB[7]/*Schlüter* § 389 Rn. 3.

B. Verstoß gegen die Kapitalerhaltung

Es stellt sich zunächst die Frage, ob eine Aufrechnung durch die Gesellschaft in Konflikt mit dem Gebot der Kapitalerhaltung (§ 57 Abs. 1 S. 1 AktG) geraten kann. Dem Prinzip der Kapitalerhaltung liegt grundsätzlich eine bilanzielle Betrachtungsweise zu Grunde.[5] Für die Wertansätze sind aber Verkehrswerte anzusetzen, mithin stille Reserven aufzudecken.[6] Kapitalerhaltungsrechtlich zulässig sind dabei Geschäfte, welche das gebundene Vermögen nicht reduzieren, sondern im Ergebnis wenigstens neutral bleiben.[7]

Die Aufrechnung ist bei bilanzieller Betrachtung grundsätzlich neutral. Vor Erklärung der Aufrechnung steht auf der Passivseite der Bilanz unter den Verbindlichkeiten der Anspruch des Gesellschafters gegen die Gesellschaft. Dieser Anspruch ist stets mit dem Nennwert zu bewerten, auch wenn er wegen der zweifelhaften Solvenz der Gesellschaft wirtschaftlich nicht mehr vollwertig sein sollte (§ 253 Abs. 1 S. 2 HGB).[8] Denn die Gesellschaft selbst könnte sich einer vollständigen Zahlung nie mit dem Argument entziehen, sie sei nicht mehr solvent.[9]

Der Anspruch der Gesellschaft gegen den Aktionär hingegen ist eine „normale" Forderung, welche auf der Aktivseite zu bilanzieren ist. Denkbar ist lediglich, dass die Forderung bereits teilweise abgeschrieben wurde, wenn der Aktionär seinerseits nicht mehr solvent ist.[10]

Erklärt nun eine Seite die Aufrechnung, so erlöschen die Ansprüche, soweit sie sich decken (§ 389 BGB). Dies führt dazu, dass der Bilanzposten Verbindlichkeiten um den Nennwert der Aufrechnung abnimmt, gleichzeitig aber auch der Posten Forderungen auf der Aktivseite um den gleichen Wert abnimmt. Insgesamt handelt es sich dann um eine Bilanzverkürzung, die auf das gebunden Vermögen (Eigenkapital) keine negative Auswirkung hat.

---

5 KölnKommAktG[3]/*Drygala* § 57 Rn. 47 ff.

6 Schmidt/Lutter/*Fleischer* § 57 Rn. 17; KölnKommAktG[3]/*Drygala* § 57 Rn. 54; GroßkommAktG[4]/*Henze* § 57 Rn. 27.

7 Vgl. MünchKommAktG[4]/*Bayer* § 57 Rn. 48.

8 MünchKommHGB[3]/*Ballwieser* § 253 Rn. 66.

9 Erman/*H. P. Westermann* § 275 Rn. 2; Palandt/*Grüneberg* § 275 Rn. 3; MünchKommBGB[7]/*Ernst* § 275 Rn. 13.

10 MünchKommHGB[3]/*Ballwieser* § 253 Rn. 60.

Wurde hingegen die Forderung gegen den Aktionär vorher schon abgewertet, so kann die Aufrechnung sogar zu einem Ertrag führen.

Beispiel: Aktionär A schuldet der Gesellschaft G 150.000,- Euro. Gleichzeitig schuldet die Gesellschaft dem A 100.000,- Euro. G erklärt die Aufrechnung.

In der Bilanz der Gesellschaft ist unter dem Posten Verbindlichkeiten 100.000,- Euro auszuweisen. Umgekehrt steht auf der Aktivseite unter Forderungen der Anspruch gegen A mit 150.000,- Euro. Dieser wurde möglicherweise im Wert berichtigt, wenn eine restlose Erfüllung durch A nicht zu erwarten war. Nach Erklärung der Aufrechnung „verschwindet" zum einen der Posten von 100.000,- Euro auf der Passivseite, zum anderen muss die Forderung auf der Aktivseite in Höhe von 100.000,- ausgebucht werden. Der Restbetrag von 50.000,- Euro bleibt einfach stehen. Die Bilanzsumme verkürzt sich um 100.000,- Euro, das Eigenkapital als gebundenes Vermögen wird nicht angetastet. Der Vorgang ist erfolgsneutral.

Hatte die Gesellschaft ihre Forderung beispielsweise um 50 % auf 75.000,- Euro abgewertet, so ergibt sich nach der Aufrechnung ein verbleibender Wertansatz von 25.000,- Euro in der Bilanz, gleichzeitig fällt aber ein außerordentlicher Ertrag in Höhe von 50.000,- Euro an. Die Aufrechnung führt dann sogar zu einem Vorteil.

Anders ist die Situation zum einen, wenn der Gesellschaft gegen die Forderung des Aktionärs eine Verjährungseinrede zusteht, umgekehrt der Aktionär auch nicht nach § 215 BGB aufrechnen kann und die Gesellschaft trotzdem die Aufrechnung erklärt.[11] Besteht eine Verjährungseinrede, so ist die Forderung des Aktionärs objektiv mit 0,- Euro zu bewerten. Erklärt die Gesellschaft nun die Aufrechnung, so verliert sie ihre Forderung gegen den

11 Generell für alle Einreden: Scholz/*Verse* § 30 Rn. 121. Dies ist aber mit Blick auf § 813 Abs. 1 S. 1 BGB nicht vollständig überzeugend. Es wird im Ergebnis bei Einreden nur der ursprüngliche Anspruch gegen einen Anspruch aus § 813 Abs. 1 S. 1 BGB getauscht. Nur wegen § 813 Abs. 1 S. 2 BGB gilt dies nicht für die Verjährung. Anders ist es aber, wenn akzessorische Sicherheiten durch die Aufrechnung untergehen (vgl. zu dieser Konstellation mit allen Folgeproblemen BGHZ 81, 311, 314; MünchKommGmbHG/*Ekkenga* § 30 Rn. 279; *Joost* ZHR 148 [1984], 27, 48 f.).

Gesellschafter. Wegen § 214 Abs. 2 BGB kann auch nichts zurückgefordert werden. Es liegt dann keine reine Bilanzverkürzung mehr vor, sondern eine unzulässige Ausschüttung von gebundenem Vermögen.

Ferner kann auch eine vorzeitige Aufrechnung durch die Gesellschaft einen Verstoß gegen die Kapitalerhaltung darstellen. Die §§ 387 ff. BGB erlauben auch eine Aufrechnung gegen eine noch nicht fällige Forderung, solange nur die eigene Forderung fällig und durchsetzbar ist.[12] Erklärt die Gesellschaft aber vorzeitig die Aufrechnung gegen den Gesellschafter, so entgehen ihr unter Umständen Zwischen- oder Verzugszinsen (§ 813 Abs. 2 HS. 2 BGB). Es stellt sich dann nur die Frage, ob man die Aufrechnung als insgesamt unwirksam betrachtet, oder aber nur einen Anspruch auf die entgangenen Zinsen aus § 62 Abs. 1 S. 1 AktG annimmt. Weil der betroffene Aktionär selbst nicht an der Aufrechnung mitwirkt und die Gesellschaft ihn durch vorzeitige Aufrechnung zur Zahlung von Zinsen nötigen könnte, spricht mehr dafür, von einer Unwirksamkeit auszugehen. Der Aktionär kann dann auch einfach erfüllen, um der Pflicht zur Zahlung von Zinsen zu entgehen.

Grundsätzlich ist die Aufrechnung aber erfolgsneutral und damit unter dem Aspekt der Kapitalerhaltung zulässig.

C. Insolvenzanfechtung

Eine Aufrechnung kann aber in der Insolvenz der Gesellschaft unwirksam sein. Soweit durch die Aufrechnung die Forderung der Gesellschaft erfüllt wird, besteht kein Anlass, dies in der Insolvenz der Gesellschaft rückgängig zu machen. Weil bei einer Aufrechnung aber auch der Anspruch der anderen Seite gegen die Gesellschaft erfüllt wird, kann für die Anfechtung auf diesen abgestellt werden, weil insoweit eine Ungleichbehandlung der Insolvenzgläubiger droht. Da die Aufrechnung zugleich eine Sicherungsfunktion für die Gläubiger hat und diese die Aufrechnung gegebenenfalls selbst erklären können, kann nicht alleine die Aufrechnungserklärung der Gesellschaft als solche Gegenstand der Anfechtung sein (vgl. § 94 InsO).[13] Vielmehr muss es darum gehen, zu prüfen, ob bereits die Herstellung der

12 Palandt/*Grüneberg* § 387 Rn. 11 f.; Soergel/*Schreiber* § 387 Rn. 8.
13 Schmidt/*Thole*, InsO, § 94 Rn. 1.

Aufrechnungssituation eine Gläubigerbenachteiligung darstellt (§ 96 Abs. 1 Nr. 3 InsO). Ist die Herstellung der Aufrechnungslage in anfechtbarer Weise geschehen, so ist eine dennoch erklärte Aufrechnung, egal von welcher Seite, unwirksam.[14] Der Insolvenzverwalter kann den ursprünglichen Anspruch weiterhin unmittelbar geltend machen.

Gleichzeitig schließt § 94 InsO aber nicht eine Anfechtung von Rechtshandlungen nach §§ 129 ff. InsO gänzlich aus.[15] Insbesondere wenn ausschließlich die insolvente Gesellschaft die Möglichkeit zur Aufrechnung hatte und die Erklärung der Aufrechnung eine objektive Gläubigerbenachteiligung darstellt, muss auch die Aufrechnungserklärung selbst Gegenstand der Anfechtung sein können.

I. § 133 Abs. 1 InsO

Steht der anderen Seite eine Forderung gegen die Gesellschaft zu und wird die Aufrechnungslage deswegen geschaffen, um eine (die anderen Gläubiger benachteiligende) Selbstexekution zu ermöglichen, so ist dies nach § 133 Abs. 1 InsO (Vorsatzanfechtung) rückwirkend für 10 Jahre grundsätzlich anfechtbar und eine Aufrechnung somit ausgeschlossen.[16]

II. § 134 Abs. 1 InsO

Ferner kann eine Aufrechnung auch als unentgeltliche Leistung anfechtbar sein. Grundsätzlich stellt die bewirkte Aufrechnung selbst keine unentgeltliche Leistung dar, sondern eine wechselseitige Erfüllung der Ansprüche. Eine Unwirksamkeit der Aufrechnung nach §§ 96 Abs. 1 Nr. 3, 134 Abs. 1 InsO ist daher nur schwer vorstellbar.[17]

Sehr wohl möglich ist aber eine Anfechtung der Aufrechnungserklärung der Gesellschaft nach § 134 Abs. 1 InsO, wenn die andere Seite umgekehrt (noch) nicht aufrechnen kann. Denkbar ist einerseits, dass die Gesellschaft

---

14 BGHZ 159, 388, 393; BGH NJW 2012, 2517 Tz. 10; MünchKommInsO[3]/*Brandes/Lohmann* § 96 Rn. 37; Schmidt/*Thole,* InsO, § 96 Rn. 22; Uhlenbruck/*Sinz* § 96 Rn. 57 jew mwN.

15 Uhlenbruck/*Sinz* § 94 Rn. 2.

16 *M. Huber* ZinsO 2009, 566, 567. Vgl. ferner MünchKommInsO[3]/*Brandes/Lohmann* § 96 Rn. 31.

17 MünchKommInsO[3]/*Brandes/Lohmann* § 96 Rn. 31.

mit ihrem werthaltigen Anspruch gegen eine verjährte Forderung aufrechnet.[18] In diesem Falle kann das Geleistete nicht zurückgefordert werden (§ 214 Abs. 2 BGB), obwohl eigentlich keine Leistungspflicht mehr bestand. Ferner kann im Falle einer betagten Verbindlichkeit auch durch die Gesellschaft vorzeitig aufgerechnet worden sein, sodass ihr Zwischen- oder Verzugszinsen entgehen (§ 813 Abs. 2 HS. 2 BGB).[19] Die andere Seite bekommt dann den Wert dieser Zinsen ohne Gegenleistung zugewendet.

Erhält die andere Seite aber durch die Aufrechnungserklärung der Gesellschaft einen Vorteil, ohne eine Gegenleistung erbringen zu müssen, so stellt diese eine unentgeltliche Leistung dar. Dementsprechend kann die Erklärung dann nach § 134 Abs. 1 InsO angefochten werden. Unberührt bleibt im Falle einer betagten Verbindlichkeit aber eine später eintretende Aufrechnungslage der anderen Seite (§ 94 InsO).

III. § 135 Abs. 1 Nr. 1 und Nr. 2 InsO

Außerdem kann sich eine Unwirksamkeit der Aufrechnung auch nach den Vorschriften über Gesellschafterdarlehen ergeben.

1. Anwendungsbereich

Seit der Neuregelung des Rechts der kapitalersetzenden Darlehen durch das MoMiG[20] ist die Einbeziehung in den Anwendungsbereich vereinfacht. Weil es auf die Qualifikation eines Darlehens als eigenkapitalersetzend nicht mehr ankommt, ist jedes Darlehen eines Aktionärs oder einer gleichgestellten Person von Nachrangigkeit (§ 39 Abs. 1 Nr. 5 InsO) und Anfechtbarkeit binnen Jahresfrist (§ 135 Abs. 1 Nr. 2 InsO) erfasst.[21] Darüber hinaus sind alle Geschäfte, die einem Darlehen wirtschaftlich entsprechen, ebenfalls einzubeziehen.[22] Besonders hinzuweisen ist auch darauf, dass jede Stundung oder Vereinbarung unüblich langer Zahlungsfristen zu einer Qualifikation

---

18 Str., wie hier Schmidt/*Ganter/Weiland,* InsO, § 134 Rn. 45; HK-InsO/*Thole* § 134 Rn. 11; aA die wohl hM: MünchKommInsO/*Kayser* § 134 Rn. 26; K/P/B/*Bork* § 134 Rn. 48; Jaeger/*Henckel* § 134 Rn. 12.

19 Vgl. insgesamt auch § 12 B. (S. 194) zur Kapitalerhaltung.

20 Dazu ausführlich Roth/Altmeppen/*Altmeppen* § 30 Anh. Rn. 2 ff.; *Lüneborg*, Das neue Recht der Gesellschafterdarlehen, S. 32 ff.

21 Roth/Altmeppen/*Altmeppen* § 30 Anh. Rn. 12.

22 Eingehend Roth/Altmeppen/*Altmeppen* § 30 Anh. Rn. 126 ff.

als Gesellschafterdarlehen führt.[23] Es verbleiben somit nur noch Ansprüche des Aktionärs aus Austauschgeschäften außerhalb des Anwendungsbereichs des Rechts der Gesellschafterdarlehen, die zeitnah und innerhalb der üblichen Fristen erfüllt werden.

Nicht erfasst werden ferner nicht geschäftsführende Aktionäre mit einer Beteiligung von maximal 10 % des Grundkapitals (Kleinbeteiligtenprivileg, § 39 Abs. 5 InsO), sowie Sanierungsdarlehen (§ 39 Abs. 4 S. 2 InsO).

2. *Unwirksamkeit nach § 135 Abs. 1 Nr. 2 InsO*

Entsteht die Aufrechnungslage im Jahr vor Stellung des Insolvenzantrags, so führt dies jedenfalls zur Unwirksamkeit nach §§ 96 Abs. 1 Nr. 3, 135 Abs. 1 Nr. 2 InsO.[24] Fraglich ist aber, wie die Rechtslage bei Entstehung der Aufrechnungslage vor Jahresfrist, aber Erklärung der Aufrechnung binnen Jahresfrist ist. Das überwiegende Schrifttum geht davon, aus, dass § 94 InsO auch auf nachrangige Verbindlichkeiten Anwendung findet, also eine einmal entstandene Aufrechnungslage erhalten bleibt.[25] Dann ist aber konsequenterweise auch eine innerhalb der Jahresfrist erklärte Aufrechnung wirksam, wenn nur die Aufrechnungslage bereits außerhalb der Jahresfrist vor Insolvenzantrag entstanden war.

3. *Unwirksamkeit nach § 135 Abs. 1 Nr. 1 InsO*

Darüber hinaus ist zu erwägen, ob nicht die Herstellung der Aufrechnungslage als Sicherheitsgewährung nach § 135 Abs. 1 Nr. 1 InsO binnen 10 Jahren angefochten werden kann.

---

23 Roth/Altmeppen/*Altmeppen* § 30 Anh. Rn. 127 f.

24 BGH NJW 1997, 1857, 1859; MünchKommInsO/*Gehrlein* § 135 Rn. 14, 16; Roth/Altmeppen/*Altmeppen* § 30 Anh. Rn. 181; Bork/Schäfer/*Thiessen* § 30 Anh. Rn. 65; Scholz/*Bitter* § 64 Anh. Rn. 157.

25 Scholz/*Bitter* § 64 Anh. Rn. 157; Uhlenbruck/*Sinz* § 94 Rn. 3; K/P/B/*Lüke* § 94 Rn. 13. AA noch Jaeger/*Windel* § 94 Rn. 50 ff., der (vor MoMiG!) keinen Anwendungsbereich für § 94 InsO bei nachrangigen Forderungen sah; ferner Ulmer/*Habersack* § 30 Anh. Rn. 111 jedenfalls für den Zeitraum nach Eröffnung des Insolvenzantrags. Unklar die übrige gesellschaftsrechtliche Literatur, vgl. Nachw. in Fn. 24.

a) Meinungsstand

Da die Aufrechnungsmöglichkeit eine Sicherung für die andere Seite bewirkt und eine Selbstvollstreckung ermöglicht,[26] ist eine gewisse Nähe zur Sicherheitenbestellung gegeben. Insbesondere im Lichte der Entscheidung des BGH zur Anfechtbarkeit der Befriedigung aus einer Sicherheit außerhalb der Jahresfrist,[27] ist eine Anwendung des § 135 Abs. 1 Nr. 1 InsO auf die Herstellung der Aufrechnungslage nicht gänzlich ausgeschlossen.[28]

Nach der Gegenansicht hingegen ist die Entstehung der Aufrechnungslage mit einer Beendigung der Doppelrolle als Gläubiger und Aktionär gleichzusetzen.[29] Daher soll bereits das Bestehen der Aufrechnungslage dazu führen, dass das Gesellschafterdarlehensrecht nicht mehr anwendbar ist. Ist das Entstehen der Aufrechnungslage mit einer Erfüllung gleichzusetzen, so findet nur § 135 Abs. 1 Nr. 2 InsO Anwendung.

b) Stellungnahme

Nicht ganz von der Hand zu weisen ist die Annahme, dass eine Aufrechnungslage eine Sicherung des Gläubigers bewirkt. Denn solange diese Aufrechnungslage besteht, kann er im Wege der Selbstexekution Befriedigung erlangen.

Die Annahme dagegen, dass die Anwendbarkeit des Gesellschafterdarlehensrechts mit Entstehung der Aufrechnungslage endet, vermag alleine nicht zu überzeugen. Denn nur weil eine Aufrechnungslage besteht, erlischt nicht das Gesellschafterdarlehen. So könnte sich der Aktionär genauso gut seine Forderung erfüllen lassen und die Gesellschaft ihre Forderung gegen den Aktionär an einen Dritten abtreten. Dann kommt die Aufrechnung nicht zum Tragen. Würde man in dieser Situation davon ausgehen, dass das Gesellschafterdarlehensrecht nicht mehr einschlägig wäre, bestünde keine Anfechtungsmöglichkeit mehr.

Dennoch ist der Gegensichtweise zuzustimmen. Kern ist nämlich, dass die erklärte Aufrechnung nach § 389 BGB zurückwirkt auf den Zeitpunkt,

---

26 Vgl. Schmidt/*Thole,* InsO, § 94 Rn. 1; Uhlenbruck/*Sinz* § 94 Rn. 1.

27 BGHZ 198, 64.

28 Vgl. auch schon *Klinck/Gärtner* NZI 2008, 457 zu den Möglichkeiten und Gefahren einer extensiven Auslegung.

29 Scholz/*Bitter* § 64 Anh. Rn. 157.

zu dem die Aufrechnungslage das erste Mal bestanden hat.[30] Damit tritt in diesem Zeitpunkt Befriedigung ein. Eine „Sicherung" des Gesellschafterdarlehens wird hingegen irrelevant, weil es bei einer rückwirkenden Erfüllung nie eine Sicherung gegeben hat.

Damit kommt aber § 135 Abs. 1 Nr. 1 InsO hinsichtlich der Herstellung einer Aufrechnungslage nicht zum Tragen.

4. *Ergebnis*

Ist die Forderung, gegen welche die Gesellschaft aufrechnen will, als Gesellschafterdarlehen zu qualifizieren, so ist die Herstellung der Aufrechnungslage binnen Jahresfrist nach § 135 Abs. 1 Nr. 2 InsO anfechtbar und die erklärte Aufrechnung somit unwirksam. Eine Unwirksamkeit der Aufrechnung nach § 135 Abs. 1 Nr. 1 InsO kommt hingegen nicht in Betracht.

IV. §§ 130, 131 InsO

Im Übrigen kann die Herstellung einer Aufrechnungslage auch nach den allgemeinen Vorschriften zur Deckungsanfechtung anfechtbar und eine erklärte Aufrechnung daher unwirksam sein. Fraglich ist hierbei, ob die Anfechtung nach § 130 Abs. 1 InsO (kongruente Deckung) oder § 131 Abs. 1 InsO (inkongruente Deckung) Anwendung findet. Der BGH differenziert danach, ob auf die Schaffung der Aufrechnungslage ein Anspruch bestand.[31] Weil zumeist kein Anspruch auf Schaffung der Aufrechnungslage existiert, ist daher jedenfalls im letzten Monat vor Stellung des Insolvenzantrags (§ 131 Abs. 1 Nr. 1 InsO) die Schaffung der Aufrechnungslage regelmäßig anfechtbar und eine erklärte Aufrechnung unwirksam.

D. Begrenzung durch Zuständigkeitsordnung

Die Erklärung der Aufrechnung ist Gegenstand der Geschäftsführung und damit Sache des Vorstands (§ 76 Abs. 1 S. 1 AktG). Nur soweit der

30 So zutreffend auch Scholz/*Bitter* § 64 Anh. Rn. 157, wenn auch nur in Fn. 2.

31 Vgl. BGHZ 147, 233, 240; BGH ZIP 2006, 818, 819; BGH ZInsO 2009, 1294 Tz. 4; BGH NZI 2014, 114 Tz. 15; im Detail umstr., vgl. Uhlenbruck/*Sinz* § 96 Rn. 47; MünchKommInsO/*Brandes*/*Lohmann* § 96 Rn. 31; Schmidt/*Thole*, InsO, § 96 Rn. 18 ff.

Aufsichtsrat nach § 112 S. 1 AktG zur Vertretung befugt ist, ist er auch für die Erklärung der Aufrechnung zuständig.

Insbesondere kann der Aufsichtsrat auch ohne besondere Beschränkungen die Aufrechnung mit Ersatzansprüchen gegen Vorstandsmitglieder erklären.[32] Ein Gläubigerverfolgungsrecht nach § 93 Abs. 5 S. 1 AktG erlischt dann.

Die Organe sind bei der Führung der Geschäfte verpflichtet, im besten Interesse der Gesellschaft zu handeln. Es stellt sich daher die Frage, ob die Erklärung der Aufrechnung pflichtwidrig sein und dementsprechend eine Haftung nach § 93 Abs. 2 AktG auslösen kann. Solange auch die andere Seite eine Möglichkeit zur Aufrechnung hat, kann eine Erklärung der Aufrechnung schon alleine deswegen nicht pflichtwidrig sein, weil dann jederzeit mit der Aufrechnung durch die Gegenseite gerechnet werden und der Versuch einer Durchsetzung des Anspruchs vor Gericht jedenfalls scheitern müsste. Dass die Herstellung einer Aufrechnungslage nach § 96 Abs. 1 Nr. 3 InsO möglicherweise anfechtbar und eine Aufrechnungserklärung deswegen unwirksam ist, ändert an dieser Situation nichts, weil Anfechtungsansprüche nicht von Vorständen oder Aufsichtsräten, sondern vom Insolvenzverwalter bzw. den Gläubigern geltend gemacht werden.

Nur wenn ausnahmsweise die andere Seite, aus welchem Grund auch immer, (noch) nicht aufrechnen kann, muss der Vorstand/Aufsichtsrat abwägen, ob die (sofortige) Erklärung der Aufrechnung im Interesse der Gesellschaft ist. Insbesondere wenn der Anspruch, gegen den aufgerechnet wird, einredebehaftet ist, hat eine Aufrechnung regelmäßig zu unterbleiben. Bei dennoch erklärter Aufrechnung gerät er dann in eine Schadensersatzhaftung nach § 93 Abs. 2 AktG, wenn der Gesellschaft hieraus Nachteile entstehen. Besteht hingegen für die andere Seite ein Aufrechnungsverbot (z.B. § 393 BGB, § 66 Abs. 1 S. 2 AktG), muss aber dennoch mit einer erfolgreichen Geltendmachung der Forderung gerechnet werden, so ist eine Aufrechnung zumeist auch im Interesse der Gesellschaft, weil diese anderenfalls im Rechtsstreit unterliegen würde.

---

32 Vgl. auch GroßkommAktG⁵/*Hopt/Roth* § 93 Rn. 530; MünchKommAktG⁴/*Spindler* § 93 Rn. 260; Schmidt/Lutter/*Krieger/Sailer-Coceani* § 93 Rn. 64; GHEK/*Hefermehl* § 93 Rn. 67.

Zusammenfassung zu § 12

Die Aufrechnung durch die Gesellschaft ist grundsätzlich zulässig, wenn eine Aufrechnungslage besteht. Nur wenn die andere Seite nicht aufrechnen könnte, sei es wegen einer Einrede, sei es wegen eines Aufrechnungsverbots, kann die Erklärung der Aufrechnung durch den Vorstand pflichtwidrig sein und gegebenenfalls einen Verstoß gegen die Kapitalerhaltung darstellen bzw. in der Insolvenz anfechtbar sein. Unberührt davon bleibt die Möglichkeit, dass die Herstellung der Aufrechnungslage anfechtbar geschehen ist und eine Aufrechnung in der Insolvenz der Gesellschaft daher unwirksam ist. Insbesondere ist dabei auch das Recht der Gesellschafterdarlehen zu beachten.

§ 13 Aufrechnung mit kapitalerhaltungsrechtlich relevanten Ansprüchen

> Ausgangssituation: Der Gesellschaft stehen ein Einlage-, ein Rückgewähr- bzw. ein Verlustausgleichsanspruch gegen einen Aktionär zu. Dem Aktionär steht umgekehrt ein fälliger und durchsetzbarer Anspruch auf Kaufpreiszahlung zu. Der Vorstand erklärt namens der AG die Aufrechnung der Forderungen.

A. Kein generelles Aufrechnungsverbot

§ 66 Abs. 1 S. 2 AktG (ggf. in Verbindung mit § 66 Abs. 2 AktG) sieht ein Aufrechnungsverbot für den Aktionär bei Einlage- und Rückgewähransprüchen vor. Umgekehrt kann die Gesellschaft nach dem Normwortlaut grundsätzlich aufrechnen.[1] Die Dispositionsbefugnis der Gesellschaft wird also nicht beschränkt.[2] Für den

---

1 RGZ 94, 61; *Hüffer/Koch* § 66 Rn. 6; MünchKommAktG^{4}/*Bayer* § 66 Rn. 47.

2 Eine andere Frage ist, ob die Dispositionsbefugnis des Aktionärs durch das Aufrechnungsverbot in § 66 Abs. 1 S. 2 AktG in verfassungsrechtlich nicht zu rechtfertigender Weise beschränkt wird. Dies kann aber hier dahinstehen.

Verlustausgleichsanspruch gilt das Verbot in § 66 Abs.1 S. 2 AktG sowieso nicht (unmittelbar).[3]

B. Vollwertigkeit, Fälligkeit, Liquidität

Die herrschende Meinung knüpft die Zulässigkeit der Aufrechnung durch die Gesellschaft bei Einlage- und Rückgewähransprüchen dennoch an mehrere Voraussetzungen: der Gegenanspruch des Gesellschafters müsse fällig, liquide und vollwertig sein.[4]

I. Vollwertigkeit

1. Zum Meinungsstand

Das Erfordernis der Vollwertigkeit bei einer Aufrechnung mit einem Einlageanspruch findet sich für die AG erstmalig in RGZ 94, 61. Das Reichsgericht führt dazu unter Berufung auf eine nicht näher aufgeführte ständige Rechtsprechung[5] aus, § 221 S. 2 HGB 1896 (entspricht heute § 66 Abs. 1 S. 2 AktG) hindere die Aufrechnung durch die Gesellschaft zwar nicht.

---

3 BGHZ 168, 285 Tz. 11. Das OLG Jena (AG 2005, 405) hatte in der Vorinstanz noch unzutreffend entschieden, dass für die herrschende Gesellschaft ein Aufrechnungsverbot analog § 19 Abs. 2 S. 2 GmbHG (bzw. analog § 66 Abs. 1 S. 2 AktG) gilt. Dem Urteil des OLG Jena hingegen zustimmend GroßkommAktG[4]/*Hirte* § 302 Rn. 63; *Petersen* GmbHR 2005, 1031; *Verse* ZIP 2005, 1627; kritisch *Grunewald* NZG 2005, 781; *Liebscher* ZIP 2006, 1221.

4 *Hüffer/Koch* § 66 Rn. 6 f.; MünchKommAktG[4]/*Bayer* § 66 Rn. 48; KölnKommAktG[3]/*Drygala* § 66 Rn. 22 ff.; GroßkommAktG[4]/*Gehrlein* § 66 Rn. 35; Wachter/*Servatius* § 66 Rn. 10; Schmidt/Lutter/*Fleischer* § 66 Rn. 9; zur GmbH vgl. auch: U/H/L/*Ulmer/Casper* § 19 Rn. 81 ff.; Roth/Altmeppen/*Roth* § 19 Rn. 35 bzw. Roth/Altmeppen/*Altmeppen* § 31 Rn. 32.

5 In der Tat gibt es zwar Urteile zur GmbH (RGZ 54, 389, 392: „... wenn zur Zeit der Aufrechnung das Vermögen der Gesellschaft nicht hingereicht hätte, um ihre Schulden zu decken, und sonach die aufgerechnete Forderung des K. nicht vollwertig gewesen wäre, die Wirkung der Aufrechnung als Einzahlung berechtigten Zweifeln unterliegen würde."; RGZ 72, 265, 268: „eine Leistung [könne] nur dann als Einzahlung der Stammeinlage gelten [...], wenn sie materiell den entsprechenden in Geld umzusetzenden Vermögenswert für die Gesellschaft repräsentiert."). Auch in der Amtl. Begr. zum GmbHG 1891 (S. 68) findet sich ein Hinweis. Eine ständige Rechtsprechung zum Aktienrecht ist aber nicht auffindbar.

§ 221 S. 1 HGB 1896 (entspricht heute § 66 Abs. 1 S. 1 AktG) verbiete aber eine teilweise Befreiung von der Einlagepflicht, was auch dann gegeben sei, wenn die Gegenforderung des Zeichners nicht gleichwertig sei.[6] Eine teilweise Anrechnung komme auch nicht in Betracht, weil es sich hierbei nur „um Schätzungen handelt".[7]

In RGZ 134, 262 wird die Aufrechnung der Gesellschaft[8] für grundsätzlich zulässig erachtet. Ohne Nachweise heißt es dann ferner: *„Die Zulässigkeit der Aufrechnung hängt jedoch, wie allgemein anerkannt ist, davon ab, daß die Gegenforderung der Aktionäre gegen die Gesellschaft vollwertig ist. Dieses Erfordernis wird des näheren dahin umschrieben, dass es hieran fehle, wenn die Gesellschaft entweder überschuldet oder zahlungsunfähig sei, wobei es ausschließlich auf den objektiven Sachverhalt ankomme."*[9]

Der BGH hat diese Kriterien sowohl für die AG,[10] als auch für die GmbH[11] übernommen. Die Aufrechnung mit Einlage- und Rückgewähransprüchen ist danach also nur zulässig, wenn der Gegenanspruch vollwertig ist, wobei Vollwertigkeit jedenfalls fehlt, wenn die Gesellschaft zahlungsunfähig oder überschuldet ist.[12] Eine Sicherheit für die Gegenforderung soll im Regelfall dazu führen, dass der Anspruch vollwertig ist.[13] Eine Ausnahme vom Grundsatz sei aber dann zu machen, wenn die Aufrechnung für die Gesellschaft wegen einer gleichzeitigen Insolvenz des Aktionärs günstiger ist, als ein Unterlassen der Aufrechnung.[14] Die Lehre hat sich der Rechtsprechung fast vollständig angeschlossen.[15]

---

6 RGZ 94, 61, 63.

7 RGZ 94, 61, 63.

8 Unter Berufung auf RGZ 72, 267; RGZ 85, 351 und RG JW 1901, 755 Nr. 15.

9 RGZ 134, 262, 268.

10 Vgl. zuletzt BGHZ 191, 364 Tz. 36.

11 Vgl. nur BGHZ 15, 52, 59; BGHZ 42, 89, 93; BGHZ 90, 370, 373; BGHZ 125, 141; BGHZ 175, 285 Tz. 10.

12 BGHZ 90, 370, 373; BGHZ 125, 141, 143.

13 RGZ 94, 61, 63; BGHZ 191, 364 Tz. 37.

14 BGHZ 191, 364 Tz. 39; zur GmbH schon BGHZ 15, 52, 57 f.; NJW 1979, 216. Vgl. ferner MünchKommAktG[4]/*Bayer* § 66 Rn. 65.

15 *Hüffer/Koch* § 66 Rn. 6 f.; MünchKommAktG[4]/*Bayer* § 66 Rn. 48; KölnKommAktG[3]/*Drygala* § 66 Rn. 22 ff.; GroßkommAktG[4]/*Gehrlein* § 66 Rn. 35; Wachter/*Servatius* § 66 Rn. 10; Schmidt/Lutter/*Fleischer* § 66 Rn. 9; MHdB AG/*Wiesner* § 16 Rn. 27.

Ergänzt wird hierbei noch, dass ein kurzfristiger Liquiditätsengpass (Zahlungsstockung von bis zu 30 Tagen) einer Einordnung als vollwertig nicht entgegenstehen soll.[16]

Strittig ist, ob fehlende Vollwertigkeit weiterhin eine gänzliche Unwirksamkeit der Aufrechnung zur Folge hat,[17] oder ob zumindest eine Anrechnung mit dem werthaltigen Teil (analog § 27 Abs. 3 AktG) erfolgen müsse.[18]

Auch beim Verlustausgleichsanspruch aus § 302 Abs. 1 BGB soll nach Auffassung des BGH eine Aufrechnung jedenfalls durch das herrschende Unternehmen nur bei Vollwertigkeit in Betracht kommen.[19] Eine Unzulässigkeit der Aufrechnung könne sich ferner auch aus den Vorschriften über eigenkapitalersetzende Darlehen ergeben.[20] Die herrschende Lehre folgt dem BGH im Grundsatz weitestgehend.[21] Es wird dabei aber noch darauf hingewiesen, dass im bestehenden Vertragskonzern die Existenz der abhängigen Gesellschaft garantiert sei und der Fall eines nicht vollwertigen Anspruchs daher nicht vorkomme.[22]

In der Literatur haben sich einzelne Gegenstimmen erhoben, welche das Erfordernis der Vollwertigkeit insgesamt ablehnen. Nach einer Auffassung[23] handele es sich bei der Frage der Aufrechnung um eine Frage der Geschäftsführung. Sollte die Aufrechnung danach nicht im Interesse der Gesellschaft sein, wäre sie aber nicht unwirksam, sondern würde nur einen

---

16 Vgl. nur MünchKommAktG[4]/*Bayer* § 66 Rn. 53 mwN.

17 So noch RGZ 94, 61, 63; ferner GHEK/*Hefermehl*/*Bungeroth* § 66 Rn. 44; GroßkommAktG[4]/*Gehrlein* § 66 Rn. 38. Weiterhin für Anrechnungsverbot im Interesse des Aktionärs MünchKommAktG[4]/*Bayer* § 66 Rn. 50; ferner MünchKommGmbHG/*Lieder* § 56 Rn. 108.

18 So Schmidt/Lutter/*Fleischer* § 66 Rn. 10; KölnKommAktG[3]/*Drygala* § 66 Rn. 23 f.; *Habersack*/*Weber* ZGR 2014, 509, 515 ff.; *Verse* ZGR 2012, 875, 892 f.; vgl. zur GmbH auch U/H/L/*Ulmer*/*Casper* § 19 Rn. 81.

19 BGHZ 168, 285 Tz. 11.

20 BGHZ 168, 285 Tz. 17 ff.

21 MünchKommAktG[4]/*Altmeppen* § 302 Rn. 92; Emmerich/Habersack/*Emmerich* § 302 Rn. 40 f; Schmidt/Lutter/*Stephan* § 302 Rn. 46; Spindler/Stilz/*Veil* § 302 Rn. 28; *Hüffer*/*Koch* § 302 Rn. 13; Bürgers/Körber/*Schenk* § 302 Rn. 18; vgl. auch schon *Priester* BB 2005, 2483, 2485 ff.

22 MünchKommAktG[4]/*Altmeppen* § 302 Rn. 92; *Reuter* DB 2005, 2339, 2342 f.; *Hentzen* AG 2006, 133, 139. Ähnlich Schmidt/Lutter/*Stephan* § 302 Rn. 46.

23 *Möhring*, FS Reimer Schmidt, 1976, S. 85.

Schadensersatzanspruch gegen die Geschäftsleitung auslösen.[24] Nach einer weiteren Auffassung hingegen gehe es bei der Vollwertigkeit des Gegenanspruchs in Wirklichkeit nicht um ein Problem der Kapitalaufbringung und -erhaltung, sondern um eine Frage der Gläubigergleichbehandlung in der Insolvenz.[25] Dies sei über die Anfechtungsrechte zu lösen, nicht über die Kapitalvorschriften.[26]

2. *§ 66 Abs. 1 S. 1 AktG*

Das Erfordernis der Vollwertigkeit lässt sich entgegen der Ansicht der herrschenden Meinung nicht (mehr) direkt aus § 66 Abs. 1 S. 1 AktG ableiten.

a) Bilanzielle Betrachtung

§ 66 Abs. 1 S. 1 AktG verbietet die „Befreiung" von der Einlage- bzw. Rückgewährpflicht. Weil Kapitalaufbringung, Kapitalerhaltung und der Rückgewähranspruch bei verbotswidrig erhaltenen Leistungen nach § 62 Abs. 1 S. 1 AktG einem einheitlichen Ziel, nämlich dem Aufbau und Erhalt eines haftenden Vermögensstocks, dienen, müssen sie funktionell gleich ausgestaltet sein. Dies bedeutet wiederum, dass die Wertungen aus § 57 Abs. 1 S. 1 AktG für die Frage, wie das Wort der „Befreiung" zu verstehen ist, entsprechend heranzuziehen sind.[27]

Bei einer bilanziellen Betrachtung, welche Kapitalaufbringung und Kapitalerhaltung zu Grunde liegt, ergibt sich durch eine Aufrechnung aber nie eine negative Auswirkung auf das gebundene Vermögen. Denn die Gesellschaft darf eine Verbindlichkeit nie mit einem niedrigeren Wert ansetzen, als dem Nennwert.[28] Kann aufgerechnet werden, so verschwinden in der Bilanz der Gesellschaft die Forderung gegen den Aktionär als auch die Verbindlichkeit gegenüber dem Gesellschafter. Wird nicht aufgerechnet, so kann die Gesellschaft weiterhin die volle Summe verlangen und auch eintreiben. Umgekehrt kann der Aktionär als Inhaber des Gegenanspruchs die volle

---

24 *Möhring*, FS Reimer Schmidt, 1976, S. 85, 91 ff., 96.

25 *Frey*, Einlagen in Kapitalgesellschaften, S. 51 ff.; *Cahn*, Vergleichsverbote, S. 48 ff.; Spindler/Stilz/*ders* § 66 Rn. 30 ff.

26 Spindler/Stilz/*Cahn* § 66 Rn. 31.

27 Vgl. schon § 6 B. II. (S. 129) und § 9 B. I. (S. 162).

28 Vgl. schon § 12 B. (S. 194).

Summe weiterhin geltend machen. Auch wenn die Gesellschaft insolvent ist, bleibt der Anspruch des Gesellschafters vollumfänglich bestehen. Die Gesellschaft kann diesen also bilanziell nie zu einem geringeren als dem Nennwert ansetzen. Eine Erhöhung des bilanziellen (Eigen-)Kapitals der Gesellschaft durch eine Geltendmachung ist ausgeschlossen.

Wird das Kapital der Gesellschaft durch eine Aufrechnung nicht tangiert, so kann in dieser auch keine „Befreiung" von einer Verbindlichkeit, Einlagepflicht oder einem Rückgewähranspruch gesehen werden. Ein Verstoß gegen § 66 Abs. 1 S. 1 AktG lässt sich daher im Regelfall[29] nicht begründen.

b) Qualifikation als eigenkapitalersetzend

Einzige Ausnahme wäre, dass man den Gegenanspruch des Aktionärs selbst als Teil des haftenden Eigenkapitals betrachtet. Und genau dies haben Rechtsprechung und Lehre in Form des eigenkapitalersetzenden Darlehens lange Zeit getan. Denn wenn der Anspruch des Aktionärs in Wirklichkeit materielles Eigenkapital ist, so führt die Aufrechnung dazu, dass die Gesellschaft den Einlageanspruch verliert, gleichzeitig aber nicht auch von einer Verbindlichkeit befreit wird, weil diese Verbindlichkeit wegen ihrer eigenkapitalersetzenden Funktion in Wirklichkeit keine Verbindlichkeit war.

Weil aber jedes über angemessene Fristen hinausgehende Stehenlassen von Forderungen in der Krise zu einer Qualifikation als eigenkapitalersetzend führte[30] und Vollwertigkeit immer genau dann fehlen sollte, wenn die Gesellschaft zahlungsunfähig oder überschuldet war[31] (gleichbedeutend mit der Krise der Gesellschaft im Sinne des Eigenkapitalersatzrechts[32]), lagen die Voraussetzungen des Eigenkapitalersatzrechts zumeist vor. Das Kriterium

29 Zu den Ausnahmen vgl. schon § 12 B. (S. 194). Letztendlich handelt es sich beim Kriterium der Vollwertigkeit um die gleiche Problemkonstellation wie bei der Frage, ob im Rahmen eines debt-equity-swaps mit dem Nennwert oder aber dem wirtschaftlichen Wert zu rechnen ist (vgl. einerseits Uhlenbruck/*Hirte* § 225a Rn. 34; *Ekkenga* DB 2012, 331; *Priester* DB 2010, 1445; andererseits *Cahn/Simon/Theiselmann* CFL 2010, 238, 249 f.; *dies*. DB 2010, 1629, *dies*. DB 2012, 501; vgl. ferner: *Tesauro*, FS Meilicke, 2010, S. 714, 719 ff.).

30 Vgl. nur MünchKommAktG[3]/*Bayer* § 57 Rn. 178 mwN.

31 BGHZ 90, 370, 373; BGHZ 125, 141, 143.

32 Vgl. *Frey*, Einlagen in Kapitalgesellschaften, S. 57 ff., 71 f.

der Vollwertigkeit war in Wirklichkeit also eine Folge des Eigenkapitalersatzrechts.[33]

Seit aber durch das MoMiG das Eigenkapitalersatzrecht abgeschafft wurde, lässt sich aus den kapitalerhaltungsrechtlichen Vorschriften ein Erfordernis der Vollwertigkeit nicht mehr ableiten. Im Gegenteil verbietet § 57 Abs. 1 S. 4 AktG explizit die Fortführung des Kapitalersatzrechts.

Soweit die herrschende Meinung das Kriterium der Vollwertigkeit beibehält, führt sie aber letztlich die Gedanken des Eigenkapitalersatzrechts in anderem Kleid fort und verstößt damit unbewusst gegen § 57 Abs. 1 S. 4 AktG.

c) Zwischenergebnis

Im Ergebnis bedeutet dies, dass sich das Kriterium der Vollwertigkeit nicht mehr direkt aus § 66 Abs. 1 S. 1 AktG ableiten lässt, ein Festhalten an dieser Norm als Rechtfertigungsgrundlage vielmehr einen (versteckten) Verstoß gegen § 57 Abs. 1 S. 4 AktG bedeutet.

3. § 66 Abs. 1 S. 1 oder S. 2 AktG analog

Zu erwägen bleibt daher allenfalls noch, ob aus § 66 Abs. 1 S. 1 oder S. 2 AktG in analoger Anwendung ein Aufrechnungsverbot bei fehlender Vollwertigkeit begründbar wäre. Dazu müssten sich aber aus den bestehenden Vorschriften Schutzlücken ergeben.

a) Perspektive der aufrechnenden Gesellschaft und der anderen Aktionäre

Aus der Perspektive der Gesellschaft besteht stets eine Verbindlichkeit gegenüber dem Aktionär als Gläubiger. Egal ob diese wirtschaftlich vollwertig ist, oder nicht, die Gesellschaft bleibt (außerhalb eines Insolvenzverfahrens) stets zur vollen Leistung verpflichtet. Durch die Aufrechnung kann sie sich daher von einer Schuld befreien, auf welche sie anderenfalls zahlen müsste. Aber auch wenn die Gesellschaft nicht mehr zahlungsfähig, mithin insolvent ist, ist sie grundsätzlich nicht von der Zahlungspflicht befreit.[34]

---

33 Zutr. *Frey*, Einlagen in Kapitalgesellschaften, S. 51 ff.; *Cahn*, Vergleichsverbote, S. 48 ff.

34 Vgl. auch § 12 B. (S. 194).

Im Falle einer Abwicklung der Gesellschaft erhält der Aktionär mit seiner Forderung immer noch vorrangig vor den anderen Aktionären (einschließlich seines Gesellschaftsanteils) Befriedigung, selbst wenn seine Forderung nach § 39 Abs. 1 Nr. 5 InsO nachrangig ist.[35] Auch im Falle einer freiwilligen Liquidation wäre erst nach Begleichung aller Forderungen, einschließlich der (nachrangigen) Forderung des Aktionärs, eine Verteilung an die Aktionäre zulässig (§ 271 Abs. 1 AktG). Ob die Forderung durch Aufrechnung oder durch Zahlung beglichen wird, ist hierbei unerheblich.

Dementsprechend ist aber auch die Entscheidung des Vorstands, aufzurechnen, stets neutral. Es kann also zumeist auch nicht zu einer Schadensersatzhaftung des Geschäftsleiters kommen.[36] Im Gegenteil müsste, wäre die Aufrechnung für die Gesellschaft nachteilig, nicht nur der Vorstand, sondern auch der Aktionär haften, und zwar wegen eines Verstoßes gegen die Kapitalerhaltung bzw. § 66 Abs. 1 S. 1 AktG.[37]

Aus der Perspektive der aufrechnenden Gesellschaft und der anderen Aktionäre ergibt sich daher keine Notwendigkeit für eine Beschränkung der Aufrechnungsmöglichkeit.[38]

b) Perspektive des Aktionärs

Auch aus der Perspektive des Aktionärs, gegen den aufgerechnet wird, ergibt sich kein Grund zu Beschränkung. Denn er erhält seine Leistung. Ist der Aktionär hingegen zahlungsunfähig, so stünde die Gesellschaft mit ihrer Einlage- bzw. Rückgewährforderung in Konkurrenz zu den anderen Gläubigern des Aktionärs. Insoweit ist es aber im besonderen Interesse der Gesellschaft, sich durch Aufrechnung bevorzugt zu befriedigen. Allenfalls wenn die Aufrechnungslage durch eine anfechtbare Rechtshandlung erzielt wurde (§ 96 Abs. 1 Nr. 3 InsO), muss sie, wie die anderen Gläubiger des Aktionärs, als Insolvenzgläubiger am Insolvenzverfahren teilnehmen.[39]

Dass der Aktionär umgekehrt bei zweifelhafter Zahlungsfähigkeit der Gesellschaft bei wirtschaftlicher Betrachtung durch die Aufrechnung einen

---

35 Vgl. Spindler/Stilz/*Cahn* § 66 Rn. 31.
36 Unzutr. daher *Möhring*, FS Reimer Schmidt, 1976, S. 85, 91 ff., 96.
37 Vgl. schon § 12 B (S. 132).
38 Zutreffend bereits *Frey*, Einlagen in Kapitalgesellschaften, S. 55.
39 Allgemein zur anfechtbaren Herstellung der Aufrechnungslage § 12 C. (S. 196).

Vorteil erhält, mag zwar stimmen. Es kann aber für ein Dispositionsverbot nicht darauf ankommen, ob der Aktionär einen Vorteil erhält. Vielmehr kann es nur darum gehen, ob andere Personen einen Nachteil aus der Aufrechnung ziehen.[40]

c) Schutz der Insolvenzgläubiger als Begründung

Damit verbleibt alleine der Schutz der Gläubiger als Rechtfertigung.[41] Hier kann es, und dies setzt der Begriff der Vollwertigkeit voraus, nur um den Fall gehen, dass eine Erfüllung aller Verbindlichkeiten aller Gläubiger unwahrscheinlich ist, weil die Gesellschaft zahlungsunfähig oder überschuldet ist.

Geht es also darum die anderen Gläubiger zu schützen, so ist Kern des Vollwertigkeitserfordernisses der Erhalt der *par conditio creditorum*. Soweit der Aktionär gleichrangiger Gläubiger ist, soll er sich nicht durch Aufrechnung vorrangig befriedigen können. Häufig dürfte der Aktionär aber sogar nachrangiger Gläubiger sein (§ 39 Abs. 1 Nr. 5 InsO) und soll damit sowieso keine Befriedigung vor den anderen Gläubigern erhalten.

Wenn also formuliert wird, dass es an der Vollwertigkeit jedenfalls fehlt, wenn die Gesellschaft überschuldet oder nicht mehr unbeschränkt zahlungsfähig ist,[42] so wird ersichtlich um was es eigentlich geht: um ein Aufrechnungsverbot bei Insolvenz[43] oder im Vorfeld der Insolvenz. Dabei stellt die InsO über § 96 Abs. 1 Nr. 3 und §§ 129 ff. InsO bereits Regeln auf, wann im Vorfeld eines Insolvenzantrags eine unzulässige Aufrechnungslage geschaffen wird bzw. wann eine Aufrechnung unwirksam ist.[44]

Für ein *praeter legem* geschaffenes Institut der Vollwertigkeit ist also nur Raum, wenn die gesetzliche Regelung lückenhaft ist und mithin durch Rechtsfortbildung diese Lücken zu schließen sind.

---

40 Vgl. schon *Frey*, Einlagen in Kapitalgesellschaften, S. 55.

41 Vgl. auch *Frey*, Einlagen in Kapitalgesellschaften, S. 55 f.; Spindler/Stilz/*Cahn* § 66 Rn. 31.

42 BGHZ 90, 370, 373; BGHZ 125, 141, 143.

43 Wenn die Gesellschaft zahlungsunfähig oder überschuldet ist, muss sowieso ein Insolvenzantrag folgen (§ 15a Abs. 1 InsO) und es dürfen keine Leistungen mehr erfolgen, vgl. auch *Verse* ZGR 2012, 875, 891 f.

44 Siehe oben § 12 C. (S. 196).

Hier lässt sich zwar anführen, dass die Jahresfrist nach § 39 Abs. 1 Nr. 5 InsO generell kurz bemessen ist.[45] Genauso könnte man argumentieren, dass die Fristen der §§ 130, 131 InsO noch viel kürzer sind, falls ein Anspruch nicht § 39 Abs. 1 Nr. 5 InsO unterfällt. Die Länge einer Anfechtungsfrist ist aber letztlich immer eine Wertungsentscheidung des Gesetzgebers, die der Rechtsanwender zu achten hat. Für welchen Zeitraum rückwirkend die *par conditio creditorum* zu sichern ist, kann man nicht abstrakt festlegen.

Verlangt man hingegen „Vollwertigkeit" für eine Aufrechnung, so wird die Frist, innerhalb derer eine Aufrechnung unwirksam ist, letztlich an den Eintritt einer „Unternehmenskrise" gekoppelt. Im Rahmen des MoMiG hat der Gesetzgeber aber erst entschieden, dass eine Form der Krisenfinanzierung nur innerhalb einer Jahresfrist (unwiderleglich)[46] zu vermuten sei. Ein Festhalten an dem Erfordernis der Vollwertigkeit stellt insoweit einen Schritt zurück dar, als über eine „Krise" wieder gestritten werden muss. Hat der Gesetzgeber aber durch § 57 Abs. 1 S. 4 AktG explizit festgelegt, dass ein Zurück zum Eigenkapitalersatzrecht ausgeschlossen sein soll, so kann auch nicht über eine Analogie zu § 66 Abs. 1 S. 1 oder S. 2 AktG eine faktische Wiedereinführung stattfinden.

Hinzuweisen ist noch darauf, dass nicht nur die Herstellung der Aufrechnungslage anfechtbar ist, sondern auch die Aufrechnungserklärung der Gesellschaft selbst, weil der Aktionär nach § 66 Abs. 1 S. 2 AktG die Aufrechnung nicht erklären könnte.[47] Für die Anfechtungsfristen muss daher auf die Aufrechnungserklärung der Gesellschaft abgestellt werden.

d) Zwischenergebnis

Eine Herleitung des Vollwertigkeitskriteriums durch eine Analogie zu § 66 Abs. 1 S. 1 oder S. 2 AktG könnte allenfalls mit dem Schutz der Gläubiger gerechtfertigt werden. Weil aber vorrangig die Insolvenzanfechtungstatbestände – und hierbei insbesondere § 135 Abs. 1 Nr. 2 InsO – eingreifen, würde

---

45 Siehe nur zur Kritik an der Jahresfrist: Roth/Altmeppen/*Altmeppen* § 30 Anh. Rn. 169; *ders.* NJW 2005, 1911, 1914 f.; *Haas* ZinsO 2007, 617, 621; *Bork* ZGR 2007, 250, 265; *Gehrlein* BB 2008, 846, 852.

46 Zum dogmatischen Streit über die Einordnung des Rechts der Gesellschafterdarlehen siehe Roth/Altmeppen/*Altmeppen* § 30 Anh. Rn. 18 ff. mwN.

47 Vgl. dazu § 12 C. (S. 196).

eine wie auch immer geartete Analogie nur eine Einführung der Eigenkapitalersatzvorschriften alter Prägung durch die Hintertür bewirken. Dies wollte der Gesetzgeber aber ausschließen. Es verbleibt damit dabei, dass das Erfordernis der Vollwertigkeit gegen § 57 Abs. 1 S. 4 AktG verstößt und daher seit dem MoMiG unhaltbar ist. Auf die „ungelöste" Frage[48], ob § 27 Abs. 3 AktG bei fehlender Vollwertigkeit analog anzuwenden ist,[49] kommt es damit überhaupt nicht an.

4. § 302 Abs. 3 AktG analog

Schließlich lässt sich auch aus § 302 Abs. 3 S. 1 AktG in direkter Anwendung kein Aufrechnungsverbot oder irgendeine Beschränkung der Aufrechenbarkeit ableiten.[50] Auch im Übrigen ergeben sich aus dem AktG keine Sonderregeln zur Beschränkung der Aufrechnungsmöglichkeiten für den Verlustausgleichsanspruch.

Es kann daher allenfalls um eine analoge Anwendung von Vorschriften gehen, wenn dies zum Schutz der Funktionsweise des Verlustausgleichsanspruchs erforderlich ist. Der Verlustausgleichsanspruch soll einen bilanziellen Verlust kompensieren. Er ist zwar auf Geld gerichtet, kann aber auch durch andere Leistungen erfüllt werden, solange diese werthaltig sind.[51] Für die Aufrechnung ergibt sich bereits aus den Vorschriften der §§ 387 ff. BGB, dass sich die Ansprüche bilanziell (nennbetragsmäßig) decken. Das Vollwertigkeitserfordernis könnte daher nur die Gläubigergleichbehandlung (*par conditio creditorum*) in der Insolvenz der Gesellschaft absichern. Hierfür besteht aber nach Abschaffung des Eigenkapitalersatzrechts jenseits der Anfechtungsvorschriften nach der InsO keine Notwendigkeit mehr.

Auch für die Aufrechnung mit Verlustausgleichsansprüchen bedarf es des Vollwertigkeitskriteriums daher nicht.

---

48 *Goette* ZHR 177 (2013), 740, 753.

49 Vgl. Nachw. in Fn. 18.

50 Vgl. bereits *Liebscher* ZIP 2006, 1221, 1223.

51 MünchKommAktG[4]/*Altmeppen* § 302 Rn. 87; KölnKommAktG[3]/*Koppensteiner* § 302 Rn. 50.

5. *Ergebnis*

Entgegen der hM ist die Aufrechnung mit Einlage- und Rückgewähransprüchen durch die Gesellschaft auch dann zulässig, wenn die Gegenforderung des Aktionärs nicht mehr vollwertig ist. Aus § 66 Abs. 1 S. 1 AktG lässt sich das Vollwertigkeitserfordernis nicht begründen. Ein Festhalten an diesem bedeutet im Gegenteil eine faktische Wiedereinführung des Eigenkapitalersatzrechts durch die Hintertür, was nach § 57 Abs. 1 S. 4 AktG aber unzulässig ist. Die Lösung des Problems ergibt sich aus den insolvenzrechtlichen Anfechtungstatbeständen. Auch im Rahmen des Verlustausgleichsanspruchs nach § 302 Abs. 1 AktG kommt es für die Aufrechnung auf Vollwertigkeit nicht an, weil insoweit das insolvenzrechtliche Anfechtungsregime Vorrang hat.

II. *Liquidität und Fälligkeit*

1. *Zum Meinungsstand*

Die Aufrechnung soll ferner nur zulässig sein, wenn die Gegenforderung fällig und liquide ist. Liquidität soll vorliegen, wenn die Gegenforderung nach Grund und Höhe außer Zweifel steht und ihrer Durchsetzung keine Einwendungen oder Einreden – wie bspw. Verjährung – entgegenstehen.[52] Nach anderer Auffassung soll Liquidität ein Teilaspekt der Vollwertigkeit sein[53] bzw. neben dieser keine eigenständige Bedeutung haben.[54] Fälligkeit setzt voraus, dass, die Gegenforderung sofort durchsetzbar ist, weil sonst eine unzulässige Stundung (entgegen § 66 Abs. 1 S. 1 AktG) stattfinden soll.[55]

---

52 RGZ 85, 351, 354; MünchKommAktG[4]/*Bayer* § 66 Rn. 58; *Hüffer/Koch* § 66 Rn. 7; Schmidt/Lutter/*Fleischer* § 66 Rn. 12.

53 KölnKommAktG[3]/*Drygala* § 66 Rn. 28.

54 GHEK/*Hefermehl/Bungeroth* § 66 Rn. 41; GroßkommAktG[4]/*Gehrlein* § 66 Rn. 36.

55 KölnKommAktG[3]/*Drygala* § 66 Rn. 27; *Hüffer/Koch* § 66 Rn. 7; Schmidt/Lutter/*Fleischer* § 66 Rn. 11; GroßkommAktG[4]/*Gehrlein* § 66 Rn. 39. Anders MünchKommAktG[4]/*Bayer* § 66 Rn. 57: keine eigenständige Bedeutung neben § 387 BGB, weil Stundung nach Gedanke des § 27 Abs. 4 AktG zulässig.

2. *Stellungnahme*

Die Überlegungen der herrschenden Meinung sind im Ansatz zutreffend, im Detail aber irreführend.

a) Gegenforderung strittig

Ist der Bestand oder die Höhe der Gegenforderung aus Sicht der Gesellschaft strittig, so wird der Vorstand sinnvoller Weise nicht aufrechnen. Dies folgt bereits aus der Pflicht zum Handeln im Interesse der Gesellschaft. Üblicherweise wird der Vorstand in einer solchen Situation vor Gericht allenfalls die hilfsweise Aufrechnung erklären. Dabei könnte eine Aufrechnung nicht einmal als wirksames Anerkenntnis ausgelegt werden, weil ein grundloses Anerkenntnis selbst gegen § 57 Abs. 1 S. 1 AktG und damit auch gegen § 66 Abs. 1 S. 1 AktG verstoßen würde.[56]

Erklärt er aber pflichtwidrig dennoch die unbedingte Aufrechnung, so kann nicht deswegen auf die Nichtigkeit geschlossen werden. Vielmehr gilt dann, was bei streitigem Sachverhalt immer gilt: stellt sich vor Gericht heraus, dass die Forderung tatsächlich bestand, so ist die Aufrechnung wirksam, weil tatsächlich erklärt. Stellt sich hingegen heraus, dass die Forderung nicht bestand, so geht die Aufrechnung schon deswegen ins Leere, weil es an einer wirksamen Gegenforderung und damit einer Aufrechnungslage fehlte (§ 387 BGB).

Es handelt sich hierbei aber um ein allgemeines Problem der Aufrechnung, welches nichts mit den Besonderheiten von Einlage- und Rückgewähransprüchen zu tun hat.

b) Bestehen einer Einwendung

Noch offensichtlicher wird dies, wenn man fehlende Liquidität bei Bestehen einer Einwendung annimmt.[57] Besteht eine Einwendung, so existiert keine Gegenforderung (mehr). Die Aufrechnung scheitert mangels Bestehens einer Aufrechnungslage (§ 387 BGB). Auch dies ist gegebenenfalls vor Gericht festzustellen.

---

56 Im Übrigen ist wohl in einer Aufrechnung auch generell keine Anerkennung zu erblicken, vgl. *Retzlaff* NJW 2013, 2854.

57 Vgl. nur MünchKommAktG[4]/*Bayer* § 66 Rn. 58.

c) Bestehen von peremtorischen Einreden

Anders ist die Lage nur bei Einreden. Rechnet der Vorstand trotz Bestehens von dauerhaften Einreden auf, handelt er pflichtwidrig. In dieser Situation müsste er die Erfüllung der Gegenforderung verweigern. Gleichzeitig kann die Gesellschaft nach erfolgter Aufrechnung aber ihre „Leistung" nach § 813 Abs. 1 S. 1 BGB zurückverlangen. Einzig für den Fall der Verjährung funktioniert dies wegen § 813 Abs. 1 S. 1 mit § 214 Abs. 2 BGB nicht.

Jedenfalls für die Verjährung, und insoweit ist der herrschenden Meinung zuzustimmen, liegt damit ein Verstoß gegen § 66 Abs. 1 S. 1 AktG bzw. § 57 Abs. 1 S. 1 AktG vor. Dies gilt aber für alle Arten von Ansprüchen.[58] Ob man auch in den anderen Fällen von peremptorischen Einreden eine Nichtigkeit der Aufrechnung annimmt, sodass der Einlage- bzw. Rückgewähranspruch einfach fortbesteht, oder ob man sich mit § 813 Abs. 1 S. 1 BGB begnügt, ist dann fast unerheblich. Zuzugeben ist aber, dass ein Fortbestehen als Einlageanspruch jedenfalls die Kaduzierungsmöglichkeit wahrt und die Entreicherungseinrede abschneidet, sodass sich insoweit eine Anwendung des § 66 Abs. 1 S. 1 /§ 57 Abs. 1 S. 1 AktG gut begründen lässt.

d) Bestehen von dilatorischen Einreden

Bestehen aufschiebende Einreden (insbesondere fehlende Fälligkeit des Gegenanspruchs), so würde durch eine (vorzeitige) Aufrechnung der Gesellschaft wegen § 813 Abs. 2 HS. 2 BGB der Gesellschaft eine Verzinsung (§ 63 Abs. 2 S. 1 AktG; Verzugszins) entgehen. Es kann dann nur um die Frage gehen, ob die Aufrechnung deswegen insgesamt nach § 66 Abs. 1 S. 1/§ 57 Abs.1 S. 1 AktG unwirksam ist, oder nur ein Anspruch auf Zinszahlung besteht. Weil man dem Aktionär aber nicht die Option nehmen darf, der Zahlung von Zinsen durch Erfüllung des Einlage- bzw. Rückgewähranspruchs zu entgehen, spricht mehr für eine generelle Unwirksamkeit der Aufrechnung. Auch insoweit ergibt sich aber keine abweichende Lage im Vergleich zu allgemeinen Ansprüchen.[59]

---

58 Vgl. schon § 12 B. (S. 194).

59 Vgl. § 12 B. (S. 194).

e) Aufrechnung und Stundung

Unzutreffend ist hingegen eine Gleichstellung der Aufrechnung mit der Stundung.[60] Durch eine Aufrechnung wird der Anspruch der Gesellschaft erfüllt, durch eine Stundung nicht. Die Aufrechnung ist einseitige Gestaltungserklärung, die Stundung Vertrag.

Sehr wohl kann aber eine Stundung mit einem Aufrechnungsvertrag kombiniert werden. Wer die Stundung für generell unzulässig erachtet,[61] wird daher diesen Kombinationsvertrag ebenfalls für unzulässig erachten müssen. Richtigerweise ist aber die Stundung gegen angemessenes Entgelt zulässig.[62] Dann muss auch der Kombinationsvertrag aus Stundung gegen Entgelt bis zur Fälligkeit der Gegenforderung und Verrechnung der Forderungen zulässig sein.

3. Ergebnis

Hinter den Schlagwörtern „Liquidität" und „Fälligkeit" verbergen sich damit relevante Fragestellungen, welche aber durch die Begriffe mehr verschleiert, denn gelöst werden. Der Fall, dass die Gegenforderung in Streit steht, ist mehr ein Scheinproblem, denn am Ende wird der Streit sowieso mit allen Konsequenzen vor Gericht entschieden. Weil bei Bestehen von Einwendungen eine Aufrechnung sowieso scheitert (§ 387 BGB), lässt sich aus § 66 Abs. 1 S. 1 bzw. § 57 Abs. 1 S. 1 AktG nur eine Nichtigkeit der Aufrechnung für die Fälle ableiten, in welchen trotz Bestehens einer Einrede gegen den Gegenanspruch durch den Vorstand aufgerechnet wird. Der Fall der fehlenden Fälligkeit ist damit ebenso umfasst. Es ergeben sich letztlich keine Unterschiede zur Rechtslage bei allgemeinen Ansprüchen.

III. Fazit

Von den Schlagwörtern „Fälligkeit und Liquidität" bleibt bei genauer Betrachtung am Ende wenig übrig, das Vollwertigkeitskriterium ist gänzlich überflüssig. Die Aufrechnung der Gesellschaft mit Einlage-, Rückgewähr, oder Verlustausgleichsansprüchen ist grundsätzlich ebenso zulässig wie die

---

60 So aber die hM, vgl. Nachw. in Fn. 55.
61 Vgl. Nachw. zu § 9 A. (S. 160) in Fn. 1 ff.
62 Eingehend § 9 (S. 160). Ferner MünchKommAktG[4]/*Bayer* § 66 Rn. 57.

Aufrechnung mit allgemeinen Ansprüchen. Besteht eine Einrede der Gesellschaft gegen den Gegenanspruch, so ist eine dennoch erklärte Aufrechnung nichtig. Der Fall der fehlenden Fälligkeit ist davon mitumfasst.

In der Insolvenz der Gesellschaft kann die Herstellung der Aufrechnungslage anfechtbar sein, insbesondere nach § 135 Abs. 1 Nr. 1 InsO. Wegen des Aufrechnungsverbots in § 66 Abs. 1 S. 2 AktG ist bei Einlage- und Rückgewähransprüchen darüber hinaus die Aufrechnungserklärung der Gesellschaft selbst anfechtbar und nicht nur die Herstellung der Aufrechnungslage (§ 96 Abs. 1 Nr. 3 InsO). Das Problem der „Vollwertigkeit" ist damit umfassend abgehandelt.

C. Aufrechnungsverbot aus § 54 Abs. 3 AktG bei Einlageansprüchen

Eine Beschränkung der Aufrechnungsmöglichkeit kann sich aber noch aus § 54 Abs. 3 AktG für die vor Eintragung einzufordernde Einlage ergeben. Die vor Eintragung der Gesellschaft/der Kapitalerhöhung einzufordernde Einlage (§§ 36 Abs. 2, 36a Abs. 1 AktG) ist entsprechend § 53 Abs. 3 AktG zu leisten, also in bar oder auf ein Bankkonto. Wird hingegen aufgerechnet, so darf der Vorstand nicht den ordnungsgemäßen Erhalt der Mittel entsprechend § 54 Abs. 3 AktG versichern und kann diesen auch nicht belegen (§ 37 Abs. 1 AktG mit §§ 36 Abs. 2, 36a Abs. 1 AktG). Die Gründung der Gesellschaft bzw. die Kapitalerhöhung scheitert dann, weil das Registergericht die Eintragung ablehnen muss (§ 38 Abs. 1 S. 2 AktG).[63] Würde die Versicherung hingegen wahrheitswidrig abgegeben, so würden sich die beteiligten Personen strafbar machen (§ 399 Abs. 1 Nr. 1 AktG). Eine Aufrechnung hinsichtlich der vor Eintragung zu leistenden Einlagen kommt daher grundsätzlich nicht in Betracht.[64]

63 Vgl. MünchKommAktG[4]/*Pentz* § 38 Rn. 33.

64 RGZ 94, 61, 62 f.; Schmidt/Lutter/*Fleischer* § 66 Rn. 9 aE; *Hüffer/Koch* § 66 Rn. 6; MünchKommAktG[3]/*Bayer* § 66 Rn. 34; MünchKommAktG[4]/*Bungeroth* § 54 Rn. 52; GroßkommAktG[4]/*Henze* § 54 Rn. 97; *Mülbert* ZHR 154 (1990), 145, 155; *Wiedemann* ZIP 1991, 1257, 1260.

I. Zum Sinn und Zweck des § 54 Abs. 3 AktG

Fraglich ist, insbesondere auch im Hinblick auf das Willkürverbot (Art. 3 Abs. 1 GG)[65], welchen Sinn und Zweck die Pflicht zur Leistung der Einlage entsprechend § 54 Abs. 3 AktG hat. Das System aus Kapitalaufbringung und Kapitalerhaltung erfordert jedenfalls nicht die Leistung der Einlage in barer Form, weil es alleine auf wertmäßige Bindung des Vermögens abzielt. Dies zeigt sich zum einen daran, dass sonst auch die Leistung der Resteinlage in der selben Form (§ 54 Abs. 3 AktG) gefordert werden müsste, zum anderen aber auch durch die Rechtslage bei der GmbH: Dort ist lediglich eine Leistung der Einlagen zur freien Verfügung der Geschäftsführer notwendig (§ 8 Abs. 2 S. 1 GmbHG). Dementsprechend ist auch eine Leistung der Einlagen durch Aufrechnung seitens der Geschäftsführer nicht zwingend ausgeschlossen.[66]

Ist das Erfordernis einer Leistung der Einlagen in bar oder durch Kontogutschrift aber nicht zum Zweck der Kapitalaufbringung als solches erforderlich, so lässt es sich alleine mit der registerrichterlichen Kontrolle begründen. Indem eine Leistung in bar oder auf ein Bankkonto vorgeschrieben wird, wird gleichzeitig die Kontrolle durch das Registergericht (§ 38 Abs. 1 S. 1 AktG) erleichtert bzw. ermöglicht.[67]

Ob freilich eine Beschränkung der Privatautonomie nur zur Erleichterung der Kontrollmöglichkeit sinnvoll ist, bleibt eine gesetzgeberische Wertungsfrage. *De lege ferenda* sollte eine Angleichung an die Rechtslage bei der GmbH erwogen werden, was insbesondere eine ersatzlose Streichung der Pflicht zur Leistung der Einlage in bar oder auf bestimmte Bankkonten nach § 54 Abs. 3 AktG bedeuten würde.

---

65 Vgl. zur Rechtfertigungsbedürftigkeit einer Beschränkung der Privatautonomie § 2 A. III. 2. (S. 83).

66 Vgl. Michalski/*Ebbing* § 19 Rn. 94; MünchKommGmbHG/*Schwandtner* § 19 Rn. 115; tendenziell auch BGHZ 152, 37, 44; Baumbach/Hueck/*Fastrich* § 19 Rn. 33a ff.; von einer Unzulässigkeit gehen hingegen aus: U/H/L/*Ulmer*/*Casper* § 19 Rn. 90; Scholz/*Veil* § 19 Rn. 73; *Priester* DB 1976, 1801.

67 Vgl § 9 B. III. 1. (S. 168).

II. Folgen einer unzulässig erklärten Aufrechnung

Wird die Aufrechnung vom Vorstand in unzulässiger Weise dennoch erklärt, so stellt sich nur noch die Frage, welche Rechtsfolgen zu ziehen sind.

Vor Eintragung der Gesellschaft wird man, ungeachtet einer möglichen Nichtigkeit wegen eines evidenten Missbrauchs der Vertretungsmacht oder einer Nichtigkeit nach § 134 BGB, jedenfalls von einer Pflicht der Beteiligten ausgehen können, an einer Korrektur des Ergebnisses mitzuwirken, um letztlich das erstrebte Ziel zu erreichen.[68]

Wird die Gesellschaft (bzw. Kapitalerhöhung) eingetragen, obwohl die Einlagen nicht entsprechend § 54 Abs. 3 AktG geleistet wurden, so stellt sich nur noch die Frage, ob eine erneute Leistungspflicht besteht, oder aber der Einlageanspruch erloschen ist. Das Reichsgericht hat ausgeführt, das Gesetz (§ 195 Abs. 3 HGB 1896; entspricht heute § 54 Abs. 3 AktG) verlange Barzahlung und dementsprechend sei eine Aufrechnung einfach unwirksam.[69] Alleine die Tatsache, dass durch die Aufrechnung Vermögen zugeführt und der Zweck des Einlageanspruchs damit erreicht werden kann, zeigt aber, dass eine Pflicht zur erneuten Leistung nicht erforderlich ist.[70]

Man könnte daher eine Heilung der nichtigen Aufrechnung nach Eintragung zumindest durch Neuvornahme (Bestätigung) zulassen, wobei an die erneute Aufrechnungserklärung durch den Vorstand keine allzu großen Anforderungen zu stellen wären. Erklärt er, an der Aufrechnung festhalten zu wollen, so wäre dies als (konkludente) Bestätigung zu werten. Näher liegt es aber stattdessen § 27 Abs. 3 AktG analog[71] anzuwenden. Die „Wirksamkeit" tritt dann kraft Gesetzes ein, ohne dass es einer Bestätigung bedürfte.

III. Ergebnis

Festzuhalten ist damit jedenfalls, dass *de lege lata* eine Aufrechnung mit der vor Eintragung eingeforderten Einlage nicht in Betracht kommt.

---

68 Vgl. auch schon § 9 B. III. 3. a) (S. 172).

69 RGZ 94, 61, 62 f.

70 Vgl. auch bei § 13 C. I. (S. 219).

71 Wer freilich in der Aufrechnung eine „verdeckte" Forderungseinbringung als Fall der verdeckten Sacheinlage sieht, wird § 27 Abs. 3 AktG direkt anwenden. Näher zur Einordnung der Einbringung einer Forderung als Sacheinlage sogleich noch.

D. Verdeckte Sacheinlage bei Einlageansprüchen

Die Aufrechnung mit einem Einlageanspruch kann in Konflikt mit den Vorschriften über verdeckte Sacheinlagen geraten und ist daher unter diesem Aspekt näher zu untersuchen.

I. Überblick zum Meinungsstand

1. Zum Stand der herrschenden Meinung

Nach der herrschenden Meinung vor MoMiG und ARUG sollte eine Aufrechnung mit einem Einlageanspruch eine Sacheinlage in zweierlei Form verdecken können und deswegen nichtig sein.[72] Zum einen konnte es sich um eine sogenannte Altforderung des Einlageschuldners handeln, also eine Forderung, welche bereits bei Begründung der Einlagepflicht bestand. In diesem Fall sollte die Aufrechnung zur Folge haben, dass die Forderung selbst als (verdeckte) Sacheinlage zu werten ist.[73] Begründet wurde dies damit, dass der Gesellschaft durch die Aufrechnung kein „frisches Bargeld" zugeführt und der Rechtsverkehr dementsprechend getäuscht werde.[74]

Soweit es hingegen um Neuforderungen ging, war die Forderung selbst zwar nicht als Sacheinlage zu werten. Stammte aber die Forderung aus einem Geschäft, welches seinerseits als verdeckte Sacheinlage zu werten war, sollte die Aufrechnung deswegen dennoch unwirksam sein.[75]

Die Unterscheidung zwischen Alt- und Neuforderungen wird einerseits fortgeführt,[76] andererseits soll sie aber mit der Neuregelung der verdeckten Sacheinlage in § 27 Abs. 3 AktG durch das ARUG (bzw. § 19 Abs. 4

---

72 Zur Rechtsfolge nach alter Lage vgl. nur MünchKommAktG³/*Pentz* § 27 Rn. 98 ff.; GroßkommAktG⁴/*Röhricht* § 27 Rn. 193 jew. mwN.

73 BGHZ 110, 47, 60 f.; MünchKommAktG³/*Pentz* § 27 Rn. 98 ff.; MünchKommAktG³/*Bayer* § 66 Rn. 51; GroßkommAktG⁴/*Röhricht* § 27 Rn. 206 ff. jew. mwN; zur GmbH vgl. auch BGHZ 15, 52, 60 f.; BGHZ 125, 141, 149 f.

74 MünchKommAktG³/*Bayer* § 66 Rn. 51.

75 Zur GmbH BGHZ 132, 141, 144 ff.; BGHZ 152, 37, 43 ff. Vgl. ferner MünchKommAktG³/*Pentz* § 27 Rn. 116; GroßkommAktG⁴/*Röhricht* § 27 Rn. 213 jew. mwN.

76 Vgl. nur *Hüffer/Koch* § 27 Rn. 30; Schmidt/Lutter/*Bayer* § 27 Rn. 67; KölnKommAktG³/*Arnold* § 27 Rn. 100; GroßkommAktG⁵/*Schall* § 27 Rn. 308. Zur GmbH BGHZ 180, 38 Tz. – Qivive; BGH ZIP 2016, 615 Tz. 27 ff.

GmbHG durch das MoMiG) obsolet sein.[77] Einigkeit besteht, dass heute jedenfalls eine Anrechnung nach § 27 Abs. 3 AktG durchzuführen sei.[78]

Teilweise wird die Aufrechnung für Altforderungen mittlerweile als zulässig erachtet, weil wegen einer Anrechnung nach § 27 Abs. 3 AktG sowieso das gleiche Ergebnis erzielt würde.[79] Die Gegenansicht hält die Aufrechnung hingegen weiterhin für unzulässig, will aber dennoch eine Anrechnung nach § 27 Abs. 3 AktG (analog) durchführen, was wiederum zu einer faktischen Wirksamkeit der Aufrechnung führen kann.[80]

2. *Kritik am Konzept der herrschenden Meinung*

Grundlegende Kritik am Konzept der verdeckten bzw. verschleierten Sacheinlage wurde bereits vor der gesetzlichen Neuregelung in § 27 Abs. 3 AktG geübt.[81] Das Konzept der verschleierten Sacheinlage lasse sich aus dem AktG nicht ableiten. Der Gesetzgeber habe für den Zeitraum nach Eintragung der Gesellschaft die Vorschriften über die Nachgründung vorgesehen, welche den Umgehungsschutz darstellen.[82] Im Übrigen müssen die benannten Probleme durch eine konsequente Anwendung der Kapitalerhaltungsvorschriften gelöst werden.[83]

Ferner wurde auch schon früher gegen die Einordnung von Altforderungen als verdeckte Sacheinlagen vorgebracht, dass es sich aus bilanzieller Sicht hierbei nie um die Einbringung einer Sache handele.[84]

---

77 Spindler/Stilz/*Benz* § 27 Rn. 123; Schmidt/Lutter/*Bayer* § 27 Rn. 67 aE; KölnKommAktG³/*Drygala* § 66 Rn. 24.

78 Spindler/Stilz/*Benz* § 27 Rn. 124; Schmidt/Lutter/*Bayer* § 27 Rn. 67; KölnKommAktG³/*Drygala* § 66 Rn. 24.

79 Scholz/*Veil* § 19 Rn. 81; *Schall* ZGR 2009, 126, 149 f.

80 BGH ZIP 2016, 615 Tz. 27 ff.; Schmidt/Lutter/*Bayer* § 27 Rn. 67; U/H/L/*Ulmer/Casper* § 19 Rn. 89.

81 Vgl. *Wilhelm* ZHR 152 (1988), 333; *ders.* GS Knobbe-Keuk 1997, 321, 326 ff., 343 ff.; *ders.* ZHR 167 (2003), 520, 524 ff.; *ders.*, Kapitalgesellschaftsrecht, Rn. 301 ff.; *Bergmann* AG 1987, 57; *Loos* AG 1989, 381; *Meilicke*, Die „verschleierte" Sacheinlage, passim; *Einsele* NJW 1996, 2681.

82 *Wilhelm* ZHR 152 (1988), 333, 346 ff.

83 Vgl. *Wilhelm* ZHR 152 (1988), 333, 356 ff.; zuletzt *ders.*, Kapitalgesellschaftsrecht, Rn. 313 ff.

84 Vgl. dazu *Geßler*, FS Möhring, 1975, S. 173, 191; *Karollus* ZIP 1994, 589, 595; *Meilicke*, Die „verschleierte" Sacheinlage, S. 23 ff.; *Hannemann* DB 1995, 2055.

Rechtsvergleichend wird die Beschränkung der Aufrechenbarkeit gar als „naives Konzept“ und bloß auf den „Mythos des gezeichneten und eingezahlten Kapitals als Sicherheitsmittel“ gestützte Fehlentwicklung kritisiert.[85]

II. Forderung selbst als verdeckte Sacheinlage

Eine Forderung des Einlegers gegen die Gesellschaft selbst als Sacheinlage einzustufen, geht bereits im Grundsatz fehl.

Zwar kann eine Forderung Gegenstand einer Sacheinlage sein.[86] Richtet sich die Forderung aber gegen die Gesellschaft selbst, so handelt es sich aus ihrer Sicht nie um einen Vermögensgegenstand, sondern stets nur um eine Verbindlichkeit. Eine Verbindlichkeit muss aber immer zum Nennwert bilanziert und erfüllt werden[87] und die Aufrechnung ist letztlich eine Form der Erfüllung. Würde die Gesellschaft daher nicht aufrechnen, so könnte sie zwar Zahlung auf die Einlage verlangen, müsste gleichzeitig aber auch wiederum zum vollen Nennwert auf die Gegenforderung leisten.

Die wechselseitige Erfüllung der Forderungen könnte man allenfalls wiederum (außerhalb des § 27 Abs. 4 AktG) als verbotenes Hin- und Herzahlen einordnen. Eine solche Einordnung würde aber zu unabsehbaren Konsequenzen führen: denn dann dürfte sich jede Person, welche noch eine offene Forderung gegen die Gesellschaft hat, nicht an einer Barkapitalmaßnahme beteiligen. Sie müsste sonst die Forderung gänzlich abschreiben, weil ja jede Leistung der Gesellschaft auf die Forderung sonst verbotenes Hin- und Herzahlen bzw. eine verdeckte Sacheinlage wäre. Eine Pflicht, als Aktionär die Forderung aufzugeben, gibt es aber nur nach den Vorschriften über Gesellschafterdarlehen (§§ 39 Abs. 1 Nr. 5, 135 Abs. 1 Nr. 2 InsO) in der Insolvenz der Gesellschaft.

Eine Anwendung der Regeln über verdeckte Sacheinlagen lässt sich auch nicht mit einer Liquiditätsfunktion („frisches Bargeld“) rechtfertigen. Dies zum einen, weil das System aus Kapitalaufbringung und Erhaltung nie eine Liquiditätsfunktion hatte,[88] und seit dem MoMiG/ARUG wegen der

---

85 *Tesauro*, FS Meilicke, 2012, S. 714, 719 f.

86 Vgl. nur MünchKommAktG^4/*Pentz* § 27 Rn. 26; GroßkommAktG^5/*Schall* § 27 Rn. 172 ff.; KölnKommAktG^3/*Arnold* § 27 Rn. 51 ff.

87 Vgl. auch § 12 B. (S. 194).

88 Vgl. § 9 B. I. 4.b) (S. 165).

Anrechnungslösung (§ 27 Abs. 3 AktG) endgültig nicht mehr haben kann. Ferner kann der Rechtsverkehr auch nicht auf eine Zuführung von Bargeld vertrauen, weil der Vorstand das Bargeld sofort nach Erhalt für den Geschäftsbetrieb einsetzen und somit verausgaben kann, insbesondere auch zur Tilgung offener Verbindlichkeiten.

Soweit eingewendet wird, dass mit der rein bilanziellen Betrachtungsweise nicht dem Fall Genüge getan ist, dass das Aktivvermögen der Gesellschaft nicht mehr zur Deckung aller Verbindlichkeiten ausreicht,[89] zeigt sich nur, um was es in Wirklichkeit geht: in diesem Falle ist die Gesellschaft überschuldet und insolvenzreif. Dann geht es nur noch um den Schutz der *par conditio creditorum*. Es handelt sich hierbei aber wiederum um das Topos der „Vollwertigkeit“ und mittelbar des Eigenkapitalersatzrechts alter Prägung.[90] Dabei hat sich schon gezeigt, dass das Kriterium der Vollwertigkeit seit dem MoMiG und ARUG nicht mehr zu halten ist, weil die *par conditio creditorum* über das Anfechtungsrecht der InsO (insbesondere §§ 39 Abs. 1 Nr. 5, 135 Abs. 1 Nr. 2 InsO) sichergestellt wird und mit Eigenkapitalersatz bzw. Kapitalaufbringung nichts mehr zu tun hat.

Genauso wenig macht damit eine Anwendung von § 27 Abs. 3 AktG (analog) Sinn: denn, wenn eine Forderung statt aufzurechnen nur anzurechnen ist, so ergibt sich letztlich dasselbe Ergebnis. Einzig wenn man die Gegenforderung nur mit einem geringeren „wirtschaftlichen“ Wert anrechnen würde,[91] ergäbe sich eine Abweichung. Einen geringeren „wirtschaftlichen“ Wert hat eine Forderung des Einlageschuldners aber nur dann, wenn die Gesellschaft in Zahlungsschwierigkeiten, also insolvenzreif ist. Letztlich würde hierdurch aber auch wiederum nur das Kriterium der Vollwertigkeit

---

89 Vgl. nur MünchKommAktG[4]/*Pentz* § 27 Rn. 194 mwN. Soweit man den Wert der Forderung weiterhin nach „objektiven“ statt „bilanziellen Auswirkungen“ (MünchKommAktG[4]/*Pentz* § 27 Rn. 194) ermitteln möchte, wird verkannt, dass das System aus Kapitalaufbringung und Kapitalerhaltung bilanziellen Kriterien folgt, wie auch der Gesetzgeber des MoMiG (vgl. Begr. RegE MoMiG BT-Drucks. 16/6140 S. 40 f.) wieder bestätigt hat.

90 Eingehend schon § 13 B. I. (S. 204).

91 So aber KölnKommAktG[3]/*Drygala* § 66 Rn. 34; zur GmbH: U/H/L/*Casper* § 19 Rn. 143; Henssler/Srohn/*Verse* § 19 Rn. 59; aA. GroßkommAktG[5]/*Schall* § 27 Rn. 358 mit Rn. 186: Anrechnung zum Nennwert; zweifelnd Baumbach/Hueck/*Fastrich*, 20. Aufl. 2013, § 19 Rn. 64 aE.

und mittelbar das Eigenkapitalersatzrecht alter Prägung in § 27 Abs. 3 AktG transportiert. Ferner würde dies dazu führen, dass die Gesellschaft durch einseitige Aufrechnung dem Einlageschuldner seine Forderung zu einem geringeren als dem Nennwert entziehen könnte.[92] Außerhalb eines Insolvenzverfahrens braucht aber kein Schuldner eine einseitige Entwertung seiner Forderung hinzunehmen.

Es kommt also im Ergebnis überhaupt nicht darauf an, ob es sich um eine Alt- oder eine Neuforderung handelt. Die „Einbringung" einer Forderung gegen die Gesellschaft durch Aufrechnung ist keine Leistung einer Sacheinlage, sondern Erfüllung des Einlageanspruchs der Gesellschaft. Soweit die herrschende Meinung dennoch die Vorschriften über verdeckte Sacheinlagen (insbesondere auch § 27 Abs. 3 AktG) anwenden möchte, läuft die Regelung leer oder transportiert unzulässigerweise das Kriterium der „Vollwertigkeit" in das Recht der verdeckten Sacheinlage.

Hinzuweisen ist abschließend auf einen weiteren, sogar gesetzlich geregelten Widerspruch zur Lösung der herrschenden Meinung: der Gesetzgeber lässt die Ausgabe umgekehrter Wandelschuldverschreibungen neuerdings ausdrücklich zu (§ 221 Abs. 1 S. 1 AktG in der Fassung der Aktienrechtnovelle 2016). Bei dieser Form von Wandelschuldverschreibungen erfolgt ein Umtausch bevorzugt in der Krise.[93] Dennoch wird mit dem Nennwert ohne Rücksicht auf die Regeln über verdeckte Sacheinlagen auf die Einlageverpflichtung angerechnet (§ 192 Abs. 1 AktG). Dabei ist aber nicht ersichtlich, welcher qualitative Unterschied zwischen „normalen Forderungen" und Forderungen aus Wandelschuldverschreibungen bestehen soll. Vielmehr zeigt diese „Ausnahme" [94] nur, dass eigentlich die Grundprämisse der herrschenden Meinung schon fragwürdig ist.

---

92 MünchKommAktG⁴/*Bayer* § 66 Rn. 60; vgl. ferner auch MünchKommGmbHG/*Lieder* § 56 Rn. 108.

93 *Rubner/Pospiech* NJW-Spezial 2016, 399, 400; *Nodoushani* WM 2016, 589, 593.

94 Vgl. auch *Nodoushani* WM 2016, 589, 593: „... von erheblicher Tragweite. Die [...] Gesetzesänderung ist in puncto CoCo-Bonds die wichtigste der Aktienrechtsnovelle überhaupt."

III. Zu Grunde liegendes Verkehrsgeschäft als verdeckte Sacheinlage

Damit bleibt noch zu klären, welche Folgen es für die Aufrechnung nach sich zieht, wenn das der Forderung des Aktionärs zu Grunde liegende Rechtsgeschäft (Austauschvertrag) als „verdeckte Sacheinlage" einzuordnen ist.[95] Seit dem ARUG ist für die verdeckte Sacheinlage die Sonderregelung nach § 27 Abs. 3 AktG zu beachten. Diese Regelung ergibt sich nicht aus den allgemeinen Prinzipien[96] und ist daher gesondert zu untersuchen.

1. Rechtslage bei Anwendung der sonstigen Regeln

Blendet man die Vorschrift über verdeckte Sacheinlagen nach § 27 Abs. 3 AktG aus, so ergäbe sich folgendes Ergebnis:

a) Verstoß gegen § 66 Abs. 1 S. 1 AktG

Aus § 66 Abs. 1 S. 1 AktG kann nicht abgeleitet werden, dass eine „verdeckte Sacheinlage" grundsätzlich eine Befreiung von der Einlagepflicht bewirkt. Das Wort der „Befreiung" ist in § 66 Abs. 1 S. 1 AktG auf Grund des engen funktionalen Zusammenhangs mit der Kapitalerhaltung genauso zu verstehen, wie der Begriff der Einlagenrückgewähr in § 57 Abs. 1 S. 1 AktG.[97]

Ist das Austauschgeschäft, durch welches die Sacheinlage „verdeckt" werden soll, angemessen oder zu Gunsten der Gesellschaft ausgestaltet, so ist aus § 66 Abs. 1 S. 1 AktG nicht zu folgern, dass die Rechtsgeschäfte unwirksam sind. Vielmehr sind marktübliche Geschäfte zulässig.[98] Die Aufrechnung als solche kann vorbehaltlich bestehender Einreden kein unangemessenes und gegen die Kapitalerhaltung oder § 66 Abs. 1 S. 1 AktG verstoßendes Rechtsgeschäft sein, weil bereits durch die Aufrechnungsvorschriften die Deckung dem Nennbetrag nach sichergestellt wird.[99] Noch

95 Vgl. zur Einordnung als verdeckte Sacheinlage GroßkommAktG[5]/*Schall* § 27 Rn. 284 ff.; KölnKommAktG[3]/*Arnold* § 27 Rn. 89 ff.; MünchKommAktG[4]/*Pentz* § 27 Rn. 89 ff.

96 Vgl. Einleitung B. (S. 28).

97 Vgl. § 6 B. II. (S. 129) und § 9 B. I. (S. 162).

98 BGH AG 2007, 120, 121; *Hüffer/Koch* § 57 Rn. 8; MünchKommAktG[4]/*Bayer* § 57 Rn. 46; KölnKommAktG[3]/*Drygala* § 57 Rn. 41.

99 Vgl. § 12 B. (S. 194) und § 13 B. I. 2. (S. 207).

fernliegender ist es, aus § 66 Abs. 1 S. 1 AktG die Unwirksamkeit des angemessenen Austauschgeschäfts abzuleiten. Denn wenn durch einen angemessenen Vertrag nur Leistungen ausgetauscht werden, so tritt alleine hierdurch keine „Befreiung“ von irgendeiner Pflicht, geschweige denn der Einlageverpflichtung, ein.

Ist das Austauschgeschäft zu Lasten der Gesellschaft ausgestaltet, der Kaufgegenstand mithin unangemessen bewertet, so verstößt dieses Austauschgeschäft gegen die Vorschriften über die Kapitalerhaltung (§ 57 Abs. 1 S. 1 AktG).[100] Gegen den Anspruch des Gesellschafters auf Zahlung des Kaufpreises besteht dann eine Einwendung[101], es gibt also keinen Anspruch. Damit kann aber auch nicht die Gesellschaft die Aufrechnung erklären. Denn die Vorschriften über die Aufrechnung (§§ 387 ff. BGB) verlangen, dass eine wirksame Forderung vorliegt. Soweit der Aktionär seine Sachleistung erbringt, steht ihm lediglich ein bereicherungsrechtlicher Rückgewähranspruch zu. Die Parteien können aber jederzeit das Geschäft anpassen und anschließend die wirksamen Forderungen verrechnen/aufrechnen. Mit § 66 Abs. 1 S. 1 AktG hat dies aber letztlich nichts zu tun.

b) Nichtigkeit nach § 27 Abs. 1 S. 1 AktG

Außerdem kann aus § 27 Abs. 1 S. 1 AktG nicht gefolgert werden, dass eine verdeckte Sacheinlage (nach § 125 S. 1 BGB) unwirksam ist.

Nach § 27 Abs. 1 S. 1 AktG sind Abreden über Sacheinlagen und Sachübernahmen grundsätzlich in der Satzung festzusetzen. Die Rechtsfolge für einen Verstoß gegen die Festsetzungspflicht ergibt sich seit der Neufassung des § 27 Abs. 3 AktG nicht (mehr) aus dem AktG.[102] Betrachtet man § 27 Abs. 1 S. 1 AktG als Formvorschrift,[103] so ergibt sich aber aus § 125 S. 1 BGB, dass die Vereinbarung einer Sacheinlage außerhalb der Satzung nichtig

---

100 MünchKommAktG[4]/*Bayer* § 57 Rn. 45; *Hüffer/Koch* § 57 Rn. 8 f.

101 Vgl. BGHZ 196, 312 Tz. 17; *Hüffer/Koch* § 57 Rn. 32; Schmidt/Lutter/*Fleischer* § 57 Rn. 75; ferner schon § 1 B. III. (S. 40) mwN. Geht man hingegen von einer Einrede aus (*dolo agit*), so ergibt sich letztlich nichts anderes. Die Aufrechnung ist dann nachteilig und verstößt daher selbst gegen § 66 Abs. 1 S. 1 AktG (vgl. § 13 B. II. 2. c) [S. 216]).

102 Vgl. Schmidt/Lutter/*Bayer* § 27 Rn. 37.

103 Vgl. auch schon *Meilicke*, Die „verschleierte“ Sacheinlage, S. 21.

ist.[104] Das heißt wiederum, dass der Aktionär kein Recht hat, statt Geld eine Sache zu leisten. Wollten die Gründer in Wirklichkeit keine Bareinlage, sondern eine Sacheinlage vereinbaren, so ist die beurkundete Satzung als Scheingeschäft nach § 117 Abs. 1 BGB nichtig.[105] Wird die Gesellschaft dennoch eingetragen, so muss aber, trotz Streichung des § 27 Abs. 3 S. 2 AktG aF, von einer wirksamen Errichtung alleine schon deswegen ausgegangen werden, weil die Gesellschaft in Vollzug gesetzt wurde.[106]

Weitere Nebenabreden der Gründer untereinander binden nicht die neu entstehende Gesellschaft, weil es an der erforderlichen Fixierung im Gesellschaftsvertrag bzw. in der Satzung fehlt. Gleiches gilt für eine Sachübernahme: ohne Regelung in der Satzung hat der Aktionär keinen Anspruch darauf, dass es zu einer Sachübernahme kommt. Der Einlageschuldner mag sich darauf verlassen, dass der Vorstand zu einem späteren Zeitpunkt mit ihm weitere Vereinbarungen trifft. Er hat aber auch damit zu rechnen, die Einlage vollständig in bar erbringen zu müssen.[107] Die Sanktion für einen Verstoß gegen das Erfordernis der Festsetzung in der Satzung ist also die Unwirksamkeit der Abrede und die damit verbundene Unsicherheit für den Einlageschuldner. Dies alles hat aber nichts mit der Frage zu tun, inwieweit der Vorstand über den auf Geldzahlung gerichteten Anspruch disponieren bzw. welche Geschäfte er nach einer Eintragung der Gesellschaft/Kapitalerhöhung vornehmen darf.

Ein Verstoß gegen § 27 Abs. 1 S. 1 AktG hat daher nur zur Folge, dass die konkrete Abrede (nach § 125 S. 1 BGB) unwirksam ist. Hieraus kann aber nicht gefolgert werden, dass auch nach Eintragung der Gesellschaft weitergehende Rechtsgeschäfte unwirksam sind.

---

104 GroßkommAktG[5]/*Schall* § 27 Rn. 250; ähnlich wohl KölnKommAktG[3]/*Arnold* § 27 Rn. 40.

105 GroßkommAktG[5]/*Schall* § 27 Rn. 251.

106 *Hüffer/Koch* § 27 Rn. 12; Schmidt/Lutter/*Bayer* § 27 Rn. 38; Spindler/Stilz/*Benz* § 27 Rn. 77; MünchKommAktG[4]/*Pentz* § 27 Rn. 49; GroßkommAktG[5]/*Schall* § 27 Rn. 255.

107 Vgl. GroßkommAktG[5]/*Schall* § 27 Rn. 255; *Hüffer/Koch* § 27 Rn. 12.

c) Nichtigkeit wegen Umgehung der Sachgründungsvorschriften

Es verbleibt damit die Möglichkeit, eine „verdeckte Sacheinlage" nach § 134 BGB iVm § 27 Abs. 1 S. 1 AktG als nichtig zu betrachten, weil die Sachgründungsvorschriften umgangen werden.[108]

aa) Zum Sinn und Zweck der Sachgründungsvorschriften

Sinn und Zweck des Einlageanspruchs ist es, das Vermögen, welches durch die Kapitalerhaltung gebunden werden soll, der Gesellschaft zuzuführen. Einen darüberhinausgehenden Zweck, insbesondere die Sicherung der Liquidität der Gesellschaft, kann dem Einlageanspruch nicht beigemessen werden.[109] In welcher Form das Vermögen zugeführt wird, ist letztlich belanglos, solange es (bilanziell) werthaltig ist.

Wird Bargeld geleistet, so ist die „Werthaltigkeit" ohne weiteres feststellbar. Soll hingegen eine Sache eingebracht werden, so kann dies nicht ohne weiteres angenommen werden. Es muss daher Vorsorge getroffen werden, dass nicht überbewertete Gegenstände an die Gesellschaft geleistet werden. Im Rahmen der Gründung müssen Sacheinlagen daher in der Satzung festgesetzt werden (§ 27 Abs. 1 S. 1 AktG) und anschließend in einer Gründungsprüfung die Werthaltigkeit geprüft werden (§ 34 Abs. 1 Nr. 2 AktG). Ferner wird durch die Offenlegung (Publizität) aber auch eine Prüfung durch den Registerrichter ermöglicht (§ 38 Abs. 2 AktG).[110]

bb) Zur Situation nach Eintragung

Ist die Gesellschaft aber erst einmal eingetragen, so hat sich das formalisierte Gründungsverfahren erledigt. Das formalisierte Verfahren kann aber nur dazu dienen, den materiellen Zweck, nämlich die tatsächliche Zufuhr von werthaltigem Vermögen, abzusichern und dessen anschließende Erhaltung (§ 57 Abs. 1 S. 1 AktG) zu ermöglichen.

Nach Eintragung handelt der Vorstand im Rahmen der Satzung eigenverantwortlich (§ 76 Abs. 1 S. 1 AktG) für die Gesellschaft. Fehlen Festsetzungen

---

108 Vgl. GroßkommAktG⁵/*Schall* § 27 Rn. 276; MünchKommAktG⁴/*Pentz* § 27 Rn. 79.

109 Vgl. auch § 9 B. I. 4. b) (S. 165).

110 Vgl. insgesamt schon *Meilicke*, Die „verschleierte" Sacheinlage, S. 20 ff.

in der Satzung, so ist er an etwaige Abreden aus der Gründungsphase nicht gebunden.[111] Die Gründer, und damit auch der Einlageschuldner, haben keinen Einfluss mehr auf den eigenverantwortlich handelnden Vorstand. Verschaffen sie sich rechtswidrig Einfluss, geraten sie in eine Haftung aus § 117 Abs. 1 AktG. Die Mitglieder des Vorstands sind bei eigener Haftung (§ 93 Abs. 3 Nr. 1 AktG) dazu verpflichtet, den Erhalt des Vermögensstocks sicherzustellen und Rechtsgeschäfte mit Aktionären entsprechend zu prüfen.[112] An die Stelle des formalisierten Gründungsverfahrens mit registerrichterlicher Kontrolle tritt die Verantwortung des Vorstands für den Erhalt des Gesellschaftsvermögens. Eine Umgehung des Gründungsverfahrens ist dann aber schon deswegen nicht mehr möglich, weil es sich erledigt hat und eine materielle Betrachtung gilt.[113]

Auch das Erfordernis einer Publizität der Sacheinlage erledigt sich mit Eintragung. Zum einen ist bereits fraglich, ob Sinn der Publizität von Sacheinlagen die Information der Gläubiger der Gesellschaft ist, oder nicht nur eine Publizität gegenüber dem Registerrichter bewirkt werden soll. Das Gesetz kennt nur letzteres (§ 38 Abs. 2 AktG). Jedenfalls kann sich aber kein Gläubiger darauf verlassen, dass nach Eintragung die geleisteten Barmittel unberührt zur Verfügung stehen. Im Gegenteil entspricht es sogar dem Zweck der Gesellschaft, dass die Mittel für den Geschäftsbetrieb eingesetzt und Vermögensgegenstände erworben werden. Eine wie auch immer geartete „Publizität" gegenüber den Gläubigern ist damit obsolet. Verstärkt wird dieses Ergebnis heute noch durch die Anrechnungslösung nach § 27 Abs. 3 AktG.

Als Hauptproblem verbleibt, dass auch nach Eintragung angemessene von unangemessenen Rechtsgeschäften abzugrenzen sind. Dem Problem ist nur durch entsprechende Verteilung der Beweislast beizukommen,[114] sowohl im Rahmen der Kapitalerhaltung, als auch der Vorstandshaftung.

---

111 Vgl. soeben § 13 D. II. (S. 223).

112 *Meilicke*, Die „verschleierte" Sacheinlage, S. 21.

113 Umgekehrt wäre eine Abgrenzung sonst unmöglich: anschaulich dazu *Meilicke*, Die „verschleierte" Sacheinlage, S. 37 ff. mit dem Beispiel einer roten Ampel und gleichzeitiger Möglichkeit einer Umfahrung über die Seitenstraßen.

114 Vgl. auch den Vorschlag von *Bayer* für das KG-Modell bei der GmbH (GmbHR 2010, 1289, 1295.; VGR Gesellschaftsrecht in der Diskussion 2012, S. 25, 47 f.).

§ 27 Abs. 3 S. 5 AktG ist hierfür ein erster Anhaltspunkt. Der Gesetzgeber ist insoweit aber zu kurz gesprungen, weil eine Beweislastumkehr sinnigerweise für alle Formen von Austauschgeschäften und Erfüllungshandlungen angebracht gewesen wäre, mithin also eine Verankerung in § 57 und § 66 AktG. Dies sollte *de lege ferenda* auch noch folgen. Aus der Frage, wie die Beweislast bei Kapitalaufbringung und Kapitalerhaltung zu gestalten ist, kann aber nicht auf die Nichtigkeit von Rechtsgeschäften geschlossen werden.

cc) Nachgründung als Umgehungsschutz

Schließlich kann eine Nichtigkeit der verdeckten Sacheinlage wegen einer Umgehung der Gründungsvorschriften an sich schon deswegen nicht angenommen werden, weil der Gesetzgeber mit den Nachgründungsvorschriften (§ 52 AktG) einen (wenn auch nur begrenzten) Umgehungsschutz geregelt hat.[115] Eine Nichtigkeit nach § 134 BGB kommt aber nur in Betracht, wenn sich nicht aus dem Gesetz ein anderes ergibt. Mit den Nachgründungsvorschriften ergibt sich aber gerade „ein anderes". Die vom Gesetzgeber eingezogenen Schwellenwerte (10 %-Hürde, vgl. § 52 Abs. 1 S.1 AktG) sind als Wertungsentscheidungen zu beachten.

d) Ergebnis

Damit zeigt sich, dass die Aufrechnung auch bei Vorliegen einer „verdeckten Sacheinlage" an sich zulässig und wirksam sein müsste, wenn das Rechtsgeschäft, welches die Sacheinlage „verdeckt", angemessen ist. Ist das Austauschgeschäft hingegen unangemessen, so verstößt es gegen § 57 Abs. 1 S. 1 AktG und es fehlt bereits an einem wirksamen Anspruch, gegen den aufgerechnet werden könnte. Gleiches gilt, wenn das Austauschgeschäft nach § 52 Abs. 1 S. 1 AktG unwirksam ist: Dann scheitert die Aufrechnung ebenfalls daran, dass keine wirksame Forderung besteht. Eine generelle Nichtigkeit wegen einer Umgehung der Sachgründungsvorschriften käme dagegen unter Ausblendung von § 27 Abs. 3 AktG nicht in Betracht.

---

115 Eingehend mit Nachzeichnung der Entstehungsgeschichte *Wilhelm* ZHR 152 (1988), 333, 346 ff.

2. *Vergleich mit Rechtslage nach § 27 Abs. 3 AktG*

Wendet man den neuen § 27 Abs. 3 AktG nun an, so soll gelten: eine „verdeckte Sacheinlage“ befreit nicht von der Einlageverpflichtung (S. 1 aE), die Verträge/Verfügungen über die Sacheinlage sind aber wirksam (S. 2) und der Wert der Sacheinlage ist dann auf die Einlageschuld anzurechnen (S. 3). Für die weiteren Folgerungen sind die einzelnen Fallgruppen getrennt zu betrachten.

a) Bewertung angemessen

Relativ eindeutig ist die Situation, wenn das Austauschgeschäft angemessen ist und sich der Kaufpreis mit der Höhe der offenen Einlageforderung deckt.

Beispiel: Offene Einlageforderung noch 10.000,-. Abschluss eines Kaufvertrages über einen Gegenstand, der 10.000,- wert ist, zum Kaufpreis 10.000,-. Gegenstand wird übereignet, Einlageforderung gegen Kaufpreisforderung aufgerechnet.

Nach § 27 Abs. 3 AktG ergibt sich als Lösung, dass der Einlageanspruch erlischt und der Kaufvertrag rechtsbeständig ist.[116] Dies hätte sich auch bei zutreffender Anwendung der allgemeinen Vorschriften ergeben.[117]

b) Bewertung zu Lasten des Gesellschafters

Beispiel: Offene Einlageforderung noch 10.000,-. Abschluss eines Kaufvertrages über einen Gegenstand, der 10.000,- wert ist, zum Kaufpreis 5.000,-. Gegenstand wird übereignet, Kaufpreisforderung gegen Einlageforderung aufgerechnet.

Nach § 27 Abs. 3 S. 3 AktG wird der Wert des Gegenstandes von 10.000,- auf die Einlageforderung angerechnet. Dann verbliebe aber keine restliche Einlageforderung von 5.000,-, obwohl die Parteien den Gegenstand nur mit 5.000,- bewertet hatten. Dieses Ergebnis ist nicht hinnehmbar. Entgegen dem Wortlaut ist der Norm nach allgM eine Anrechnungssperre zu

---

116 GroßkommAktG[5]/*Schall* § 27 Rn. 361 ff.; U/H/L/*Casper* § 19 Rn. 149; *Veil/Werner* GmbHR 2009, 729, 735.

117 Vgl. § 13 D. III. 1. (S. 226).

entnehmen.[118] Damit überzeugt dann zwar das Ergebnis, die Begründung ist aber nur durch eine teleologische Auslegung möglich.

Nach den allgemeinen Vorschiften würde die Aufrechnung gegen die (wirksame) Forderung in Höhe von 5.000,- dazu führen, dass die Gesellschaft einen Gegenstand über 10.000,- erhält und eine Resteinlageforderung über 5.000,- verbleibt. Auch insoweit decken sich damit die Lösungen, allerdings nur, weil bei § 27 Abs. 3 AktG das Ergebnis korrigiert wird.

c) Bewertung zu Lasten der Gesellschaft

Fällt die Bewertung zu Lasten der Gesellschaft aus, scheitert nach allgemeinen Regeln jegliche Aufrechnung, weil es wegen eines Verstoßes gegen das Prinzip der Kapitalerhaltung nichts aufzurechnen gibt.[119] Die Parteien könnten den Vertrag entweder anpassen (mit anschließender Aufrechnung) oder rückabwickeln.[120] Jedenfalls bliebe aber der Einlageanspruch vollumfänglich bestehen.

aa) Ausgangsfall

Beispiel: Offene Einlageforderung noch 10.000,-. Abschluss eines Kaufvertrages über einen Gegenstand, der 5.000,- wert ist, zum Kaufpreis 10.000,-. Gegenstand wird übereignet, Einlageforderung gegen Kaufpreisforderung aufgerechnet.

Wendet man hingegen § 27 Abs. 3 AktG an, so bleibt die Einlageforderung zunächst bestehen. Das Verpflichtungsgeschäft ist aber nach dem Wortlaut des § 27 Abs. 3 AktG[121] ebenso wie die Aufrechnung wirksam. Auf die Einlageforderung wird dann der Wert des Gegenstandes (5.000,-) angerechnet. Die Einlageforderung bleibt in Höhe von 5.000,- bestehen.[122]

---

118 Lutter/Hommelhoff/*Bayer* § 19 Rn. 82; U/H/L/*Casper* § 19 Rn. 151; *H.-F. Müller* NZG 2011, 761, 764; so auch MünchKommAktG⁴/*Pentz* § 27 Rn. 142; *Veil/Werner* GmbHR 2009, 729, 736.

119 Vgl. § 13 D. III. 1. (S. 226).

120 Vgl. zur Rechtsfolge eines Verstoßes gegen § 57 Abs. 1 S. 1 AktG schon § 1 B. III. (S. 40).

121 Trotz Verstoßes gegen die Kapitalerhaltung?!

122 Vgl. *Veil/Werner* GmbHR 2009, 729, 735 f.

Nach § 27 Abs. 3 AktG wird also nicht rückabgewickelt, vielmehr werden die Parteien an ihrem Geschäft festgehalten, das Ergebnis aber zu Lasten des Gesellschafters korrigiert. Dies ist umso erstaunlicher, als im Rahmen des § 57 Abs. 1 S. 1 AktG der Aktionär nach absolut herrschender Ansicht nicht zu einer Anpassung gezwungen ist, sondern man ihm wenigstens die Wahlfreiheit zwischen übereinstimmender Anpassung oder Rückabwicklung überlässt.[123]

Zu Gunsten des Gesellschafters wirkt sich die Anwendung von § 27 Abs. 3 AktG aber in der Insolvenz der Gesellschaft aus. Denn müsste er rückabwickeln, so könnte der Insolvenzverwalter weiterhin die Einlage einklagen, der Anspruch auf Rückgewähr des Gegenstandes wäre als bereicherungsrechtlicher Anspruch nur zur Tabelle anzumelden und ggf. nachrangig (§ 39 Abs. 1 Nr. 5 InsO). Bei einer Anrechnung hingegen schuldet der Aktionär nur noch den Differenzbetrag. Dies ist vor allem auch deshalb erstaunlich, weil bei einem einfachen Anspruch der Gesellschaft (beispielsweise aus einem anderen vertraglichen Verhältnis) die allgemeine Regelung unberührt bleibt. Der Aktionär profitiert also unter Umständen davon (!), dass er nicht nur gegen die Kapitalerhaltung verstoßen hat, sondern das Geschäft zusätzlich auch noch als verdeckte Sacheinlage zu qualifizieren ist. Sollte hingegen nur gegen irgendeine x-beliebige Forderung aufgerechnet werden, bestünde möglicherweise das Risiko einer doppelten Leistungspflicht.

Damit steht aber die Regelung in § 27 Abs. 3 AktG im Widerspruch zu den allgemeinen Regeln über die Kapitalerhaltung. Einzige Möglichkeit wäre, § 27 Abs. 3 AktG einen allgemein gültigen Gedanken zu entnehmen und § 62 Abs. 1 S. 1 AktG daher stets nur auf die Differenz zu richten, anstatt eine dingliche Rückabwicklung zu ermöglichen. Dies lehnt aber wiederum die herrschende Meinung (zu Recht) ab.[124]

bb) Verändertes Verständnis von § 27 Abs. 3 S. 2 AktG?

Es stellt sich daher die Frage, ob man § 27 Abs. 3 S. 2 AktG im Falle eines unangemessenen Verkehrsgeschäfts mit anschließender Aufrechnung nicht abweichend zu interpretieren hat. Es entspricht allgemeiner und zutreffender Meinung, dass durch § 27 Abs. 3 S. 2 AktG andere Unwirksamkeitsgründe

123 Vgl. § 1 B. III. (S. 40) mit Nachw. in Fn. 20 ff.
124 Vgl. § 1 B. III. (S. 40).

nicht ausgeschlossen werden.[125] Gleichzeitig geht die herrschende Meinung aber zwanglos[126] davon aus, dass ein Verstoß gegen § 57 Abs. 1 S. 1 AktG die Wirksamkeit und damit Anrechenbarkeit nicht ausschließt.[127] § 27 Abs. 3 S. 1 AktG lässt sich aber auch so verstehen, dass nur die Tatsache einer verdeckten Sacheinlage nicht zur Unwirksamkeit des Verpflichtungsgeschäfts führt, sehr wohl aber, dass das Geschäft *wegen Verstoßes gegen § 57 Abs. 1 S. 1 AktG* undurchführbar ist. Ist das Geschäft aber undurchführbar, so ist nichts anzurechnen, sondern gänzlich rückabzuwickeln. Nur wenn sich die Parteien auf eine Anpassung einigen, könnte eine Aufrechnung/Anrechnung stattfinden.

Der Gesetzgeber hatte bei Verabschiedung des § 19 Abs. 4 GmbHG, welcher dann in § 27 Abs. 3 AktG übernommen wurde, vor allem das Problem vor Augen, dass auch bei angemessener Bewertung nach dem Stand von Rechtsprechung und herrschender Lehre eine doppelte Inanspruchnahme drohte.[128] Aus einem „Gesetz [...] zur Bekämpfung von Missbräuchen" kann aber nicht umgekehrt gefolgert werden, dass der Gesetzgeber auch missbräuchliches Verhalten privilegieren wollte. Verkauft der Aktionär eine Sache unter Wert an die Gesellschaft, was grundsätzlich zur Undurchführbarkeit nach § 57 Abs. 1 S. 1 AktG führen muss, so soll er nicht davon

---

125 GroßkommAktG[5]/*Schall* § 27 Rn. 355; MünchKommAktG[4]/*Pentz* § 27 Rn. 107; KölnKommAktG[3]/*Arnold* § 27 Rn. 117; zur GmbH: Baumbach/Hueck/*Fastrich* § 19 Rn. 56 aE; U/H/L/*Casper* § 19 Rn. 118; *Ulmer* ZIP 2009, 293, 299; *Maier-Reimer/Wenzel* ZIP 2009, 1185, 1187, 1193 f.; *Veil/Werner* GmbHR 2009, 729, 733.

126 Einzig Schmidt/Lutter/*Bayer* § 27 Rn. 78 geht auf das Problem ein, lehnt aber den Anrechnungsausschluss bei Verstoß gegen die Kapitalerhaltung ab. Das Argument, die verdeckte Sacheinlage sei Teil der Kapitalaufbringung und daher nicht Gegenstand der Kapitalerhaltung kann aber schon deswegen nicht überzeugen, weil beides auch parallel auf die gleiche Vereinbarung Anwendung finden muss (vgl. nur BGHZ 185, 44 – Adcocom; konsequent dies zumindest ablehnend dann Schmidt/Lutter/*Bayer* § 27 Rn. 87). Ebenso wenig kann auch der Vergleich mit der offenen Sacheinlage und dem Differenzhaftungsanspruch überzeugen: in diesem Falle greift die Kapitalerhaltung nämlich noch nicht ein.

127 Vgl. BGHZ 185, 44 Tz. 58 ff.; MünchKommAktG[4]/*Pentz* § 27 Rn. 134 ff.; U/H/L/*Casper* § 19 Rn. 155.

128 BegrRegE MoMiG, BT-Drucks 16/6140 S. 40.

profitieren, dass zusätzlich eine (nach herrschender Meinung verbotene) verdeckte Sacheinlage vorliegt.

Versagt man aber die Anrechnung, weil bereits das Verpflichtungsgeschäft (und damit auch die Aufrechnung) wegen eines Verstoßes gegen die Kapitalerhaltung (§ 57 Abs. 1 S. 1 AktG) undurchführbar ist, so ergeben sich auch im Falle einer Bewertung zu Lasten der Gesellschaft die gleichen Ergebnisse, wie bei Anwendung der allgemeinen Regeln und § 27 Abs. 3 AktG würde sich nahtlos einfügen.

cc) Unangemessene verdeckte gemischte Sacheinlage

Zu verweisen ist noch auf das Problem der verdeckten gemischten Sacheinlage bei unangemessener Bewertung (BGHZ 185, 44 – AdCoCom):

Beispiel:[129] Bereits erbrachte Einlageforderung 10.000,-. Abschluss eines Kaufvertrages über einen Gegenstand, der 12.000,- wert ist, zum Kaufpreis 25.000,-.

Nach Auffassung des BGH ergäbe sich ein fortexistierender Anspruch auf Zahlung der Einlage in Höhe von 10.000,- Euro und ein Anspruch aus § 31 Abs. 1 GmbHG (bzw. § 62 Abs. 1 S. 1 AktG) in Höhe von 3.000,- Euro.[130] Nach der Gegenansicht hingegen besteht neben dem Einlageanspruch kein Anspruch auf die 3.000,- Euro aus § 62 Abs. 1 S. 1 AktG, sondern ein Differenzhaftungsanspruch entsprechend § 9 Abs. 1 GmbHG.[131]

Führt man überhaupt keine Anrechnung durch, sondern verweigert wegen Verstoßes gegen § 57 Abs. 1 S. 1 AktG letzteres, so erledigt sich

---

129 Beispiel von U/H/L/*Casper* § 19 Rn. 155.

130 BGHZ 185, 44 Tz. 59 ff. – Adcocom; ebenso Baumbach/Hueck/Fastrich § 19 Rn. 56; MünchKommAktG[4]/*Pentz* § 27 Rn. 128; *ders.* GmbHR 2010, 673, 679; tendenziell auch *Illhardt* DZWiR 2010, 346, 347; *Altmeppen* NJW 2010, 1955; Scholz/*Veil* § 19 Rn. 149.

131 Schmidt/Lutter/*Bayer* § 27 Rn. 87; KölnKommAktG[3]/*Arnold* § 27 Rn. 115; Spindler/Stilz/*Benz* § 27 Rn. 196; GroßkommAktG[5]/*Schall* § 27 Rn. 367; U/H/L/*Casper* § 19 Rn. 155; *Kleindiek* ZGR 2011, 334, 347 ff.; *H.-F. Müller* NZG 2011, 761, 763; *Koch* ZHR 175 (2011), 55, 70 ff.; *Benz*, Verdeckte Sacheinlage und Einlagenrückzahlung im reformierten GmbH-Recht (MoMiG), S. 114 ff.

auch die Frage, wie anzurechnen ist. Vielmehr ist das Geschäft rückabzuwickeln, wie wenn es sich um keine verdeckte Sacheinlage gehandelt hätte. Eine Aufteilung in einen Einlageteil (Anrechnung nach § 27 Abs. 3 AktG) und im Übrigen einen Kapitalerhaltungsteil (Anspruch aus § 62 Abs. 1 S. 1 AktG) bzw. Differenzhaftungsteil wäre überflüssig. Der Gesellschafter, der nicht nur eine verdeckte Sacheinlage leistet, sondern auch noch gegen die Kapitalerhaltung verstößt, stünde in der Insolvenz nicht anders, als der Aktionär, der nur gegen die Kapitalerhaltung verstößt.

b) Ergebnis

Soweit das der verdeckten Sacheinlage zu Grunde liegende Rechtsgeschäft angemessen ist oder sogar zu Gunsten der Gesellschaft ausfällt, ergibt sich keine Abweichung von den allgemeinen Regeln, § 27 Abs. 3 AktG fügt sich insoweit ein. Nur wenn das zu Grunde liegende Geschäft zu Lasten der Gesellschaft ausfällt, ergibt sich augenscheinlich ein Unterschied: nach allgemeinen Regeln müsste rückabgewickelt werden, bei Anwendung von § 27 Abs. 3 AktG findet hingegen eine Anrechnung und ggf. eine Haftung auf die Wertdifferenz statt. Würde man aber erkennen, dass das Verpflichtungsgeschäft bei unangemessener Bewertung wegen Verstoßes gegen § 57 Abs. 1 S. 1 AktG sowieso nicht vollzogen werden darf, gibt es nach § 27 Abs. 3 AktG auch nichts anzurechnen. Dann deckt sich die Rechtslage mit der allgemeinen Situation wieder: es muss mit allen Konsequenzen rückabgewickelt werden.

Der verbleibende Gehalt von § 27 Abs. 3 AktG ist dann noch die Beweislastumkehr nach S. 5, im Übrigen läuft die Vorschrift faktisch leer.

3. *§ 52 Abs. 1 S. 1 AktG*

Zu beachten ist noch § 52 Abs. 1 S. 1 AktG.[132] Sofern das Austauschgeschäft, das innerhalb von zwei Jahren nach Gründung der Gesellschaft geschlossen wird, eine Schwelle von 10 % des Grundkapitals übersteigt und der persönliche Anwendungsbereich eröffnet ist, muss die Hauptversammlung zustimmen. Anderenfalls ist dieses unabhängig von einer Anrechnung

---

132 Vgl. Spindler/Stilz/*Benz* § 27 Rn. 114 ff.

nach § 27 Abs. 3 AktG nichtig (§ 52 Abs. 1 S. 2 AktG), eine Aufrechnung scheitert dann bereits mangels Bestehens einer wirksamen Forderung.

Zusammenfassung zu § 13

Hinsichtlich der vor Eintragung der Gesellschaft/Kapitalerhöhung zu leistenden Einlage ist eine Aufrechnung durch die Gesellschaft wegen § 54 Abs. 3 AktG stets unzulässig. Im Übrigen ist die Aufrechnung bei Einlageansprüchen durch die Gesellschaft stets zulässig, wenn die Forderung des Aktionärs gegen die Gesellschaft fällig und durchsetzbar ist. Auf „Vollwertigkeit" kommt es entgegen der Auffassung von BGH und hL nicht an. Die Regeln über verdeckte Sacheinlagen hindern die Aufrechnung *de facto* nicht. Die durch die Aufrechnung „eingebrachte" Forderung selbst ist nie als verdeckte Sacheinlage zu werten. Stammt die Forderung aus einem Rechtsgeschäft, welches eine Sacheinlage verdecken soll, so findet jedenfalls eine Anrechnung nach § 27 Abs. 3 AktG statt. Nur wenn das Verpflichtungsgeschäft, das die Sacheinlage verdeckt, wegen eines Verstoßes gegen § 57 Abs. 1 S. 1 AktG nicht durchgeführt werden darf, kann mangels eines wirksamen Geschäfts richtigerweise auch keine Anrechnung stattfinden, weil dann insgesamt rückabzuwickeln ist. Keine Besonderheiten gelten für Rückgewähransprüche (§ 62 Abs. 1 S. 1 AktG) und Verlustausgleichsansprüche (§ 302 Abs. 1 AktG). Auf „Vollwertigkeit" kommt es dort richtigerweise ebenfalls nicht an.

5 Die Annahme an Erfüllungs statt

§ 14 Annahme an Erfüllungs statt bei allgemeinen Ansprüchen

Ausgangssituation: Der Gesellschaft steht ein Anspruch auf Kaufpreiszahlung zu. Auf diesen Anspruch nimmt der Vorstand (a) einen anderen Gegenstand bzw. (b) eine neue, abstrakte Forderung gegen den bisherigen Schuldner als Erfüllung an.

A. Die Annahme an Erfüllungs statt

Bei einer Annahme einer Leistung an Erfüllungs statt (§ 364 BGB) akzeptiert der Gläubiger eine andere als die geschuldete Leistung als Erfüllung. Sie ist also eine Form der Erfüllung, der Anspruch erlischt.[1] Möglich ist dies nur, wenn sowohl Schuldner als auch Gläubiger dies im Wege eines schuldrechtlichen Änderungsvertrages, der zumeist mit dem dinglichen Vollzug zusammenfällt, vereinbaren.[2]

Ein Interesse an einer Annahme an Erfüllungs statt kann sich einerseits ergeben, wenn die Gesellschaft einen bestimmten Gegenstand des Schuldners für den Betrieb des Unternehmens braucht. Die Annahme an Erfüllungs statt ersetzt dann einen eigenständigen Kaufvertrag mit anschließender Aufrechnung. Ferner kann eine Annahme an Erfüllungs statt auch dann vereinbart werden, wenn der Schuldner mangels liquider Mittel vorübergehend nicht zahlungsfähig ist, aber ausreichend Vermögen für die Erfüllung der Ansprüche besitzt. Im Zweifel wird in diesem Falle aber eher eine Leistung erfüllungshalber oder eine Hingabe als Sicherheit gewünscht sein durch welche der Anspruch gerade nicht erlischt.[3]

---

1 MünchKommBGB[7]/*Fetzer* § 364 Rn. 5.

2 Im Detail str., vgl. Staudinger/*Olzen* (2016) § 364 Rn. 10; Erman/*Buck-Heeb* § 364 Rn. 3; Palandt/*Grüneberg* § 364 Rn. 2; MünchKommBGB[7]/*Fetzer* § 364 Rn. 1.

3 MünchKommBGB[7]/*Fetzer* § 364 Rn. 6 ff.

Entspricht der Marktwert des angenommenen Gegenstandes nicht dem Wert der erloschenen Forderung, so liegt materiell betrachtet ein (verdeckter) Teilverzicht vor. Alternativ aber kann es sich bei zweifelhafter Solvenz des Schuldners auch um einen (verdeckten) Vergleich handeln.

Zur Annahme an Erfüllungs statt eignen sich alle Leistungen, welche auch Gegenstand eines eigenständigen Vertrages sein könnten. Neben Sachen (§ 90 BGB) können insbesondere auch Rechte einschließlich Forderungen oder Dienstverpflichtungen angenommen werden. Daher kann die Annahme an Erfüllungs statt auch für eine Novation genutzt werden.[4] Als Leistung nimmt der Gläubiger in diesem Falle eine neue, eigenständige Forderung gegen den Schuldner an (abstraktes Schuldversprechen).[5] Dies kann für den Gläubiger beispielweise dann von Vorteil sein, wenn mit dem abstrakten Schuldversprechen Vorteile verbunden sind. Zu denken ist hierbei zum Beispiel an eine Unterwerfung unter die sofortige Zwangsvollstreckung durch notarielle Urkunde über das abstrakte Schuldversprechen (vgl. § 794 Abs. 1 Nr. 5 ZPO). Im Konzern kann aber eine Novation auch zum Zwecke des cash pooling genutzt werden. An die Stelle der ursprünglichen Forderung tritt dann eine neue, abstrakte Verbindlichkeit gegen den cash-pool-Betreiber.

B. Verstoß gegen die Kapitalerhaltung

Vereinbart der Vorstand mit einem Aktionär eine Annahme an Erfüllungs statt, so kann dies gegen das Gebot der Kapitalerhaltung (§ 57 Abs. 1 S. 1 AktG) verstoßen.

I. Annahme eines Gegenstandes

Weil die Annahme an Erfüllungs statt im Regelfall ein weiteres Geschäft ersetzt (beispielsweise einen Austauschvertrag, einen Vergleich, ...), müssen entsprechend auch die gleichen Wertungen gelten: zulässig sind marktübliche Geschäfte, während unangemessene Geschäfte unzulässig sind.[6]

---

4 Vgl. aber die umgekehrte Vermutung nach § 364 Abs. 2 BGB.

5 Erman/*Buck-Heeb* § 364 Rn. 7; Palandt/*Grüneberg* § 364 Rn. 3; MünchKommBGB[7]/*Fetzer* § 364 Rn. 1, 7a.

6 Vgl. MünchKommAktG[4]/*Bayer* § 57 Rn. 46 ff.;

Insbesondere die Annahme eines überbewerteten Gegenstandes als Erfüllung ist wie der Kauf eines überbewerteten Gegenstandes[7] verboten. Erfolgt eine Annahme an Erfüllungs statt (auch bei Überbewertung des Gegenstandes) im Rahmen eines Vergleichs, so muss der Vergleich seinerseits insgesamt angemessen sein, um nicht gegen die Kapitalerhaltung zu verstoßen.[8]

II. Novation

Möchte die Gesellschaft eine neue, abstrakte Forderung gegen den Schuldner als Erfüllung annehmen (Novation), so ist dies grundsätzlich (bilanziell) neutral und daher zulässig, solange sich die Forderungen dem Nennbetrag nach decken.

Beispiel: Kaufpreisforderung 100,- Euro; Schuldner ist nicht mehr solvent; Annahme einer neuen, abstrakten Forderung über 100,- Euro als Leistung an Erfüllungs statt.

Durch den Austausch der einen Forderung gegen die andere Forderung ändern sich die Erfüllungsaussichten der Gesellschaft nicht. Sowohl die alte, als auch die neue Forderung sind in der Bilanz entsprechend abzuwerten. Insgesamt ist das Geschäft aber neutral.

Anders ist die Lage, wenn durch die Annahme einer neuen abstrakten Forderung sich die Erfüllungsaussichten verschlechtern. Zu denken ist insbesondere an den Fall, dass (akzessorische) Sicherheiten durch den Forderungsaustausch untergehen. Auch die Annahme einer neuen Forderung mit einem niedrigeren Nennwert (Beispiel: alte Forderung 100,- Euro, neue Forderung 95,- Euro) als Erfüllung ist nachteilig; ausnahmsweise können aber die Voraussetzungen für einen zulässigen Abwendungsvergleich durch alle Gläubiger bei drohender Insolvenz vorliegen.

---

7 Vgl. BGH ZIP 1997, 927, 928; MünchKommAktG[4]/*Bayer* § 57 Rn. 71; GroßkommAktG[4]/*Henze* § 57 Rn. 48; KölnKommAktG[3]/*Drygala* § 57 Rn. 61; Spindler/Stilz/*Cahn/v. Spannenberg* § 57 Rn. 32.

8 Vgl. schon § 4 B. (S. 105).

III. Rechtsfolge

Verstößt die Annahme an Erfüllungs statt gegen die Kapitalerhaltung, so kann konsequenterweise nichts anderes gelten als für Verpflichtungsgeschäfte. Dies bedeutet, dass die Vereinbarung zwar nicht nach § 134 BGB nichtig ist, das Geschäft aber dennoch nicht vollzogen werden darf.[9] Das Verfügungsgeschäft des Aktionärs, durch welches der Gegenstand auf die Gesellschaft übertragen wird, ist dessen ungeachtet wirksam, der Gegenstand kann aber kondiziert werden.

Damit ist noch nicht gesagt, welche Auswirkungen das Geschäft auf die Forderung der Gesellschaft als solche hat. Auch hier muss gelten: an sich müsste die Forderung, weil in der Annahme an Erfüllungs statt auch ein Verfügungselement enthalten ist, entsprechend der zutreffenden herrschenden Meinung erlöschen. Es bestünde nur ein Anspruch auf Wiederbestellung der Forderung nach § 62 Abs. 1 S. 1 AktG bzw. auf Leistung der Differenz. Weil dies letztlich nur zu einem unnötigen Hin- und Her führt, ist es entsprechend dem Gedanken der *dolo-petit*-Einrede dem Schuldner/Aktionär verweigert, sich auf das Erlöschen der Forderung zu berufen, sofern der Aktionär einer Anpassung nicht zustimmt.[10] Die Forderung besteht dann einfach fort.

Abzulehnen ist hingegen die Überlegung, das Geschäft ohne Wahlmöglichkeit insgesamt als rechtsbeständig zu betrachten und der Gesellschaft über § 62 Abs. 1 S. 1 AktG lediglich einen Anspruch auf die Differenz zwischen objektiven Wert der angenommenen Sache und der angerechneten Summe zuzusprechen.[11] Dies würde zwar an sich ausreichen, um den Verstoß gegen die Kapitalbindung zu beseitigen, weil das Geschäft dann bilanziell neutral ist und das gebundene Vermögen nicht reduziert wird. Eine automatisierte Anpassung würde aber unter Umständen dem Willen der Beteiligten widersprechen. Möchte der Aktionär den Gegenstand nur zu einem bestimmten, wenn auch überhöhten Preis abgeben, so kann man ihn nicht zwingen, einen geringeren „Preis“ zu akzeptieren. Vielmehr

9 Eingehend § 1 B. III. (S. 40).

10 Vgl. § 1 B. III. 3. c) (S. 45).

11 Vgl. *Rosengarten* ZHR 168 (2004), 708, 723 f.; wohl auch Schmidt/Lutter/*Fleischer* § 62 Rn. 18.

müssen die Parteien das Geschäft entweder einvernehmlich anpassen, oder der Aktionär kann Abstand nehmen.[12]

Im Ergebnis besteht der Anspruch der Gesellschaft gegen den Aktionär damit vollumfänglich fort, wenn die Annahme an Erfüllungs statt gegen die Kapitalerhaltung verstößt. Der Aktionär seinerseits kann den geleisteten Gegenstand kondizieren.

C. Insolvenzanfechtung

Ist die Annahme einer anderen Leistung an Erfüllungs statt nach den Umständen des Einzelfalls angemessen und im Interesse der Gesellschaft, so wird der Anspruch der Gesellschaft erfüllt. Dementsprechend werden dann aber auch nicht die Gläubiger benachteiligt (§ 129 Abs. 1 InsO).

Wird ein Gegenstand als Erfüllung angenommen, der wertmäßig nicht der Forderung der Gesellschaft entspricht, so kann dies die Gläubiger benachteiligen, weil ihnen haftendes Vermögen entzogen wird. Ungeachtet der Möglichkeit einer Vorsatzanfechtung bei entsprechender Kenntnis der Parteien (§ 133 Abs. 1 InsO) kommt daher eine Anfechtung (4 Jahre rückwirkend ab Insolvenzantrag) nach § 134 Abs. 1 InsO in Betracht.

Der Begriff der Rechtshandlung ist im Kontext des § 134 Abs. 1 InsO weit auszulegen.[13] Die genaue dogmatische Einordnung der Leistung an Erfüllungs statt ist zwar unklar.[14] Der Insolvenzschuldner verfügt aber über seinen Anspruch, indem er ihn für eine andere Leistung aufgibt. Von daher liegt auch in der Annahme einer Leistung an Erfüllungs statt eine Rechtshandlung der Gesellschaft. Unerheblich ist, ob den Parteien die falsche Bewertung des angenommenen Gegenstandes bewusst war, solange nur der ihnen zustehende Bewertungsspielraum überschritten ist.[15] Dann liegt eine teilweise unentgeltliche Leistung vor, welche in der Insolvenz nach § 134 Abs. 1 InsO angefochten werden kann.

12 Vgl. Nachw. bei § 1 B. III. 1. (S. 40).

13 BGH NZI 2012, 562 Tz. 37; BGH NZI 2013, 258 Tz. 18; Schmidt/*Ganter/Weinland,* InsO, § 134 Rn. 9; HmbKomm-InsO/*Rogge/Leptien* § 134 Rn. 2; Uhlenbruck/*Ede/Hirte* § 134 Rn. 14.

14 Vgl. Fn. 2.

15 Vgl. HmbKomm-InsO/*Rogge/Leptien* § 134 Rn. 17; Schmidt/*Ganter/Weinland,* InsO, § 134 Rn. 60.

D. Begrenzung durch Zuständigkeitsordnung

Die Entscheidung über eine Annahme an Erfüllungs statt obliegt, wie jede Geschäftsführungsmaßnahme, dem Vorstand (§ 76 Abs. 1 S. 1 AktG), sofern nicht ausnahmsweise der Aufsichtsrat gemäß § 112 S. 1 AktG zur Vertretung gegenüber Vorstandsmitgliedern berufen ist oder nach § 119 Abs. 2 AktG an die Hauptversammlung vorgelegt wird.

Das handelnde Organ ist aber verpflichtet, im Interesse der Gesellschaft zu agieren.[16] Dementsprechend darf es auch nur dann einen Gegenstand als Leistung an Erfüllungs statt annehmen, wenn dies im Interesse der Gesellschaft ist.[17] Anderenfalls kann die Annahme an Erfüllungs statt bereits wegen eines evidenten Missbrauchs der Vertretungsmacht unwirksam sein.[18] Im Übrigen führt ein Verstoß gegen diese Pflicht zu einer Haftung im Innenverhältnis (§ 93 Abs. 2 S. 1 AktG).

Allenfalls für den Fall, dass nach einer Vorlage an die Hauptversammlung alle Aktionäre einem schädlichen Geschäft zustimmen, kann eine Zulässigkeit ohne Haftung des handelnden Organs in Betracht kommen.[19] Die Anfechtbarkeit in der Insolvenz im Gläubigerinteresse (§ 134 Abs. 1 InsO)[20] bleibt davon unberührt.

Zusammenfassung zu § 14

Die Annahme an Erfüllungs statt ist zulässig, wenn sie im Interesse der Gesellschaft ist. Dies setzt regelmäßig voraus, dass der angenommene Gegenstand maximal mit seinem objektiven Marktwert auf die Forderung angerechnet wird. Erfolgt die Annahme an Erfüllungs statt zu unangemessenen Konditionen, so stellt dies im Verhältnis zu einem Aktionär einen Verstoß gegen die Kapitalerhaltung dar. Gegenüber Dritten kann die Annahme an Erfüllungs statt bei unangemessener Bewertung ausnahmsweise wegen

16 Vgl. § 1 D. I. 1. (S. 50).
17 Vgl. schon § 14 A. und B. (S. 239) zur Zulässigkeit einer Annahme an Erfüllungs statt im Interesse der Gesellschaft.
18 Vgl. schon § 4 D. II. (S. 114).
19 Eingehend schon § 1 D. II. (S. 53).
20 Vgl. § 14 C. (S. 243).

eines evidenten Missbrauchs der Vertretungsmacht unwirksam sein und ist sonst nur in der Insolvenz der Gesellschaft nach § 134 Abs. 1 InsO anfechtbar.

§ 15 Annahme an Erfüllungs statt beim Einlageanspruch

Ausgangssituation: Der Gesellschaft steht gegen einen Aktionär ein Einlageanspruch zu. Gleichzeitig braucht die Gesellschaft einen Gegenstand des Aktionärs für den Geschäftsbetrieb. Der Vorstand nimmt daher den Gegenstand als Leistung an Erfüllungs statt auf die Einlage an.

A. Überblick zum Meinungsstand

Nach der herrschenden Meinung zur alten Rechtslage (vgl. § 27 Abs. 3 AktG aF) sollte jede nicht ordnungsgemäß festgesetzte Sacheinlage unzulässig sein, egal ob offen oder verdeckt,[1] wobei die Annahme einer Leistung an Erfüllungs statt auf den Einlageanspruch als verbotene Sacheinlage zu werten gewesen sein soll.[2] Eine Erfüllungswirkung wurde den Rechtsgeschäften nicht beigemessen, vielmehr sollte der Einlageanspruch einfach fortbestehen.[3]

Mit der Neufassung des § 27 Abs. 3 AktG durch das ARUG in Anlehnung an das MoMiG sollte dieses Ergebnis für die verdeckte Sacheinlage nach der Vorstellung des Gesetzgebers[4] abgemildert werden, indem eine Anrechnungslösung an die Stelle der Nichtigkeitslösung trat. Eine Regelung der Folgen einer nicht ordnungsgemäß festgesetzten offenen Sacheinlage durch den Gesetzgeber unterblieb.

Die Annahme einer Leistung an Erfüllungs statt soll nach wohl allgemeiner Meinung auch weiterhin grundsätzlich als Verstoß gegen § 66 Abs. 1

1 Vgl. nur KölnKommAktG²/*Kraft* § 27 Rn. 83 ff.
2 GroßkommAktG⁴/*Gehrlein* § 66 Rn. 17 f.; KölnKommAktG²/*Lutter* § 66 Rn. 6; MünchKommAktG³/*Bayer* § 66 Rn. 17 ff.; GHEK/*Hefermehl/Bungeroth* § 66 Rn. 20 jew. mwN.
3 KölnKommAktG²/*Kraft* § 27 Rn. 86.
4 BegrRegE MoMiG, BT-Drucks. 16/6140, S. 40.

S. 1 AktG bzw. § 27 Abs. 1 S. 1 AktG zu werten sein.[5] Es handele sich hierbei in Wirklichkeit um eine verbotene offene Sacheinlage. Aus Gründen der Wertungskonsistenz soll aber der Wert der Sacheinlage analog § 27 Abs. 3 AktG auf die Bareinlageverpflichtung anzurechnen sein.[6] Die Analogie sei notwendig, weil § 27 Abs. 3 AktG nur die verdeckte, nicht aber die offene Sacheinlage ohne Festsetzung in der Satzung regle.[7]

B. Anwendung der geltenden Vorschriften

Die allgemeine Meinung trennt nicht sauber zwischen den einzelnen Vorschriften und untersucht deren Wirkungen nicht im Einzelnen. Dies ist aber erforderlich.

I. § 27 Abs. 3 AktG in direkter Anwendung

Die herrschende Meinung geht zutreffend davon aus, dass eine Annahme an Erfüllungs statt auf einen Einlageanspruch keine „verdeckte Sacheinlage" darstellt. Denn zum einen ist nach der gemeinhin verwendeten Definition (vgl. § 27 Abs. 3 S. 1 AktG) eine verdeckte Sacheinlage nur gegeben, wenn im Zusammenhang mit der Übernahme der Bareinlagepflicht bereits die Abrede getroffen wird, stattdessen eine Sacheinlage zu leisten.[8] Entscheidet

---

5 KölnKommAktG[3]/*Drygala* § 66 Rn. 10; MüKoAktG[4]/*Bayer* § 66 Rn. 19; *Hüffer/Koch* § 66 Rn. 4; Schmidt/Lutter/*Fleischer* § 66 Rn. 5; Spindler/Stilz/*Cahn* § 66 Rn. 11; Wachter/*Servatius* § 66 Rn. 7; Grigoleit/*Grigoleit/Rachlitz* § 66 Rn. 3; zur GmbH vgl. auch Roth/Altmeppen/*Roth* § 19 Rn. 25; Baumbach/Hueck/*Fastrich* § 19 Rn. 28; Scholz/*Veil* § 19 Rn. 100; U/H/L/*Ulmer/Casper* § 19 Rn. 53 ff. mwN. AA wohl *Herrler* DB 2008, 2347, 2351 f.: „an diesem Verbot nicht festzuhalten".

6 MünchKommAktG[4]/*Bayer* § 66 Rn. 19; Schmidt/Lutter/*ders.* § 27 Rn. 39, 70 ff.; KölnKommAktG[3]/*Arnold* § 27 Rn. 41; GroßkommAktG[5]/*Schall* § 27 Rn. 255; *Hüffer/Koch* § 27 Rn. 12a; Spindler/Stilz/*Benz* § 27 Rn. 80; s. zur GmbH auch Roth/Altmeppen/*Roth* § 19 Rn. 25; Baumbach/Hueck/*Fastrich* § 19 Rn. 28; Scholz/*Veil* § 19 Rn. 102; U/H/L/*Ulmer/Casper* § 19 Rn. 55 mwN. Offen gelassen von Grigoleit/*Grigoleit/Rachlitz* § 66 Rn. 3; Spindler/Stilz/*Cahn* § 66 Rn. 11; KölnKommAktG[3]/*Drygala* § 66 Rn. 10.

7 Vgl Nachw. in Fn. 6.

8 *Hüffer/Koch* § 27 Rn. 33; vgl. auch Scholz/*Veil* § 19 Rn. 128 aE: „Entscheidender Zeitpunkt ist derjenige des Abschlusses des Gesellschaftsvertrages bzw. der Beschlussfassung über die Kapitalerhöhung."; eine andere Frage ist, wie vor

sich der Vorstand aber erst nach Eintragung der Gesellschaft dafür, dass er auf die dann noch ausstehende Einlage lieber einen Gegenstand als Leistung an Erfüllungs statt annehmen möchte, so liegt bereits deswegen der Tatbestand der verdeckten Sacheinlage nicht vor. Ferner fehlt aber stets die Voraussetzung, dass bei einer verdeckten Sacheinlage weitere Verträge geschlossen werden, welche eine Sacheinlage verschleiern sollen.[9] Bei einer Annahme an Erfüllungs statt nimmt hingegen der Vorstand offen eine andere Leistung entgegen, es wird also nicht durch weitere Rechtsgeschäfte eine Sacheinlage verdeckt. Eine direkte Anwendung des § 27 Abs. 3 AktG ist damit ausgeschlossen.

II. § 66 Abs. 1 S. 1 AktG

Zu untersuchen ist aber, inwieweit eine Annahme an Erfüllungs statt gegen § 66 Abs. 1 S. 1 AktG verstößt, weil eine „Befreiung" von der Einlagepflicht vorliegt.

1. Zur Auslegung des Begriffs der Befreiung

Durch die Verpflichtung zur Leistung von Einlagen soll ein Vermögensstock geschaffen, durch die Kapitalerhaltung dieser Vermögensstock gebunden und erhalten werden. Insgesamt soll dieses Vermögen den Gläubigern als Haftungsmasse dienen und damit die Haftungsbeschränkung (§ 1 Abs. 1 S. 2 AktG) legitimieren. Kapitalaufbringung und Kapitalerhaltung bilden insgesamt ein einheitliches System. Daher sind für die Auslegung des Begriffs der „Befreiung" von der Einlagepflicht (bzw. dann auch die Rückgewährpflicht nach § 66 Abs. 2 AktG) die gleichen Wertungen heranzuziehen, wie auch im Rahmen der Kapitalerhaltung (§ 57 Abs. 1 S. 1 AktG).[10]

Gericht das Fehlen von Vorabsprachen bewiesen werden kann, weil grundsätzlich eine Vermutung für das Vorliegen einer Absprache bestehen soll (BGHZ 125, 141, 143; BGHZ 132, 133, 139; BGHZ 153, 107, 109 f.; BGH NZG 2008, 511 Tz. 4; MünchKommAktG[3]/*Pentz* § 27 Rn. 96; *Hüffer/Koch* § 27 Rn. 34).

9 Vgl. dazu GroßkommAktG[5]/*Schall* § 27 Rn. 291; MünchKommAktG[4]/*Pentz* § 27 Rn. 98 ff.

10 Eingehend § 9 B. I. (S. 162); ferner schon § 3 A. (S. 96) und § 6 B. II. (S. 129).

2. *Angemessene Bewertung*

Ist die angenommene Leistung objektiv angemessen bewertet und wird sie mit maximal ihrem angemessenen Wert auf die Einlageverpflichtung angerechnet, so wird der Gesellschaft materiell so viel Vermögen zugeführt, wie zum Aufbau des Vermögensstocks erforderlich ist. Das eigentliche Ziel, nämlich die materielle Zufuhr von Vermögen, wird damit aber erreicht. Entsprechend liegt dann weder ein Verstoß gegen § 57 Abs. 1 S. 1 AktG[11] noch gegen § 66 Abs. 1 S. 1 AktG vor.

3. *Unangemessene Bewertung*

Problematisch ist lediglich der Fall, dass der angenommene Gegenstand unangemessen bewertet wurde bzw. mit einem überhöhten Wert auf die noch ausstehende Einlageforderung angerechnet wird. In dieser Situation liegt materiell eine teilweise „Befreiung" von der Einlagepflicht in Form eines verdeckten Teilverzichts vor. Eine, wenn auch nur teilweise, Befreiung des Einlageschuldners kommt aber nach § 66 Abs. 1 S. 1 AktG nicht in Betracht. Ein Rechtsgeschäft, das gegen § 66 Abs. 1 S. 1 AktG verstößt, ist nach § 134 BGB nichtig.[12]

Ist die Annahme an Erfüllungs statt unwirksam, so betrifft dies nicht das dingliche Vollzugsgeschäft (Übereignung des Gegenstandes an die Gesellschaft), welches abstrakt vom zu Grunde liegenden Geschäft ist. Im Ergebnis bedeutet dies, dass der Anspruch auf Leistung der Einlage gänzlich fortbesteht, die Gesellschaft aber dennoch Eigentum an den überlassenen Gegenständen erwirbt.[13] Der Einlageschuldner hat nur einen bereicherungsrechtlichen Anspruch auf Rückübereignung. Den Parteien steht es dann offen, die Annahme an Erfüllungs statt anzupassen, sodass der überlassene Gegenstand nur mit seinem objektiven Wert im Zeitpunkt der Anpassung angerechnet wird. Ist der Einlageschuldner bereit, den Gegenstand auch zu

---

11 Vgl. § 14 B. I. (S. 240).

12 *Hüffer/Koch* § 66 Rn. 14; ob diese Rechtsfolge des § 66 Abs. 1 S. 1 AktG auch nach der Entscheidung BGHZ 196, 312 über die Rechtsfolgen bei einem Verstoß gegen die Kapitalerhaltung noch haltbar ist, oder ob eine Anpassung an die Rechtsfolgen des § 62 Abs. 1 S. 1 AktG zu erfolgen hat, sei dahingestellt.

13 So jedenfalls zutreffenderweise nach neuer Rechtslage, vgl. GroßkommAktG[5]/*Schall* § 27 Rn. 250.

dem geringeren Wert zu überlassen, so wird man davon auszugehen haben, dass die Gesellschaft dann nach § 242 BGB gehindert ist, dieses Angebot zurückzuweisen. Umgekehrt kann der Einlageschuldner aber auch von dem Geschäft Abstand nehmen, weil er nicht dazu gezwungen sein soll, einen Gegenstand zu einem geringeren als dem gewünschten Preis wegzugeben bzw. zu veräußern.[14]

4. Ergebnis

Aus § 66 Abs. 1 S. 1 AktG kann nur gefolgert werden, dass eine Annahme an Erfüllungs statt unwirksam ist, wenn der angenommene Gegenstand mit einem überhöhten Wert auf die Einlageforderung angerechnet werden sollte. Wurde der angenommene Gegenstand hingegen mit einem angemessenen Wert berücksichtigt, so ist dem Sinn und Zweck der Einlagepflicht Genüge getan. Eine Nichtigkeit der Annahme an Erfüllungs statt generell lässt sich aus § 66 Abs. 1 S. 1 AktG dann nicht ableiten.

III. § 54 Abs. 3 AktG

Nimmt der Vorstand noch vor Eintragung der Gesellschaft bzw. der Kapitalerhöhung einen Gegenstand als Leistung an Erfüllungs statt auf die Einlageverpflichtung an, so darf er nicht nach § 37 Abs. 1 S. 1 AktG versichern, die eingeforderten Einlagen ordnungsgemäß, nämlich in der nach § 54 Abs. 3 AktG vorgeschriebenen Form, erhalten zu haben (§§ 37 Abs. 1, 36 Abs. 2, 36a AktG). Ferner wird er dann keinen Nachweis nach § 37 Abs. 1 S. 2 und 3 AktG erbringen können. Der Registerrichter wird die Eintragung dann ablehnen und die Gründung der Gesellschaft bzw. die Kapitalerhöhung wird daher scheitern.[15] Versichert und belegt er der Wahrheit zuwider die ordnungsgemäße Leistung der Einlagen, so macht er sich nach § 399 Abs. 1 Nr. 4 AktG zusammen mit den Gründern strafbar und wird nach einer Verurteilung inhabil (§ 76 Abs. 3 S. 1 Nr. 3 lit. c) AktG. Im Ergebnis darf also vor Eintragung der Gesellschaft keine Annahme an Erfüllungs statt auf die Einlageforderung erfolgen.

---

14 Vgl. zur Rechtsfolge bei Verstößen gegen § 57 Abs. 1 S. 1 AktG und den entsprechend gleichen Wertungen schon eingehend § 1 B. III. (S. 11).

15 *Hüffer/Koch* § 27 Rn. 12.

IV. § 27 Abs. 1 S. 1 AktG

Zu klären bleibt damit noch, welche Auswirkungen das Gebot, Sacheinlagen in der Satzung festzusetzen, auf die Annahme an Erfüllungs statt hat.

1. Nichtigkeit nach § 125 S. 1 BGB

Keine Nichtigkeit der Annahme an Erfüllungs statt lässt sich daraus ableiten, dass eine formale Festsetzung in der Satzung fehlt (§ 125 S. 1 BGB). Denn eine fehlende Festsetzung einer Sacheinlage führt nur dazu, dass ein Bareinlageanspruch besteht. Damit ist aber noch keine Aussage darüber getroffen, inwieweit der Vorstand nach Eintragung der Gesellschaft über den noch ausstehenden Einlageanspruch disponieren darf.[16]

2. Nichtigkeit wegen Umgehung

Ferner lässt sich eine Nichtigkeit auch nicht aus einer Umgehung der Sachgründungsvorschriften ableiten.[17] Nach Eintragung der Gesellschaft hat sich das formale Gründungsverfahren erledigt und es gilt die Vermögensbindung nach § 57 Abs. 1 AktG, welche wirtschaftlichen Regeln folgt.

3. Verbot als petitio principii

Zu bedenken ist noch, dass die Vorschriften über die Sachgründung nur einem übergeordneten Ziel, nämlich der tatsächlichen Zufuhr von Vermögen, dienen können. Sanktioniert man einen vermeintlichen Verstoß gegen die Vorschriften über Sachgründungen nach Eintragung der Gesellschaft aber mit der Unwirksamkeit der Vermögenszufuhr selbst,[18] so werden Ursache und Wirkung vertauscht: Als Ziel steht dann nicht mehr die materielle Zufuhr von werthaltigem Vermögen zur Schaffung eines Kapitalstocks an erster Stelle, sondern der Schutz der formalen Vorschriften über die Sachgründung um ihrer selbst willen. Das Erfordernis der Vermögenszufuhr, und damit die Sicherstellung der Kapitalaufbringung, ist nur noch zweitrangig.

---

16 Vgl. § 13 D. III. 1. b) (S. 227).

17 Vgl. § 13 D. III. 1. c) (S. 229).

18 Jedenfalls nach alter Rechtslage sollte ein Vindikationsanspruch bestehen und die Gesellschaft in der Insolvenz des Einlageschuldners nur ein Zurückbehaltungsrecht haben, vgl. GroßkommAktG[4]/*Röhricht* § 27 Rn. 193; KölnKommAktG[2]/*Kraft* § 27 Rn. 86.

Die Vorschriften über die Sachgründung legitimieren sich dann lediglich selbst und können eine Beschränkung der Privatautonomie der Gesellschaft nicht mehr rechtfertigen. Denn eine Beschränkung der Privatautonomie in der Kapitalgesellschaft ist zwar zum Zwecke des Gläubigerschutzes zulässig.[19] Dieser vollzieht sich neben den Vorschriften der InsO aber durch den Aufbau und die Erhaltung eines Haftungsstocks. Dem Aufbau des Vermögensstocks wiederum dient die Einlage, welche aber sowohl in barer Form, als auch (nach entsprechender Festsetzung) als Sacheinlage geleistet werden kann. Die Vorschriften über die Sachgründung sollen dann wiederum nur absichern, dass durch die Leistung einer Sacheinlage nicht überbewertete Vermögensgegenstände als volle Einlage geleistet bzw. angerechnet werden.[20]

Ist aber eine Leistung des Einlageschuldners objektiv und nachweisbar werthaltig, so ist auch der eigentliche Zweck der Vorschriften über die Sacheinlagen, nämlich die Angemessenheit der Bewertung der Sacheinlagen sicherzustellen, gewahrt. Für die Rechtsfolge der Nichtigkeit der Annahme an Erfüllungs statt besteht dann eigentlich kein Raum. Sie stellt sich als *petitio principii* dar.

4. *Offensichtliche Umgehungsmöglichkeit*

Schließlich ist ein striktes Verbot der Annahme an Erfüllungs statt sowieso nicht durchhaltbar, wenn eine offensichtliche und zulässige Umgehungsmöglichkeit besteht.

Anstatt nach Eintragung der Gesellschaft eine Annahme an Erfüllungs statt zu vereinbaren, könnten Vorstand und Einlageschuldner auch einfach ein Austauschgeschäft über den betreffenden Gegenstand abschließen und die entsprechenden Zahlungen leisten bzw. aufrechnen. Bestand keine Vorabsprache im Rahmen des Gründungsverfahrens, so finden auch die Vorschriften über verdeckte Sacheinlagen keine Anwendung.[21] Vielmehr wäre

---

19 Vgl. dazu Einleitung B. II. (S. 29).

20 *Hüffer/Koch* § 27 Rn. 1; MünchKommAktG[4]/*Pentz* § 27 Rn. 6.

21 Vgl. zuletzt BGHZ 182, 103 Tz. 10; BGHZ 180, 38 Tz. 8; BGHZ 175, 265 Tz. 10; BGHZ 173, 145 Tz. 14; BGH NJW 2010, 1747 Tz. 15; MünchKommAktG[4]/*Pentz* § 27 Rn. 100 f.; GroßkommAktG[5]/*Schall* § 27 Rn. 299 f.; Schmidt/Lutter/*Bayer* § 27 Rn. 64.

dieses Vorgehen zulässig.[22] Wird aber die rechtstechnisch kürzere Variante der Annahme an Erfüllungs statt gewählt, die letztlich aber zum gleichen wirtschaftlichen Ergebnis führt, soll dies unzulässig sein. Alleine daran wird schon ersichtlich, dass das generelle Verbot einer Annahme an Erfüllungs statt nicht konsequent zu Ende gedacht ist. Dass im Übrigen das gesamte Konzept der verdeckten Sacheinlage fragwürdig ist,[23] mag hier dahinstehen.

5. *Zwischenergebnis*

Aus § 27 Abs. 1 S. 1 AktG können jedenfalls für den Zeitraum nach Eintragung der Gesellschaft keine Beschränkungen für die Annahme einer Leistung an Erfüllungs statt auf den Einlageanspruch abgeleitet werden.

V. § 52 Abs. 1 S. 1 AktG

Konsequenterweise muss aber dann auch bei Überschreitung der entsprechenden Schwellen § 52 Abs. 1 S. 1 AktG beachtet werden. Ob man dabei von einer direkten Anwendung ausgeht, weil die Annahme an Erfüllungs statt ebenfalls ein Vertrag ist, durch den die Gesellschaft Gegenstände erwerben soll,[24] oder aber von einer Analogie, ist letztlich unerheblich.

---

22 Nach MünchKommAktG[4]/*Pentz* § 27 Rn. 101 soll aber ein Verstoß gegen § 66 Abs. 1 AktG und die Pflicht zur Leistung der Einlage zur freien Verfügung des Vorstandes vorliegen. § 66 Abs. 1 S. 1 AktG hindert aber keine Annahme an Erfüllungs statt (vgl. § 15 B. II. [S. 275]) und das Gebot der Leistung zur freien Verfügung nach § 36 Abs. 2 AktG (eigentlich absorbiert durch § 54 Abs. 3 AktG) gilt nur für die vor Eintragung zu leistende Einlage (dazu schon § 15 B. III. [S. 249]). Abwegig, weil ohne jegliche dogmatische Fundierung, wäre hingegen, gerade wegen der Existenz der Anrechnungslösung (§ 27 Abs. 3 AktG) jetzt im Interesse des Aktionärs auch bei Abreden nach Eintragung von einer verdeckten Sacheinlage auszugehen (in diese Richtung Grigoleit/*Vedder* § 27 Rn. 54). Eine Anrechnung nach § 27 Abs. 3 S. 3 AktG ist dann nicht nötig, weil das Geschäft sowieso wirksam ist.

23 Vgl. § 13 D. III. 1. (S. 226) und Nachw. bei § 13 D. I. 2. (S. 222).

24 Vgl. schon Nachw. bei § 14 in Fn. 2.

VI. Ergebnis

Im Ergebnis ist die Annahme an Erfüllungs statt nach Eintragung der Gesellschaft grundsätzlich zulässig, wenn der Gegenstand angemessen bewertet wurde. Werden die Schwellen des § 52 Abs. 1 S. 1 AktG überschritten, so ist aber ein Nachgründungsverfahren durchzuführen. Unzulässig ist hingegen nach § 54 Abs. 3 AktG eine Annahme an Erfüllungs statt auf die vor Eintragung einzufordernde Einlage (§§ 36 Abs. 2, 36a Abs. 1 AktG) und nach § 66 Abs. 1 S. 1 AktG eine Annahme an Erfüllungs statt bei unangemessener Bewertung des Gegenstandes.

C. Analoge Anwendung des § 27 Abs. 3 AktG

Zu untersuchen bleibt damit noch, inwieweit § 27 Abs. 3 AktG analog auf eine Annahme an Erfüllungs statt anzuwenden ist. Soweit sich nach allgemeinen Vorschriften schon ergibt, dass die Annahme an Erfüllungs statt wirksam ist, bedarf es einer Analogie nicht. Als mögliche Fälle für eine Analogie verbleiben daher (I.) die Annahme eines überbewerteten Gegenstandes unter Verstoß gegen § 66 Abs. 1 S. 1 AktG, (II.) eine Nichtbeachtung von § 52 Abs. 1 S. 1 AktG und (III.) eine Annahme an Erfüllungs statt auf die vor Eintragung einzufordernde Einlage.

I. Verstoß gegen § 66 Abs. 1 S. 1 AktG

Verstößt eine Annahme an Erfüllungs statt, weil der Gegenstand überbewertet oder über Wert angerechnet wurde, gegen § 66 Abs. 1 S. 1 AktG, so ist die Annahme an Erfüllungs statt grundsätzlich unwirksam.[25] Insoweit könnte man den Gegenstand immerhin noch mit seinem tatsächlichen Wert analog § 27 Abs. 3 S. 3 AktG auf den fortbestehenden Einlageanspruch anrechnen. Dies würde aber voraussetzen, dass man § 27 Abs. 3 AktG in direkter Anwendung auch bei Verstoß gegen § 57 Abs. 1 S. 1 AktG (bzw. entsprechend dann § 66 Abs. 1 S. 1 AktG) anwendet. Lehnt man dies, wie hier entwickelt ab,[26] so ist auch im Rahmen einer analogen Anwendung von § 27 Abs. 3 AktG kein Raum für eine Anrechnung.

---

25 Vgl. § 15 B. II. 3. (S. 248).

26 Näher § 13 D. III. 2. c) (S. 233).

II. Verstoß gegen § 52 Abs. 1 S. 1 AktG

Auch für den Fall, dass eine Annahme an Erfüllungs statt gegen § 52 Abs. 1 S. 1 AktG verstößt und daher unwirksam ist, kommt eine Anrechnung analog § 27 Abs. 3 AktG nicht in Betracht. Die Regelung über die Nachgründung (§ 52 AktG) und über die verdeckte Sacheinlage (§ 27 Abs. 3 AktG) stehen eigenständig und unabhängig nebeneinander.[27] Dann würde aber eine analoge Anwendung des § 27 Abs. 3 AktG auf (alle) Fälle der Nachgründung dieses Instrument letztlich bedeutungslos machen. Es bleibt daher dabei, dass ein Rechtsgeschäft, das gegen § 52 Abs. 1 AktG verstößt, unwirksam ist.[28]

III. Verstoß gegen §§ 36 Abs. 2, 36a, 54 Abs. 3 AktG

Es verbleibt der (wegen der Nachweispflicht gemäß § 37 Abs. 1 S. 2 und 3 AktG eher hypothetische) Fall, dass die Annahme an Erfüllungs statt schon auf die vor Eintragung einzufordernde Einlage erfolgt ist und die Gesellschaft bzw. die Kapitalerhöhung dann dennoch eingetragen wurde. An sich bietet sich für diesen Fall eine analoge Anwendung des § 27 Abs. 3 AktG an.[29]

Verstößt die Annahme an Erfüllungs statt zugleich aber auch gegen § 66 Abs. 1 S. 1 AktG, weil eine Überbewertung stattgefunden hat, so muss die Anrechnung nach der hier entwickelten Lösung konsequenterweise versagt werden.[30] Nur soweit die Parteien sich auf eine angemessene Bewertung einigen, kann dann eine Anrechnung analog § 27 Abs. 3 AktG erfolgen.

Schließlich muss noch erwogen werden, inwieweit die Wertungen des § 52 Abs. 1 S. 1 AktG eine Analogie ausschließen. An sich findet die Regelung über die Nachgründung nur Anwendung auf Rechtsgeschäfte, welche nach Eintragung der Gesellschaft getätigt werden[31] und damit nicht auf eine Annahme an Erfüllungs statt vor Eintragung. Wird aber unter Verstoß

27 Schmidt/Lutter/*Bayer* § 52 Rn. 52; *Lieder* ZIP 2010, 964, 968.
28 Schmidt/Lutter/*Bayer* § 52 Rn. 53; *Lieder* ZIP 2010, 964, 969 f.
29 Vgl. auch schon § 13 C. II. (S. 220).
30 Vgl. schon § 15 C. I. (S. 253).
31 Schmidt/Lutter/*Bayer* § 52 Rn. 11; MünchKommAktG[4]/*Pentz* § 52 Rn. 12.

gegen sämtliche Offenlegungspflichten im Rahmen des Gründungsverfahrens eine Annahme an Erfüllungs statt getätigt, welche nach Eintragung unter § 52 Abs. 1 AktG fallen würde und wird dieses Geschäft dann über § 27 Abs. 3 AktG analog geheilt, so stünden die Aktionäre besser, als wenn sie nach Gründung das selbige Rechtsgeschäft getätigt hätten. Es spricht daher vieles dafür, eine Anrechnungslösung nach § 27 Abs. 3 AktG nur zu gewähren, wenn gleichzeitig auch das Nachgründungsverfahren analog § 52 Abs. 1 AktG zur Heilung durchgeführt wird, soweit deren Schwellenwerte erreicht sind.

IV. Ergebnis

Eine analoge Anwendung des § 27 Abs. 3 AktG ist nur in dem (eher hypothetischen) Fall geboten, dass auf die vor Eintragung einzufordernde Einlage eine Annahme an Erfüllungs statt erfolgt ist. Nach Eintragung getätigte Annahmen an Erfüllungs statt sind hingegen grundsätzlich bereits wirksam. Verstößt die Annahme an Erfüllungs statt wegen einer unangemessenen Bewertung gegen § 66 Abs. 1 S. 1 AktG, oder fiele der Vertrag grundsätzlich in den Anwendungsbereich des § 52 Abs. 1 AktG (analog), so wird eine Anrechnung analog § 27 Abs. 3 AktG erst möglich, wenn der Verstoß gegen die vorgenannten Normen beseitigt ist.

D. Sonderfall Novation

> Ausgangssituation: Der Vorstand akzeptiert nach Einforderung der ausstehenden Bareinlage von einem Einlageschuldner als Leistung eine neue, abstrakte Verbindlichkeit gegen den Einlageschuldner als Annahme an Erfüllungs statt. Dem Einlageschuldner soll hierdurch wirtschaftlich betrachtet ein Darlehen gewährt werden.

I. Überblick zum Meinungsstand

Bis zur Änderung der Vorschriften über die Kapitalaufbringung durch das MoMiG bzw. das ARUG wurde die Annahme einer neuen Forderung als Leistung an Erfüllungs statt (Novation) als Verstoß gegen § 66 Abs. 1 S. 1

AktG eingeordnet.[32] Diese Sichtweise wird von der herrschenden Lehre auch weiterhin unverändert fortgeführt.[33] Nach einer neuen Gegenansicht hingegen soll die Novation unter den Voraussetzungen des § 27 Abs. 4 AktG nun eine ordnungsgemäße Kapitalaufbringung darstellen.[34]

II. Anwendung der Gesetzlage nach MoMiG und ARUG

Die Novation ist im Kern ebenfalls eine Annahme an Erfüllungs statt, nur dass statt eines Gegenstandes eine neue Forderung gegen den gleichbleibenden Schuldner akzeptiert wird. Daher müssen im Grunde auch die gleichen Wertungen Anwendung finden wie im Rahmen jeder Annahme an Erfüllungs statt. Dies bedeutet aber wiederum, dass wegen § 54 Abs. 3 AktG auf die vor Eintragung einzufordernde Einlage keine Novation getätigt werden darf, weil sonst die ordnungsgemäße Leistung der Einlagen bei der Anmeldung zum Registergericht nicht nachgewiesen werden kann.[35]

Auf die erst nach Eintragung eingeforderte Einlage hingegen darf eine Novation nur erfolgen, wenn sie nach den Umständen des Einzelfalls angemessen ist, weil sonst ein Verstoß gegen § 66 Abs. 1 S. 1 AktG vorliegt.[36] Zu beachten ist dabei aber, dass der Einlageanspruch durch das Kaduzierungsverfahren „gesichert" ist und diese Möglichkeit entfällt, sobald ein anderer Anspruch als Erfüllung auf die Einlage angenommen wird. Daher ist die schlichte Novation für die AG *prima facie* nachteilig und nach § 66 Abs. 1 S. 1 AktG verboten. Zulässig ist die Novation auf die Resteinlage aber, wenn nach allen Umständen des Einzelfalls der Vorteil einer Novation den Nachteil des Wegfalls der Kaduzierungsmöglichkeit kompensiert.

---

32 Vgl. MünchKommAktG³/*Bayer* § 66 Rn. 16; GroßkommAktG⁴/*Gehrlein* § 66 Rn. 15; KölnKommAktG²/*Lutter* § 66 Rn. 5.

33 KölnKommAktG³/*Drygala* § 66 Rn. 9; Schmidt/Lutter/*Fleischer* § 66 Rn. 5; Spindler/Stilz/*Cahn* § 66 Rn. 10; *Hüffer/Koch* § 66 Rn. 4; Grigoleit/*Grigoleit/Rachlitz* § 66 Rn. 3; Wachter/*Servatius* § 66 Rn. 7; MHdB AG/*Wiesner* § 16 Rn. 25. Zur GmbH vgl. U/H/L/*Ulmer/Casper* § 19 Rn. 52; Scholz/*Veil* § 19 Rn. 52; MünchKommGmbHG/*Märtens* § 19 Rn. 61; Baumbach/Hueck/*Fastrich* § 19 Rn. 19; Roth/Altmeppen/*Roth* § 19 Rn. 21.

34 MünchKommAktG⁴/*Bayer* § 66 Rn. 18; zur GmbH: Michalski/*Ebing* § 19 Rn. 59.

35 Vgl. auch § 15 B. III. (S. 249).

36 Vgl. § 15 B. II. (S. 247).

Insbesondere sind dabei auch die Wertungen des § 57 Abs. 1 S. 3 Alt. 2 bzw. § 27 Abs. 4 S. 1 AktG zu beachten.[37] Dürfte nach Leistung der Einlagen aus den Mitteln der Gesellschaft ein Darlehen gewährt werden, so wird das wirtschaftlich gleiche Ziel sowieso auf anderem Wege erreicht. Es muss daher ausreichen, dass die angenommene Forderung uneingeschränkt „vollwertig" ist, um einen Verlust der Kaduzierungsmöglichkeit zu kompensieren. Insbesondere im Rahmen eines cash-pool-Systems ist es letztlich unerheblich, ob Zahlungen fließen (Hin- und Herzahlen nach § 27 Abs. 4 S. 1 AktG), oder aber die Einlageforderung direkt verrechnet und durch eine neue abstrakte Forderung (Novation) gegen den cash-pool-Betreiber (Mutterunternehmen) ersetzt wird.

III. Ergebnis

Auf die vor Eintragung einzufordernde Einlage ist eine Novation unzulässig. Auf die Resteinlageforderung ist eine Novation aber jedenfalls unter den Voraussetzungen des § 27 Abs. 4 S. 1 AktG zuzulassen.

Zusammenfassung zu § 15

Auf die vor Eintragung einzufordernde Einlage darf keine Annahme an Erfüllungs statt oder eine Novation stattfinden. Dies folgt aber nicht aus § 66 Abs. 1 S. 1 AktG, sondern aus §§ 36 Abs. 2, 36a Abs. 1, 37 Abs. 1, 54 Abs. 3 AktG. Nach Eintragung kann aber unter Umständen eine Anrechnung analog § 27 Abs. 3 S. 3 AktG in Betracht kommen. Für die Resteinlageforderung gilt hingegen entgegen der Auffassung von BGH und hL, dass ein angemessen bewerteter Gegenstand als Leistung an Erfüllungs statt angenommen werden darf. Zu beachten ist dabei aber gegebenenfalls die Regelung über die Nachgründung (§ 52 AktG). Wird ein überbewerteter Gegenstand angenommen, so verstößt dies mit der Folge der Unwirksamkeit gegen § 66 Abs. 1 S. 1 AktG.

---

37 Vgl. MünchKommAktG[4]/*Bayer* § 66 Rn. 18

§ 16 Annahme an Erfüllungs statt bei weiteren Ansprüchen

A. Rückgewähransprüche

Ausgangssituation: Der Gesellschaft steht ein Rückgewähranspruch zu. Auf diesen nimmt der Vorstand eine andere Leistung als Erfüllung an.

I. Zum Stand der Literatur

In der Kommentarliteratur wird im Rahmen des § 66 AktG nicht zwischen Einlage- und Rückgewähransprüchen unterschieden. Für den Rückgewähranspruch wird lediglich pauschal auf § 66 Abs. 1 S. 1 AktG verwiesen.[1] Folgt man dem Verweis, müsste auch die Annahme an Erfüllungs statt auf den Rückgewähranspruch unzulässig sein.[2]

In der Literatur zum GmbHG wird die Annahme an Erfüllungs statt teilweise auch für den Rückgewähranspruch für gänzlich unzulässig gehalten.[3] Aus Gründen der Wertungskonsistenz soll aber jedenfalls eine Anrechnung analog § 19 Abs. 4 GmbHG stattfinden.[4] Nach der Gegenansicht hingegen beseitigt die Annahme an Erfüllungs statt die Unterdeckung, sofern der hingegebene Gegenstand angemessen bewertet wurde. Die Annahme an Erfüllungs statt sei dann zulässig.[5]

II. Stellungnahme

Mit der analogen Anwendung von § 19 Abs. 4 GmbHG bzw. § 27 Abs. 3 AktG auf den Rückgewähranspruch zeigt sich deutlich die

---

1 Vgl. nur Schmidt/Lutter/*Fleischer* § 66 Rn. 18; MünchKommAktG[4]/*Bayer* § 66 Rn. 72; *Hüffer/Koch* § 66 Rn. 8. Andere behandeln beide Tatbestände gleich unmittelbar zusammen, vgl. Wachter/*Servatius* § 66 Rn. 3.

2 Vgl. Nachw. bei § 15 in Fn. 5.

3 U/H/L/*Habersack* § 31 Rn. 61; Baumbach/Hueck/*Fastrich* § 31 Rn. 26; Rowedder/Schmidt-Leithoff/*Pentz* § 31 Rn. 44; wohl auch MünchKommGmbHG/*Ekkenga* § 31 Rn. 74.

4 U/H/L/*Habersack* § 31 Rn. 61; Baumbach/Hueck/*Fastrich* § 31 Rn. 26; Rowedder/Schmidt-Leithoff/*Pentz* § 31 Rn. 44. AA wohl Lutter/Hommelhoff/*Hommelhoff* § 31 Rn. 28a.

5 Roth/Altmeppen/*Altmeppen* § 31 Rn. 34; Scholz/*Verse* § 31 Rn. 76; Saenger/Inhester/*Diers* § 31 Rn. 66; Michalski/*Heidinger* § 31 Rn. 89.

Widersprüchlichkeit, welche mit der „weiten“ Auslegung des einheitlichen Begriffs der „Befreiung“ verbunden ist.

1. *Angemessene Bewertung des angenommenen Gegenstandes*

Zweck des Rückgewähranspruchs nach § 62 Abs. 1 S. 1 AktG ist die Rückabwicklung einer unzulässigen Vermögensübertragung. Die bilanzielle Betrachtungsweise gebietet aber nicht eine Rückgewähr *in natura*, sondern nur eine wertmäßige Kompensation.[6] Nimmt die Gesellschaft daher einen anderen Gegenstand als den geschuldeten an, so ist dies unproblematisch, solange nur der angenommene Gegenstand wertmäßig voll bilanzierbar ist und keine Überanrechnung stattfindet. Bei der Frage, ob der Wert des Gegenstandes angemessen bewertet ist, muss konsequenterweise auf die gleichen Grundsätze zurückgegriffen werden wie bei der Bewertung von Austauschgeschäften im Rahmen des § 57 Abs. 1 S. 1 AktG.[7] Die Situation deckt sich also mit der Rechtslage zu den allgemeinen Ansprüchen.

2. *Unangemessene Bewertung des angenommenen Gegenstandes*

Ist der angenommene Gegenstand nicht voll werthaltig, handelt es sich um eine teilweise Befreiung von der Leistungspflicht nach § 62 Abs. 1 S. 1 und somit um einen Verstoß gegen § 66 Abs. 2 mit Abs. 1 S. 1 AktG. Die Annahme an Erfüllungs statt ist dann nichtig (§ 134 BGB). Ob zumindest eine Anrechnung mit dem objektiv angemessenen Wert eines Gegenstandes zu erfolgen hat, ist vom Willen der Beteiligten abhängig.[8] In Sonderkonstellationen (mangelnde Solvenz des Schuldners) kann es sich aber auch um einen zulässigen Vergleich handeln, wenn dessen Voraussetzungen vorliegen.[9]

---

6 Mittlerweile hM, vgl. MünchKommAktG[4]/*Bayer* § 62 Rn. 46 ff. mit Nachw. sowie bereits § 1 B. III. 1. (S. 40).

7 Zutreffend Roth/Altmeppen/*Altmeppen* § 31 Rn. 34; Scholz/*Verse* § 31 Rn. 76.

8 Zur Rechtsfolge eines Verstoßes gegen § 57 Abs. 1 S. 1 AktG vgl. § 1 B. III. (S. 40).

9 Näher § 6 (S. 127).

3. *Analogie zu § 27 Abs. 3 AktG*

Eine Analogie zu § 27 Abs. 3 AktG im Rahmen des Rückgewähranspruchs kommt dagegen nicht in Betracht.[10]

Der Ursprung der Anrechnungslösung nach § 27 Abs. 3 AktG ergibt sich ausschließlich aus der Figur der verdeckten Sacheinlage. Diese ist wiederum darauf zurückzuführen, dass man eine Umgehung der Vorschriften über die Sachgründung (§§ 27 Abs. 1, 38 AktG) verhindern wollte. Für den Rückgewähranspruch gab und gibt es aber keine Vorschriften über Sacheinlagen und dementsprechend erst Recht auch keine unzulässige verdeckte „Sachrückgewähr". § 27 Abs. 3 AktG hat daher nichts mit dem Rückgewähranspruch zu tun.[11]

Dass eine Anwendung des § 27 Abs. 3 AktG nach verbreiteter Auffassung auch im Rahmen des Rückgewähranspruchs notwendig sein soll, ergibt sich daraus, dass der Begriff der Befreiung von der Leistungspflicht in § 66 Abs. 1 S. 1 AktG überdehnt wird. Nur weil auch die Annahme an Erfüllungs statt, insbesondere auch im Falle eines Rückgewähranspruchs, unter das Befreiungsverbot subsumiert wird, ergibt sich die missliche Lage, die eine analoge Anwendung des § 27 Abs. 3 AktG zur Wahrung der Gesamtstimmigkeit des Kapitalschutzsystems erforderlich machen soll.

Dabei hat sich schon für den Einlageanspruch gezeigt, dass eine Annahme an Erfüllungs statt nur bei Unangemessenheit gegen § 66 Abs. 1 S. 1 AktG verstößt[12] und selbst in diesem Fall keine Anrechnung in Betracht kommt.[13] Die angebliche Notwendigkeit einer Analogie zu § 27 Abs. 3 AktG bei der Annahme an Erfüllungs statt auf den Rückgewähranspruch bestätigt damit nur umgekehrt die Richtigkeit des hier gefundenen Ergebnisses zur

---

10 Ebenso wohl Lutter/Hommelhoff/*Hommelhoff* § 31 Rn. 28a.

11 Würde man den Anrechnungsgedanken auf die Spitze treiben, so müsste man auch im Rahmen des § 57 Abs. 1 / § 62 Abs. 1 S. 1 AktG nicht rückabwickeln, sondern stets eine Wertanrechnung analog § 27 Abs. 3 AktG durchführen (vgl. zum Meinungsstand § 1 B. III. 1. [S. 40]). Dass der Gesetzgeber bei Abfassung des § 19 Abs. 4 GmbHG und später des § 27 Abs. 3 AktG für den Spezialfall der verdeckten Sacheinlage auch nur annähernd den Willen hatte, damit die Rechtsfolgen des Kapitalschutzsystems komplett neuzuregeln, darf aber mehr als bezweifelt werden.

12 Vgl. § 15 B. II. (S. 247).

13 Vgl. § 15 C. I. (S. 253).

Annahme an Erfüllungs beim Einlageanspruch. Weiter bestätigt dies auch generell die hier entwickelte Lösung, für die Auslegung des Begriffs der „Befreiung" in § 66 Abs. 1 S. 1 AktG die Wertungen des § 57 Abs. 1 AktG entsprechend heranzuziehen.

4. *Novation*

Entsprechend der Situation zu allgemeinen Ansprüchen[14] und zum Einlageanspruch[15] ist auch eine Novation auf den Rückgewähranspruch zulässig, wenn sich die Forderungen dem Nennwert nach decken und die Befriedigungsaussichten der Gesellschaft nicht schlechter werden. Anderenfalls verstößt die Novation gegen § 66 Abs. 1 S. 1 mit Abs. 2 AktG.

Dass das Recht der Gläubiger, den Anspruch unmittelbar nach § 62 Abs. 2 AktG geltend zu machen, durch eine Novation verloren geht, ist hinnehmbar, weil die Gläubiger immer noch den neuen Anspruch pfänden und sich überweisen lassen können.

Einzig problematisch ist, dass eine subsidiäre Mithaftung des Vorstands nach § 93 Abs. 3 Nr. 1 AktG mit der Novation ebenfalls entfällt, weil der Verstoß gegen die Kapitalerhaltung bereits durch die Novation ausgeglichen und der Schaden damit reguliert wird. Jedenfalls muss man eine Novation aber unter den Voraussetzungen des § 57 Abs. 1 S. 3 Alt. 2 AktG, also bei gesicherter Erfüllung (Vollwertigkeit), zulassen. Anderenfalls bestünde immer die offensichtliche und zulässige Möglichkeit, ein Darlehen zu gewähren und mit diesem den Rückgewähranspruch zu erfüllen. Der Anspruch aus § 93 Abs. 3 Nr. 1 AktG entfiele dann ebenfalls. Ist der Rückgewährschuldner aber nicht mehr uneingeschränkt solvent und wäre ein Darlehensrückzahlungsanspruch mangels Vollwertigkeit nicht zulässig, so würde eine Novation dennoch die Haftung des Vorstands entfallen lassen. Sie ist dann aber für die Gesellschaft wirtschaftlich nachteilig und verstößt gegen § 66 Abs. 1 S. 1 mit Abs. 2 AktG.

---

14 § 14 B. II. (S. 241).
15 § 15 D. (S. 255).

Zusammenfassung zu § 16 A.

Die Gesellschaft kann auf den Rückgewähranspruch auch andere Leistungen als Erfüllung annehmen, solange dem ein „solides“ Geschäft zu Grunde liegt, mithin also die Vorgaben entsprechend § 57 Abs. 1 S. 1 AktG eingehalten werden. Nur unangemessene Annahmen an Erfüllungs statt sind nach § 66 Abs. 2 mit Abs. 1 S. 1 AktG als „Befreiung“ von der Leistungspflicht unwirksam. Eine Anrechnung analog § 27 Abs. 3 AktG kommt in diesem Falle nicht in Betracht. Als Annahme an Erfüllungs statt kommt auch eine Novation in Betracht, wenn sich die Forderungen dem Nennwert nach decken und alle Ansprüche gegen den Schuldner vollwertig im Sinne des § 57 Abs. 1 S. 3 Alt. 2 AktG sind.

B. Ersatzansprüche

Ausgangssituation: Auf einen Ersatzanspruch soll ein Gegenstand als Erfüllung angenommen werden.

Möchte der Aufsichtsrat auf einen Ersatzanspruch gegen ein Mitglied des Vorstands eine andere Leistung als Leistung an Erfüllungs statt annehmen, so ergibt sich aus dem Gesetz kein explizites Verbot.

Zu fragen ist aber, ob aus § 93 Abs. 4 S. 3 AktG und/oder § 93 Abs. 5 AktG Beschränkungen für die Annahme an Erfüllungs statt abzuleiten sind, welche über die allgemeinen Regeln[16] hinausgehen.

I. Angemessene Bewertung des angenommenen Gegenstandes

Ist der anzunehmende Gegenstand angemessen bewertet und wird er nur mit maximal diesem angemessenen Wert auf den Ersatzanspruch angerechnet, so handelt es sich wirtschaftlich betrachtet um eine restlose Erfüllung.

Die Sperrfrist von 3 Jahren nach § 93 Abs. 4 S. 3 AktG soll sicherstellen, dass über einen Anspruch nicht schon in einem Zeitpunkt entschieden wird, in dem sich noch kein abschließendes Bild über die Auswirkungen der schädigenden Handlung gewinnen lässt.[17] Steht aber fest, dass der Wert des angenommenen Gegenstands jedenfalls ausreicht, um den entstandenen

---

16 Vgl. § 14 (S. 239).

17 Begr. RegE, abgedruckt bei *Kropff,* AktG, S. 123.

Schaden zu kompensieren, so gibt es nach dem (sowieso fragwürdigen) Sinn und Zweck der Sperrfrist keinen Anlass, die Maßnahme zu verbieten. Eine (analoge) Erstreckung auf die Annahme an Erfüllungs statt ist daher nicht geboten.[18]

Das Zustimmungserfordernis der Hauptversammlung nach § 93 Abs. 4 S. 3 AktG besteht, damit der Aufsichtsrat nicht an den Aktionären vorbei disponieren und dadurch die Durchsetzungsmechanismen (§§ 147, 148 AktG) unterlaufen kann.[19] Führt die Annahme an Erfüllungs statt aber zur Befriedigung der Gesellschaft, so ist der Anspruch durchgesetzt und das Ziel erreicht, eine Beteiligung der Aktionäre dann aber unnötig.

Das Gläubigerverfolgungsrecht nach § 93 Abs. 5 S. 1 AktG stellt ein eigenständiges Klagerecht der Gläubiger dar, sodass § 93 Abs. 5 S. 3 AktG generell als relatives Verfügungsverbot zu verstehen ist, ähnlich einer Gesamtgläubigerschaft.[20] Soweit aber eine Erfüllung durch den Schuldner an die Gesellschaft erfolgt ist, erlischt der Anspruch auch gegenüber den Gesellschaftsgläubigern.[21] Ob dabei eine Erfüllung durch Barzahlung erfolgt und anschließend ein Austauschgeschäft über den gewünschten Gegenstand abgeschlossen wird, oder aber eine direkte Annahme an Erfüllungs statt, ist letztlich nur eine rechtstechnische Frage. Dann erlischt aber auch das Gläubigerverfolgungsrecht mit der vollzogenen Annahme an Erfüllungs statt.

II. Unangemessene Bewertung des angenommenen Gegenstandes

Wird der angenommene Gegenstand hingegen überbewertet oder über Wert auf den Ersatzanspruch angerechnet, so stellt sich die Annahme an Erfüllungs statt wirtschaftlich zugleich je nach Situation als Teilverzicht oder Vergleich dar.[22] Auf Verzicht und Vergleich ist aber § 93 Abs. 4 S. 3 AktG anzuwenden. Dies bedeutet wiederum, dass eine Annahme an Erfüllungs statt, wenn der Gegenstand überbewertet wird oder eine Überanrechnung

---

18 So wohl auch GroßkommAktG[5]/*Hopt*/*Roth* § 93 Rn. 528.

19 Eingehend § 5 A. I. (S. 119).

20 Vgl. § 2 B. (S. 88).

21 Vgl. Allgemeine Begründung zur 2. Aktienrechtsnovelle 1884, abgedruckt in den Verhandlungen des Reichstages, Band 77.1884, S. 281.

22 GroßkommAktG[5]/*Hopt*/*Roth* § 93 Rn. 528.

stattfindet, ohne Zustimmung der Hauptversammlung unwirksam ist.[23] Ob zumindest eine Teilanrechnung zu erfolgen hat, soweit der Gegenstand tatsächlich werthaltig ist und die Parteien eine Anrechnung mit dem objektiven Wert wollten, bleibt Auslegungsfrage (§ 140 BGB).

Die Gläubiger der Gesellschaft behalten weiterhin ihr Gläubigerverfolgungsrecht aus § 93 Abs. 5 S. 1 AktG, sofern die Annahme an Erfüllungs statt unwirksam ist. Erfolgt hingegen eine Annahme an Erfüllungs statt unter Zustimmung der Hauptversammlung, so erlischt das Gläubigerverfolgungsrecht, soweit der Gegenstand objektiv werthaltig ist, weil insoweit eine Erfüllung vorliegt. Nur der überschießende Teil kann dann noch geltend gemacht werden.

III. Novation

Als Sonderfall denkbar ist noch, dass der Aufsichtsrat als Erfüllung eine neue Verbindlichkeit gegen das gleiche Vorstandsmitglied annimmt (Novation). Die Novation soll, soweit sich überhaupt Ausführungen finden, entweder einen Verstoß gegen § 93 Abs. 4 S. 3 AktG darstellen[24] oder es soll auf alle Umstände des Einzelfalls ankommen.[25]

Stellungnahme: Bleibt die an Erfüllungs statt angenommene Forderung im (Nenn-)Wert hinter dem (Nenn-)Wert der ursprünglichen Forderung zurück, so verstößt das Geschäft vor Ablauf der Dreijahresfrist und ohne Zustimmung der Hauptversammlung als Teilverzicht oder Vergleich gegen § 93 Abs. 4 S. 3 AktG. Das Gläubigerverfolgungsrecht existiert jedenfalls in Höhe der Differenz fort.

Decken sich die beiden Forderungen dem Nennbetrag nach, erfüllt die Novation die ursprüngliche Forderung. Wird aber der Ersatzanspruch in zulässiger Weise durch einen anderen Anspruch ersetzt, so geht mit dem ursprünglichen Ersatzanspruch das Durchsetzungsrecht der Aktionäre nach §§ 147, 148 AktG bzw. § 309 Abs. 4 S. 1 AktG unter und der Aufsichtsrat kann in Zukunft ohne Beachtung von § 93 Abs. 4 S. 3 AktG disponieren. Genauso geht dann auch das Gläubigerverfolgungsrecht durch Erfüllung

23 GroßkommAktG[5]/*Hopt/Roth* § 93 Rn. 533.
24 Hölters/*Hölters* § 93 Rn. 309.
25 So zu verstehen wohl GroßkommAktG[5]/*Hopt/Roth* § 93 Rn. 528.

unter. Hierdurch könnte der Aufsichtsrat die Sonderrechte von Aktionären und Gläubigern unterlaufen, ohne dass tatsächlich eine Kompensation für einen zugefügten Schaden gegeben wäre. Man muss daher erwägen, entweder den durch die Novation entstandenen Anspruch auch den Beschränkungen nach § 93 Abs. 4 S. 3 und Abs. 5 AktG in analoger Anwendung zu unterwerfen, oder aber für die Novation selbst § 93 Abs. 4 S. 3 AktG analog anwenden und das Gläubigerverfolgungsrecht entsprechend fortexistieren lassen.

Zu bedenken ist demgegenüber, dass mit einer Novation zugleich ein explizites Anerkenntnis der Schuld verbunden ist. Ein angemessener Vergleich wegen einer Unsicherheit über den Bestand der Forderung kommt daher nach einer Novation nicht in Betracht, ein (Teil)Verzicht würde ohne Beteiligung der Hauptversammlung an einem evidenten Missbrauch der Vertretungsmacht scheitern.[26] Im Übrigen kommt der Aufsichtsrat, wenn er den zweifelsfrei feststehenden Anspruch nicht geltend macht, selbst in die Haftung, ungeachtet, ob es sich um einen Ersatzanspruch oder eine neue Verbindlichkeit handelt. Die Gläubiger wiederum verlieren lediglich die Möglichkeit, ohne vorherigen Pfändungs- und Überweisungsbeschluss vorzugehen. Auf die neue Forderung können sie aber dennoch auch zugreifen.

Ferner bestünde für den Aufsichtsrat stets die Möglichkeit, dem Mitglied des Vorstands ein Darlehen zu gewähren, mit welchem der Ersatzanspruch erfüllt wird. Letztlich wird hierdurch das gleiche wirtschaftliche Ergebnis, nämlich der Austausch von zwei Forderungen, auf anderem, zulässigem Wege erreicht.

Unzulässig wäre die Gewährung eines Darlehens aber wiederum dann, wenn der Vorstand in Zahlungsschwierigkeiten ist. Ferner bestünde dann auch die Möglichkeit, einen angemessenen Vergleich über eine anerkannte und daher zweifelsfrei bestehende Forderung zu schließen. In diesem Falle kann das Beteiligungsrecht der Hauptversammlung durch eine Novation effektiv unterlaufen werden: Der Schuldner und die Gesellschaft, vertreten durch den Aufsichtsrat, vereinbaren eine Novation zum Nennwert. Anschließend vergleicht sich die Gesellschaft mit dem Schuldner über die

26 Vgl. schon § 1 D. I. 2. (S. 51).

neue, an Erfüllungs statt angenommene Forderung dahingehend, dass statt voller Zahlung nur eine Teilzahlung zu erfolgen hat.

Eine Novation gegenüber einem Vorstandsmitglied mit zweifelhafter Solvenz kann daher nur zugelassen werden, wenn die Hauptversammlung analog § 93 Abs. 4 S. 3 AktG zustimmt, wobei die Dreijahresfrist wegen § 93 Abs. 4 S. 4 AktG jedenfalls keine Anwendung finden kann.

Zusammenfassung zu § 16 B.

Eine Annahme an Erfüllungs statt auf den Ersatzanspruch ist ohne Beteiligung der Hauptversammlung zulässig, wenn der angenommene Gegenstand mit maximal seinem angemessenen Wert angerechnet wird. Auch das Gläubigerverfolgungsrecht erlischt dann. Auf eine Annahme an Erfüllungs statt zu unangemessenen Konditionen ist § 93 Abs. 4 S. 3 AktG hingegen anzuwenden. Eine Novation kann ohne Beteiligung der Hauptversammlung erfolgen, wenn der Schuldner uneingeschränkt solvent ist und sich die Forderungen nach dem Nennbetrag decken, weil dann zur Tilgung auch ein Darlehen gewährt werden dürfte. Ist die Solvenz zweifelhaft oder besteht keine volle Deckung zum Nennbetrag, so muss die Hauptversammlung analog § 93 Abs. 4 S. 3 AktG beteiligt werden.

C. Verlustausgleichsansprüche

Ausgangssituation: Der vertraglich konzernierten AG steht ein Anspruch auf Verlustausgleich nach § 302 Abs. 1 AktG zu. Zur Erfüllung dieses Anspruchs nimmt der Vorstand einen Gegenstand als Leistung an Erfüllungs statt an.

I. Angemessene Bewertung

Unproblematisch ist die Annahme an Erfüllungs statt beim Anspruch auf Verlustausgleich nach § 302 Abs. 1 AktG, sofern der Gegenstand angemessen bewertet wurde. Funktional steht der Verlustausgleichsanspruch den kapitalerhaltungsrechtlichen Ansprüchen nahe. Es soll durch den Verlustausgleichsanspruch der bilanziell ermittelte Jahresfehlbetrag ausgeglichen werden.[27] Dann reicht es aber aus, durch eine Annahme an Erfüllungs statt werthaltiges Vermögen zuzuführen, solange hierdurch nur der bilanziell ermittelte Verlust kompensiert werden kann.[28]

II. Unangemessene Bewertung

Wird der angenommene Gegenstand hingegen nicht angemessen bewertet oder mit einem überhöhten Wert angerechnet, so wird ein bilanziell ermittelter Verlust nicht vollständig ausgeglichen. Materiell liegt dann ein Teilverzicht vor, den § 302 Abs. 3 S. 1 AktG bis drei Jahre nach Eintragung der Beendigung des Unternehmensvertrags verbietet. Insoweit wäre eigentlich aber zwischen dem Zeitraum vor und nach Beendigung des Unternehmensvertrages zu differenzieren.

Im laufenden Unternehmensvertrag bewirkt ein Teilverzicht lediglich eine Stundung bis zum Ende des Bilanzjahres. Hält man aber eine Stundung für zulässig,[29] so spricht auch nichts gegen einen Teilverzicht und § 302 Abs. 3 AktG ist insoweit eigentlich überflüssig.[30]

Wenn der Unternehmensvertrag endet, greift hingegen wieder § 57 Abs. 1 S. 1 AktG ein und auf den letzten Verlustausgleichsanspruch ist dementsprechend sowieso ein strenger Maßstab anzuwenden. Bei einer Überanrechnung liegt ein Verstoß gegen § 57 Abs. 1 S. 1 AktG vor, es ist dann nach § 62 Abs. 1 S. 1 AktG rückabzuwickeln.[31]

Letztlich bedeutet dies, dass eine Annahme an Erfüllungs statt bei unangemessener Bewertung des Gegenstandes *de lege lata* zwar gegen § 302 Abs. 3 S. 1 AktG verstößt und daher nicht in Betracht kommt, die Regelung aber fragwürdig ist.

---

27 MünchKommAktG⁴/*Altmeppen* § 302 Rn. 87; KölnKommAktG³/*Koppensteiner* § 302 Rn. 50; *Goldschmidt/Laenger* NZG 2012, 1201, 1203.

28 BGHZ 168, 285 Tz. 7; *Hüffer/Koch* § 302 Rn. 13; KölnKommAktG³/*Koppensteiner* § 302 Rn. 50; MünchKommAktG⁴/*Altmeppen* § 302 Rn. 87; Emmerich/Habersack/*Emmerich* § 302 Rn. 40g; Schmidt/Lutter/*Stephan* § 302 Rn. 45; Grigoleit/*Servatius* § 302 Rn. 12; Hölters/*Deilmann* § 302 Rn. 22; Henssler/Strohn/*Paschos* AktG § 302 Rn. 16; *Hoffmann/Theusinger* NZG 2014, 1170, 1173.

29 Eingehend zur Zulässigkeit der Stundung § 11 (S. 181).

30 Vgl. schon § 3 C. (S. 99).

31 § 14 B. (S. 240).

III. Novation

Auch gegen eine Novation bestehen, Solvenz des herrschenden Unternehmens und Deckung der Forderungen vorausgesetzt, daher keine prinzipiellen Einwände. Denn genauso gut könnte das herrschende Unternehmen die Gewährung eines Darlehens an sich selbst anweisen und damit dann den Anspruch auf Verlustausgleich tilgen bzw. den Anspruch stunden lassen.[32]

Eine Beschränkung der Möglichkeiten für eine Novation ist, anders als für Ersatzansprüche,[33] auch nicht nach § 302 Abs. 3 AktG analog notwendig. Zwar kann durch eine Novation das Verzichts- und Vergleichsverbot möglicherweise umgangen werden. Der Sinn und Zweck des § 93 Abs. 4 S. 3 AktG, die Durchsetzungsrechte der Aktionäre (§§ 147, 148, 309 Abs. 4 S. 1 AktG) zu schützen, gilt aber für den Verlustausgleichsanspruch nicht, weil es diese Rechte dort nicht gibt.

Decken sich angenommene Forderung und Verlustausgleich hingegen nicht nach dem Nennwert, so liegt wirtschaftlich ein Teilverzicht vor und § 302 Abs. 3 S. 1 AktG findet unmittelbare Anwendung, die Maßnahme ist dann unzulässig.[34]

Zusammenfassung zu § 16 C.

Eine Annahme an Erfüllungs statt auf den Verlustausgleichsanspruch ist zulässig, soweit der angenommene Gegenstand nur mit seinem objektiven Wert angerechnet wird. Anderenfalls liegt ein Teilverzicht und damit ein Verstoß gegen § 302 Abs. 3 S. 1 AktG vor. Gleiches gilt für die Novation. Solange sich die Forderungen wenigstens dem Nennwert nach decken, ist eine solche zulässig.

---

32 Vgl. auch schon *Hentzen* AG 2006, 133, 139.
33 Schon soeben § 16 B. III. (S. 264).
34 Vgl. § 16 C. II. (S. 267).

6 Die Abtretung

§ 17 Abtretung von allgemeinen Ansprüchen

Ausgangssituation: Der Gesellschaft steht ein Anspruch aus einem Kaufvertrag zu. Diesen Anspruch möchte der Vorstand abtreten.

A. Die Abtretung

Steht einer Gesellschaft ein Anspruch zu, so kann sie ein Interesse daran haben, diesen durch Übertragung der Gläubigerstellung auf eine andere Person (Abtretung, § 398 BGB) zu verwerten. Einerseits kann der Anspruch veräußert und das wirtschaftliche Risiko (Bonitätsrisiko) dadurch abgewälzt werden. Andererseits möglich ist aber auch, die Gläubigerstellung abzugeben und das wirtschaftliche Risiko zu behalten, so insbesondere bei einer Abtretung zur Einziehung auf Rechnung der Gesellschaft oder einer Abtretung als Sicherheit (Treuhandkonstellationen).[1]

Die Abtretung als solches ist nur ein Verfügungsgeschäft.[2] Ihr zu Grunde liegt daher, soll sie rechtsbeständig sein, stets ein Kausalgeschäft.[3] Erfolgt die Abtretung gegen Entgelt, so handelt es sich um einen Forderungskauf (§§ 453, 433 BGB; z.B. auch echtes Factoring[4]) anderenfalls um eine Schenkung (§ 516 Abs. 1 AktG). Genauso gut kann die Forderung aber beispielsweise auch als Leistung an Erfüllungs statt oder auf Grund der Vereinbarung einer Sacheinlage abgetreten werden. Wird die Forderung als Sicherheit abgetreten, so liegt ihr eine Sicherungsabrede zugrunde, bei einer Abtretung zur Einziehung ein Auftrag oder Geschäftsbesorgungsvertrag.[5]

---

1 Vgl. dazu Soergel/*Schreiber* § 398 Rn. 14 ff.; Staudinger/*Busche* (2017) Einl. §§ 398 ff. Rn. 50 ff.

2 BeckOK BGB/*Rohe* § 398 Rn. 27; MünchKommBGB[7]/*Roth/Kieninger* § 398 Rn. 13; Soergel/*Schreiber* § 398 Rn. 12; Staudinger/*Busche* (2017) § 398 Rn. 1.

3 Vgl. MünchKommBGB[7]/*Roth/Kieninger* § 398 Rn. 24; Staudinger/*Busche* (2017) § 398 Rn. 2.

4 MünchKommBGB[7]/*Roth/Kieninger* § 398 Rn. 156; Soergel/*Schreiber* § 398 Rn. 18.

5 Vgl. MünchKommBGB[7]/*Roth/Kieninger* § 398 Rn. 24.

Die Abtretung erfolgt dabei ohne Beteiligung des Schuldners.[6] Anders als bei den bisher behandelten Dispositionen ist daher primär nicht das Verhältnis Gesellschaft-Schuldner relevant, sondern das Verhältnis Gesellschaft (als Zedent) gegenüber Zessionar.

B. Verstoß gegen die Kapitalerhaltung

Schließt eine Aktiengesellschaft mit einem Aktionär oder einer gleichgestellten Person ein Austauschgeschäft über eine Forderung ab, so müssen hierfür die gleichen Regeln gelten wie für alle Austauschgeschäfte mit Aktionären. Entscheidend ist, ob das Geschäft einem Drittvergleich standhält, also marktüblich und angemessen ist.[7]

Dies ist nur anhand einer Einzelfallbetrachtung feststellbar. So kann die Abtretung einer Forderung mit einem Nennwert von 100.000,- Euro für 80.000,- Euro angemessen sein, wenn es sich um einen marktüblichen Abschlag handelt (Beispiele: mangelnde Solvenz des Schuldners, lange Laufzeit bei fehlender Verzinsung). Umgekehrt kann aber auch ein Geschäft unangemessen sein, wenn der Aktionär mehr als den Nennwert (Beispiel: Nennwert 100.000,- Euro; Aktionär bezahlt 110.000,- Euro) bezahlt. Dies kann sich insbesondere bei langen Laufzeiten gekoppelt mit weit überdurchschnittlicher Verzinsung ergeben.

Wird die Forderung zur Einziehung abgetreten, so trifft das wirtschaftliche Ergebnis weiterhin die Gesellschaft. Dennoch ist die Vereinbarung mit dem Aktionär nur angemessen, wenn zum einen die Vergütung für die Geschäftsbesorgung an den Aktionär nicht überhöht ist. Zum anderen muss aber insbesondere auch die Pflichtbindung des Aktionärs angemessen ausgestaltet sein. Es muss in der Vereinbarung zu Grunde gelegt werden, dass der Aktionär die Interessen der Gesellschaft zu verfolgen und bei fahrlässiger Handlungsweise auf Schadensersatz zu haften hat. Werden hierbei mildere Maßstäbe angesetzt als üblich, so kann auch dies einen Verstoß gegen das Prinzip der Kapitalerhaltung darstellen.

---

6 MünchKommBGB[7]/*Roth*/*Kieninger* § 398 Rn. 39; Soergel/*Schreiber* § 398 Rn. 1; Staudinger/*Busche* (2017) § 398 Rn. 23.

7 Vgl. MünchKommAktG[4]/*Bayer* § 57 Rn. 46 ff.; *Hüffer*/*Koch* § 57 Rn. 8; Schmidt/Lutter/*Fleischer* § 57 Rn. 12 f.; Spindler/Stilz/*Cahn*/*v. Spannenberg* § 57 Rn. 19 ff.

Die Besicherung einer Forderung eines Aktionärs gegen die Gesellschaft ist hingegen für die Gesellschaft grundsätzlich neutral und daher zulässig, weil dem Aktionär lediglich gegenüber anderen Gläubigern eine bevorzugte Stellung verschafft wird. Es kann höchstens sein, dass ein vereinbarter Zins bei Bestehen von Sicherheiten marktunangemessen überhöht und daher herabzusetzen ist. Im Übrigen hat die Bestellung von Sicherheiten für Aktionärsdarlehen seit der Abschaffung des Eigenkapitalersatzrechts (§ 57 Abs. 1 S. 4 AktG) nichts mehr mit Kapitalerhaltung zu tun; sie ist nunmehr Gegenstand der Anfechtungsregeln nach § 135 Abs. 1 Nr. 1 und Nr. 2 InsO über Gesellschafterdarlehen.[8] Anders ist die Lage hingegen, wenn die Sicherungszession das Darlehen eines Dritten an einen Aktionär sichern soll. In diesem Falle kann auch bei entsprechender Heranziehung von § 57 Abs. 1 S. 3 Alt. 2 AktG ein Verstoß gegen die Kapitalerhaltung vorliegen.[9]

Verstößt ein Kausalgeschäft gegen die Kapitalerhaltung, so darf es nicht vollzogen werden. Die Abtretung als solche ist aber, sofern bereits erfolgt, in konsequenter Anwendung der neuen und zutreffenden Rechtsprechung des BGH und der herrschenden Lehre als Erfüllungsgeschäft dennoch wirksam.[10] Es besteht lediglich ein Anspruch der Gesellschaft auf Rückabwicklung nach § 62 Abs. 1 S. 1 AktG, welche dann durch Rückabtretung (oder ggf. Wertersatz) zu erfolgen hat.[11]

C. Insolvenzanfechtung

Genauso wie zur Kapitalerhaltung kommt es für die Frage der Anfechtbarkeit der Abtretung auf das Kausalgeschäft an. Handelt es sich um ein angemessenes Austauschgeschäft, so wird häufig bereits das Bargeschäftsprivileg (§ 142 InsO) eine Anfechtung unterbinden. Ansonsten kann nach den Umständen des Einzelfalls eine Deckungsanfechtung (§§ 130, 131 InsO), oder aber eine Vorsatzanfechtung (§ 133 Abs. 1 InsO) in Betracht

---

8 Dazu nur MünchKommAktG[4]/*Bayer* § 57 Rn. 330 ff.; Roth/Altmeppen/*Altmeppen* § 30 Anh. Rn. 171 ff.; Scholz/*Bitter* § 64 Anh. Rn. 134 ff. jew. mwN.

9 Vgl. dazu MünchKommAktG[4]/*Bayer* § 57 Rn. 186; KölnKommAktG[3]/*Drygala* § 57 Rn. 79; Spindler/Stilz/*Cahn/v. Spannenberg* § 57 Rn. 39; Schmidt/Lutter/*Fleischer* § 57 Rn. 59; *Hüffer/Koch* § 57 Rn. 27.

10 BGHZ 196, 312; weitere Nachw. bei § 1 B. III. 1. (S. 40).

11 Vgl. § 1 B. III. (S. 40).

kommen. Erfolgt die Abtretung auf Basis eines unangemessenen Austauschgeschäfts, so ist aber jedenfalls auch eine Anfechtung nach § 134 Abs. 1 InsO als teilweise unentgeltliche Leistung möglich.

Wurde die Forderung als Sicherheit abgetreten, kann dies insbesondere bei Kenntnis der Zahlungsunfähigkeit den Tatbestand der Vorsatzanfechtung (§ 133 Abs. 1 InsO) erfüllen, im Übrigen aber auch die Anfechtbarkeit nach §§ 130, 131 InsO auslösen. Bei Gesellschafterdarlehen besteht ferner eine Anfechtungsmöglichkeit nach § 135 Abs. 1 Nr. 1 bzw. Nr. 2 InsO.

Eine Abtretung der Forderung lediglich zur Einziehung sorgt dafür, dass der Erlös (abzüglich der Kosten) letztlich in vollem Umfang der Gesellschaft zufließt. In der Folge können daher auch die Gläubiger der Gesellschaft auf den Erlös vollständig zugreifen. Insoweit werden sie daher nicht benachteiligt, eine Insolvenzanfechtung kommt daher nicht in Betracht.

Ist das betreffende Geschäft grundsätzlich anfechtbar, so ist für die Rechtsfolge zu unterscheiden. Wurde die Forderung als Sicherheit abgetreten, so darf der Insolvenzverwalter diese nach § 166 Abs. 2 InsO sowieso einziehen und kann anschließend dem Verlangen nach Erlösherausgabe mit der Einrede der Anfechtbarkeit entgegentreten.[12] Ansonsten ergibt sich aus § 143 Abs. 1 S. 1 InsO lediglich ein Anspruch auf Rückabtretung der anfechtbar erhaltenen Forderung.[13]

D. Begrenzung durch Zuständigkeitsordnung

I. Zuständigkeit

Über den Abschluss von Kausalgeschäften und die anschließende Abtretung hat grundsätzlich, wie für alle Geschäftsvorfälle, der Vorstand in eigener Verantwortung zu entscheiden, § 76 Abs. 1 S. 1 AktG. Soll eine Forderung an ein Mitglied des Vorstands abgetreten werden, so hat zwingend der Aufsichtsrat zu handeln (§ 112 S. 1 AktG). Besteht umgekehrt hingegen eine Forderung der Gesellschaft gegen ein Mitglied des Vorstands und soll diese Forderung an einen Dritten abgetreten werden, so gilt § 112 S. 1 AktG

12 Schmidt/*Büteröwe*, InsO, § 143 Rn. 10; MünchKommInsO/*Kirchhof* § 143 Rn. 36; Uhlenbruck/*Ede*/*Hirte* § 143 Rn. 197.

13 Schmidt/*Büteröwe*, InsO, § 143 Rn. 10; MünchKommInsO/*Kirchhof* § 143 Rn. 36; Uhlenbruck/*Ede*/*Hirte* § 143 Rn. 196.

nach dem Wortlaut nicht. Da bei einer Abtretung der Schuldner selbst nicht beteiligt ist, hindert auch § 181 BGB keine Abtretung der Forderung unter Beteiligung des betroffenen Vorstandsmitglieds. Im Ergebnis bedeutet dies, dass Vorstände, je nach Regelung der Vertretungsbefugnis, Forderungen der Gesellschaft gegen sich selbst an Dritte abtreten könnten. Daher wird mittlerweile eine analoge Anwendung des § 112 S. 1 AktG für die Fälle der Veräußerung und Abtretung von Ersatzansprüchen nach § 93 Abs. 2 AktG befürwortet.[14] Konsequenterweise muss diese Analogie aber dann auch für alle anderen Arten von Ansprüchen gegen Vorstände gelten, weil § 112 S. 1 AktG nicht zwischen Ersatzansprüchen und sonstigen Ansprüchen differenziert.

II. Innenverhältnis und Außenverhältnis

Möchte der Vorstand (bzw. Aufsichtsrat) eine Forderung abtreten, so hat er im Innenverhältnis die üblichen Beschränkungen einzuhalten. Insbesondere bedeutet dies, dass nur ein Handeln im besten Interesse der Gesellschaft zulässig ist und umgekehrt das Vermögen der Gesellschaft nicht verschleudert werden darf.[15] Ein Austauschgeschäft muss daher angemessen sein, eine Sicherungszession darf nur erfolgen, wenn dies zur Sicherung einer anderen Forderung auch notwendig ist. Eine Abtretung zur Einziehung auf Rechnung der Gesellschaft ist nur im Interesse der Gesellschaft, wenn der Zessionar verpflichtet ist, die Durchsetzung effektiv zu betreiben und die Vergütung für die Geschäftsbesorgung nicht überhöht ist.

Ungeachtet dessen sind die Geschäfte im Außenverhältnis auch bei Verstoß gegen die Pflichtbindung im Innenverhältnis wirksam, es sei denn es liegen die Voraussetzungen eines evidenten Missbrauchs der Vertretungsmacht vor.[16] Der Vertragspartner darf sich im letzteren Falle nicht auf die an sich unbeschränkbare Vertretungsmacht des Vorstands berufen. Sowohl Kausalgeschäft, als auch Zession sind unwirksam. Der Schuldner wird gegebenenfalls über § 409 BGB geschützt.

---

14 Im Anschluss an *Habersack,* FS Hommelhoff, 2012, S. 303, 316 auch MünchKommAktG[4]/*Spindler* § 93 Rn. 266; GroßkommAktG[5]/*Hopt/Roth* § 93 Rn. 530 mit Fn. 1930.

15 Vgl. nur MünchKommAktG[4]/*Spindler* § 93 Rn. 33.

16 Vgl. bei § 1 D. I. 2. (S. 51) und § 4 D. II. (S. 114).

III. Umgehungskonstellationen

Ein Sonderfall liegt vor, wenn der Vorstand die Abtretung nur durchführt, damit der Zessionar die Forderung gegenüber dem Schuldner (zumindest teilweise) erlässt. Dies kann insbesondere der Umgehung von Vorschriften wie der Kapitalerhaltung dienen.

Beispiel: Eine Forderung gegenüber einem Aktionär soll nach Wunsch des Vorstands möglichst erlassen werden. Weil dies wegen eines Verstoßes gegen die Kapitalerhaltung unwirksam wäre,[17] soll ein Dritter, der nicht Adressat der Kapitalerhaltung ist, die Forderung zu einem Spottpreis erwerben und anschließend einen Vergleich mit dem Aktionär schließen, durch den ein Großteil der Forderung erlassen wird.

1. Alle Beteiligten sind eingeweiht

Sind alle Beteiligten in das Vorhaben eingeweiht, so liegt ein evidenter Missbrauch der Vertretungsmacht auf der Hand. Sowohl Kausalgeschäft, als auch Abtretung sind unwirksam, weil diese unter den gestellten Bedingungen nicht im Interesse der AG liegen und alle Beteiligten sich der Sache bewusst sind. Verzichtet der vermeintliche Zessionar daraufhin (teilweise) gegenüber dem Schuldner, so geht dieser Verzicht ins Leere, weil der vermeintliche Zessionar nicht Inhaber der Forderung und somit auch nicht dispositionsbefugt ist.

§ 409 BGB schützt den Schuldner nicht. Auch wenn man § 409 BGB selbst bei positiver Kenntnis des Schuldners von der Unwirksamkeit der Abtretung nicht ausschließen möchte,[18] so muss man konsequenterweise wenigstens die Abtretungsanzeige für unwirksam halten. Denn hierbei handelt es sich um eine geschäftsähnliche Handlung.[19] Dementsprechend sind auch die Vorschriften über den evidenten Missbrauch der Vertretungsmacht hierauf anwendbar. Hat der Schuldner aber positive Kenntnis von dem

---

17 Eingehend § 1 B. (S. 38).

18 So die hM, vgl. MünchKommBGB[7]/*Roth/Kieninger* § 409 Rn. 12; Soergel/-*Schreiber* § 409 Rn. 2 jew. mwN. Mit beachtlichen Gründen aA Staudinger/*Busche* (2017) § 409 Rn. 29 f.

19 MünchKommBGB[7]/*Roth/Kieninger* § 409 Rn. 5 ff., 9; Soergel/*Schreiber* § 409 Rn. 4.

missbräuchlichen Vorhaben des Vorstands, so darf er sich auf die Wirksamkeit der Abtretungsanzeige nicht berufen.[20]

Die Gesellschaft bleibt weiterhin Inhaberin der Forderung. Eine Disposition des vermeintlichen Zessionars ist unwirksam. Die Gläubiger können im Wege der Pfändung und Überweisung auf die Forderung zugreifen. Der Vorstand ist zur Geltendmachung weiterhin im Interesse der Gesellschaft verpflichtet. Verstößt er gegen diese Pflicht, haftet er nach § 93 Abs. 2 AktG auf Schadenersatz, welchen die Aktionäre notfalls über §§ 147, 148 AktG durchsetzen können. Die anderen Beteiligten haften nach den Umständen des Einzelfalls aus § 117 Abs. 1 AktG oder §§ 823 Abs. 2, 830 Abs. 2 BGB iVm § 266 StGB der Gesellschaft.

2. *Nur Zessionar wird eingeweiht*

Wird nur der Zessionar in das unzulässige Vorhaben eingeweiht und dem gutgläubigen Schuldner die Abtretung nach § 409 BGB mitgeteilt, so ist die Disposition des Zessionars gegenüber dem Schuldner im Regelfall wirksam.[21] Vorstand und Zessionar haften der Gesellschaft aber auf Schadensersatz, soweit der Anspruch deswegen nicht mehr (voll) realisiert werden kann (§ 93 Abs. 2 AktG; §§ 823 Abs. 2, 830 Abs. 2 BGB iVm § 266 StGB).

Direkte Anwendung findet die Kapitalerhaltung grundsätzlich nur im Verhältnis Gesellschaft-Aktionär. Wird ein Dritter beispielsweise von der AG als mittelbarer Stellvertreter eingeschaltet, so findet die Kapitalerhaltung im Verhältnis Dritter-Aktionär keine Anwendung, die Geschäfte sind voll wirksam.[22] Weil bei wirtschaftlicher Betrachtung aber dennoch eine Leistung der Gesellschaft vorliegt, führt diese Sichtweise zu einer Lücke im Kapitalschutz. Die herrschende Meinung löst dieses Problem, indem sie dem Dritten den Regressanspruch (§ 670 BGB) versagt.[23]

---

20 Vgl. auch Staudinger/*Busche* (2017) § 409 Rn. 30.

21 Ist der Zessionar selbst eine Gesellschaft und erlässt die Geschäftsleitung des Zessionars die Forderung, so muss der Schuldner ungeachtet des § 409 BGB auf einen Missbrauch der Vertretungsmacht schließen. Der Verzicht ist dann, auch mit Wirkung für den Zedenten, unwirksam.

22 Vgl. Spindler/Stilz/*Cahn/v. Spannenberg* § 57 Rn. 58; MünchKommAktG[4]/*Bayer* § 57 Rn. 102.

23 OLG Hamburg AG 1980, 275, 278; *Hüffer/Koch* § 57 Rn. 17; Spindler/Stilz/*Cahn/v. Spannenberg* § 57 Rn. 58; MünchKommAktG[4]/*Bayer* § 57 Rn. 102;

So richtig dies einerseits ist, weil das Vertragsverhältnis zwischen Dritten und AG wegen eines evidenten Missbrauchs der Vertretungsmacht ebenfalls unwirksam und der Dritte gesamtschuldnerisch mit den Vorständen zum Schadensersatz verpflichtet ist, so wenig hilft dies aber im Falle einer Abtretungskonstellation. Denn der Dritte hat in dieser Konstellation keinen Grund, bei der Gesellschaft Regress zu nehmen. Vielmehr müsste er nur das aus dem Vergleich Gezogene an die Gesellschaft herausgeben. Es verbleibt dann nur ein Ausgleich über Schadensersatzansprüche bzw. bei einem Austauschgeschäft eine Rückabwicklung über Bereicherungsrecht mit Wertersatzpflicht.

Zusammenfassung zu § 17

Anders als bei den vorherigen Dispositionen ist für die Zession auf das ihr zugrundeliegende Geschäft (Kausalgeschäft) zwischen Zessionar und Zedent abzustellen. Wird die Forderung veräußert, so handelt es sich um ein normales Austauschgeschäft mit allen daraus folgenden Konsequenzen bei unangemessener Ausgestaltung. Wird die Forderung zur Einziehung abgetreten, wobei das wirtschaftliche Ergebnis weiterhin die Gesellschaft trifft, so muss darauf geachtet werden, den der Abtretung zugrundeliegenden Auftrag entsprechend auszugestalten. Welche Konsequenzen bei unangemessener Ausgestaltung über die Haftung des Vorstands hinaus zu ziehen sind, ist von den konkreten Gestaltungen des Einzelfalls abhängig.

§ 18 Abtretung von Einlage- und Rückgewähransprüchen

Ausgangssituation: Der Vorstand möchte den Anspruch auf Leistung der Einlagen gegen einen einzelnen Aktionär bzw. einen Rückgewähranspruch abtreten.

KölnKommAktG[3]/*Drygala* § 57 Rn. 120; GroßkommAktG[4]/*Henze* § 57 Rn. 212.

A. Überblick zum Meinungsstand

I. Zum Einlageanspruch

Nach herrschender Meinung ist die Abtretung (und ebenso die Pfändung) von Einlageansprüchen nicht grundsätzlich ausgeschlossen. Sie darf aber nur erfolgen, wenn im Gegenzug eine vollwertige Leistung an die Gesellschaft fließt.[1]

Ihren Ausgangspunkt hatte das Erfordernis der Vollwertigkeit in einem Urteil des Reichsgericht aus dem Jahre 1929.[2] Danach verlange das Befreiungsverbot des § 66 Abs. 1 S. 1 AktG (damals § 221 HGB), dass die Gesellschaft auch bei einer Abtretung das volle Entgelt erhalte.[3] Anderenfalls seien sowohl schuldrechtliches, als auch dingliches Rechtsgeschäft nichtig.[4] Ohne das Erfordernis der Vollwertigkeit wäre Tür und Tor für eine Umgehung von § 66 Abs. 1 S. 1 AktG geöffnet.[5] Außerdem müsse das Gleichbehandlungsgebot der Aktionäre beachtet werden.[6] Eine Ausnahme bestehe für den Fall, dass der Einlageanspruch selbst nicht mehr werthaltig ist und auch die Kaduzierung keinen nennenswerten Beitrag zu erbringen vermag.[7]

Nach einer neueren Ansicht[8] hingegen soll für das Vollwertigkeitserfordernis bei Abtretung der Einlageforderung kein Bedarf mehr bestehen, weil nach der Konzeption des MoMiG das Grundkapital nicht zum Zweck habe, der Gesellschaft Finanzmittel zu gewähren, sondern der Aktionär nur einen

---

1 Vgl. RGZ 124, 380, 383; RGZ 133, 81, 83; RGZ 156, 23, 25; MünchKommAktG⁴/*Bayer* § 66 Rn. 81; KölnKommAktG²/*Lutter* § 66 Rn. 47; GroßkommAktG⁴/*Gehrlein* § 66 Rn. 63; Schmidt/Lutter/*Fleischer* § 66 Rn. 24; Bürgers/Körber/*Westermann* § 66 Rn. 11; Wachter/*Servatius* § 66 Rn. 9; Grigoleit/*Rachlitz* § 66 Rn. 12.

2 RGZ 124, 380. Zur weiteren Entwicklung der Rechtsprechung vor allem im Hinblick auf das Pfändungsverbot, vgl. *K. Schmidt* ZHR 1993 (1993), 291, 295 ff.

3 RGZ 124, 380, 383.

4 RGZ aaO.

5 RGZ aaO.

6 RGZ 135, 55, 57.

7 MünchKommAktG⁴/*Bayer* § 66 Rn. 84; GroßkommAktG⁴/*Gehrlein* § 66 Rn. 63.

8 KölnKommAktG³/*Drygala* § 66 Rn. 53, sowie Rn. 55 ff.

Risikobeitrag leisten müsse, um der Gesellschaft eine gewisse Seriosität zu verschaffen. Dieses Ziel sei aber auch bei Leistung an Dritte erreicht.

Nach einer weiteren Ansicht[9] soll eine Abtretung des Einlageanspruchs insoweit gänzlich ausgeschlossen sein, als es um den vor Anmeldung eingeforderten Betrag nach §§ 36 Abs. 2, 36a Abs. 1 AktG geht, weil dieser auf ein Konto der Gesellschaft einzuzahlen sei. Darüber hinaus sei die Abtretung zwar nicht ausgeschlossen, das Kaduzierungsverfahren sei aber vorrangig im Verhältnis zu einer Abtretung unter dem Nennwert zu betreiben. Nur wenn dies keinen Erfolg verspreche, sei eine Abtretung möglich.[10]

Schließich wird gegen das Vollwertigkeitskriterium (bei der Pfändung von Ansprüchen) vorgebracht, die Gesellschaftsgläubiger bzw. bei der Abtretung Dritte werden hierdurch in unzulässiger Weise in die Pflicht zur Kapitalaufbringung einbezogen.[11] Die richtige Lösung für das Problem der Vollwertigkeit ergebe sich vielmehr aus den Insolvenzanfechtungstatbeständen.

II. Rückgewähranspruch

Die wohl überwiegende Lehre zum Aktienrecht erstreckt das Vollwertigkeitskriterium auch auf den Rückgewähranspruch.[12]

Der BGH ist dieser Sichtweise jedenfalls zur GmbH nicht uneingeschränkt gefolgt. Zur Abtretbarkeit des Anspruchs aus § 31 Abs. 1 GmbHG hat der II. Zivilsenat vielmehr entschieden, dass es auf eine vollwertige Gegenleistung nicht ankomme, wenn ein Anspruch auf Abtretung bestehe.[13] Denn § 31 Abs. 1 GmbHG habe nur den Zweck, das angegriffene Vermögen der Gesellschaft wieder aufzufüllen. Es könne aber nicht darauf ankommen, ob die Gesellschaft erst Zahlung vom Gesellschafter erhalte und diesen Betrag dann an den Dritten weiterleite, oder ob der Anspruch direkt abgetreten

---

9 Spindler/Stilz/*Cahn* § 66 Rn. 43.

10 Spindler/Stilz/*Cahn* § 66 Rn. 43.

11 *K. Schmidt* ZHR 157 (1993), 291; ferner *Frey*, Einlagen in Kapitalgesellschaften, S. 38.

12 MünchKommAktG[4]/*Bayer* § 66 Rn. 83; GroßkommAktG[4]/*Gehrlein* § 66 Rn. 64; KölnKommAktG[2]/*Lutter* § 66 Rn. 47; GHEK/*Hefermehl*/*Bungeroth* § 66 Rn. 63; Bürgers/Körber/*Westermann* § 66 Rn. 11; offen gelassen von BGH NJW 2011, 2719 Tz. 54.

13 BGHZ 69, 274. Ferner BGH NJW 1995, 326, 330.

werde.[14] Die herrschende Lehre zur GmbH ist dem auch gefolgt,[15] ebenso wie Teile des Schrifttums zum AktG.[16]

Außerdem wird die Abtretbarkeit des Rückgewähranspruchs unter Wert zwar bejaht, eine Einschränkung aber dahingehend gemacht, dass diese ausgeschlossen sei, wenn nicht die nach § 93 Abs. 3 Nr. 1 AktG mithaftenden Mitglieder des Vorstands zustimmen, weil deren Regressmöglichkeiten sonst vereitelt werden könnten.[17]

Nach einer anderen Ansicht spricht nichts gegen eine Abtretbarkeit des Rückgewähranspruchs, weil die Gläubiger nach § 62 Abs. 2 AktG sowieso ein Verfolgungsrecht hätten.[18]

B. Anwendung der allgemeinen Regeln

Die Diskussion über die Frage, inwieweit eine Abtretung des Einlageanspruchs bzw. des Rückgewähranspruchs zulässig ist, ist davon gekennzeichnet, dass nicht konsequent zwischen Abtretung als dinglichem Geschäft einerseits und Zulässigkeit von einzelnen Kausalgeschäften andererseits unterschieden wird. Der Grundsatz der Trennung gilt aber auch bei der Verfügung über Rechte und damit auch bei der Zession.[19] Zu unterscheiden ist ferner, welche Kausalgeschäfte im Innenverhältnis zulässig sind und welche Folgen unzulässige Kausalgeschäfte sowohl auf das Kausalgeschäft selbst, als auch auf die Zession im Außenverhältnis haben.

---

14 BGHZ 69, 274, 282 ff.

15 Roth/Altmeppen/*Altmeppen* § 31 Rn. 8; Scholz/*Verse* § 31 Rn. 29; MünchKommGmbHG/*Ekkenga* § 31 Rn. 19; Lutter/Hommelhoff/*Hommelhoff* § 31 Rn. 4; Baumbach/Hueck/*Fastrich* § 31 Rn. 6; Rowedder/Schmidt-Leithoff/*Pentz* § 31 Rn. 4; Michalski/*Heidinger* § 31 Rn. 9 f.; jetzt auch U/H/L/*Habersack* § 31 Rn. 13. AA *Konzen* FS Ulmer, 2003, S. 323, 342; *Ulmer*, FS 100 Jahre GmbHG, 1992, S. 363, 382 f.

16 Spindler/Stilz/*Cahn* § 66 Rn. 42; Schmidt/Lutter/*Fleischer* § 66 Rn. 24.

17 Spindler/Stilz/*Cahn* § 66 Rn. 41.

18 KölnKommAktG[3]/*Drygala* § 66 Rn. 54.

19 Vgl. MünchKommBGB[7]/*Roth/Kieninger* § 398 Rn. 24; Soergel/*Schreiber* § 398 Rn. 12; Staudinger/*Busche* (2017) § 398 Rn. 2.

I. Zulässigkeit der Zession grundsätzlich (dingliche Ebene)

Es entspricht der absolut herrschenden und zutreffenden Meinung, dass die Abtretung von Einlageansprüchen als dingliches Rechtsgeschäft nicht grundsätzlich ausgeschlossen ist.[20]

1. § 66 Abs. 1 S. 1 AktG

Aus § 66 Abs. 1 S. 1 AktG lässt sich kein Abtretungsverbot ableiten. Denn nach dem klaren Wortlaut des § 66 Abs. 1 S. 1 AktG dürfen zwar *„[d]ie Aktionäre und ihre Vormänner […] von ihrer Leistungspflicht […] nicht befreit werden."* Wird die Einlageforderung aber an einen Dritten abgetreten, so wird der Aktionär von seiner Verpflichtung nicht befreit. Vielmehr schuldet er jetzt Leistung an den Zessionar. Der Zessionar seinerseits ist aber nicht Adressat der Vorschriften über die Kapitalaufbringung bzw. Kapitalerhaltung[21] und dementsprechend auch nicht Adressat des Befreiungsverbots.[22] Eine direkte Anwendung des § 66 Abs. 1 S. 1 AktG auf die Zession selbst ist damit nicht begründbar.

2. Veränderung im Bestand, § 399 BGB

Ferner wird die Einlageforderung durch Abtretung nicht in ihrem Bestande derart verändert, dass ein Ausschluss nach § 399 BGB greift.[23] Denn die Einlageforderung ist im Kern ein Anspruch, gerichtet auf Zahlung von Geld. Durch eine Abtretung ändert sich hierdurch nichts. Der Zessionar muss sämtliche Einwendungen des Schuldners nach § 404 BGB gegen sich gelten lassen.

Einzig die Möglichkeit der Kaduzierung kann verloren gehen.[24] Die Kaduzierung wirkt wirtschaftlich wie ein Sicherungsinstrument der Gesellschaft,

---

20 Vgl. Fn. 1.

21 Eingehend dazu *K. Schmidt* ZHR 157 (1993), 291, 300 ff.

22 So im Grundsatz auch RGZ 124, 380, 383.

23 KölnKommAktG³/*Drygala* § 66 Rn. 46; MünchKommAktG⁴/*Bayer* § 66 Rn. 80; GroßkommAktG⁴/*Gehrlein* § 66 Rn. 62. Zur GmbH BGHZ 69, 274, 282.

24 KölnKommAktG³/*Drygala* § 66 Rn. 47; MünchKommAktG⁴/*Bayer* § 64 Rn. 23; GroßkommAktG⁴/*Gehrlein* § 64 Rn. 13; Spindler/Stilz/*Cahn* § 64 Rn. 16; *Hüffer/Koch* § 64 Rn. 3; aA *Müller* GmbHR 1970, 57, 60 ff.

weil sie einen Zugriff auf die Aktie erlaubt, ohne dass andere Gläubiger des Einlageschuldners diesen Zugriff durch vorherige Pfändung hindern könnten. Zumindest denkbar wäre daher, dass die Kaduzierungsmöglichkeit bei einer Abtretung als akzessorische Sicherheit nach § 401 Abs. 1 BGB analog mit übergeht und der Zessionar nach einer Aufforderung der Gesellschaft selbst das Kaduzierungsverfahren betreiben könnte. Dem steht aber entgegen, dass die Kaduzierung ein korporationsrechtliches Verfahren ist und daher insgesamt der Natur der Sache nach nur von der Gesellschaft betrieben werden kann.[25] Ein Verlust einer Sicherheit gestaltet aber noch nicht den Anspruch um, sodass der Verlust der Kaduzierungsmöglichkeit die Abtretung nicht grundsätzlich hindert.

Anders als zum Einlageanspruch und zum Rückgewähranspruch im GmbH-Recht (vgl. § 31 Abs. 3 GmbHG) sieht das AktG für den Rückgewähranspruch aus § 62 Abs. 1 S. 1 AktG keine weitere Sicherung vor. Dort stellt sich das Problem somit von vorneherein nicht.

3. *Regressmöglichkeit als Abtretungsverbot?*

Schließlich ist aus der Tatsache, dass neben dem Aktionär auch noch Vorstände nach § 93 Abs. 3 Nr. 1 AktG der Gesellschaft bei Verstoß gegen das Gebot der Kapitalerhaltung auf Schadensersatz haften, kein Abtretungsverbot zu folgern.[26]

Die Frage, in welchem Verhältnis Geschädigter, Schädiger und vorrangig haftende Personen im Rahmen von § 255 BGB[27] stehen, ist kein isoliertes Problem des Gesellschaftsrechts, sondern kann in diversen Konstellationen auftreten. Es ist daher auch im Rahmen des Schadensrechts zu lösen. Aus der Tatsache, dass eine weitere Person mithaftet, kann aber kein Dispositionsverbot für den Geschädigten abgeleitet werden. Es wäre eigenartig, dürfte die AG Ersatzansprüche aus Rücksicht auf weitere, in ihrem

---

25 *Hüffer/Koch* § 64 Rn. 3; Spindler/Stilz/*Cahn* § 64 Rn. 16.

26 AA Spindler/Stilz/*Cahn* § 66 Rn. 41; *ders.*, Vergleichsverbote, S. 136 ff.

27 Anzuwenden ist § 255 BGB (vgl. GroßkommAktG[5]/*Hopt/Roth* § 93 Rn. 342; zum Parallelfall der Haftung wegen Insolvenzverschleppung vgl. eingehend *Altmeppen*, Beilage zu ZIP 22/2016, S. 3 ff. mit umfangreichen Nachw.). Insoweit aber aA *Cahn*, Vergleichsverbote, S. 62 ff.: Gesamtschuldnerausgleich nach § 426 BGB und der darauf basierenden Prämisse, die Abtretung sei unzulässig.

Interesse mithaftende Personen nicht verwerten, weil diese vor der AG zu schützen sind.

Die zutreffende Lösung ist vielmehr § 254 Abs. 2 BGB zu entnehmen: verwertet die Gesellschaft den Rückgewähranspruch, so verliert auch der mithaftende Vorstand die Regressmöglichkeit gegen den Rückgewährschuldner. Erfolgt die Abtretung zu unangemessenen Konditionen, so verstößt die Gesellschaft gegen ihre Schadensminderungspflicht. Der mithaftende Vorstand kann dann die Leistung insoweit verweigern. Umgekehrt gerät aber der Vorstand, welcher den Rückgewähranspruch zu unangemessenen Konditionen abgetreten hat, gegenüber der Gesellschaft in eine Schadensersatzhaftung aus § 93 Abs. 2 AktG.

Ein Abtretungsverbot, und damit ein Dispositionsverbot im Schädigerinteresse, lässt sich aber nicht rechtfertigen.

4. *Ergebnis*

Im Ergebnis bedeutet dies, dass eine Abtretung des Einlageanspruchs bzw. des Rückgewähranspruchs nicht ausgeschlossen und damit grundsätzlich möglich ist.

II. Angemessenheit des Kausalgeschäfts (Innenverhältnis)

Damit geht es aber nur noch um die Frage, zu welchen Konditionen der Vorstand über die Ansprüche verfügen darf. Der Vorstand darf im Innenverhältnis nur über den Anspruch disponieren, wenn dies im objektiven Interesse der Gesellschaft ist.

1. *Veräußerung zum vollen Nennwert*

Erhält die Gesellschaft den vollen Nennwert der Einlage- bzw. der Rückgewährforderung gegen Abtretung der Forderung, so ist dieses Geschäft zweifelsohne im Interesse der Gesellschaft, weil der Anspruch damit wirtschaftlich erfüllt ist. Es steht also außer Zweifel, dass der Vorstand die Forderung gegen Bezahlung des vollen Nennwerts verwerten darf.

Soweit es um die Mindesteinlage nach § 36a Abs. 1 AktG geht, steht dem auch nicht § 54 Abs. 3 AktG entgegen. Denn ob die Gesellschaft die Mittel zur freien Verfügung von dem Gründer oder einem Dritten (*in concreto* dem Zessionar) auf das Konto überwiesen erhält, ist unerheblich. Jedenfalls sind die Mittel auf dem Konto der Gesellschaft zur freien Verfügung eingegangen und die Eintragung kann damit erfolgen.[28]

2. *Veräußerung unter Nennwert*

Beispiel: Der Schuldner der Forderung ist praktisch zahlungsunfähig und bestreitet das Bestehen der Schuld. Ein Inkassobüro wäre bereit den Anspruch gegen entsprechenden Abschlag der Gesellschaft abzukaufen.

a) Resteinlageanspruch

Ist der Schuldner in Zahlungsschwierigkeiten, so kann es für die Gesellschaft der bequemste Weg sein, die Resteinlageforderung gegen Zahlung eines geringeren Entgelts zu veräußern. Weil die Gesellschaft aber stets den Weg der Kaduzierung gehen kann, ist eine Veräußerung der Einlageforderung unter dem Nennwert nur angemessen, wenn die Kaduzierung keinen Erfolg verspricht.[29] Die Gesellschaft kann den Einlageschuldner auch noch nach einer Kaduzierung des Anteils in Anspruch nehmen (§ 64 Abs. 4 S. 2 AktG) und dementsprechend diesen Anspruch dann verwerten oder auch abtreten. Aussichtslos ist das Kaduzierungsverfahren nur, wenn eine Doppelinsolvenz besteht und auch kein Vormann existiert. Die Situation stellt sich dann genauso dar, wie bei einem Vergleich über den Einlageanspruch, welcher nach herrschender und zutreffender Ansicht auch nur bei Aussichtslosigkeit eines Kaduzierungsverfahrens zulässig ist.[30] Genau für diesen Fall sieht die hM eine Ausnahme vom Prinzip der vollwertigen Gegenleistung vor.[31]

Auch für den Fall, dass die Einlageforderung im Wert gemindert und eine Abtretung gegen volle Gegenleistung daher nicht möglich ist, weil der Einlageschuldner das grundsätzliche Bestehen der Einlagepflicht bestreitet, ist vorher ein Kaduzierungsverfahren durchzuführen.[32]

Im Ergebnis bedeutet dies, dass die Abtretung des Einlageanspruchs im Regelfall nachrangig zum Kaduzierungsverfahren ist.

---

28 KölnKommAktG³/*Drygala* § 66 Rn. 46; Spindler/Stilz/*Cahn* § 66 Rn. 43.
29 Spindler/Stilz/*Cahn* § 66 Rn. 43; MünchKommAktG⁴/*Bayer* § 66 Rn. 84.
30 Vgl. § 6 B. II. 1. (S. 130).
31 Vgl. nur MünchKommAktG⁴/*Bayer* § 66 Rn. 84 mwN.
32 Vgl. § 6 B. II. 1. b) (S. 132).

b) Vor Eintragung eingeforderte Einlage

Ist die Gesellschaft (bzw. die Kapitalerhöhung) noch nicht eingetragen, so stellt sich für den Vorstand noch das Problem, dass er zur Eintragung eine Einzahlung nach § 54 Abs. 3 AktG nachweisen muss (§§ 36a Abs. 1, 36 Abs. 2 AktG).

Bei genauer Betrachtung handelt es sich hier aber für die Praxis um ein Scheinproblem. Denn wenn der Aktionär nicht leisten kann, so hat die Gesellschaft sowieso vorrangig vor einer Abtretung das Kaduzierungsverfahren zu betreiben.[33]

Verläuft das Kaduzierungsverfahren nicht erfolgreich oder verspricht es von Anfang an keinen Erfolg, wenn und weil die noch in Gründung befindliche Gesellschaft schon insolvent ist und kein Vormann existiert, so wird die Gründung (bzw. Kapitalerhöhung) ohnehin scheitern. Kann aber ggf. nach einer Kaduzierung wenigstens noch gegen Abtretung des Anspruchs aus § 64 Abs. 4 S. 2 AktG die eingeforderte Einlage erreicht werden, so spricht aus Sicht des § 54 Abs. 3 AktG nichts gegen eine Abtretung. Die Eintragung kann dann erfolgen. Erbringt aber nach einer Kaduzierung selbst die Abtretung des Anspruchs aus § 64 Abs. 4 S. 2 AktG nicht die erforderliche Summe, so ist die Gründung gescheitert und die Gesellschaft/Kapitalerhöhung nicht eintragungsfähig.

Erfolgt die Abtretung zu unangemessenen Bedingungen, so hat der Vorstand für die Aufbringung im Weg des Schadensersatzes zu haften. Wird der Anspruch gegen den Vorstand von den Gründern/Aktionären nicht durchgesetzt, so scheitert das Vorhaben.

Im Ergebnis bedeutet dies, dass nicht §§ 36a Abs. 1, 36 Abs. 2, 54 Abs. 3 AktG die Möglichkeit der Veräußerung des Einlageanspruchs unter Nennwert begrenzen, sondern lediglich zu einem Scheitern der Gründung führen, wenn nicht einmal nach Kaduzierung und Verwertung des Anspruchs aus § 64 Abs. 4 S. 2 AktG bzw. durch Inanspruchnahme des Vorstands bei pflichtwidriger Veräußerung die Mindesteinzahlung aufgebracht werden kann.

---

33 Siehe soeben § 18 B. II. 2. a) (S. 283).

c) Rückgewähranspruch

Keine Besonderheiten bestehen hingegen für den Rückgewähranspruch.[34] Bei wirtschaftlicher Betrachtung handelt es sich um einen schlichten, ungesicherten Anspruch gegen einen Aktionär. Dementsprechend kann der Vorstand den Anspruch dann auch im gewöhnlichen Geschäftsverkehr veräußern. Ob das Geschäft im Interesse der Gesellschaft ist, hängt mithin nicht vom Zufluss einer den Nennbetrag nach gleichwertigen Gegenleistung ab, sondern von einer in Anbetracht von Solvenz des Rückgewährschuldners und Durchsetzungsaussichten wirtschaftlich angemessenen Leistung.

d) Ergebnis

Die Veräußerung einer Einlageforderung unter ihrem Nennwert ist für die Gesellschaft im Regelfall nachteilig, weil sie hierdurch die Möglichkeit zur Kaduzierung verliert. Im Einzelfall kann aber der Verlust der Kaduzierungsmöglichkeit hinnehmbar sein, sodass die Veräußerung im Interesse der Gesellschaft erfolgt. Für den Rückgewähranspruch hingegen besteht keine Sicherung, sodass die Angemessenheit einer Veräußerung unter dem Nennbetrag von den Umständen des Einzelfalls abhängt.

3. *Treuhandfälle*

Beispiel: Um schneller an liquide Mittel zu kommen, nimmt der Vorstand ein Darlehen auf und tritt die Einlageansprüche der Gesellschaft zur Sicherheit an den Darlehensgeber ab.

Grundsätzlich steht es dem Vorstand einer AG frei, das (gebundene) Vermögen der Gesellschaft als Sicherheit für Darlehensansprüche einzusetzen, oder zur Einziehung von Forderungen einen Dritten als mittelbaren Stellvertreter einzuschalten. Die Einlageansprüche sind dabei als zu bilanzierende Forderungen im Grundsatz ebenfalls verwertbar.

Als Besonderheit kommt aber hinzu, dass die Einlageansprüche durch das Kaduzierungsverfahren gesichert sind. Weil diese Möglichkeit bei Zession untergeht,[35] ist jede Abtretung für die Gesellschaft potentiell nachteilig.

---

34 Zum Vergleich auch schon § 6 B. II. 2. (S. 133).

35 Vgl. Nachw. in Fn. 24.

Anstatt zur Gewinnung liquider Mittel ein Darlehen gegen Sicherungszession aufzunehmen, ist der Vorstand daher primär verpflichtet, die Einlagen einzufordern (§ 63 Abs. 1 AktG). Nur wenn im Einzelfall die Gewinnung liquider Mittel derart dringend im Interesse der Gesellschaft und ein Zuwarten bis zum Eintreffen der Einzahlungen auf die Einlagen unzumutbar ist, muss der Nachteil des Verlusts der Kaduzierungsmöglichkeit gegen den Schaden aus dem verspäteten Mittelzufluss abgewogen werden. Daher kann dann im Einzelfall eine Sicherungszession im Interesse der Gesellschaft sein. Der Einsatz der vor Eintragung einzufordernden Einlage (§§ 36 Abs. 2, 36a Abs. 1 AktG) als Sicherheit kommt allerdings von vorneherein nicht in Betracht, weil dann die Eintragung nicht gelingen kann.[36]

Gleiches gilt bei Abtretungen zum Einzug auf Rechnung der Gesellschaft (Inkasso, unechtes Factoring): Anstatt die Forderungen abzutreten, ist der Vorstand zur Wahrung der Kaduzierungsmöglichkeit gehalten, lediglich eine Einzugsermächtigung im Namen der Gesellschaft zu erteilen (§§ 362 Abs. 2, 185 Abs. 1 BGB). Auch die Abtretung erfüllungshalber kann, weil das Ausfallrisiko bei der Gesellschaft verbleibt, während gleichzeitig die Kaduzierungsmöglichkeit untergeht, nur *ultima ratio* sein.

Im Ergebnis sind damit Abtretungen von Einlageansprüchen, bei denen das wirtschaftliche Risiko bei der Gesellschaft verbleibt, im Regelfall ausgeschlossen, weil wegen des Verlusts der Kaduzierungsmöglichkeit nicht vom Interesse der Gesellschaft gedeckt. Nur in besonders gelagerten Ausnahmefällen kann eine Abtretung dennoch im Interesse der Gesellschaft sein.

Anders ist die Situation wiederum für den Rückgewähranspruch. Da für diesen keine Sicherungen bestehen, spricht auch nichts gegen eine Sicherungszession oder eine Abtretung zum Einzug auf Rechnung der Gesellschaft.

III. Rechtsfolgen unangemessener Geschäfte (Außenverhältnis)

Tritt der Vorstand den Einlage- oder Rückgewähranspruch an einen Dritten ab, obwohl dies nicht im Interesse der Gesellschaft ist, so bleiben noch die Auswirkungen auf das Außenverhältnis zu klären.

---

36 Vgl. auch Spindler/Stilz/*Cahn* § 66 Rn. 43.

1. *§ 66 Abs. 1 S. 1 AktG direkt*

Ist ein Kausalgeschäft, welches einer Abtretung zu Grunde liegt, unangemessen, so führt dies nicht zu einer Nichtigkeit dieses Rechtsgeschäfts nach § 66 Abs. 1 S. 1 AktG. Durch die Vereinbarung einer Abtretung, egal zu welcher Gegenleistung, werden die Aktionäre, anders als durch einen Verzicht oder Vergleich, noch nicht einmal teilweise von ihrer Leistungspflicht befreit. Solange keine Zession erfolgt ist, verbleiben sie der Gesellschaft zur vollen Leistung verpflichtet. Aber auch durch die Zession selbst erfolgt keine Befreiung, weil danach weiterhin volle Leistung geschuldet wird, jetzt eben an den Zessionar.[37]

2. *Nichtigkeit nach § 134 BGB mit § 54 Abs. 3 AktG?*

Auch aus § 54 Abs. 3 AktG (iVm § 134 BGB) kann nicht auf die Nichtigkeit der Veräußerung geschlossen werden. § 54 Abs. 3 AktG regelt, wie die Einlage im Innenverhältnis zu leisten ist und schließt damit Erfüllungssurrogate aus. Sie betrifft also das Verhältnis der Gesellschaft zum Einlageschuldner. Jedenfalls direkt kann daher nicht daraus geschlossen werden, dass eine Veräußerung an einen Dritten durch die Gesellschaft ausgeschlossen wäre.

3. *Allgemeine Regeln*

Im Ergebnis verbleiben damit die allgemeinen Regeln. Wird an einen Aktionär zu unangemessenen Bedingungen veräußert und abgetreten, so verstößt das Geschäft gegen die Kapitalerhaltung. Der Aktionär ist dann zur Rückgewähr der Einlageforderung verpflichtet (§ 62 Abs. 1 S. 1 AktG).[38] Soweit dies wegen eines (teilweisen) Untergangs des Einlageanspruchs nicht mehr möglich ist, muss Wertersatz geleistet werden. Eine Rückgewähr der Kaduzierungsmöglichkeit ist aber jedenfalls *in natura* nicht mehr möglich. Allenfalls für den Fall, dass der Einlageanspruch durch Abtretung zurückgewährt wird, kann man von einem Wiederaufleben der Möglichkeit zur Kaduzierung ausgehen.

Gegenüber anderen Personen ist das Geschäft wegen der unbeschränkbaren Vertretungsmacht des Vorstands grundsätzlich wirksam. Nur falls

---

37 Vgl. auch § 18 B. I. 1. (S. 280).
38 Vgl. § 17 B. (S. 270).

ein evidenter Missbrauch der Vertretungsmacht vorliegt, sind sowohl das Kausalgeschäft als auch die Zession unwirksam.[39] Ansonsten verbleibt es allein bei der Haftung des Vorstands im Innenverhältnis.

IV. Ergebnis

Die Abtretung von Einlage- und Rückgewähransprüchen ist nach geltender, allgemeiner Gesetzeslage zulässig, wenn das Kausalgeschäft im Interesse der Gesellschaft ist. Bei der Frage der Bewertung, ob das Geschäft angemessen ist, muss die Bedeutung des Kaduzierungsverfahrens als Sicherheit der Gesellschaft gebührend berücksichtigt werden, sodass in den meisten Fällen eine Abtretung des Einlageanspruchs unangemessen ist. Für den Rückgewähranspruch bestehen hingegen keine Besonderheiten. Ist das Kausalgeschäft aber nicht im Interesse der Gesellschaft, so führt dies nicht zu einer automatischen Unwirksamkeit der Zession. Vielmehr gelten die allgemeinen Regeln.

C. Analoge Anwendung des § 66 Abs. 1 S. 1 AktG?

Zu erwägen bleibt noch, ob eine analoge Anwendung von § 66 Abs. 1 S. 1 AktG notwendig ist, damit die Zession auch gegenüber Dritten nichtig ist. Als Verstoß gegen § 66 Abs. 1 S. 1 AktG analog kann hierfür einerseits fehlende „Vollwertigkeit", andererseits Unangemessenheit des Kausalgeschäfts als Kriterium herangezogen werden.

I. Vollwertigkeit als Kriterium

Eine analoge Anwendung des § 66 Abs. 1 S. 1 AktG, lässt sich nur rechtfertigen, wenn ein Grund für eine Regelungslücke im Verhältnis zu der soeben erarbeiteten Lösung besteht, die das Kriterium der Vollwertigkeit erforderlich macht.

1. Fehlende Gleichbehandlung als Grund

Jedenfalls keine Notwendigkeit für ein Vollwertigkeitserfordernis lässt sich mit der Pflicht zur Gleichbehandlung der Aktionäre begründen.[40] Denn der

39 Vgl. § 17 D. II. (S. 273).
40 So aber tendenziell RGZ 135, 55, 57.

Umfang der Zahlungspflicht wird durch eine Abtretung nicht verändert und die Aktionäre können nach § 404 BGB dem Zessionar alle Einwendungen und Einreden, insbesondere auch fehlende Einforderung durch die Gesellschaft, entgegenhalten.

Im Übrigen müsste sonst die Abtretung auch bei vollwertiger Gegenleistung ausgeschlossen sein.

2. *Missbräuchliche Abtretungen*

Nicht begründen lässt sich das Vollwertigkeitserfordernis ferner mit der Gefahr missbräuchlicher Abtretungen.

Zum einen würde dies nur eine Nichtigkeit der Rechtsgeschäfte insoweit rechtfertigen, als dass sie unangemessen sind.[41] Nach dem Vollwertigkeitskriterium geht es aber nicht um die Frage der Angemessenheit oder Unangemessenheit, sondern nur darum, ob der volle, nennbetragsmäßige Gegenwert zugeflossen ist.

Ferner ist missbräuchliches Verhalten nicht auf Einlage- oder Rückgewähransprüche beschränkt. Für Vorstände, Aufsichtsräte und (herrschende) Aktionäre gibt es eine Vielzahl an Möglichkeiten, sich zu Lasten der Gesellschaft zu bereichern. Probates Gegenmittel sind aber nicht Dispositionsbeschränkungen, sondern Haftungstatbestände (§§ 93 Abs. 2, 116, 117, 317, 318 AktG).

Schließlich ist auch darauf hinzuweisen, dass kollusives Handeln zu Lasten der Gesellschaft sowieso zu einer Unwirksamkeit der Rechtsgeschäfte führt.[42]

Zur Bekämpfung missbräuchlicher Abtretungen sind damit keine weiteren Analogien notwendig, sondern eine Ausschöpfung des vorhandenen Instrumentariums.

3. *Funktion des Einlageanspruchs*

Auch aus der Funktion des Einlageanspruchs lässt sich keine Notwendigkeit für das Vollwertigkeitskriterium ableiten.

---

41 Das erkennt die hM insbesondere auch beim Vergleich über den Einlageanspruch, vgl. Nachw. bei § 6 A. (S. 128).

42 § 138 BGB bzw. evidenter Missbrauch der Vertretungsmacht § 242 BGB, vgl. bereits § 1 D. I. 2. (S. 51).

Anders als teilweise nahegelegt wird,[43] kommt es hierbei auch nicht auf einen Paradigmenwechsel durch das MoMiG an, welches die Seriositätsgewähr des gesetzlichen Kapitals begrenzt haben soll. Richtig ist vielmehr, dass der Einlageanspruch seit jeher nur die Funktion hatte, der Gesellschaft das Vermögen zuzuführen, welches anschließend durch die Kapitalerhaltung im Gläubigerinteresse gebunden werden sollte.[44] Es versteht sich daher von selbst, dass dem Aktionär die Einlageschuld im Gläubigerinteresse nicht erlassen werden kann.

Gleichzeitig schützt das System aus Kapitalaufbringung und Kapitalerhaltung nicht davor, dass die Gesellschaft aus ungünstigem Geschäftsverlauf Verluste erzielt.[45] Selbst die vollständige Leistung der Einlagen ist nicht garantiert, wenn der Einlageschuldner in die Insolvenz gerät. Dass auch dies von der herrschenden Meinung hingenommen wird, zeigt sich wiederum am Beispiel des angemessenen Vergleichs über den Einlageanspruch.[46]

Veräußert die Gesellschaft den Einlageanspruch gegen angemessenen Preis an einen Dritten, so mag sie hierdurch einen Verlust realisieren. Die Ursache für den Verlust findet sich aber in der mangelnden Einbringlichkeit des Anspruchs. Genauso gut hätte sie auch einen (ebenfalls zulässigen) angemessenen Vergleich anstreben können.

Im Ergebnis bedeutet dies aber, dass sich das Vollwertigkeitsprinzip nicht mit der Funktion des Einlageanspruchs rechtfertigen lässt. Allenfalls erwägen könnte man eine Anwendung des § 66 Abs. 1 S. 1 AktG für den Fall, dass das der Abtretung zu Grunde liegende Geschäft nicht angemessen war.[47]

4. *Vermögensopfer des Aktionärs*

Unzutreffend ist das Argument, der Aktionär müsse einen Risikobeitrag,[48] also gleichsam ein Vermögensopfer an die Gesellschaft erbringen. Es kann nicht darum gehen, dass der Aktionär ein wie auch immer geartetes Opfer

---

43 KölnKommAktG³/*Drygala* § 66 Rn. 53.
44 Siehe § 3 B. (S. 96), § 6 B. II. (S. 129), sowie § 9 B. I. (S. 162).
45 Insoweit zutreffend KölnKommAktG³/*Drygala* § 66 Rn. 53 mN in Fn. 153.
46 Eingehend schon § 6 (S. 127).
47 Dazu noch sogleich.
48 So tendenziell KölnKommAktG³/*Drygala* § 66 Rn. 53.

erbringt. Es kann nur darum gehen, dass die Gesellschaft im Interesse der Gläubiger und der anderen Aktionäre ihren Anspruch erfüllt bekommt.

5. *Gleichbehandlung der Gläubiger*

Ferner nicht rechtfertigen lässt sich das Vollwertigkeitskriterium mit der Erwägung, die Gläubiger müssen hierdurch vor einer Ungleichbehandlung geschützt werden. Wie oben zur Aufrechnung bereits ausgeführt[49] und auch zur Pfändung des Einlageanspruchs umfassend dargelegt wurde[50], wird die *par conditio creditorum* über die Anfechtungstatbestände (§§ 129 ff. InsO/§§ 1 ff. AnfG) geschützt.

6. *Verlust des Kaduzierungsverfahrens*

Schließlich lässt sich das Vollwertigkeitserfordernis auch nicht mit dem Schutz des Kaduzierungsverfahrens rechtfertigen. Denn wenn das zur Abtretung führende Kausalgeschäft auch unter Berücksichtigung des Verlusts dieser Möglichkeit im Interesse der Gesellschaft ist, so muss dies hingenommen werden. Allenfalls für den Fall, dass das Geschäft nicht angemessen war, kann eine analoge Anwendung erwogen werden.[51]

7. *Ergebnis*

Im Ergebnis ist festzuhalten, dass sich eine analoge Erstreckung des § 66 Abs. 1 S. 1 AktG dahingehend, dass Abtretungen bei Fehlen einer vollwertigen Gegenleistung nichtig sind, nicht begründen lässt.

II. *Angemessenheit des Vertrages als Kriterium*

Es verbleibt alleine noch die Frage, ob § 66 Abs. 1 S. 1 AktG analog auf den Fall anzuwenden ist, dass die Abtretung zu unangemessenen Konditionen stattfindet.

Eine Regelungslücke besteht nicht bereits deswegen, weil anderenfalls Missbrauch „Tür und Tor" geöffnet wäre.[52] Denn missbräuchliches

---

49 § 13 B. I. (S. 204).

50 Eingehend *K. Schmidt* ZHR 157 (1993), 291, 315 ff.; im Übrigen vgl. auch Spindler/Stilz/*Cahn* § 66 Rn. 42.

51 Dazu sogleich.

52 So aber RGZ 124, 380, 383.

Verhalten ist in vielerlei Hinsicht möglich und der Gesetzgeber hat hierauf mit allgemeinen Regeln reagiert.

Schon eher zu erwägen ist die Frage, ob eine Regelungslücke insoweit besteht, als dass die Funktion des Einlageanspruchs durch eine Abtretung gegen unangemessene Gegenleistung gestört wird.

Zutreffend ist aber, dass gegenüber Aktionären eine Veräußerung unter Wert sowieso wegen der Kapitalerhaltung (§ 57 Abs. 1 S. 1 AktG) zum Scheitern verurteilt ist. Dass nicht Nichtigkeit wie nach § 66 Abs. 1 S. 1 AktG, sondern nur eine Pflicht zur Rückgewähr angeordnet ist, bleibt eine Wertungsentscheidung.

Für außenstehende Dritte hingegen ist der Einlageanspruch nichts anderes als ein bloßer Vermögensgegenstand der Gesellschaft. Der Einlageanspruch ist aus ihrer Sicht genauso haftendes Vermögen, wie jeder Anspruch gegen Kunden ebenfalls. Anderes könnte nur gelten, wenn auch außenstehende Dritte eine Pflicht hätten, zur Kapitalaufbringung beizutragen. Das System der Kapitalaufbringung und Kapitalerhaltung soll aber die außenstehenden Personen in Anbetracht der Haftungsbeschränkung schützen. Sie sind gerade nicht selbst Adressaten der Kapitalerhaltung (§ 57 Abs. 1 S. 1 AktG).[53] Auch unangemessene Rechtsgeschäfte ihnen gegenüber sind, soweit nicht ein evidenter Missbrauch der Vertretungsmacht vorliegt, wirksam. Dann gibt es aber auch keinen Grund, sie zu Adressaten des § 66 Abs. 1 S. 1 (ggf. i.V.m. Abs. 2) AktG zu machen.

Zusammenfassung zu § 18

Die Abtretung von Einlage- und Rückgewähransprüchen ist grundsätzlich möglich. Erfolgt eine Abtretung auf Grundlage eines unangemessenen Kausalgeschäfts, so gelten die allgemeinen Regeln, was gegenüber Aktionären eine Pflicht zur Rückgewähr aus § 62 Abs. 1 S. 1 AktG zur Folge hat, gegenüber Dritten vorbehaltlich eines evidenten Missbrauchs der Vertretungsmacht aber lediglich eine Haftung des handelnden Vorstands. Auf das Erfordernis einer vollwertigen Gegenleistung für die Abtretung eines Einlage- oder Rückgewähranspruchs kommt es grundsätzlich nicht an, eine analoge Anwendung des § 66 Abs. 1 S. 1 AktG auf den Fall, dass

53 Vgl. auch § 1 B. II. (S. 39).

eine Abtretung zu unangemessenen Bedingungen erfolgt, ist ebenfalls nicht angezeigt.

§ 19 Abtretung von Ersatzansprüchen

Ausgangssituation: Der Gesellschaft steht ein Ersatzanspruch gegen ein Mitglied des Vorstands zu. Der Aufsichtsrat möchte diesen an eine dritte Person abtreten.

A. Überblick zum Meinungsstand

Eine Abtretung von Ersatzansprüchen soll nach allgemeiner Meinung nicht grundsätzlich von § 93 Abs. 4 S. 3 AktG erfasst werden.[1] Jedenfalls Abtretungen gegen eine vollwertige Gegenleistung sollen damit zulässig sein. Umgekehrt soll die Abtretung unzulässig sein, wenn sie zur bewussten Umgehung der Vorschriften nach § 93 Abs. 4 S. 3 AktG genutzt wird.[2]

Im Übrigen ist der Meinungsstand unübersichtlich. Nach einer Auffassung sollen Abtretungen gegen geringeres Entgelt als den Nennwert einen Verstoß gegen § 93 Abs. 4 S. 3 AktG darstellen, weil ein Vergleich umgangen werde.[3] Nach anderer Ansicht soll eine Abtretung gegen geringeres Entgelt als den Nennwert zwar unzulässig sein, im Ergebnis aber nur einen Schadensersatzanspruch gegen das handelnde Organmitglied begründen.[4] Nach weiterer Ansicht kommt es auf Vollwertigkeit überhaupt nicht an, sondern auf alle Umstände des Einzelfalls, wobei bei unzulässigen Abtretungen

---

1 MünchKommAktG[4]/*Spindler* § 93 Rn. 263; GroßkommAktG[5]/*Hopt/Roth* § 93 Rn. 530; KölnKommAktG[3]/*Mertens/Cahn* § 93 Rn. 172; Schmidt/Lutter/*Krieger/Sailer-Coceani* § 93 Rn. 64; Bürgers/Körber/*Bürgers* § 93 Rn. 36; *K. Zimmermann*, FS Duden, 1977, S. 773, 783; *Habersack*, FS Hommelhoff, 2012, S. 303, 315 f.

2 Vgl. nur GroßkommAktG[5]/*Hopt/Roth* § 93 Rn. 530 mwN in Fn. 1927; MünchKommAktG[4]/*Spindler* § 93 Rn. 263; *K. Zimmermann*, FS Duden, 1977, S. 773, 783 f.; die insbesondere das Beispiel einer unentgeltlichen Abtretung mit anschließendem Verzicht anführen.

3 *Cahn*, Vergleichsverbote, S. 128 ff.; KölnKommAktG[3]/*Mertens/Cahn* § 93 Rn. 172. Ähnlich wohl MünchKommAktG[4]/*Spindler* § 93 Rn. 264 f.

4 Schmidt/Lutter/*Krieger/Sailer-Coceani* § 93 Rn. 64.

die handelnden Personen haften sollen.[5] Die Praxis soll sich angeblich der Abtretung zur Umgehung des § 93 Abs. 4 S. 3 AktG bedienen.[6]

Hinsichtlich des Gläubigerverfolgungsrechts (§ 93 Abs. 5 S. 1 AktG) wird einerseits vertreten, dass dieses durch Abtretung des Anspruchs erlösche,[7] nach der Gegenansicht soll es hingegen bestehen bleiben.[8] Darüber hinaus soll nach letzterer Ansicht das Gläubigerverfolgungsrecht sogar ein Dispositionsverbot für die Gesellschaft begründen, wenn nicht gegen Abtretung eine nennbetragsmäßig gleiche Gegenleistung fließt.[9]

B. § 93 Abs. 4 S. 3 AktG

I. Direkte Anwendung

Aus § 93 Abs. 4 S. 3 AktG in direkter Anwendung kann nach dem klaren Wortlaut nicht gefolgert werden, dass Abtretungen als solche unzulässig sind.[10]

Völlig unproblematisch, und auch insoweit ist der allgemeinen Meinung zuzustimmen, ist die Veräußerung der Forderung gegen ein Entgelt in Höhe des vollen Nennwerts. Aber auch bei einer Veräußerung unter diesem Betrag oder einer Abtretung zur Sicherheit bzw. zur Einziehung ergibt sich keine Nichtigkeit des Kausalgeschäfts wegen einer Nichteinhaltung des § 93 Abs. 4 S. 3 AktG, weil danach nur Rechtsgeschäfte mit dem Schuldner, die einen Verzicht oder Vergleich bedeuten, der Einhaltung der Sperrfrist und einer Zustimmung bedürfen. Bei der Veräußerung einer Forderung

---

5 GroßkommAktG[5]/*Hopt/Roth* § 93 Rn. 530. Tendenziell wohl auch *Habersack,* FS Hommelhoff, 2012, S. 303, 316 f. (wirtschaftlicher Wert).

6 GroßkommAktG[5]/*Hopt/Roth* § 93 Rn. 505; Bürgers/Körber/*Bürgers* § 93 Rn. 36; *Fleischer* WM 2005, 909, 919; kritisch MünchKommAktG[4]/*Spindler* § 93 Rn. 263 aE.

7 MünchKommAktG[4]/*Spindler* § 93 Rn. 282; GHEK/*Hefermehl* § 93 Rn. 80; GroßkommAktG[5]/*Hopt/Roth* § 93 Rn. 571 (die aber anscheinend ein Fortbestehen im Einzelfall bei einer wie auch immer gearteten Umgehung annehmen); Hölters/*Hölters* § 93 Rn. 325. Vgl ferner *Godin/Wilhelmi* § 93 Anm. 29: zu differnzieren danach, ob Gesellschaft volle Gegenleistung erhält.

8 KölnKommAktG[3]/*Mertens/Cahn* § 93 Rn. 187.

9 *Cahn*, Vergleichsverbote, S. 132 ff.

10 Dies entspricht auch der allg. Meinung, vgl. Fn. 1.

handelt es sich aber nicht um ein Rechtsgeschäft mit dem Schuldner des Ersatzanspruchs.

Nur wenn dieses Rechtsgeschäft mit dem Dritten unangemessen ist, verstößt der Aufsichtsrat[11] gegen seine Pflichten und muss entsprechend haften. Sowohl Kausalgeschäft als auch Abtretung sind bei missbräuchlichem Verhalten (Beispiel: unentgeltliche Abtretung zum nachfolgenden Verzicht) wegen eines evidenten Missbrauchs der Vertretungsmacht unwirksam.[12] Mit § 93 Abs. 4 S. 3 AktG hat dies aber nichts zu tun.

II. Analoge Anwendung

Nach allem kann es also nur darum gehen, § 93 Abs. 4 S. 3 AktG analog anzuwenden. Wie schon dargelegt,[13] lässt sich eine Anwendung des § 93 Abs. 4 S. 3 AktG aber nicht alleine auf die Gefahr missbräuchlichen bzw. kollusiven Verhaltens zwischen Vorstand und Aufsichtsrat stützen, sondern nur auf den Zweck, die Durchsetzungsmöglichkeiten für die Aktionäre nach §§ 147, 148, 309 Abs. 4 S. 1 AktG zu schützen.

Hierbei kann die Veräußerung und Abtretung gegen eine geringere Gegenleistung als den Nennwert der Forderung wirtschaftlich gesehen das gleiche Ergebnis für die Gesellschaft bedeuten wie ein Vergleich.[14] Tritt die Gesellschaft die Forderung (gegen angemessene Gegenleistung) ab, so endet in diesem Moment auch die Möglichkeit des Aktionärs, den Anspruch selbst durchzusetzen, weil die Gesellschaft diesen verliert.

Das gleiche Problem entsteht, wenn die Forderung nur zum Einzug auf Rechnung der Gesellschaft, oder aber als Sicherheit abgetreten wird (Treuhandkonstellationen). Auch insoweit verliert der Aktionär die Klagemöglichkeiten.

Es spricht daher viel dafür, die Hauptversammlungszuständigkeit zum Schutze der Durchsetzungsmechanismen auf die Abtretung analog § 93 Abs. 4 S. 3 AktG zu erstrecken und lediglich für den Fall, dass der

---

11 Zur Zuständigkeit des Aufsichtsrats vgl. schon § 17 D. I. (S. 273) und insbes. auch *Habersack*, FS Hommelhoff, 2012, S. 303, 316.

12 Siehe schon allgemein § 17 D. II. und III. (S. 273).

13 Vgl. § 5 A. I. 2. (S. 120).

14 *Cahn*, Vergleichsverbote, S. 128 ff.; KölnKommAktG³/*Mertens*/*Cahn* § 93 Rn. 172.

Gesellschaft eine vollständige Befriedigung zufließt, eine Rückausnahme von der Analogie zu machen, weil dann ein Unterlaufen der Klagemöglichkeiten nicht droht.

Nicht zwingend notwendig zum Schutz der Durchsetzungsmechanismen für Aktionäre und im Übrigen generell fragwürdig ist die dreijährige Sperrfrist.[15] Einen Grund, diese ebenfalls analog anzuwenden, gibt es daher nicht.

C. § 93 Abs. 5 S. 1 AktG

Unabhängig von der Frage, inwieweit man eine Abtretung ohne Beteiligung der Hauptversammlung für zulässig hält, muss die Auswirkung auf das Gläubigerverfolgungsrecht betrachtet werden, weil unter Beteiligung der Hauptversammlung jedenfalls auch nach § 93 Abs. 4 S. 3 AktG analog eine Abtretung möglich ist.

I. Grundsätzliches

Die Annahme, dass das Gläubigerverfolgungsrecht bei einer Abtretung untergeht, ist nicht haltbar, wenn man das Gläubigerverfolgungsrecht als eigenständigen Anspruch der Gläubiger einordnet.[16] Der Gesellschaft fehlt dann, selbst bei Zustimmung der Hauptversammlung, die Dispositionsbefugnis. Vielmehr bleibt ein eigenständiger Anspruch der Gläubiger auch nach einer Abtretung bestehen, der Zessionar muss eine Leistung an einen Gläubiger bei Vorliegen der Voraussetzungen nach § 93 Abs. 5 S. 1 AktG gegen sich wirken lassen.[17]

Umgekehrt ist aber die Annahme, die Abtretbarkeit sei wegen des Gläubigerverfolgungsrechts ausgeschlossen,[18] nicht zutreffend. Denn § 93 Abs. 5 S. 1 AktG hat nicht eine Begrenzung der Dispositionsbefugnis der Gesellschaft

---

15 Vgl. § 2 A. III. (S. 78) und § 5 A. II. (S. 125).

16 Vgl. KölnKommAktG³/*Mertens/Cahn* § 93 Rn. 187 mit berechtigter Kritik an MünchKommAktG⁴/*Spindler* § 93 Rn. 282; GroßkommAktG⁵/*Hopt/Roth* § 93 Rn. 571. Zur dogmatischen Einordnung vgl. schon § 2 B. (S. 88).

17 Vgl. auch KölnKommAktG³/*Mertens/Cahn* § 93 Rn. 187. Ob man dies wie *Mertens/Cahn* auf § 404 BGB, oder aber auf die entsprechende Heranziehung der Regeln über die Gesamtgläubigerschaft stützt (vgl. auch § 2 B. II. [S. 94]), ist letztlich unerheblich.

18 So KölnKommAktG³/*Mertens/Cahn* § 93 Rn. 187.

zum Inhalt, sondern gewährt den Gläubigern unabhängig von Entscheidungen der Gesellschaft einen eigenen Anspruch. Jedenfalls in direkter Anwendung des Gläubigerverfolgungsrechts ergibt sich daher keine Begrenzung.

II. Einzelbetrachtungen

Ordnet man das Gläubigerverfolgungsrecht als eigenständigen Anspruch mit Nähe zur Gesamtgläubigerschaft ein,[19] so ergeben sich im Einzelnen folgende Ergebnisse:

Beispiel: Der Zessionar vergleicht sich nach Abtretung der Forderung mit dem Schuldner. Der Schuldner leistet insoweit an den Zessionar.

Verzichtet der Zessionar gegenüber dem Schuldner (teilweise) bzw. schließt er einen Vergleich, so bleibt das Gläubigerverfolgungsrecht als eigenständiger Anspruch dennoch bestehen. Der Verzicht wirkt also nicht zu Lasten der Gläubiger. Erlangt der Zessionar hingegen eine Leistung vom Schuldner, so erlischt auch der Anspruch der Gläubiger in dieser Höhe.

Beispiel: Der Zessionar erwirbt die Forderung mit Nennwert 100.000,- Euro von der Gesellschaft für 50.000,- Euro und vergleicht sich mit dem Schuldner auf 80.000,- Euro.

Erlangt der Zessionar eine höhere Leistung, als er an die Gesellschaft leisten musste, so war die Abtretung für die übrigen Gläubiger nachteilig. Sie können zwar noch versuchen, 20.000,- Euro einzuklagen, und können auf die 50.000,- Euro bei der Gesellschaft zugreifen. Es verbleibt aber eine Differenz von 30.000,- Euro, welche der Zessionar als Gewinn für sich behalten kann.[20]

Zu bedenken ist aber auch, dass die Gläubiger durch die Veräußerung an den Zessionar einen garantierten Zugriff auf 50.000,- Euro erhalten. Hätte der Zessionar sich nur auf 30.000,- Euro verglichen, so stünde den

---

19 Vgl. § 2 B. (S. 88).

20 Dies ist der Grund, warum KölnKommAktG[3]/*Mertens/Cahn* § 93 Rn. 187 von einer Unzulässigkeit der Abtretung ausgehen möchten.

Gläubigern dennoch ein Zugriff auf die 50.000,- Euro bei der Gesellschaft, plus die Option über weitere 70.000,- Euro zu prozessieren, offen.

Nur wenn die Zession zu unangemessenen Bedingungen stattgefunden hat, also der Verlust für die Gläubiger bei Durchführung des Geschäfts absehbar war, liegt keine angemessene Risikoverteilung vor. In diesem Falle ist die Zession aber bei absichtlich missbräuchlichem Verhalten wegen eines evidenten Missbrauchs der Vertretungsmacht unwirksam, oder bei Aktionärsstellung des Zessionars wegen eines Verstoßes gegen die Kapitalerhaltung rückabzuwickeln, im Übrigen in der Insolvenz nach § 134 Abs. 1 InsO/§ 4 Abs. 1 AnfG anfechtbar.[21] Die Gesellschaftsgläubiger sind also einerseits gegen missbräuchliches Verhalten geschützt, müssen andererseits, wie generell, mit schlechten geschäftlichen Entscheidungen der Gesellschaft leben. Der Ersatzschuldner kann sich aber der Leistungspflicht jedenfalls nicht entziehen.

Beispiel: Der Zessionar erwirbt die Forderung (Nennwert 100.000,- Euro) für 50.000,- Euro, sieht aber zunächst von einer weiteren Verfolgung des Anspruchs ab. Ein Gläubiger kann vor Gericht eine Zahlung in Höhe von 80.000,- Euro an sich gegen den Schuldner durchsetzen.

Abschließend stellt sich noch die Frage, ob der Zessionar seinerseits nicht bis zu einem gewissen Grade eines Schutzes bedarf. Er ist bei der Durchsetzung seines Anspruchs im Falle einer Zahlungsunfähigkeit der Gesellschaft einem Windhundrennen gegen die Gläubiger der Gesellschaft ausgesetzt.

Dies ist einerseits hinnehmbar, weil er sich auf die Abtretung eines entsprechenden Anspruchs eingelassen hat und im Übrigen zumeist einen Startvorsprung haben wird. Andererseits kann er nach dem mit der Gesellschaft abgeschlossenen Kausalgeschäft, soweit nicht vertraglich ausgeschlossen, gegen die Gesellschaft zumindest in Höhe der geleisteten Zahlung Regress nehmen, wenn ihm seine Forderung durch die Gläubiger der Gesellschaft entzogen wird.[22] In der Insolvenz der Gesellschaft (und nur dann wird das Gläubigerverfolgungsrecht relevant) ist er damit allerdings nur einfacher Insolvenzgläubiger mit Anspruch auf die Quote.

---

21 Dazu schon § 17 (S. 269).

22 So auch KölnKommAktG[3]/*Mertens*/*Cahn* § 93 Rn. 187.

Im Regelfall muss er daher seinen zeitlichen Vorteil gegenüber den Gläubigern, welche erst nach einer Zahlungsunfähigkeit der Gesellschaft Ansprüche geltend machen können, nutzen.

III. Analogie zu § 93 Abs. 5 S. 3 AktG?

Zu überlegen ist noch, ob sich aus § 93 Abs. 5 S. 3 AktG analog eine Unwirksamkeit der Abtretung begründen lässt. Zu stützen wäre dies auf die Überlegung, dass den Gläubigern bei einer Veräußerung des Ersatzanspruchs unter dem Nennwert Vermögen entzogen wird.[23]

Es wurde aber soeben dargelegt, dass den Nachteilen für die Gläubiger auch Vorteile gegenüberstehen. Es wird einerseits bereits durch § 93 Abs. 5 S. 1 AktG verhindert, dass sich der Schuldner seiner Leistungspflicht entzieht. Andererseits ist dagegen nie garantiert, dass ein Gläubiger stets Befriedigung aus dem Verfolgungsrecht erlangen kann. So könnte sich der Schuldner bei mehrfacher Inanspruchnahme insbesondere auch unabhängig von einer Abtretung aussuchen, an welchen Gläubiger er letztlich leisten möchte. Auch ist bei Leistung eines vollen Entgelts in Höhe des Nennbetrags, für welches die Abtretung grundsätzlich zulässig sein soll,[24] nicht gesichert, dass die Gesellschaft die erlangten Mittel nicht verwirtschaftet und dadurch die Gläubiger ebenfalls leer ausgehen.

Eine Beschränkung der Dispositionsbefugnis der Gesellschaft durch einen Analogieschluss lässt sich nach alledem nicht rechtfertigen.

Zusammenfassung zu § 19

Die Abtretung von Ersatzansprüchen ist zum Schutze der Klagemöglichkeiten der Aktionäre (§§ 147, 148, 309 Abs. 4 S. 1 AktG) abweichend von der Rechtslage für allgemeine Ansprüche nur möglich, wenn die Hauptversammlung analog § 93 Abs. 4 S. 3 AktG zustimmt oder eine Gegenleistung in voller nominaler Höhe des Ersatzanspruchs geleistet wird. Eine Analogie zu der dreijährigen Sperrfrist ist hingegen nicht erforderlich. Gegenüber den Gläubigern mit Gläubigerverfolgungsrecht ist eine Abtretung des Anspruchs

23 Zu dieser Begründung *Cahn*, Vergleichsverbote, S. 134 f.

24 KölnKommAktG³/*Mertens*/*Cahn* § 93 Rn. 187.

unwirksam, sie können weiterhin Leistung an sich verlangen. Soweit aber an den Zessionar geleistet wird, erlischt auch das Gläubigerverfolgungsrecht.

§ 20 Abtretung von Verlustausgleichsansprüchen

A. Überblick zum Meinungsstand

Entsprechend der Lage zum Einlage- und Rückgewähranspruch geht die herrschende Lehre davon aus, eine Abtretung des Verlustausgleichsanspruchs sei nur gegen vollen Gegenwert zulässig und anderenfalls nach § 134 BGB nichtig.[1]

Die Gegenansicht hält die Abtretung für zulässig. Eine Veräußerung unter Wert löse lediglich eine Haftung der handelnden Personen nach § 93 Abs. 2 S. 1 AktG aus.[2]

B. Anwendung der allgemeinen Regeln

Aus § 302 Abs. 3 S. 1 u. 3 AktG unmittelbar lässt sich kein Abtretungsverbot ableiten.[3] Auch die von der herrschenden Lehre angenommene Nichtigkeit nach § 134 BGB lässt sich nicht unmittelbar begründen. Denn weder § 302 Abs. 1 AktG noch § 302 Abs. 3 AktG stellen ein Schutzgesetz im Sinne des § 134 BGB dar, gegen welches durch eine Abtretung verstoßen würde. Es gelten daher zunächst einmal nur die allgemeinen Grenzen für Abtretungen.

C. Analoge Anwendung von Vorschriften

Erwogen werden könnte daher allenfalls eine analoge Anwendung von § 302 Abs. 3 AktG oder § 50 AktG.[4]

---

1 *Hüffer/Koch* § 302 Rn. 15; Emmerich/Habersack/*Emmerich* § 302 Rn. 44; MünchKommAktG[4]/*Altmeppen* § 302 Rn. 106; KölnKommAktG[3]/*Koppensteiner* § 302 Rn. 39; GroßkommAktG[4]/*Hirte* § 302 Rn. 59; Hölters/*Deilmann* § 302 Rn. 26; Grigoleit/*Servatius* § 302 Rn. 19; Henssler/Strohn/*Paschos* AktG § 302 Rn. 17; NK-AktG/*Schubert* § 302 Rn. 27; *Hentzen* AG 2006, 133, 137 f.; *Goldschmidt/Laeger* NZG 2012, 1201, 1204; *Lwowski/Groeschke* WM 1994, 613, 617.

2 Schmidt/Lutter/*Stephan* § 302 Rn. 56.

3 Vgl. auch § 19 B. I. (S. 294).

4 Insoweit offen gelassen von *Hüffer/Koch* § 302 Rn. 15.

I. § 302 Abs. 3 AktG analog

1. Vertragskonzern besteht fort

Solange der Vertragskonzern existiert, führt eine Veräußerung oder Verwertung des Verlustausgleichsanspruchs unter dem Nennwert nur dazu, dass im laufenden Jahr der Gewinn fällt bzw. ein Verlust steigt. Dieses Ergebnis übernimmt aber zum Bilanzjahresende das herrschende Unternehmen.[5] Für die außenstehenden Aktionäre und Gläubiger droht daher kein Nachteil. Einzig das herrschende Unternehmen kann durch eine Veräußerung unter Wert Nachteile erleiden. Soweit der Vorstand den Verlustausgleichsanspruch in eigener Verantwortung (§ 76 Abs. 1 AktG) verwertet, muss er im Interesse des herrschenden Unternehmens haften (§ 93 Abs. 2 S. 1 AktG), wenn das Geschäft unangemessen war.

Geschieht die Verwertung hingegen auf Weisung[6] des herrschenden Unternehmens, so ist die Veräußerung entweder im Konzerninteresse oder die anweisenden Personen haften.[7] Den Interessen des herrschenden Unternehmens ist damit aber ebenfalls gedient. Einzig wenn das herrschende Unternehmen nicht mehr vollumfänglich solvent ist, kann eine Abtretung des Verlustausgleichsanspruchs zu unangemessenen Konditionen zu Lasten der außenstehenden Aktionäre und Gläubiger gehen. Dies ist aber eine generelle Frage der Begrenzung des Weisungsrechts[8] und keine isolierte Frage des Verlustausgleichsanspruchs.

Durchgreifende Gründe, die Abtretbarkeit von Verlustausgleichsansprüchen im bestehenden Vertragskonzern analog § 302 Abs. 3 AktG zu beschränken, bestehen nicht.

2. Nach Beendigung der vertraglichen Konzernierung

Ist der Unternehmensvertrag erst einmal beendet, so entscheidet ausschließlich der Vorstand der nun nicht mehr vertraglich konzernierten AG

---

5 Im isolierten Beherrschungsvertrag gilt letztlich nichts anderes, weil die außenstehenden Aktionäre ständig mit Gewinnverlagerungen zu rechnen haben.

6 Das Weisungsrecht ist entgegen der herrschenden Meinung richtigerweise nicht ausgeschlossen, siehe § 11 C. I. 2. b) (S. 188).

7 Vgl. zu deren Haftung, insbes. auch im Verhältnis zum Verlustausgleichsanspruch MünchKommAktG[4]/*Altmeppen* § 309 Rn. 80 ff.

8 Zu den Grenzen des Weisungsrechts allgemein schon § 1 D. III. 3. (S. 66).

in eigener Verantwortung. Der Verlustausgleichsanspruch ist wirtschaftlich betrachtet ein einfacher Anspruch der Gesellschaft ohne gesonderte Besicherung. Veräußert der Vorstand den Anspruch zu unangemessenen Bedingungen, so gelten die allgemeinen Regeln, d.h. der Vertrag ist bei Veräußerung an Aktionäre wegen Verstoßes gegen die Kapitalerhaltung unwirksam und die Abtretung rückabzuwickeln. Bei Geschäften mit Dritten ergibt sich entweder eine Unwirksamkeit aus einem evidenten Missbrauch der Vertretungsmacht, oder das Geschäft ist wirksam und nur der Vorstand haftet auf Schadensersatz.[9] Auch insoweit gibt es kein Bedürfnis, § 302 Abs. 3 AktG analog anzuwenden.

Dass durch eine Abtretung möglicherweise auch ein von § 302 Abs. 3 S. 1 AktG erfasster Vergleichsschluss umgangen werden könnte, ist zwar zutreffend. Hat man aber festgestellt, dass § 302 Abs. 3 AktG selbst in seinem unmittelbaren Anwendungsbereich mehr als fragwürdig ist,[10] so lässt sich eine Analogie auch nicht auf eine Umgehungsgefahr stützen, weil kein legitimes Bedürfnis hierfür besteht.

3. Ergebnis

Eine analoge Anwendung des § 302 Abs. 3 AktG auf Abtretungskonstellationen ist nicht geboten.

II. § 50 AktG analog

Nicht gestützt werden kann eine Analogie ferner auf § 50 AktG, weil insoweit ebenfalls keine vergleichbare Interessenlage besteht. Der entscheidende Unterschied zwischen den Ersatzansprüchen gegen Gründer und dem Verlustausgleichsanspruch ist, dass die Ansprüche aus §§ 46 bis 48 AktG auch von den Aktionären durchgesetzt werden können und ein Abtretungsverbot daher die Durchsetzungsmechanismen für Ersatzansprüche schützen soll.[11]

Der Anspruch aus § 302 Abs. 1 AktG kann aber nicht von den Aktionären unmittelbar geltend gemacht werden. Sie sind daher sowieso darauf angewiesen, dass der Vorstand der Gesellschaft handelt. Tritt der Vorstand

---

9 Vgl. dazu § 17 (S. 269).

10 Dazu § 7 (S. 143).

11 Zu Ersatzansprüchen vgl. § 19 (S. 212).

den Anspruch zu unangemessenen Bedingungen ab, so haftet er und die Aktionäre können ggf. gegen ihn nach §§ 147, 148 AktG oder § 309 Abs. 4 S. 1 AktG vorgehen. Würde der Vorstand hingegen den Verlustausgleichsanspruch einfach verjähren lassen, so wären die Aktionäre ebenfalls lediglich auf die Durchsetzung von Ersatzansprüchen verwiesen. Ein unmittelbarer Zugriff auf den Verlustausgleichsanspruch ist für sie ausgeschlossen.

Eine Analogie zu § 50 AktG lässt sich mangels vergleichbarer Interessenlage somit nicht begründen.

Zusammenfassung zu § 20

Die Abtretung von Verlustausgleichsansprüchen unterliegt keinen besonderen Beschränkungen. Wird zu im Einzelfall unangemessenen Konditionen abgetreten, so führt dies ungeachtet einer möglichen Unwirksamkeit wegen eines evidenten Missbrauchs der Vertretungsmacht oder eines Verstoßes gegen die Kapitalerhaltung lediglich zu einer Haftung der handelnden Organwalter.

Ergebnisse

I. Verzicht auf Ansprüche

1. Ein Verzicht auf Ansprüche ist **allgemein** gegenüber Aktionären stets wegen eines Verstoßes gegen die Kapitalerhaltung unwirksam. Gegenüber anderen Personen scheitert ein Verzicht zumeist an einem evidenten Missbrauch der Vertretungsmacht, löst im Übrigen aber eine Haftung des Vorstands aus. Nur wenn alle Aktionäre einem Verzicht gegenüber einem Dritten nach Vorlage an die Hauptversammlung zustimmen, darf der Vorstand diesen erklären. Zum Schutz der Gläubiger reicht dann das Recht zur Insolvenzanfechtung (§ 134 Abs. 1 InsO/§ 4 Abs. 1 AnfG) aus. Im Vertragskonzern ist ein Verzicht auf Weisung hingegen zulässig, wenn er im Konzerninteresse erfolgt.
2. Ein Verzicht auf **Ersatzansprüche** bedarf nach § 93 Abs. 4 S. 3 AktG der Zustimmung der Hauptversammlung, wobei nicht eine Minderheit mit 10 % des Grundkapitals widersprechen darf und ein Verzicht frühestens nach drei Jahren möglich ist. Die Notwendigkeit der Zustimmung der Hauptversammlung ergibt sich für den Verzicht richtigerweise schon aus allgemeinen Regeln und fügt sich nahtlos ein, das Widerspruchsrecht ist hingegen bedeutungslos, da sowieso alle Aktionäre einem Verzicht zustimmen müssen. Die dreijährige Sperrfrist ist eine Fehlkonstruktion und daher *de lege ferenda* ersatzlos zu streichen. *De lege lata* ist sie aber zu beachten. § 93 Abs. 5 S. 1 AktG gibt den Gläubigern ein eigenständiges Verfolgungsrecht, aus dem von selbst folgt, dass Dispositionen der Aktionäre den Gläubigern gegenüber nicht wirken.
3. Ein Verzicht auf **Einlage- und Rückgewähransprüche** kommt nach § 66 Abs. 1 S. 1 AktG nicht in Betracht. Dies ist zwingend, weil auf Ansprüche gegenüber Aktionären generell nicht verzichtet werden darf (Verstoß gegen die Kapitalerhaltung). Soweit bei § 66 Abs. 1 S. 1 AktG für die Auslegung des Begriffs der Befreiung die gleichen Wertungen zu Grunde gelegt werden wie bei § 57 Abs. 1 AktG, fügt sich § 66 Abs. 1 S. 1 AktG in das System der Kapitalaufbringung und Kapitalerhaltung ein.

4. Ein Verzicht auf einen **Verlustausgleichsanspruch** kommt nach § 302 Abs. 3 S. 1 AktG erst drei Jahre nach Beendigung des Unternehmensvertrages in Betracht und bedarf nach S. 3 ferner der Zustimmung der außenstehenden Aktionäre, wobei wiederum nicht eine Minderheit von 10 % des vertretenen Grundkapitals widersprechen darf. Die Regelung in § 302 Abs. 3 AktG ist ein Fehlkonstrukt, das auf einer mehr oder weniger blinden Übernahme der Vorschriften über Ersatzansprüche beruht und in dieser Form zukünftig ersatzlos zu streichen ist. Im laufenden Vertragskonzern wirkt der Verzicht lediglich wie eine Stundung bis zum nächsten Bilanzstichtag. Wenn, dann müsste ein Stundungsverbot geregelt werden. Nach Beendigung des Unternehmensvertrages kommt ein Verzicht grundsätzlich nicht in Betracht, solange der andere Vertragsteil Aktionär bleibt, weil der Verzicht dann gegen die wieder geltende Kapitalerhaltung verstößt. Ist der andere Vertragsteil nicht einmal mittelbarer Aktionär, so gibt es nur noch außenstehende Aktionäre. Ob diese einstimmig verzichten möchten, sollte ihnen aber auch innerhalb der Dreijahresfrist freigestellt bleiben. *De lege lata* ist § 302 Abs. 3 S. 1 AktG aber zu beachten.

II. Vergleich über Ansprüche

1. Ein Vergleich ist **allgemein** zulässig, wenn er nach allen Umständen des Einzelfalls unter Würdigung der wechselseitigen Belange angemessen ist. Ist er unangemessen, so gilt nichts anderes als für den Verzicht: gegenüber Aktionären ist er wegen eines Verstoßes gegen die Kapitalerhaltung unwirksam, gegenüber sonstigen Personen vorbehaltlich eines evidenten Missbrauchs der Vertretungsmacht wirksam, in der Insolvenz aber nach § 134 Abs. 1 InsO/§ 4 Abs. 1 AnfG anfechtbar und zieht eine Haftung des Vorstands nach sich. Einzig bei einstimmiger Zustimmung der Hauptversammlung ist der unangemessene Vergleich entsprechend den Regeln zum Verzicht zulässig.
2. Die generelle Notwendigkeit einer Zustimmung der Hauptversammlung zu einem Vergleich über einen **Ersatzanspruch** nach § 93 Abs. 4 S. 3 AktG weicht von der sonst allgemein geltenden Rechtslage (Zuständigkeit des Aufsichtsrates gegenüber Vorständen, im Übrigen Zuständigkeit des

Vorstands) ab, lässt sich aber mit dem Schutz der Durchsetzungsverfahren (§§ 147, 148 AktG; ferner § 309 Abs. 4 S. 1 AktG) begründen. Ob man einer Minderheit ergänzend ein Vetorecht durch Einlegung eines Widerspruchs gewährt, bleibt eine Wertungsfrage des Gesetzgebers. Da die Schwellenwerte nicht mehr übereinstimmen und eine Absenkung der Widerspruchsschwelle von 10 % auf 1 % missbräuchliches Verhalten begünstigen würde, sollte das Widerspruchsrecht der Minderheit *de lege ferenda* gestrichen werden. Ebenfalls derzeit hinzunehmen, wegen großer Fragwürdigkeit *de lege ferenda* aber zu streichen, ist die Sperrfrist von drei Jahren. Den Gläubigern mit Gläubigerverfolgungsrecht nach § 93 Abs. 5 S. 1 AktG gegenüber ist der Vergleich unwirksam. Dies folgt schon aus der Rechtsnatur als eigenständiger Anspruch und wird durch § 93 Abs. 5 S. 3 AktG lediglich bestätigt.

3. Ein Vergleich über **Einlage- und Rückgewähransprüche** verstößt nicht gegen § 66 Abs. 1 S. 1 AktG, wenn er angemessen und daher nach den Umständen des Einzelfalls geboten ist. Ist er unangemessen, so liegt ein Verstoß gegen § 66 Abs. 1 S. 1 AktG vor. Bei der Frage, ob der Vergleich angemessen ist, muss die Möglichkeit der Kaduzierung und der Inanspruchnahme eines Vormanns gebührend berücksichtigt werden, sodass ein Vergleich über den primären Einlageanspruch zumeist nicht in Betracht kommt. Der Vorstand braucht für einen Vergleichsschluss weder die Hauptversammlung analog § 93 Abs. 4 S. 3 AktG zu beteiligen, noch ist der Vergleich den Gläubigern gegenüber relativ unwirksam.
4. Ein Vergleichsschluss über einen **Verlustausgleichsanspruch** ist nur in den Grenzen des § 302 Abs. 3 AktG zulässig, der aber ein Fehlkonstrukt und daher zukünftig zu streichen ist, weil für Verlustausgleichsansprüche kein Durchsetzungsrecht der Aktionäre (wie in § 309 Abs. 4 S. 1 AktG) besteht und eine Zustimmung der Aktionäre deswegen nicht erforderlich wäre. *De lege lata* sind die Vorgaben aber zu beachten.

III. Die Stundung von Ansprüchen

1. Eine Stundung von Ansprüchen gegenüber Aktionären ist **allgemein** jedenfalls dann zulässig, wenn die Erfüllung gesichert ist (Vollwertigkeit

entsprechend § 57 Abs. 1 S. 3 Alt. 2 AktG) und eine angemessene Kompensation, regelmäßig in Form einer Verzinsung, gewährt wird. Gleiches gilt für einen *pactum de non petendo*. Gegenüber anderen Personen sind die gleichen Maßstäbe anzuwenden. Erfolgt die Stundung zu unangemessenen Bedingungen, so hängen die Rechtsfolgen wiederum davon ab, gegenüber wem die Stundung erfolgte.

2. Auf § 66 Abs. 1 S. 1 AktG sind die Wertungen des § 57 Abs. 1 AktG, insbesondere seit dem ARUG auch § 57 Abs. 1 S. 3 Alt. 2 AktG, zu übertragen. Dies bedeutet aber, dass eine Stundung des nach Eintragung eingeforderten **Einlageanspruchs** und des **Rückgewähranspruchs** auf Grund dieser Neuregelung bei Vollwertigkeit und angemessener Verzinsung richtigerweise zulässig ist. Die vor Eintragung einzufordernde Einlage (vgl. §§ 36 Abs. 2, 36a AktG) darf hingegen nicht gestundet werden. Die Pflicht zur Leistung einer Mindesteinlage vor Eintragung weicht von der allgemeinen Rechtslage ab, lässt sich aber mit dem Zweck einer Bonitätskontrolle rechtfertigen.
3. § 93 Abs. 4 S. 3 AktG erfasst in direkter Anwendung nur unangemessene Stundungen und *pacta de non petendo*. Eine Stundung zu angemessenen Konditionen, durch die der Schuldner den **Ersatzanspruch** ferner anerkennt, darf der Aufsichtsrat richtigerweise auch ohne Beteiligung der Hauptversammlung und ohne Einhaltung einer Sperrfrist abschließen. Für einen *pactum de non petendo*, durch den auch die Möglichkeiten zur Betreibung einer Anspruchsdurchsetzung durch die Aktionäre beschränkt werden, ohne dass die spätere Durchsetzung gesichert ist, bedarf der Aufsichtsrat hingegen einer Zustimmung der Hauptversammlung analog § 93 Abs. 4 S. 3 AktG. Einen Grund, die dreijährige Sperrfrist ebenfalls analog auf angemessene Vertragsgestaltungen anzuwenden, gibt es dagegen nicht. Das Recht der Gläubiger, den Ersatzanspruch in der Insolvenz der Gesellschaft gemäß § 93 Abs. 5 S. 1 AktG sofort geltend zu machen, wird durch eine Stundung seitens der Gesellschaft nicht beschränkt.
4. Der **Verlustausgleichsanspruch** darf richtigerweise grundsätzlich zu angemessenen Bedingungen gestundet werden. Im laufenden Vertragskonzern kann es letztlich nicht darauf ankommen, ob der Verlustausgleichsanspruch erfüllt und anschließend ein Darlehen an das herrschende Unternehmen gewährt oder aber der Anspruch direkt

gestundet wird. Seine Grenze findet die Möglichkeit zur Stundung (ebenso wie die Darlehensgewährung) alleine in den allgemeinen Grenzen des Weisungsrechts bzw. der Verantwortlichkeit des Vorstands. Dafür ist fortbestehende uneingeschränkte Solvenz des herrschenden Unternehmens erforderlich. Nach Beendigung des Vertragskonzerns gilt wieder die Kapitalerhaltung, sodass eine Stundung bei fortbestehender Aktionärsstellung nur unter Einhaltung der Vorgaben von § 57 Abs. 1 S. 1 und S. 3 Alt. 2 AktG zulässig ist. Eine Stundung zu unangemessenen Bedingungen (insbes. fehlende marktübliche Verzinsung) scheitert *de lege lata* bis zum Ablauf von drei Jahren nach Beendigung des Unternehmensvertrages an § 302 Abs. 3 S. 1 AktG.

IV. Die Aufrechnung mit Ansprüchen

1. Eine Aufrechnung durch den Vorstand darf **allgemein** immer erfolgen, wenn der Gegenanspruch fällig und durchsetzbar ist. Einzig in der Insolvenz der Gesellschaft kann die Herstellung der Aufrechnungslage zur Sicherung der *par conditio creditorum* anfechtbar, eine erklärte Aufrechnung mithin unwirksam sein (§ 96 Abs. 1 Nr. 3 InsO). Besonders zu beachten ist dabei auch, dass das Gesellschafterdarlehensrecht (§ 135 Abs. 1 Nr. 2 InsO) Anwendung finden kann.
2. Für den **Einlage- und Rückgewähranspruch** gilt im Grundsatz richtigerweise nichts anderes. Der Vorstand darf die Aufrechnung erklären, wenn der Anspruch des Aktionärs fällig und durchsetzbar ist. Einzig für die vor Eintragung einzufordernde Einlage darf der Vorstand wegen § 54 Abs. 3 AktG die Aufrechnung nicht erklären. Auf Vollwertigkeit des Gegenanspruchs kommt es hingegen nicht mehr an, weil über dieses Kriterium lediglich das Eigenkapitalersatzurecht alter Prägung fortgeführt und hierdurch mittelbar gegen die Wertung des § 57 Abs. 1 S. 4 AktG verstoßen würde. Der Schutz der *par conditio creditorum* erfolgt heute ausschließlich über das Insolvenzrecht, insbesondere auch § 135 Abs. 1 Nr. 2 InsO. Die Aufrechnung kann ferner in Konflikt mit dem Recht über verdeckte Sacheinlagen (§ 27 Abs. 3 AktG) kommen. Die Tatsache, dass durch die Aufrechnung selbst „eine Forderung als Sacheinlage eingebracht“ wird, ist richtigerweise nicht als verdeckte

Sacheinlage zu werten. Allerdings kann eine Forderung, gegen die aufgerechnet wird, aus einem Geschäft stammen, welches als verdeckte Sacheinlage iSd § 27 Abs. 3 AktG zu werten ist. Bei zutreffender Anwendung des § 27 Abs. 3 AktG ergibt sich aber im Ergebnis keine andere Lösung, ungeachtet, ob man die allgemeinen Grundsätze anwenden würde, oder aber die Sondervorschrift des § 27 Abs. 3 AktG.

3. Keine Besonderheiten gelten für die Aufrechnung mit dem **Ersatzanspruch** durch den Aufsichtsrat (bzw. Vorstand, soweit dieser zuständig ist). Der Anspruch wird erfüllt, ein eventuell bestehendes Gläubigerverfolgungsrecht erlischt, § 93 Abs. 4 S. 3 AktG findet keine Anwendung.
4. Auch mit dem Anspruch auf **Verlustausgleich** darf jederzeit aufgerechnet werden, wenn die Gegenforderung fällig und durchsetzbar ist. Auf Vollwertigkeit kann es richtigerweise zum einen schon deswegen nicht ankommen, weil dieses Kriterium seit dem MoMiG überholt ist. Zumindest im laufenden Vertragskonzern ist es darüber hinaus obsolet, da kein Fall denkbar ist, in welchem die Aufrechnung wegen mangelnder Vollwertigkeit für unzulässig erklärt werden müsste. Das herrschende Unternehmen haftet sowieso für alle Verluste und effektiv damit Schulden der abhängigen Gesellschaft.

V. Die Annahme an Erfüllungs statt auf Ansprüche

1. Die Annahme an Erfüllungs statt ist **allgemein** wie ein Austauschgeschäft zu bewerten, kann im Einzelfall aber auch einen Vergleich verdecken. Erfolgt die Annahme an Erfüllungs statt zu unangemessenen Konditionen, so gelten die gleichen Regeln wie bei einem unangemessenen Austauschgeschäft. Gegenüber Aktionären ist nach § 62 Abs. 1 S. 1 AktG rückabzuwickeln, gegenüber Dritten ist das Geschäft vorbehaltlich eines evidenten Missbrauchs der Vertretungsmacht und einer Anfechtung nach § 134 Abs. 1 InsO in der Insolvenz wirksam, der Vorstand haftet aber auf Schadensersatz. Eine Novation ist, wenn die Nennbeträge der Forderungen sich decken, zumeist neutral. Solange sie für die AG nicht nachteilig ist, darf sie erfolgen.
2. Möchte der Vorstand auf einen **Einlageanspruch** eine Leistung an Erfüllungs statt annehmen, so scheidet dies vor Eintragung aus, weil

der Vorstand die ordnungsgemäße Erfüllung (§§ 36 Abs. 2, 36a, 54 Abs. 3 AktG) versichern muss (§ 37 Abs. 1 AktG). Für die nach Eintragung eingeforderte Einlage und den **Rückgewähranspruch** lässt sich aber richtigerweise weder aus § 66 Abs. 1 S. 1 AktG noch aus § 27 Abs. 1 AktG ein generelles Verbot ableiten, solange die Gegenstände lediglich mit ihrem angemessenen Wert angerechnet werden. Für die Annahme an Erfüllungs statt auf den Einlageanspruch ist aber gegebenenfalls § 52 Abs.1 S. 1 AktG zu beachten, was im Einzelfall zu einem Nachgründungsverfahren führen kann. Eine analoge Anwendung des § 27 Abs. 3 AktG ist damit weder für den Einlageanspruch, erst recht aber nicht für den Rückgewähranspruch erforderlich. Auch die Zulässigkeit einer Novation hängt von deren Angemessenheit ab. Jedenfalls bei Einhaltung der Vorgaben des § 27 Abs. 4 AktG ist sie heute zuzulassen.

3. Eine Annahme an Erfüllungs statt auf einen **Ersatzanspruch** ist zulässig, solange der Gegenstand nur mit seinem angemessenen Wert angerechnet wird. Der Ersatzanspruch erlischt dann ebenso, wie das Gläubigerverfolgungsrecht insoweit. Bei unangemessener Bewertung hingegen besteht der Anspruch wegen eines Verstoßes gegen § 93 Abs. 4 S. 3 AktG (verdeckter Teilverzicht) fort. Eine Novation ist an sich auch zulässig, wenn sie angemessen ist. Gleichzeitig kann diese aber auch zur Umgehung des § 93 Abs. 4 S. 3 AktG genutzt werden. Zumindest wenn der Schuldner nicht uneingeschränkt solvent ist, muss daher eine Zustimmung der Hauptversammlung analog § 93 Abs. 4 S. 3 AktG verlangt werden.
4. Jedenfalls wenn der Gegenstand angemessen bewertet wurde, darf auch auf den **Verlustausgleichsanspruch** eine Annahme an Erfüllungs statt erfolgen. Ob man entgegen § 302 Abs. 3 AktG im laufenden Vertragskonzern nicht auch eine unangemessene Annahme an Erfüllungs statt zulassen müsste (verdeckter Teilverzicht), kann letztlich dahinstehen, da *de lege lata* § 302 Abs. 3 S. 1 AktG dies verhindert. Keine Einwände bestehen richtigerweise auch gegen eine Novation bei gleichbleibendem Nennwert der Forderungen, da der Verlustausgleichsanspruch keinen schützenswerten Sicherungen unterliegt, die umgangen würden.

VI. Die Abtretung von Ansprüchen

1. Die Abtretung von Ansprüchen **allgemein** ist nur Erfüllungsgeschäft. Ob sie zulässig ist, hängt letztlich vom ihr zu Grunde liegenden Kausalgeschäft ab. Wird dieses mit einem Aktionär abgeschlossen, so gilt § 57 Abs. 1 S. 1 AktG. Das Kausalgeschäft darf bei Unangemessenheit nicht vollzogen werden, eine dennoch erfolgte Abtretung ist (vorbehaltlich eines evidenten Missbrauchs der Vertretungsmacht) wirksam und muss rückabgewickelt werden. Gegenüber Dritten sind die Geschäfte vorbehaltlich eines evidenten Missbrauchs der Vertretungsmacht wirksam und lediglich in der Insolvenz nach § 134 Abs. 1 AktG anfechtbar. Der Vorstand gerät aber in eine Haftung.
2. **Einlage- und Rückgewähransprüche** sind grundsätzlich abtretbar. Eine Abtretung darf aber nur gegen eine angemessene Gegenleistung erfolgen. Weil beim Einlageanspruch für die Gesellschaft die Möglichkeit der Kaduzierung besteht, ist die Abtretung zumeist nachteilig und unzulässig. Tritt der Vorstand einen Einlage- oder Rückgewähranspruch unzulässigerweise ab, so führt dies aber richtigerweise nicht automatisch zur Unwirksamkeit der Zession. Nur bei einem evidenten Missbrauch der Vertretungsmacht ist die Abtretung unwirksam. Gegenüber einem Aktionär ist nach § 62 Abs. 1 S. 1 AktG rückabzuwickeln, gegenüber Dritten hingegen ist das Geschäft außerhalb der Insolvenz beständig, der Vorstand haftet aber auf Schadensersatz. Eine analoge Anwendung des § 66 Abs. 1 S. 1 AktG dahingehend, dass eine Abtretung bei fehlender Vollwertigkeit der Gegenleistung oder bei unangemessener Gegenleistung nichtig ist, kommt nicht in Betracht. Gegenüber Aktionären reicht bereits die Rückabwicklung nach kapitalerhaltungsrechtlichen Vorschriften aus, gegenüber Dritten würde eine analoge Anwendung des § 66 Abs. 1 S. 1 AktG eine unzulässige Einbeziehung dieser in die Pflichten zur Kapitalaufbringung und Kapitalerhaltung bedeuten.
3. Eine Abtretung von **Ersatzansprüchen** darf, damit die Möglichkeiten zur Anspruchsdurchsetzung durch die Aktionäre nicht umgangen werden, nur unter Zustimmung der Hauptversammlung analog § 93 Abs. 4 S. 3 AktG erfolgen. Eine Notwendigkeit, die dreijährige Sperrfrist ebenfalls analog anzuwenden, ergibt sich hingegen nicht. Einzig wenn für den Anspruch eine dem Nennbetrag nach gleichwertige Gegenleistung

fließt, ist eine Rückausnahme zu machen, weil dann wegen einer vollständigen Kompensation keine Umgehung der Rechte der Aktionäre droht. Das Gläubigerverfolgungsrecht aus § 93 Abs. 5 S. 1 AktG besteht unabhängig von einer Abtretung fort und belastet gleichsam den Zessionar.

4. Keine von der allgemeinen Rechtslage abweichenden Besonderheiten bestehen richtigerweise für die Abtretung des Anspruchs auf **Verlustausgleich** im Vertragskonzern. Erfolgt die Abtretung zu unangemessenen Bedingungen, so ist sie nur gegenüber Adressaten der Kapitalerhaltung stets unwirksam; im Übrigen reicht die Haftung des Vorstands zur Absicherung aus.

Literaturverzeichnis

Alexy, Robert: *Theorie der Grundrechte*, Baden-Baden 1985.

Altmeppen, Holger: Änderung der Kapitalersatz- und Insolvenzverschleppungshaftung aus „deutsch-europäischer“ Sicht, in *NJW* 2005, 1911.

Altmeppen, Holger: Anmerkung zu BGH, Urteil vom 22.3.2010 – II ZR 12/08, in *NJW* 2010, 1955.

Altmeppen, Holger: Cash Pooling und Kapitalerhaltung bei bestehendem Beherrschungs- oder Gewinnabführungsvertrag, in *NZG* 2010, 361.

Altmeppen, Holger: Der Verlustausgleichsanspruch nach § 302 AktG: Noch ein Kunstfehler im „modernen” Verjährungsrecht, in *DB* 2002, 879.

Altmeppen, Holger: *Die Haftung des Managers im Konzern*, München 1998.

Altmeppen, Holger: Interessenkonflikte im Konzern, in *ZHR* 171 (2007), 320.

Altmeppen, Holger: Konkurrenz zwischen Erstattungshaftung von Geschäftsleitern und Anfechtungsschuldnern bei verbotenen Zahlungen, in *Beilage zu ZIP* 22/2016, S. 3.

Altmeppen, Holger: Zur Entstehung, Fälligkeit und Höhe des Verlustausgleichsanspruchs nach § 302 AktG – zugleich Besprechung des Urteils des BGH vom 11.10.1999 – II ZR 120/98, in *DB* 1999, 2453.

Bachmann, Gregor: *Gutachten E zum 70. Deutschen Juristentag 2014, abgedruckt in Verhandlungen des 70. Deutschen Juristentages Hannover 2014,* Band I, München 2014.

Ballerstedt, Kurt: *Kapital, Gewinn und Ausschüttung bei Kapitalgesellschaften*, Tübingen 1949.

Bamberger, Heinz-Georg / Roth, Herbert / Hau, Wolfgang / Poseck, Roman (Hrsg.): Beck'scher Online-Kommentar BGB, 43. Edition, Stand: 01.01.2018; zit. BeckOK BGB/*Bearbeiter* § Rn.

Bärenz, Christian / Fragel, Tom: Der Abwendungsvergleich gemäß § 302 Abs. 3 S. 2 AktG als Steuerungsinstrument in der Krise der herrschenden Gesellschaft, in *Festschrift Görg*, 2010, S. 13.

Bäuerle, Michael: *Vertragsfreiheit und Grundgesetz*, Baden-Baden 2001.

Baum, Marcus: *Die Wissenszurechnung*, Berlin 1999.

Baumbach, Adolf / Hueck, Alfred: *Gesetz betreffend die Gesellschaften mit beschränkter Haftung (Kommentar)*, 21. Aufl., München 2017; zit. Baumbach/Hueck/*Bearbeiter* § Rn.

Bayer, Walter / Scholz, Philipp: Wirksamkeit von Verpflichtungs- und Erfüllungsgeschäft bei verbotener Einlagenrückgewähr – Kommentar zu BGH v.12.3.2013 – II ZR 179/12, in *AG* 2013, 426.

Bayer, Walter /Habersack, Mathias (Hrsg.): *Aktienrecht im Wandel*, Band I, 2007; zit. *Bearbeiter* in Bayer/Habersack, Aktienrecht im Wandel, S.

Bayer, Walter/ Scholz, Philipp: Die Pflichten von Aufsichtsrat und Hauptversammlung beim Vergleich über Haftungsansprüche gegen Vorstandsmitglieder – Überlegungen anlässlich des Siemens/ Neubürger-Vergleichs, in *ZIP* 2015, 149.

Bayer, Walter: „MoMiG II" – Plädoyer für eine Fortführung der GmbH-Reform, in GmbHR 2010, 1289.

Bayer, Walter: Kapitalschutz in der GmbH – eine Generalkritik, in VGR, Gesellschaftsrecht in der Diskussion 2012, S. 25.

Benz, Johannes: *Verdeckte Sacheinlage und Einlagenrückzahlung im reformierten GmbH-Recht (MoMiG)*, München 2010.

Bergmann, Thomas: Die verschleierte Sacheinlage bei AG und GmbH, in *AG* 1987, 57.

Berthold, Dorothee: *Unternehmensverträge in der Insolvenz*, Köln 2004.

Bezzenberger, Tilman: *Das Kapital der Aktiengesellschaft*, Köln 2005.

Bitter, Georg: Rechtsperson und Kapitalerhaltung, in *ZHR* 168 (2004), 302.

Blasche, Sebastian / König, Mirko: Upstream-Darlehen vor dem Hintergrund des neuen § 30 Abs. 1 GmbHG, in *GmbHR* 2009, 897.

Bork, Reinhard / Schäfer, Carsten (Hrsg.): *GmbHG – Kommentar*, 3. Aufl., Köln 2015; zit. Bork/Schäfer/*Bearbeiter* § Rn.

Bork, Reinhard: Abschaffung des Eigenkapitalersatzrechts zugunsten des Insolvenzrechts?, in *ZGR* 2007, 250.

Bork, Reinhard: *Allgemeiner Teil des Bürgerlichen Gesetzbuchs*, 3. Aufl. Tübingen 2011.

Bork, Reinhard: Grundtendenzen des Insolvenzanfechtungsrechts, in *ZIP* 2008, 1041.

Bötticher, Eduard: Die „Selbstexekution" im Wege der Aufrechnung und die Sicherungsfunktion des Aufrechnungsrechts, in *Festschrift Schima*, 1969, S. 95.

Brandes, Stephan: Rückzahlung überhöhter Vorstandsgehälter, in *ZIP* 2013, 1107.

Braun, Eberhard (Hrsg.): Insolvenzordnung – Kommentar, 7. Aufl., München 2017; zit. Braun/*Bearbeiter* § Rn.

Brocker, Moritz / Rockstroh, Maria: Upstream-Darlehen und Cash-Pooling in der GmbH nach der Rückkehr zur bilanziellen Betrachtungsweise, in *BB* 2009, 730.

Buck-Heeb, Petra: *Wissen und juristische Person*, Tübingen 2001.

Bühring-Uhle, Christian / Nelle, Andreas: Aktionärsklage und Konzernklage im amerikanischen Recht – ein Modell?, in *AG* 1989, 41.

Bürgers, Tobias / Körber, Torsten (Hrsg.): Aktiengesetz – Kommentar, 4. Aufl., Heidelberg 2017; zit. Bürgers/Körber/*Bearbeiter* § Rn.

Cahn, Andreas / Simon, Stefan /Theiselmann, Rüdiger: Dept Equity Swap zum Nennwert! – Erwiderung auf Prof. Dr. Priester, DB 2010 S. 1445, in *DB* 2010, 1629.

Cahn, Andreas / Simon, Stefan /Theiselmann, Rüdiger: Forderungen gegen die Gesellschaft als Sacheinlage? – Zum Erfordernis der Forderungsbewertung beim Debt Equity Swap, in *CFL* 2010, 238.

Cahn, Andreas / Simon, Stefan /Theiselmann, Rüdiger: Nennwertanrechnung beim Dept Equity Swap! – Replik zu Prof. Dr. Ekkenga, DB 2012 S. 331, in *DB* 2012, 501.

Cahn, Andreas: Die Vertretung der Aktiengesellschaft durch den Aufsichtsrat, in *Festschrift Hoffmann-Becking*, 2013, S. 247.

Cahn, Andreas: Vergleichsverbote im Gesellschaftsrecht, Dissertation Frankfurt/Main 1996; zit. Cahn, Vergleichsverbote, S.

Clemm, Hermann: Die Grenzen der Weisungsfolgepflicht des Vorstands der beherschten AG bei bestehendem Beherrschungsvertrag, in *ZHR* 141 (1977), 197.

DAV-Handelsrechtsausschuss: Stellungnahme zum Referentenentwurf eines Gesetzes zur Änderung des Aktiengesetzes (Aktienrechtsnovelle 2011), in *NZG* 2011, 217.

DAV-Handelsrechtsausschuss: Stellungnahme zum Regierungsentwurf der Aktienrechtsnovelle 2012, in *NZG* 2012, 380.

DAV-Handelsrechtsausschuss: Stellungnahme zur Verlängerung der Verjährungsfrist der aktienrechtlichen Organhaftung nach Art 5 und 6 des Referentenentwurfs für ein Restrukturierungsgesetz, in *NZG* 2010, 897.

Dietz-Vellmer, Fabian: Hauptversammlungsbeschlüsse nach § 119 II AktG – geeignetes Mittel zur Haftungsvermeidung für Organe?, in *NZG* 2014, 721.

Dietz-Vellmer, Fabian: Organhaftungsansprüche in der Aktiengesellschaft – Anforderungen an Verzicht oder Vergleich durch die Gesellschaft, in *NZG* 2011, 248.

Drygala, Tim / Kremer, Thomas: Alles neu macht der Mai – Zur Neuregelung der Kapitalerhaltungsvorschriften im Regierungsentwurf zum MoMiG, in ZIP 2007, 1289.

Düringer, Adelbert / Hachenburg, Max: *Das Handelsgesetzbuch (Kommentar)*, 3. Auflage 1932.

Eidenmüller, Horst: Prozeßrisikoanalyse, in *ZZP* 113 (2010), 5.

Einsele, Dorothee: Verdeckte Sacheinlage, Grundsatz der Kapitalaufbringung und Kapitalerhaltung, in *NJW* 1996, 2681.

Ekkenga, Jens: Neuerliche Vorschläge zur Nennwertanrechnung beim Debt-Equity-Swap – Erkenntnisfortschritt oder Wiederbelebungsversuche am untauglichen Objekt?, in *DB* 2012, 331.

Emmerich, Volker / Habersack, Mathias: *Aktien- und GmbH-Konzernrecht – Kommentar*, 8. Aufl., München 2016; zit. Emmerich/Habersack/*Bearbeiter* § Rn.

Epping, Volker / Hillgruber, Christian (Hrsg.): Beck'scher Online-Kommentar zum Grundgesetz, Edition 34, Stand 15.08.2017; zit. BeckOK GG/*Bearbeiter* Art. Rn.

Erman: *BGB-Kommentar*, 15. Aufl., Köln 2017; zit. Erman/*Bearbeiter* § Rn.

Eusani, Guido: Darlehensverzinsung und Kapitalerhaltung beim Cash Pooling nach dem MoMiG, in *GmbHR* 2009, 795, 797.

Fischbach, Jonas: Hauptversammlungsvorlagen des Aufsichtsrats, in ZIP 2013, 1153.

Fleischer Holger: Ruinöse Managerhaftung: Reaktionsmöglichkeiten de lege lata unnd de lege ferenda, in *ZIP* 2014, 1305.

Fleischer, Holger / Goette, Wulf (Hrsg): Münchener Kommentar zum GmbH-Gesetz, 2. Aufl., München 2014 ff.; zit. MünchKommGmbHG/*Bearbeiter* § Rn.

Fleischer, Holger: Reichweite und Grenzen der unbeschränkten Organvertretungsmacht im Kapitalgesellschaftsrecht, in *NZG* 2005, 529.

Fleischer, Holger: Vergleiche über Organhaftungs-, Einlage- und Drittansprüche der Aktiengesellschaft, in *AG* 2015, 133.

Flume, Johannes W.: Kapitalerhaltung und Konzernfinanzierung – Eine Annäherung im deutsch-österreichischen Rechtsvergleich, in *GmbHR* 2011, 1258.

Flume, Werner: *Allgemeiner Teil des bürgerlichen Rechts Band I/2: Die juristische Person*, Bonn 1983; zit. Flume, Die juristische Person, S.

Flume, Werner: *Allgemeiner Teil des bürgerlichen Rechts Band II: Das Rechtsgeschäft*, 3. Aufl., Bonn 1979; zit. Flume, Das Rechtsgeschäft, S.

Flume, Werner: Der Gesellschafter und das Vermögen der Kapitalgesellschaft und die Problematik der verdeckten Gewinnausschüttung, in *ZHR* 144 (1980), 18.

Frey, Kaspar: *Einlagen in Kapitalgesellschaften*, Köln 1989.

Ganter, Gerhard: Zum Begriff der „Unentgeltlichkeit“ nach § 134 InsO in Zwei-Personen-Verhältnissen, in *NZI* 2015, 249.

Gärtner, Matthias: Rückabwicklung überhöhter Gewinnabführung, *AG* 2014, 793.

Gehrlein, Markus / Ekkenga, Jens / Simon, Stefan (Hrsg.): GmbHG – Gesetz betreffend die Gesellschaften mit beschränkter Haftung – Kommentar, 2. Aufl., Köln 2015; zit. Gehrlein/Ekkenga/Simon/*Bearbeiter* § Rn.

Gehrlein, Markus: Der aktuelle Stand des neuen GmbH-Rechts, in *Der Konzern* 2007, 771.

Gehrlein, Markus: Die Behandlung von Gesellschafterdarlehen durch das MoMiG, in *BB* 2008, 846.

Geißler, Markus: Reflexionen und ausgewählte Fallbeispiele zur konkurrierenden Haftung des GmbH-Geschäftsführers im Geltungsbereich des § 134 InsO, in *GmbHR* 2016, 337.

Geßler, Ernst / Hefermehl, Wolfgang / Eckhardt, Ulrich / Kropff, Bruno: *Aktiengesetz – Kommentar*, München 1973 ff.; zit. GHEK/*Bearbeiter* § Rn.

Geßler, Ernst: Bestandsschutz der beherrschten Gesellschaft im Vertragskonzern?, in *ZHR* 140 (1976), 433.

Geßler, Ernst: Die Umwandlung von Krediten in haftendes Kapital, in *Festschrift Möhring*, 1975, S. 173.

Godin / Wilhelmi: *Aktiengesetz – Kommentar*, 4. Aufl., Berlin 1971.

Goette, Wulf / Habersack, Mathias (Hrsg.): Münchener Kommentar zum Aktiengesetz; 3. Aufl., München 2008 ff.; 4. Aufl., München 2014 ff.; zit. MünchKommAktG^{Auflage}/*Bearbeiter* § Rn.

Goette, Wulf: Gedanken zum Kapitalschutzsystem der GmbH, in *ZHR* 177 (2013), 740.

Goldschmidt, Christof-Ulrich / Laeger, Lars M.: Risiken aus der Beendigung von Unternehmensverträgen beim Verkauf der Untergesellschaft, in *NZG* 2012, 1201.

Graf-Schlicker, Marie-Luise (Hrsg.): InsO – Kommentar, 4. Aufl., Köln 2014; zit. Graf-Schlicker/*Bearbeiter* § Rn.

Grigoleit, Hans Christoph (Hrsg.): Aktiengesetz – Kommentar, München 2013; zit. Grigoleit/*Bearbeiter* § Rn.

Grüner, Michael: *Die Beendigung von Gewinnabführungs- und Beherrschungsverträgen Beendigung*, Frankfurt/Main 2003.

Grunewald, Barbara: Verlustausgleich nach § 302 AktG und reale Kapitalaufbringung, in *NZG* 2005, 781.

Gundlach, Ulf / Frenzel, Volkhard / Strandmann, Uwe: Der § 93 Abs. 5 AktG in der Insolvenz, in *DZWIR* 2007, 142.

Haas, Ulrich: Das neue Kapitalersatzrecht nach dem RegE-MoMiG, in *ZinsO* 2007, 617.

Haas, Ulrich: Der Verzicht und Vergleich auf Haftungsansprüche gegen den GmbH-Geschäftsführer, in *ZInsO* 2007, 464.

Habersack, Mathias / Weber, Christoph Andreas: Die Einlageforderung als Gegenstand von Aufrechnung, Abtretung, Verpfändung und Pfändung, in *ZGR* 2014, 509.

Habersack, Mathias: Aufsteigende Kredite nach MoMiG, in Festschrift Schaumburg, 2009, S. 1291.

Habersack, Mathias: Die Umplatzierung von Aktien und das Verbot der Einlagenrückgewähr – Folgerungen aus der „DTAG“-Entscheidung des BGH, insbesondere hinsichtlich des Regresses des Aktionärs, in Festschrift Hommelhoff, 2012, S. 303.

Habscheid, Walther J.: Prozessuale Probleme hinsichtlich der „Geltendmachung von Gläubigerrechten“ durch den Konkursverwalter beim Konkurs einer Aktiengesellschaft (§ 93 Abs. 5 AktG), in *Festschrift F. Weber*, 1975, S. 197.

Hachenburg: *Gesetz betreffend Gesellschaften mit beschränkter Haftung – Großkommentar*, 7. Aufl., Berlin 1975 ff.

Hannemann, Hans D.: Zur Bewertung von Forderungen als Sacheinlagen bei Kapitalgesellschaften, in *DB* 1995, 2055.

Harbath, Stephan: § 93 Abs. 4 Satz 3 AktG und kartellrechtliche Kronzeugenregelungen, in *Liber Amicorum M. Winter*, 2011, S. 215.

Hasselbach, Kai: Der Verzicht auf Schadensersatzansprüche gegen Organmitglieder, in *DB* 2010, 2037.

Hasselbach, Kai: Haftungsfreistellung für Vorstandsmitglieder, in *NZG* 2016, 890.

Heidel, Thomas (Hrsg.): Aktienrecht und Kapitalmarktrecht – Kommentar, 4. Aufl., München 2014; zit. NK-AktG/*Bearbeiter* § Rn.

Hengeler, Hans / Hoffmann-Becking, Michael: Insolvenz im Vertragskonzern, in *Festschrift Hefermehl*, 1976, S. 283.

Henssler, Martin / Strohn, Lutz (Hrsg.): Gesellschaftsrecht – Kommentar, 3. Aufl., München 2016; zit. Henssler/Strohn/*Bearbeiter* Gesetz § Rn.

Hentzen, Matthias: Zulässigkeit der Verrechnung des Verlustausgleichsanspruchs aus § 302 Abs. 1 AktG im Cash Pool, in *AG* 2006, 133.

Hentzen, Mathias: Verwendung von Verlustausgleichsansprüchen im Konzern, in *AG* 2017, 885.

Herrler, Sebastian: Kapitalaufbringung nach dem MoMiG – Verdeckte Sacheinlagen und Hin- und Herzahlen (§ 9 Abs. 4 und 5 GmbHG n.F.), in *DB* 2008, 2347.

Hirte, Heribert / Mülbert, Peter O. / Roth, Markus (Hrsg.): Aktiengesetz Großkommentar, 5. Aufl., Berlin 2014 ff.; zit. GroßkommAktG[5]/*Bearbeiter* § Rn.

Hirte, Heribert / Stoll, Andreas: Die Enthaftung insolventer Geschäftsleiter und Aufsichtsratsmitglieder durch Abwendungsvergleich, in *ZIP* 2010, 253.

Hirte, Heribert: Neuregelungen mit Bezug zum gesellschaftsrechtlichen Gläubigerschutz und im Insolvenzrecht durch das Gesetz zur Modernisierung des GmbH-Rechts und zur Bekämpfung von Missbräuchen (MoMiG), in *ZInsO* 2008, 689.

Hoffmann, Thomas / Theusinger, Ingo: Die Behandlung des Verlustausgleichsanspruchs gem. § 302 I AktG – Stillhalteabkommen und Novation als zulässige Instrumente?, in *NZG* 2014, 1170.

Hoffmann-Becking, Michael (Hrsg.): Münchener Handbuch des Gesellschaftsrechts Band 4: Aktiengesellschaft, 4. Aufl., München 2015.

Hoffmann-Becking, Michael: Fehlerhafte offene Sacheinlage versus verdeckte Sacheinlage, in *Liber Amicorum M. Winter*, 2009, S. 237.

Höfling, Wolfram: *Vertragsfreiheit – eine grundrechtsdogmatische Studie*, Heidelberg 1991; zit. Höfling, Vertragsfreiheit, S.

Hölters, Wolfgang (Hrsg.): Aktiengesetz- Kommentar, 3. Aufl., München 2017; zit. Hölters/*Bearbeiter* § Rn.

Hommelhoff, Peter: *Die Konzernleitungspflicht*, Köln 1981.

Hopt, Klaus J. / Wiedemann, Herbert (Hrsg.): Aktiengesetz Großkommentar, 4. Aufl., Berlin 1992 ff.; zit. GroßkommAktG[4]/*Bearbeiter* § Rn.

Huber, Ernst-Rudolf: Bedeutungswandel der Grundrechte, in *AöR* 23 (1933), 1, 40 f.

Huber, Hans: Die *verfassungsrechtliche Bedeutung der Vertragsfreiheit*, Berlin 1966.

Huber, Michael: Die insolvenzrechtlich unzulässige Aufrechnung nach § 96 Abs. 1 Nr. 3 InsO, in *ZinsO* 2009, 566.

Hüffer, Uwe / Koch, Jens: *Aktiengesetz*, 12. Aufl., München 2016; zit. *Hüffer/Koch* § Rn.

Hüffer, Uwe: *Aktiengesetz – Kommentar*, 10. Aufl., München 2012.

Hüffer, Uwe: Das Leitungsermessen des Vorstands in der Aktiengesellschaft, in *Festschrift Raiser*, 2005, S. 163.

Illhardt, Daniel: Anmerkung – Verfassungsmäßigkeit der Rückwirkung sowie Behandlung der verdeckten gemischten Sacheinlage, in *DZWiR* 2010, 346.

Immenga, Ulrich: Bestandsschutz der beherrschten Gesellschaft im Vertragskonzern?, in *ZHR* 140 (1976), 301.

Jaeger, Ernst (Begr.): *Insolvenzordnung – Großkommentar*, 1. Aufl. zur InsO, Berlin 2004 ff.; zit. Jaeger/*Bearbeiter* § Rn.

Joost, Detlev: Grundlagen und Rechtsfolgen der Kapitalerhaltungsregeln in der GmbH, in *ZHR* 148 (1984), 27.

Karollus, Martin: Die Umwandlung von Geldkrediten in Grundkapital – eine verdeckte Sacheinlage?, in *ZIP* 1994, 589.

Kiefner, Alexander / Theusinger, Ingo: Aufsteigende Darlehen und Sicherheitenbegebung im Aktienrecht nach dem MoMiG, in *NZG* 2008, 801.

Kirchhof, Hans-Peter / Stürner, Rolf / Eidenmüller, Horst (Hrsg.): *Münchener Kommentar zur Insolvenzordnung*, 3. Aufl., München 2013 ff.: zit. MünchKommInsO/*Bearbeiter* § Rn.

Klausing, Friedrich: *Aktiengesetz nebst Einführungsgesetz und amtlicher Begründung*, Berlin 1937; zit. *Klausing*, AktG, Begr. S.

Kleindiek, Detlef: Verdeckte (gemischte) Sacheinlagen nach MoMiG: Rückwirkende Neuregelung und Wertanrechnung, in *ZGR* 2011, 334.

Klinck, Fabian / Gärtner, Matthias: Versetzt das MoMiG dem Cash-Pooling den Todesstoß?, in *NZI* 2008, 457.

Koch, Jens: Die verdeckte gemischte Sacheinlage im Spannungsfeld zwischen Kapitalaufbringung und Kapitalerhaltung, in *ZHR* 175 (2011), 55.

Kollrus, Harald: Cash-Pooling – Strategien zur Vermeidung der Haftungsgefahren, in *MDR* 2011, 208.

Konzen, Horst: Der Gläubigerschutz bei Liquidation der masselosen GmbH, in *Festschrift Ulmer*, 2003, S. 323.

Koppensteiner, Hans-Georg: Unternehmensverträge de lege ferenda. Eine Skizze., in *Festschrift Ostheim*, 1990, S. 403.

Krause, Nils: Anmerkung zu einer Entscheidung, Urteil des BGH vom 06.12.2011 (II ZR 149/10; BB 2012, 405) – Zur Frage der Gesellschaftssanierung im Zuge einer Sachkapitalerhöhnung und zur Zulässigkeit eines Vergleichs, in *BB* 2012, 411.

Kreft, Gerhard (Hrsg.): Insolvenzordnung – Kommentar, 7. Aufl., Heidelberg 2014; zit. HK-InsO/*Bearbeiter* § Rn.

Krieger, Gerd / Schneider, Uwe (Hrsg.): Handbuch Managerhaftung, 3. Aufl., Köln 2017; Zit. *Bearbeiter* in Krieger/Schneider, Hdb Managerhaftung, § Rn.

Krieger, Gerd: Verlustausgleich und Jahresabschluss, in *NZG* 2005, 787.

Kropff, Bruno: *Aktiengesetz mit Begründung des Regierungsentwurfs, Bericht des Rechtsausschuss des Deutschen Bundestags, Verweisungen und Sachverzeichnis*, Düsseldorf 1965; zit. Kropff, AktG, S.

Kübler, Bruno / Prütting, Hanns / Bork, Reinhard: *Kommentar zur Insolvenzordnung (Loseblatt)*, 73. Lfg. Stand September 2018; zit. K/P/B/*Bearbeiter* § Rn.

Lange, Knut Werner: Die Erlaß- bzw Vergleichsfalle, in *WM* 1999, 1301.

Liebscher, Thomas: Die Erfüllung des Verlustausgleichsanspruchs nach § 302 AktG – Zugleich Besprechung OLG Jena vom 21.9.2004 – 8 U 1187/03, in *ZIP* 2006, 1221.

Lieder, Jan: Rechtsfragen der aktienrechtlichen Nachgründung nach ARUG, in *ZIP* 2010, 964.

Loos, Gerold: Zur verschleierten Sacheinlage bei der Aktiengesellschaft – Eine systemwidrige Gesetzesinterpretation contra legem?, in *AG* 1989, 381.

Lüneborg, Cäcilie: *Das neue Recht der Gesellschafterdarlehen*, 2009.

Lutter, Marcus / Hommelhoff, Peter (Hrsg.): GmbHG – Kommentar, 19. Aufl, Köln 2016; zit. Lutter/Hommelhoff/*Bearbeiter* § Rn.

Lwowski, Hans-Jürgen / Groeschke, Peer: Die Konzernhaftung der §§ 302, 303 AktG als atypische Sicherheit?, in *WM* 1994, 613.

Maier-Reimer, Georg / Wenzel, Axel: Nochmals – Die Anrechnung der verdeckten Sacheinlage nach dem MoMiG, in *ZIP* 2009, 1185.

Mangoldt von, Herrmann / Klein, Friedrich / Starck, Christian: *Kommentar zum Grundgesetz*, 6. Aufl. München 2010; zit. *Bearbeiter* in Mangoldt/Klein/Starck Art. Rn.

Maunz, Theodor / Dürig, Günter: *Grundgesetz Kommentar*, 81. Erg.-Lieferung September 2017; zit. Maunz/Dürig/*Bearbeiter* Art. Rn.

Meilicke, Wienand: *Die „verschleierte" Sacheinlage – eine deutsche Fehlentwicklung*, Stuttgart 1989.

Meister, Burkhardt: Der Ausgleichsanspruch nach § 302 Abs. 1 AktG bei Beherrschungs- und Gewinnabführungsverträgen als Kreditsicherheit, in WM 1976, 1182.

Mertens, Hans-Joachim: Die gesetzlichen Einschränkungen der Disposition über Ersatzansprüche der Gesellschaft durch Verzicht und Vergleich in der aktien- und konzernrechtlichen Organhaftung, in *Festschrift Fleck*, 1988, S. 209.

Michalski, Lutz / Heidinger, Andreas / Leible, Stefan / Schmidt, Jesica (Hrsg): Kommentar zum Gesetz betreffend die Gesellschaften mit beschränkter Haftung, 3. Aufl., München 2017; zit. Michalski/*Bearbeiter* § Rn.

Möhring, Philipp: Erbringung von Stammeinlagen bei einer GmbH durch Aufrechnung, in *Festschrift Reimer Schmidt*, 1976, S. 85.

Mülbert, Peter O. / Leuschner, Lars: Aufsteigende Darlehen im Kapitalerhaltungs- und Konzernrecht – Gesetzgeber und BGH haben gesprochen, in *NZG* 2009, 281.

Mülbert, Peter O.: Das „Magische Dreieck der Barkapitalaufbringung" – Verdeckte Sachleistungen im GmbH- und Aktienrecht, in *ZHR* 154 (1990), 145.

Müller Hans-Peter: Zur Gewinn- und Verlustermittlung bei aktienrechtlichen Gewinnabführungsverträgen, in *Festschrift Goerdeler*, 1987, S. 375.

Müller, Hans-Friedrich: Rechtsfolgen verdeckter Sacheinlagen, in *NZG* 2011, 761.

Müller, Klaus: Zur Abtretung der Einlageforderung der GmbH, in *GmbHR* 1970, 57.

Nodoushani, Manuel: Die neue BGH-Rechtsprechung zum Verbot der Einlagenrückgewähr, in *NZG* 2013, 687.

Nodoushani, Manuel: Contingent Convertible Bonds, in *WM* 2016, 589.

ohne Herausgeberangabe: *Aktiengesetz – Großkommentar*, 3. Aufl., Berlin 1970 ff.; zit. GroßkommAktG³/*Bearbeiter* § Anm.

Palandt: *Bürgerliches Gesetzbuch*, 77. Aufl., München 2018; zit. Palandt/*Bearbeiter* § Rn.

Palzer, Christoph: Anmerkung zu einem Urteil des BGH vom 12.03.2013 (II ZR 179/12, JZ 2013, 689) – Zum Verstoß gegen § 57 AktG, in *JZ* 2013, 691.

Paulus, Christoph G.: Konzernrecht und Konkursanfechtung, in *ZIP* 1996, 2141.

Pentz, Andreas: Die Anrechnung bei der verdeckten (gemischten) Sacheinlage – Zugleich Besprechung des BGH-Urteils vom 22.3.2010 – II ZR 12/08 – ADCOCOM, in *GmbHR* 2010, 673.

Petersen, Jens: Aufrechnungsverbot gegenüber Verlustausgleichsanspruch im GmbH-Konzern – Zugleich Besprechung der Entscheidung des OLG Thüringen vom 21.9.2004 – 8 U 1187/03, in *GmbHR* 2005, 1031.

Priester, Hans-Joachim: Debt-Equity-Swap zum Nennwert?, in *DB* 2010, 1445.

Priester, Hans-Joachim: Die Verwendung von Gesellschafterforderungen zur Kapitalerhöhunh bei der GmbH, in *DB* 1976, 1801.

Priester, Hans-Joachim: Liquiditätsausstattung der abhängigen Gesellschaft und unterjährige Verlustdeckung bei Unternehmensverträgen, in *ZIP* 1989, 1301.

Priester, Hans-Joachim: Vergleich über Einlageforderungen – Zustimmungserfordernisse der Hauptversammlung, in *AG* 2012, 525.

Priester, Hans-Joachim: Verlustausgleich nach § 302 AktG – zwingend in Geld?, in *BB* 2005, 2483.

Retzlaff, Björn: Kein Anerkenntnis durch Aufrechnung, in *NJW* 2013, 2854.

Reuter, Alexander: Keine Erfüllung des Verlustausgleichsanspruchs aus § 302 AktG durch Aufrechnung?, in *DB* 2005, 2339.

Rosengarten, Joachim: Die Rechtsfolgen eines „verdeckten" Verstoßes gegen § 57 AktG – Endgültiger Abschied von der Nichtigkeit, in *ZHR* 168 (2004), 708.

Roth, Günther / Altmeppen, Holger: *Gesetz betreffend die Gesellschaften mit beschränkter Haftung (Kommentar)*, 8. Aufl., München 2015; zit. Roth/Altmeppen/*Bearbeiter* § Rn.

Rothley, Oliver / Weinberger, Franz: Die Anforderungen an Vollwertigkeit und Deckung nach § 30 I 2 GmbHG und § 57 I 3 AktG, in *NZG* 2010, 1001.

Rowedder, Heinz / Schmidt-Leithoff, Christian (Hrsg.): *Gesetz betreffend die Gesellschaften mit beschränkter Haftung*, 6. Aufl., München 2017; zit. *Bearbeiter* in Rowedder/Schmidt-Leithoff § Rn.

Rubner, Daniel / Pospiech, Lutz: Umgekehrte Wandelanleihen und Pflichtwandelanleihen, in *NJW-Spezial* 2016, 399.

Sachs, Michael (Hrsg.): *Grundgesetz – Kommentar*, 7. Aufl., München 2014; zit. Sachs/*Bearbeiter* Art. Rn.

Säcker, Jürgen / Rixecker, Roland (Hrsg.): *Münchener Kommentar zum Bürgerlichen Gesetzbuch*, 6. Aufl., München 2012 ff.; 7. Auflage 2015 ff.; zit. MünchKommBGB[Auflage]/*Bearbeiter* § Rn.

Saenger, Ingo / Inhester, Michael (Hrsg.): *GmbHG – Kommentar*, 3. Aufl., Baden-Baden 2016; zit. Sanger/Inhester/*Bearbeiter* § Rn.

Sailer-Coceani, Viola: *Referat zum 70. Deutschen Juristentag, abgedruckt in Verhandlungen des 70. Deutschen Juristentages Hannover 2014*, Band II/1, N. S. 11, 19.

Sämisch, Henning/ Adam, Sven: Gläubigerschutz in der Insolvenz von abhängigen Konzerngesellschaften, in *ZInsO* 2007, 520.

Schall, Alexander: Kapitalaufbringung nach dem MoMiG, in *ZGR* 2009, 126.

Schmidt, Andreas: *Hamburger Kommentar zum Insolvenzrecht*, 6. Aufl., Hamburg 2017; zit. HmbKomm-InsO/*Bearbeiter* § Rn.

Schmidt, Karsten (Hrsg.): *Insolvenzordnung – Kommentar*, 19. Aufl., München 2016; zit: Schmidt/*Bearbeiter*, InsO, § Rn.

Schmidt, Karsten (Hrsg.): *Münchener Kommentar zum Handelsgesetzbuch*, 3. Aufl., München 2010 ff.; zit. MünchKommHGB/*Bearbeiter* § Rn.

Schmidt, Karsten / Lutter, Marcus (Hrsg.): Aktiengesetz – Kommentar, 3. Aufl., Köln 2015; zit. Schmidt/Lutter/*Bearbeiter* § Rn.

Schmidt, Karsten: Die konzernrechtliche Verlustübernahmepflicht als gesetzliches Dauerschuldverhältnis, in *ZGR* 1983, 513.

Schmidt, Karsten: Die Übertragung, Pfändung und Verwertung von Einlageforderungen – Ein Beitrag zum Verhältnis von Gesellschafts- und Insolvenzrecht, in *ZHR* 157 (1993), 291.

Schmidt, Karsten: *Gesellschaftsrecht*, 4. Aufl., Köln 2002; zit. *K. Schmidt*, GesR, § …

Schnorbus, York / Klormann, Peter: Verzicht des Vorstands auf die Einrede der Verjährung nach § 93 VI AktG und die Verfolgungspflicht des Aufsichtsrats nach ARAG/Garmenbeck, in *NZG* 2015, 938.

Scholz: *Kommentar zum GmbH-Gesetz*, 11. Aufl., Köln 2012 ff., 12. Aufl., Köln 2017 (Band 1); zit. Scholz/*Bearbeiter* § Rn.

Spindler, Gerald / Stilz, Eberhard: *Aktiengesetz*, 3. Aufl., München 2015; zit. Spindler/Stilz/*Bearbeiter* § Rn.

Schubert, Werner / Schmiedel, Burkhard / Krampe, Christoph (Hrsg.): Quellen zum Handelsgesetzbuch von 1897, Frankfurt/Main 1986.

Schüppen, Matthias: Vorstandsvergütung – (K)ein Thema für die Hauptversammlung?, in ZIP 2010, 905

Semler, Johannes / von Schenk, Kersten: *Der Aufsichtsrat – Kommentar*, München 2015.

Semler, Johannnes: Doppelmandats-Verbund im Konzern – Sachgerechte Organisationsform oder rechtlich unzulässige Verflechtung, in *Festschrift Stiefel*, 1987, S. 721.

Servatius, Wolfgang: *Strukturmaßnahmen als Unternehmensleitung*, Köln 2004.

Sina, Peter: Grenzen des Konzern-Weisungsrechts nach § 308 AktG, in AG 1991, 1.

Soergel: *Bürgerliches Gesetzbuch mit Einführungsgesetz und Nebengesetzen*, 13. Aufl., Stuttgart 1999 ff.; zit. Soergel/*Bearbeiter* § Rn.

Spliedt, Jürgen D.: MoMiG in der Insolvenz – ein Sanierungsversuch, in *ZIP* 2009, 149.

Staudinger, Julius: *BGB – Kommentar*; zit. Staudinger/*Bearbeiter* (Jahr der Bearbeitung des Bandes) § Rn.

Stern, Klaus: *Das Staatsrecht der Bundesrepublik Deutschland*, München 1984 ff.; zit. Stern, Band S.

Tesauro, Giuseppe: Tilgung der ausstehenden Einlage eines Gesellschafters durch Aufrechnung mit einer Forderung gegen die Aktiengesellschaft, in *Festschrift Wienand Meilicke*, 2010, S. 697 bzw. S. 714.

Thole, Christoph: Konzernfinanzierung zwischen Gesellschafts- und Insolvenzrecht, in *ZInsO* 2011, 1425.

Thümmel, Roderich / Burckhardt, Anastasia: Neue Haftungsrisiken für Vorstände und Aufsichtsräte aus § 57 Abs 1 AktG und § 92 Abs 2 Satz 3 AktG in der Neufassung des MoMiG, in *AG* 2009, 885.

Tröger, Tobias / Dangelmayer, Stephan: Eigenhaftung der Organe für die Veranlassung existenzvernichtender Leistungsmaßnahmen im Konzern, in ZGR 2011, 558.

Uhlenbruck, Wilhelm: *Insolvenzordnung – Kommentar*, 14. Aufl, München 2015; zit. Uhlenbruck/*Bearbeiter* § Rn.

Ulmer, Peter / Habersack, Mathias / Löbbe, Marc: *GmbHG Großkommentar*, 2. Aufl., Tübingen 2014 ff.; zit. U/H/L/*Bearbeiter* § Rn.

Ulmer, Peter: Der Gläubigerschutz im faktischen GmbH-Konzern beim Fehlen von Minderheitsgesellschaftern, in *ZHR* 148 (1984), 391.

Ulmer, Peter: Die „Anrechnung“ (MoMiG) des Wertes verdeckter Sacheinlagen auf die Bareinlageforderung der GmbH – ein neues Erfüllungssurrogat?, in *ZIP* 2009, 293.

Ulmer, Peter: Gesellschafterhaftung gegenüber der GmbH bei Vorteilsgewährung unter Verstoß gegen § 30 Abs. 1 GmbHG, in *Festschrift 100 Jahre GmbHG*, 1992, S. 363.

Vedder, Karl Christian: Das Vorsatzerfordernis beim Missbrauch der Vertretungsmacht durch GmbH-Geschäftsführer, in *GmbHR* 2008, 736.

Vedder, Karl Christian: *Missbrauch der Vertretungsmacht*, Tübingen 2007.

Vedder, Karl Christian: Neues zum Missbrauch der Vertretungsmacht – Vorsatzerfordernis, Anfechtbarkeit, negatives Interesse, in *JZ* 2008, 1077.

Veil, Rüdiger / Werner, Ulrike: Die Regelung der verdeckten Sacheinlage – eine gelungene Rechtsfortbildung des GmbH-Rechts und bürgerlich-rechtlichen Erfüllungsregimes?, in *GmbHR* 2009, 729.

Verse, Dirk A.: (Gemischte) Sacheinlagen, Differenzhaftung und Vergleich über Einlageforderungen – Besprechung von BGHZ 191, 364 – Babcock, in *ZGR* 2012, 875.

Verse, Dirk A.: Aufrechnung gegen Verlustausgleichsansprüche im Vertragskonzern, in *ZIP* 2005, 1627.

Vetter, Eberhard: Geschäfte der AG mit ihren Aktionären und mit dem Vorstand nahestehenden Unternehmen, in *Der Konzern* 2012, 437, 440.

Wachter, Thomas (Hrsg.): Kommentar zum Aktiengesetz, 2. Aufl., München 2014; zit. Wachter/*Bearbeiter* § Rn.

Wand, Peter / Tillmann, Tobias / Heckenthaler, Stephan: Aufsteigende Darlehen und Sicherheiten bei Aktiengesellschaften nach dem MoMiG und der MPS-Entscheidung des BGH, in *AG* 2009, 148

Wellkamp, Ludger: Die Gesellschafterklage im Spannungsfeld von Unternehmensführung und Mitgliedsrechten, in *DZWir* 1994, 221.

Wellkamp, Ludger: Die Haftung von Geschäftsleitern im Konzern, in *WM* 1993, 2155.

Werner, Winfried: Der erste Kommentar zum neuen Aktiengesetz, in *AG* 1967, 122.

Wicke, Hartmut: *Gesetz betreffend die Gesellschaften mit beschränkter Haftung (GmbHG)*, 3. Aufl., München 2016; zit. Wicke, § Rn.

Wiedemann, Herbert: Die Erfüllung der Geldeinlagepflicht bei Kapitalerhöhungen im Aktienrecht, in *ZIP* 1991, 1257.

Wieneke, Laurenz: Die Differenzhaftung des Inferenten und die Zulässigkeit eines Vergleichs über ihre Höhe, in *NZG* 2012, 136.

Wiesner, Georg: Zum Beginn der Ausschlußfrist des § 626 Abs. 2 BGB bei Kenntniserlangung durch Organmitglieder, in *BB* 1981, 1533.

Wigand, Martin: Verzicht, Vergleich und sonstige Haftungsbeschränkungen im Gesellschaftsrecht, Dissertation Frankfurt/Main 2012; zit. Wigand, Verzicht, Vergleich, S.

Wilhelm, Hermann: *Die Beendigung des Beherrschungs- und Gewinnabführungsvertrags*, Köln 1973.

Wilhelm, Jan: Die Vermögensbindung bei der Aktiengesellschaft und der GmbH und das Problem der Unterkapitalisierung, in *Festschrift Werner Flume II*, 1978, S. 337.

Wilhelm, Jan: *Kapitalgesellschaftsrecht*, 3. Aufl., 2009.

Wilhelm, Jan: Kapitalaufbringung und Handlungsfreiheit der Gesellschaft nach Aktien- und GmbH-Recht, in *ZHR* 152 (1988), 333.

Wilhelm, Jan: Rechtswissenschaft und Rechtsprechung im Gesellschaftsrecht insbesonder in den Beispielen der verdeckten Sacheinlage und der Vor-GmbH, in *Gedächtnisschrift Knobbe-Keuk*, 1997, S. 321.

Wilhelm, Jan: Umgehungsverbote im Recht der Kapitalaufbringung, *ZHR* 167 (2003), 520.

Wilhelmi, Rüdiger: Der Grundsatz der Kapitalerhaltung im System des GmbH-Rechts, Dissertation Baden-Baden 2001; zit. Wilhelmi, Kapitalerhaltung, S.

Wilsing, Hans-Ulrich / Meyer, Daniel: Anmerkung zum Urteil des BGH vom 12.3.2013, Az. II ZR 179/12 – Zu den Auswirkungen eines Verstoßes gegen § 57 AktG, in *EWiR* 2013, 297.

Winter, Michael: Upstream-Finanzierung nach dem MoMiG-Regierungsentwurf – Rückkehr zum bilanziellen Denken, in *DStR* 2007, 1484.

Wirsch, Stefan A.: Die Vollwertigkeit des Rückgewähranspruchs – Kapitalaufbringung und Kapitalerhaltung im Cash Pool, in *Der Konzern* 2009, 443.

Witt, Carl-Heinz: Rechtsfolgen eines Verstoßes gegen § 57 AktG – Zugleich zur Reichweite des § 112 AktG – Besprechung von BGH, Urt. v. 12.3.2013 – II ZR 179/12, in *ZGR* 2013, 668.

Wolf, Manfred / Neuner, Jörg: *Allgemeiner Teil des bürgerlichen Rechts*, 10. Aufl., München 2012.

Zempelin, Hans Günther: Fragen der Aufsichtsratshaftung, in AcP 155 (1956), 209.

Zimmermann, Klaus: Vereinbarungen über die Erledigung von Ersatzansprüchen gegen Vorstandsmitglieder von Aktiengesellschaften, in *Festschrift Duden*, 1977, S. 773.

Zimmermann, Martin: Aktienrechtliche Grenzen der Freistellung des Vorstands von kartellrechtlichen Bußgeldern, in *DB* 2008, 687.

Zöllner, Wolfgang / Noack, Ulrich: *Kölner Kommentar zum Aktiengesetz*, 1. Aufl., Köln 1970 ff.; 2. Aufl., Köln 1986 ff.; 3. Aufl, Köln 2004 ff.; zit. KölnKommAktG^{Auflage}/*Bearbeiter* § Rn.

Abkürzungsverzeichnis

a.F.	alte Fassung
aA	anderer Ansicht
aaO	am angegebenen Ort
Abs.	Absatz
AcP	Archiv für die civilistische Praxis (Zeitschrift)
ADHGB	Allgemeines Deutsches Handelsgesetzbuch
aE	am Ende
AG	Aktiengesellschaft; Die Aktiengesellschaft (Zeitschrift); Amtsgericht
AktG	Aktiengesetz
allgM	allgemeine Meinung
Alt.	Alternative
amtl.	amtlich
Amtl. Begr.	Amtliche Begründung
AnfG	Anfechtungsgesetz
Anh.	Anhang
Anm.	Anmerkung
AöR	Archiv des öffentlichen Rechts (Zeitschrift)
Art.	Artikel
ARUG	Gesetz zur Umsetzung der Aktionärsrechterichtlinie vom 30. 07. 2009
Aufl.	Auflage
Az.	Aktenzeichen
BayObLG	Bayrisches Oberstes Landesgericht
BB	Betriebsberater (Zeitschrift)
Bd.	Band
BeckOK	Beck'scher Onlinekommentar
Begr.	Begründung; Begründer
BGB	Bürgerliches Gesetzbuch
BGBl.	Bundesgesetzblatt
BGH	Bundesgerichtshof

BGHZ	Entscheidungssammlung des Bundesgerichtshofs in Zivilsachen
bspw.	beispielsweise
BT-Drucks.	Bundestags-Drucksache
BVerfG	Bundesverfassungsgericht
BVerfGE	Entscheidungssammlung des Bundesverfassungsgerichts
bzgl.	bzgl.
bzw.	beziehungweise
CFL	Corporate Finance Law (Zeitschrift)
DB	Der Betrieb (Zeitschrift)
ders.	derselbe
dies.	dieselbe(n)
Diss	Dissertation
DJT	Deutscher Juristentag
DK	Der Konzern (Zeitschrift)
DStR	Deutsches Steuerrecht (Zeitschrift)
DZWir	Deutsche Zeitschrift für Wirtschaftsrecht
evtl.	eventuell
EWiR	Entscheidungen zum Wirtschaftsrecht (Zeitschrift)
f. ff.	folgende; fortfolgende
Fn.	Fußnote
FS	Festschrift
GG	Grundgesetz
ggf.	gegebenenfalls
GHEK	Geßler/Hefermehl/Eckhardt/Kropff (Aktienrechtskommentar)
GmbH	Gesellschaft mit beschränkter Haftung
GmbHG	Gesetz betreffend die Gesellschaften mit beschränkter Haftung
GmbHR	GmbH-Rundschau (Zeitschrift)
Großkomm	Großkommentar zum Aktiengesetz
GS	Gedächtnisschrift
HdB	Handbuch
HGB	Handelsgesetzbuch
HK-InsO	Heidelberger Kommentar zur Insolvenzordnung (Hrsg.: Kreft)

hL	herrschende Lehre
hM	herrschende Meinung
Hrsg.	Herausgeber
HS	Halbsatz
idF	in der Fassung
insbes.	insbesondere
InsO	Insolvenzordnung
iSd	im Sinne des/der
iVm	in Verbindung mit
JZ	Juristenzeitung
K/P/B	Kübler/Prütting/Bork (Kommentar zum Insolvenzrecht)
KapGesR	Kapitalgesellschaftsrecht
KG	Kammergericht; Komanditgesellschaft
KölnKomm	Kölner Kommentar
KonTraG	Gesetz zur Kontrolle und Transparenz im Unternehmensbereich vom 27. 04. 1998
krit.	kritisch
Lfg.	Lieferung
LG	Landgericht
lit.	litera
MDR	Monatsschrift für deutsches Recht
MHdB AG	Münchener handbuch des Gesellschaftsrechts Band 4: Aktiengesellschaft
Mio	Million(en)
mN	mit Nachweisen
MoMiG	Gesetz zur Modernisierung des GmbH-Rechts und zur Bekämpfung von Missbräuchen vom 23. 10. 2008
MünchKomm	Münchener Kommentar
mwN	mit weiteren Nachweisen
n.F.	neue Fassung
NJW	Neue juristische Wochenschrift
NK-AktG	Nomos-Kommentar Aktienrecht (Hrsg.: Heidel)
Nr.	Nummer
NZG	Neue Zeitschrift für Gesellschaftsrecht
NZI	Neue Zeitschrift für Insolvenzrecht
OLG	Oberlandesgericht

RegE	Regierungsentwurf
RG	Reichsgericht
RGZ	Entscheidungssammlung des Reichsgerichts in Zivilsachen
Rn.	Randnummer
Rspr.	Rechtsprechung
S.	Satz; Seite
s.	siehe
sog.	sogenannte
str.	streitig
teilw.	teilweise
Tz.	Textziffer
u.a.	unter anderem
U/H/L	Ulmer/Habersack/Löbbe (Kommentar zum GmbHG)
UMAG	Gesetz zur Unternehmensintegrität und Modernisierung des Anfechtungsrechts vom 22.9.2005
unstr.	unstreitig
usw	Und so weiter
v.	vom; von
v.a.	vor allem
vgl.	vergleiche
VGR	Gesellschaftsrechtliche Vereinigung
WM	Wertpapier-Mitteilungen (Zeitschrift)
z.B.	Zum Beispiel
ZGR	Zeitschrift für Unternehmens- und Gesellschaftsrecht
ZHR	Zeitschrift für das gesamte Handels- und Wirtschaftsrecht
Ziff.	Ziffer
ZInsO	Zeitschrift für das gesamte Insolvenzrecht
ZIP	Zeitschrift für das gesamte Wirtschaftsrecht
zit.	zitiert
ZPO	Zivilprozessordnung
zust.	zustimmend
zutr.	zutreffend
ZZP	Zeitschrift für Zivilprozess

www.ingramcontent.com/pod-product-compliance
Ingram Content Group UK Ltd.
Pitfield, Milton Keynes, MK11 3LW, UK
UKHW021236031026
15588UKWH00001B/120

9 783631 760710